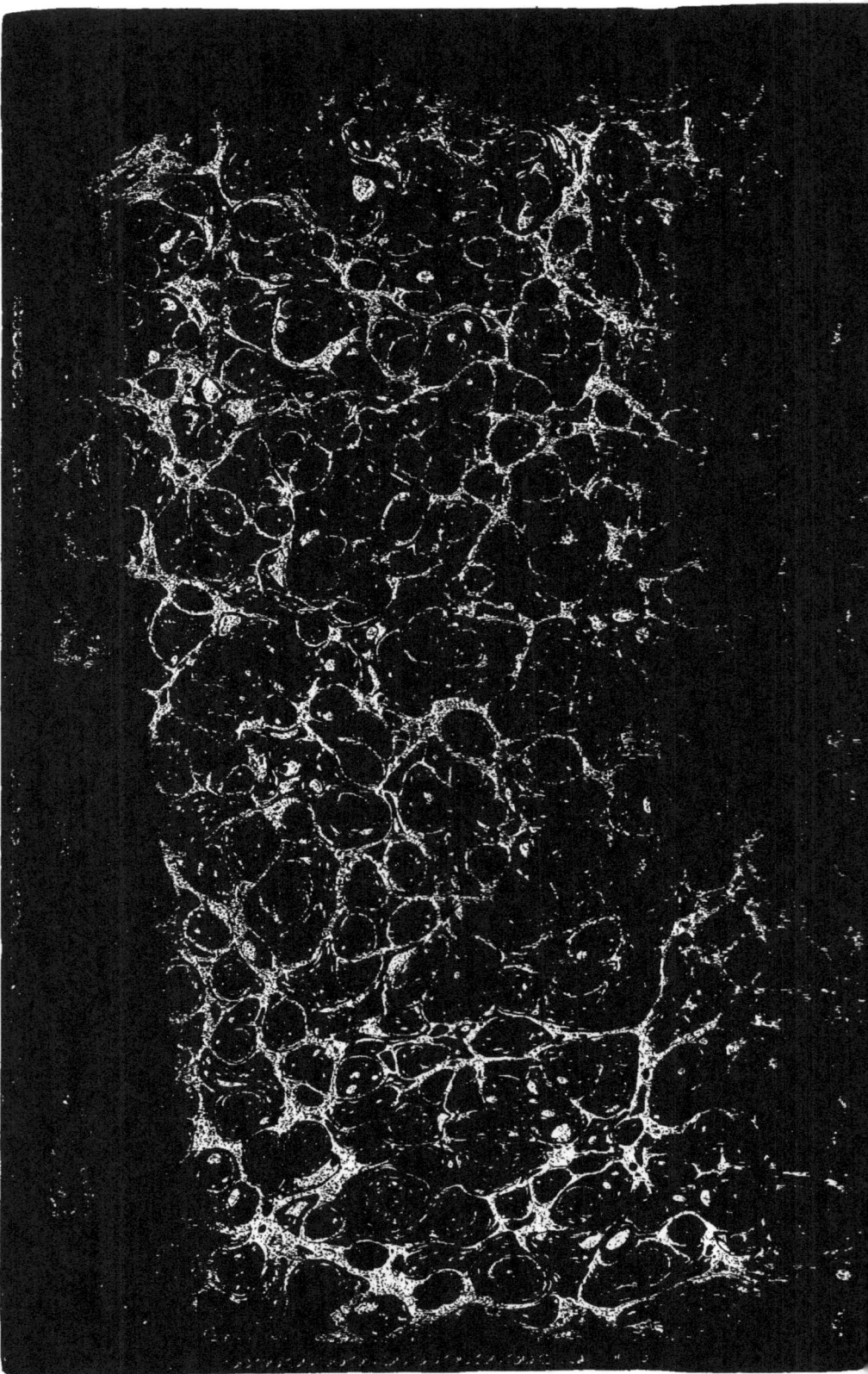

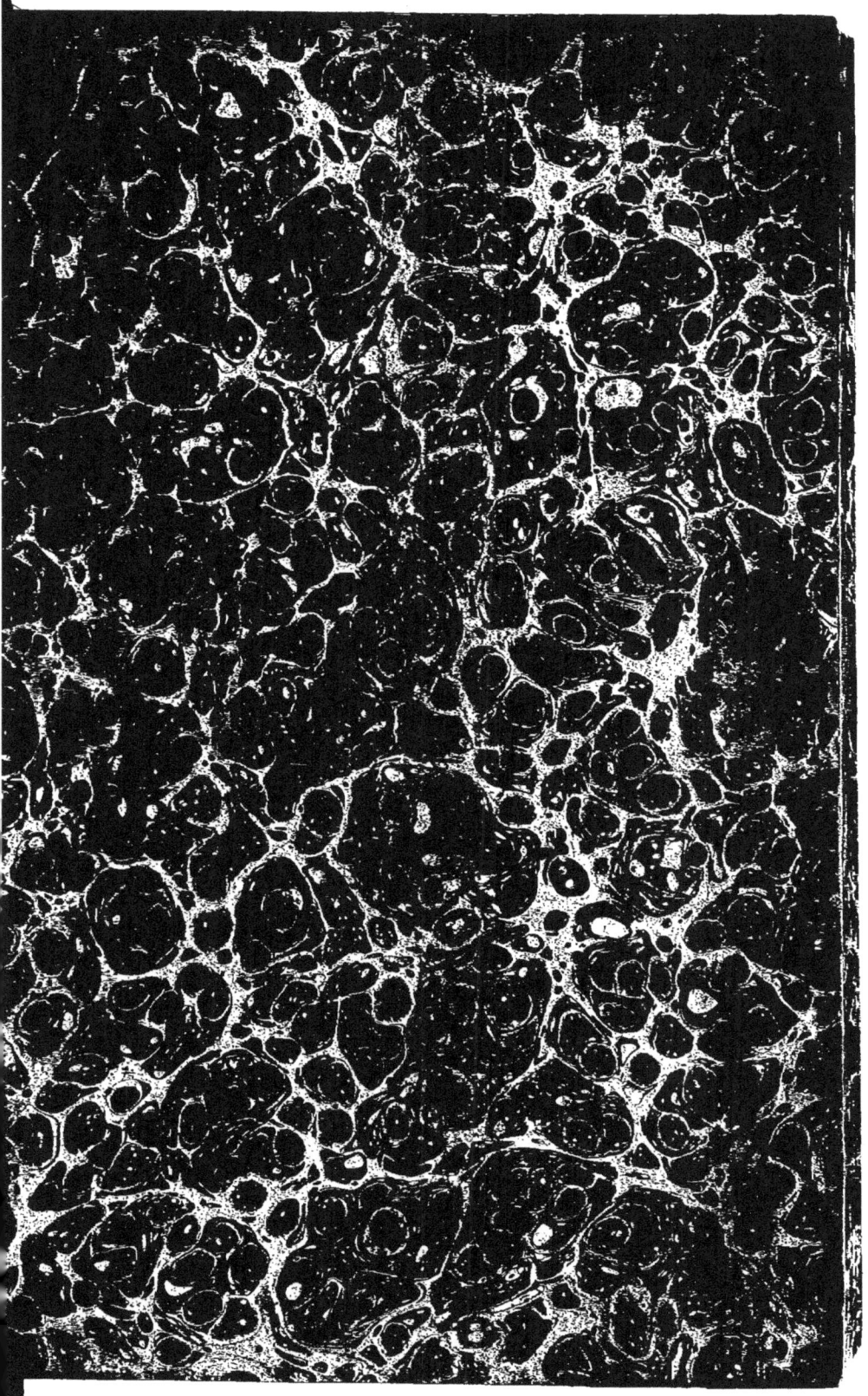

O

53

O^2
24
B

LES VOYAGES
ADVENTVREVX
DE
FERNAND MENDEZ PINTO.

LES VOYAGES
ADVANTVREVX
DE
FERNAND MENDEZ PINTO.

TRADUIT DU PORTUGAIS
PAR B. FIGUIER.

TOME TROISIÈME.

PARIS,
IMPRIMÉ AUX FRAIS DU GOUVERNEMENT
POUR PROCURER DU TRAVAIL AUX OUVRIERS TYPOGRAPHES.

AOUT 1830.

LES VOYAGES

ADUANTUREUX

DE

FERNAND MENDEZ PINTO.

CHAPITRE CLXIII.

De la magnifique entrée et reception de l'Ambassadeur du Roy de Bramaa en la ville de Timplam ; ensemble des Palais du Calaminham.

Neuf iours après que l'Ambassadeur du Roy Bramaa se fut là reposé par vne maniere de ceremonie qui luy fut faicte à la façon du pays, pour honorer dauantage son ambassade, vn des Gouuerneurs de la ville appellé Quampanogrem s'en vint le querir accompagné de huictante Seroos et Laulees bien equippées et pleines d'hommes fort lestes. Parmi cette flotte l'on ioüoit de tant de sortes d'instrumens barbares et mal accordez, comme cloches, cimbales, tambours, et cornets de mer, que ce tintamarre venant à se ioindre au bruit que faisoient les gens de chourme, effrayoit tous ceux qui l'oyoient. Aussi eust-on dit d'abord que c'estoit quelque enchantement, ou pour mieux dire, vne musique d'enfer, s'il y en a là quelqu'vne. Parmy ce tumulte nous tirasmes droict à la ville, qui estoit à vne petite lieue de là, et y arriuasmes sur le midy. Estans abordez au premier quay qui se nommoit Campalarraja, nous y vismes quantité d'hommes, tant de pied que de cheual, tous richement parez, ensemble plusieurs elephants de combat tres-bien harnachez, ayant des chaires et des chamfrains garnis d'argent, et leurs panores de guerre aux dents, ce qui les rendoit fort redoutables. L'Ambassadeur n'eust pas plustost mis pied à terre, que le Campanogrem (qui estoit le Mandarin qui le conduisoit) le prist par la main, et s'estant mis à genoux le donna à vn autre Chef qui l'attendoit sur le quay auec beaucoup de pompe. Cettuy-cy s'appellait *Patedacan*, homme des principaux du Royaume, et fort puissant à ce qu'on disoit. Apres qu'auec vn nouueau compliment de courtoisie il eust receu l'Ambassadeur, il luy offrit vn elephant équippé d'vne chaire et d'vn harnois d'or; mais quelque peine que prist le Mandarin de le faire accepter à l'Ambassadeur, il ne pût gaigner cela sur luy. Ce qui fist qu'en ayant faict amener vn autre presque aussi bien équippé, il le luy donna. Pour le regard de nous autres neuf Portugais, et de cinquante ou soixante Bramas, l'on donna des cheuaux sur lesquels nous montasmes tous. De cette façon nous partismes de ce lieu, ayant deuant nous ses chariots tous remplis d'hommes, qui parmy les acclamations du peuple ioüoient de diuerses sortes d'instruments, à sçauoir de cymbales d'argent, de cloches et de tambours. De cette façon nous fusmes menez par plusieurs ruës fort longues, dont il y en auoit neuf enuironnées de balustres de laiton, et à l'entrée desquelles se voyoient des arcades fort richement ouuragées; ensemble plusieurs chapiteaux dorez, et de grandes cloches de metal, qui comme des horloges sonnoient les heures, mesmes les quarts d'heures du iour, par où le peuple se gouuerne ordinairement. Apres qu'auec assez de trauail, à cause du grand nombre de gens qu'il y auoit par les ruës, nous fusmes arriuez à la premiere basse-cour du Palais du Calaminham, qui estoit longue, ou peu s'en falloit, de la portée d'vn fauconneau, et large en proportion. Nous prismes vn merueilleux plaisir aux choses que nous y vismes, car il y auoit bien alors plus de six mille cheuaux tous harnachez d'argent et de soye; ceux qui les montoient estoient tous armez de corcelets de laiton et de cuiure, et leurs salades d'argent, ayans des guidons à la main de diuerses couleurs, et des targes à l'arçon de la selle. De ces gens estoit le Capitaine le Queitor de Justice, qui est comme le Surintendant par dessus tous les Ministres du Ciuil et du Criminel; ce qui est vne Iurisdiction separée de soy, auec vne haute et basse Iustice où il n'y a point d'appel. L'Ambassadeur s'estant approché de luy, qui s'aduançoit pour le receuoir auec les deux Gouuerneurs, ils se prosternerent tous à terre par trois fois, ce qui est entr'eux vne autre nouuelle sorte de compliment; sur quoy le Queitor ne fist point d'autre response à l'Ambassadeur, sinon qu'il luy toucha la teste auec la main, et luy donna un riche cymeterre qu'il auoit à son costé, que l'Ambassadeur accepta tres-volontiers, et le baisa par trois fois. Cela faict le Queitor mist l'Ambassadeur à costé de luy, et laissant les deux Mandarins vn peu en arriere, ils passerent au milieu de deux rangs d'Elephants, qui faisoient vne maniere de ruë de la longueur de la bassecour, comme estant bien quinze cent de nombre, tous harnachez de chasteaux et de riches chaires de diuerses inuentions, ensemble de quantité de bannieres de soye, et des couuertures de parade. Tout à l'entour il y auoit plusieurs hallebardiers, dont la mine donnoit de soy-mesmes de grandes marques d'appareil et de majesté; ce qui nous fist croire que ce prince estoit un des plus puissants de ces contrées, tant en estats qu'en richesses. Comme nous fusmes arriuez en vne grande porte, qui estoit entre deux hautes tours, deux cent hommes qui la gardoient ne virent pas plustost le Queitor, qu'ils mirent tous les genoux à terre. Par cette porte nous entrasmes dans vne basse-cour fort longue, où estoit la seconde garde du Roy, composée de mille hommes, qui auoient des armes dorées, l'espée au costé, et sur la teste la salade ouuragée d'or et d'argent, et enrichie de plusieurs plumes de diuerses couleurs. Apres que nous eusmes passé par le milieu de toutes ces gardes, nous arriuasmes dans vne grande salle où il y auoit vn Mandarin, oncle du Roy, nommé *Monuagaruu*, homme de plus de septante ans, accompagné de quantité de Noblesse, ensemble de plusieurs Capitaines et Seigneurs du Royaume. Tout à l'entour de luy se voyoient douze petits enfans richement vestus, et qui auoient de grosses chaisnes d'or qui leur faisoient deux ou trois tours, ensemble chacun vne masse d'argent sur l'espaule. Comme l'Ambassadeur fut arriué prés de cettuy-cy, il luy toucha sur la teste auec un esuentail qu'il auoit en main, et le regardant, « Ton entrée, luy dit-il, en ce palais du Seigneur du Monde, soit aussi agreable à ses yeux comme la pluye l'est à nos campagnes de riz; car cela estant il t'accordera ce que ton Roy lui demande.» De là nous montasmes par un haut escalier, et entrasmes dans vne salle fort longue en laquelle il y auoit plusieurs grands Seigneurs, Capitaines, et autres hommes de qualité, qui voyans le Monuagaruu se leuerent tous sur pied, parce qu'ils le recognoissoient pour leur superieur. De cette salle nous entrasmes dans vne autre, où il y auoit quatre autels fort bien accommodez auec des Idoles d'argent. En l'vn de ces autels nous vismes la statuë d'vne femme aussi grande qu'vn géant, comme ayant trente empans de haut, et qui tenant les bras ouuerts regardoit le Ciel. Cette Idole estoit d'argent, et auoit les cheueux d'or fort longs, et qui s'espandoient sur ses espaules. Là se voyoit encore vn grand Throsne, tout à l'entour duquel estoient trente geants de bronze auec des masses dorées sur les espaules, et des visages aussi difformes que ceux auec lesquels on dépeint les Demons. Au sortir de cette salle nous entrasmes dans vne maniere de galerie, garnie de haut en bas de plusieurs tablettes d'ebeine, marquetées d'yuoire, et pleines de plusieurs testes d'hommes, à chacune desquelles estoit escrit en lettres d'or le nom de celuy à qui elle estoit. Au bout de cette galerie il y auoit douze verges de fer doré, pleines de plusieurs chandeliers d'argent de grand prix, et de quantité d'encensoirs ou casselettes, d'où s'exhaloient des parfums d'ambre et de calembas. Là dans vn autel tout rond enuironné de trois rangs de balustres d'argent, se voyoient treize visages de Roys de mesme metail, avec des mitres d'or sur la teste, et au dessus de chacune vne teste de mort ; et en bas plusieurs chandeliers d'argent avec des cierges de cire blanche, lesquels estoient mouchez de temps en temps par de petits enfans, qui accordoient leurs voix à celle des Grepos qui chantoient en forme de Letanie, et se respondoient les vns aux autres. Les Grepos nous dirent que ces treize cranes qui estoient au dessus de ces visages, estoient ceux des treize Calaminhams qui gaignerent autresfois cet Empire à certains estrangers nommez Roparons, qui l'auroient vsurpé par les armes sur ceux du pays dont ils sont tous descendus. Pour le regard des autres testes de mort que nous y vismes, c'estoient celles des Capitaines, qui par leurs faicts heroïques auoient finy leur vie honorablement pour ayder à recouurer cet Empire; à cause dequoy il estoit bien raisonnable qu'à cette fois que la mort les auoit priuez des recompenses qu'ils meritoient pour leurs œuures, le monde n'en abolist point la memoire, afin que cela seruist à encourager les gens de bien, et à rendre confus les poltrons. Comme nous fusmes hors de cette galerie, nous passasmes sur vn grand pont en forme de ruë, qui estoit embelly d'vn grand nombre d'arcades fort richement ouuragées, et tout à l'entour enuironné de balustres de laiton auec des limailles d'argent, et des escus d'armes semez de deuises d'or, où se remarquoient pour tymbres en ces arcades des globes d'argent, chacun de cinq empans de circonference; ce qui estoit vn appareil vrayement Royal et majestueux. Nous traversasmes ce pont iusqu'à ce que nous arriuasmes à vn autre bastiment où il aboutissoit, et là nous trouuasmes les portes fermées. Alors nous heurtasmes par quatre fois, sans que pas vn de ceux qui estoient dedans nous daignast respondre, ce qui est vne ceremonie qui s'obserue en telles actions. A la fin apres que par quatre fois on eut sonné vne cloche comme à la haste, voila venir vne femme aagée de plus de cinquante ans, et accompagnée de six petites filles richement vestuës auec des baudriers en façon d'estoille, et sur leurs espaules des cymeterres tous couuerts de plaques d'or. Cette Vieille ayant demandé au Monuagaruu ce qu'il vouloit, et pourquoy il auoit sonné la cloche, il luy respondit auec beaucoup de respect, « Qu'il y auoit là un Ambassadeur du Roy de Bramaa, seigneur de Tanguu, qui estoit venu exprés pour traicter aux pieds du Calaminham, de certaines choses fort importantes à son seruice. » Pour la grande auctorité qu'auoit cette Vieille elle tesmoigna de ne se soucier pas beaucoup de cette response, dequoy nous fusmes tous fort estonnez, pource que celuy à qui elle parloit estoit vn des principaux Seigneurs du Royaume, et oncle du Calaminham à ce qu'on disoit. Neantmoins une des six filles qui l'accompagnoient prist la parole pour elle, et pour response au Monuagaruu, Seigneur, luy dit-elle, que vostre grandeur et tous ceux de sa suitte se donnent vn peu de patience iusqu'à ce qu'on ait sceu si l'heure est commode pour pouuoir baiser les pieds au Throsne de ce Seigneur du Monde, et l'aduertir de la venuë de cet estranger, et ainsi conformément à la grace que nostre Seigneur luy voudra faire en cela, son cœur se resiouyra et nous avec luy. Cela dict, la porte fut derechef fermée par l'espace de trois ou quatre Credo ; à la fin les six petites filles s'en vindrent l'ouurir ; mais nous n'y vismes plus la Vieille qui estoit venuë auec elles la premiere fois. Il est vray qu'il vint à sa place vn ieune garçon aagé de neuf à dix ans, vestu richement, et ayant sur sa teste vne hurfangue d'or, qui est vne maniere de mitre, si ce n'est qu'elle est vn peu plus fermée tout à l'entour, et sans aucune ouuerture, ensemble vne masse d'or en forme de sceptre, qu'il appuyoit sur l'espaule ; cettuy-cy sans faire beaucoup d'estat ny du Monuagaruu, ny de tous les autres Seigneurs qui estoient là presents, prist l'Ambassadeur par la main, et luy dist, « La nouvelle de ton arrivée est venuë iusques aux pieds du Binaigaa du Calaminham, Sceptre des Roys qui gouuernent la terre, et a esté si agreable à ses oreilles, qu'auec vne bouche riante il t'enuoye chercher maintenant afin de te donner audience sur ce que luy demande ton Roy, qu'il reçoit nouuellement au nombre de ses freres, auec vn amour de fils de ses entrailles, afin que par ce moyen il demeure puissant et victorieux sur ses ennemis. » Là dessus le faisant entrer, ensemble l'oncle du roy, et les autres Gouuerneurs qui l'accompagnoient, tout le reste fut laissé dehors. Alors l'Ambassadeur voyant que pas vn des siens ne le suiuoit, regarda derriere luy par trois fois, et à sa mine il sembloit estre fort mescontent. A quoy ayant pris garde le Monuagaruu, qui faisoit tout l'honneur de la Maison, il fist signe au Queitor qui suiuoit vn peu derriere, qu'il eust à faire entrer les estrangers seulement. Alors les portes ayant esté derechef ouuertes, nous autres Portugais commençasmes d'entrer pesle mesle auec les Bramas, et il se mesla tant d'autres gens parmy nous, que les Huissiers qui estoient plus de vingt, eurent bien de la peine à garder les portes, non sans en frapper plusieurs auec des bastons qu'ils auoient en main, dont ils donnerent quelques coups à des personnes de qualité ; et neantmoins ils ne pûrent empescher cette foule, ny par leurs cris, ny par leurs menaces. Ainsi entrez que nous fusmes, nous passasmes par le milieu d'vn grand iardin, faict auec tant d'art, et où se voyoient tant de belles choses, si diuerses et si agreables aux yeux, que les paroles ne sçauroient suffire pour l'exprimer. Car il y auoit là plusieurs allées enuironnées de balustres d'argent, et plusieurs arbres de senteurs extraordinaires, que l'on nous dict auoir tant de sympathie auecque les Lunes de l'année, qu'en quelque temps que ce fust, ils portoient des fleurs et des fruicts, joint qu'il y auoit vne si grande diuersité de roses et d'autres fleurs, qu'il n'est pas possible d'en raconter les merueilles, si l'on ne veut que cela passe pour vne chose incroyable. Au milieu de ce iardin nous vismes plusieurs ieunes femmes fort belles et bien vestuës, dont les vnes passoient le temps à danser, et les autres à iouër de plusieurs sortes d'instruments presqu'à nostre mode ; ce qu'elles faisoient avec tant d'harmonie, qu'il n'y auoit celuy de nous qui ne prist vn extréme plaisir à les ouyr. Quelques-vnes aussi s'amusoient à faire diuers ouurages, et des cordons d'or; et d'autres ioüoient tandis que leurs compagnes cueilloient du fruict pour en manger; et toutes ces choses elles les faisoient si paisiblement, et auec tant d'ordre et de bonne mine, que nous en estions tous comme pasmez. Au sortir de ce iardin où le Monuagaruu voulut que l'Ambassadeur s'arrestast vn peu, afin de treuuer là dequoy entretenir son Roy quand il seroit de retour à Pegu, nous entrasmes dans vne anti chambre fort grande, et qui s'appelloit *Cutamuilau*, en laquelle estoient assis plusieurs Capitaines et Seigneurs, mesmes des Princes de grand revenu, qui receurent l'Ambassadeur auec des ceremonies et des compliments fort nouueaux, sans que neantmoins pas un d'eux bougeast de sa place. Par cette anti chambre nous arriuasmes à vne porte, où il y auoit six Huissiers auec des masses d'argent, et par elle nous entrasmes à vne autre chambre fort richement accommodée. Là se voyoit le Calaminham sur vn Theatre majestueux, et enuironné de trois rangs de balustres d'argent. Il auoit en sa compagnie douze femmes grandement belles, vestuës fort richement, et assises au bas des degrez de son Throsne où elles ioüoient de plusieurs sortes d'instruments qu'elles accordoient à leur voix. Au plus haut du Throsne, et non loing de sa personne estoient douze Damoiselles de neuf à dix ans, toutes à genoux à l'entour de luy, et portant des masses d'or en façon de sceptres. Parmy elles il y en auoit aussi vne autre debout, et qui l'esuentoit. En bas, le long de la chambre estoient plusieurs vieillards portans des mitres d'or sur la teste, et des habillemens de satin et de damas, avec des larges garnitures tissuës de fil d'or, et des masses d'argent qu'ils portoient sur leurs espaules. Ceux-cy estoient enuiron soixante ou septante de nombre, tous rangez contre le mur où ils s'appuyoient. En tous les autres endroicts de la chambre estoient assises sur des riches tapis, plusieurs autres femmes grandement ieunes, et qui n'auoient pas les traicts du visage moins beaux qu'elles auoient le teint blanc et poly, faisant le nombre de quelques deux cent à ce que nous en pouuions iuger. Ainsi cette chambre, tant pour sa merueilleuse structure, que pour le grand ordre de tout ce qu'on y voyoit, representoit veritablement vne majesté si honorable, et si extraordinaire, que d'abord nous en fusmes si fort estonnez, que nous ouysmes dire depuis à l'Ambassadeur comme il discouroit de ces merueilles ; Si Dieu me faict grace d'estre iamais de retour à Pegu, ie ne parleray point de cecy au Roy, tant pour ne l'attrister, qu'afin de ne passer pour vn homme qui mette en auant des choses qui semblent estre incroyables.

CHAPITRE CLXIV.

De la harangue que fist cet Ambassadeur au Calaminhan, ensemble de la responce qu'il luy rendit; et comme l'Euangile fut autrefois presché en cette ville de Timplam.

Si tost que l'Ambassadeur fut entré dans la chambre du Calaminhan, de la façon que i'ay dit, accompagné de quatre Princes qui le conduisoient, il se prosterna cinq fois à terre, sans oser regarder le Calaminhan, pour vne marque du grand respect qu'il luy portoit, ce que voyant le Monuagaruu, il luy dit, qu'il eust à s'aduancer, si bien qu'estant arriué prés du premier degré de son Throsne, auec le visage tousiours panché en bas, il dist au Calaminhan auec vne voix si haute que tous le pûrent ouyr ; « Les nuës de l'air qui recreent les fruicts desquels nous mangeons, ont publié par toute la Monarchie du monde la grande Majesté de ta puissance, ce qui est cause que mon Roy desirant d'estre honnoré de ton amitié, comme d'vne riche perle, m'enuoye pour cet effect, afin de te dire de sa part, que tu l'obligeras beaucoup s'il te plaist l'accepter pour ton vray frere, auec l'honorable obeyssance qu'il te rendra tousiours, pour estre comme tu es plus aagé que luy. C'est pour cela qu'il t'enuoye cette lettre qui est celuy des ioyaux de tout son thresor qu'il prise le plus, et à quoy ses yeux se plaisent bien plus pour l'honneur et le contentement qu'ils en reçoiuent, que luy ne se plaist à estre Seigneur des Roys d'Auaa, et de toute la pierrerie de la montagne de Falent, de Iatir, et de Ponteau. » A ces paroles le Calaminhan fist la responce suiuante, et ce auec vn visage graue et seuere : « I'accepte à part moy cette nouuelle amitié, pour satisfaire en tout à ton Roy comme à un fils nouuellement nay de mes entrailles. » Les femmes se mirent alors à ioüer des instruments de musique, et six d'entr'elles dancerent auec de petits enfans par l'espace de trois ou quatre Credo. Apres cela six autres petites filles fort petites continuerent cette dance auec six hommes des plus viueux qui fussent dans la chambre, ce qui nous sembla vne bizarrerie assez agreable. Apres que cela fut acheué il y eut vne fort belle comedie, qui fut representée par douze femmes grandement belles, et fort bien vestües, en laquelle parut sur le Theatre vn grand monstre de mer, tenant en sa gueule la fille d'un Roy, que ce même poisson engloutit publiquement. Ce que voyant les autres douze femmes, les larmes leur en vindrent aux yeux, si bien qu'elles s'en allerent en diligence en vn Hermitage qui estoit au pied d'vne montagne, d'où elles retournerent auec l'Hermite, lequel faisoit à sa mode de grandes prieres à *Quiay Patureu*, Dieu de la mer, à ce qu'il eust à ietter ce monstre en la plage, afin d'enseuelir cette Damoyselle selon que sa qualité le requeroit ; il luy fut respondu par le mesme Quiay Patureu ; Que ces douze femmes qui estoient là eussent à changer leurs gemissemens et leurs plaintes en autant de concerts de musique, qui fussent agreables à ses oreilles, et qu'il commanderoit à la mer qu'elle iettast incontinent le poisson sur le riuage qu'il leur liureroit mort entre les mains. Alors vindrent sur le Theatre par maniere d'intermede, six petits enfans auec des aisles et des couronnes d'or sur la teste, de mesme façon que nous auons accoustumé de peindre les Anges, et tous nuds par le corps, qui s'estant mis à genoux deuant elles, leur donnerent trois harpes et trois violles, et leur dirent que Quiay Paturau leur enuoyoit du Ciel de la Lune ces instruments afin de s'en seruir à endormir le poisson de la mer, ce qui estoit le moyen de les rendre contentes et satisfaictes en leur desir par la douceur de cette musique ; ces douze femmes prirent incontinent auec de grandes ceremonies ces instrumens des mains des six petits enfans, et commencerent d'en ioüer, les accordant à leurs voix auec vn ton si lamentable et si triste, et vne si grande abondance de larmes, que quelques seigneurs de ceux qui estoient dans la chambre en respandirent aussi. Là-dessus comme elles eurent continué leur musique enuiron vn demy quart d'heure, elles virent sortir de dessoubs la mer le poisson qui auoit mangé la fille du Roy, lequel, comme s'il eust esté estourdy, s'en vint peu à peu rendre sur la riue, où estoient ces douze belles musiciennes, ce qui fut faict si proprement et si au naturel, que pas vn des assistans ne pouuoit s'imaginer que ce fust vne fable et vne chose faicte à plaisir, mais bien vne verité ; joinct que tout l'appareil en estoit fort riche et fort accomply. A mesme temps vne des douze portant la main sur vn poignard tout semé de pierreries qu'elle auoit à son costé, en euentra le poisson, et hors de son corps elle en tira l'infante toute viue, qui se mist à dancer au son de ces instrumens ; puis elle s'en alla baiser la main au Calaminhan, qui la receut auec beaucoup d'honneur, et la fist asseoir prés de luy. L'on disoit que cette ieune fille estoit sa niepce, fille d'vn sien frere. Pour le regard des autres douze elles estoient toutes filles de Princes, et des plus grands Seigneurs du pays, dont les peres et les freres estoient là presents. Il y eut encore trois ou quatre comedies comme celle-cy, qui furent representées par des ieunes femmes de grande qualité, et auec tant d'appareil, de richesses, et de perfection, que les yeux ne pouuoient desirer de voir rien de plus agreable que cela. Enuiron le soir le Calaminhan se retira en vne autre chambre, accompagné des femmes seulement. Pour tous les autres ils s'en allerent auec le Monuagaruu qui prist l'Ambassadeur par la main, et le mena iusques à la derniere salle, où, apres luy auoir faict plusieurs complimens à la mode de ces pays-là, il prit congé de luy, et le mit entre les mains du Queytor. Luy cependant le mena dans sa maison où il logea tousiours durant le temps qu'il demeura là, qui fut de trente-deux iours, par l'espace desquels trente-deux iours il fut traitté par tous les principaux Seigneurs de la Cour, d'vne façon du tout splendide et somptueuse. Par mesme moyen nous qui estions de sa suitte nous fusmes pourueus abondamment de toutes les choses qui nous estoient necessaires, et durant tout ce iour-là il y eut tousiours plusieurs passetemps de pescheries, de chasses, et d'autres semblables diuertissemens; joinct que par toute la ville et à l'entour d'icelle nous prismes vn singulier contentement à considerer la structure excellente des edifices fort somptueux et magnifiques, qui nous rauissoient en grande admiration, des Pagodes ou des Temples fort superbes, et des maisons pleines d'ouurages tres-insignes et qui estoient d'vne valeur inestimable. Or entre tous ces bastimens il n'y en a point dans la ville de plus magnifique que celuy qui est dedié à *Quiay Pimpocau,* qui est *le Dieu des malades.* Là seruent continuellement plusieurs Prestres vestus de robes grises, et qui portent vne maniere d'estole de damas rouge, retroussée soubs les bras, comme i'ai dit cy-deuant en quelques endroits. Ceux-cy, pour estre plus sçauans que ne sont tous les autres des vingt-quatre sectes de cet Empire, se font distinguer d'auec eux par le moyen de certains cordons iaunes qui leur seruent de ceinture : aussi par vn souuerain degré d'honneur le vulgaire les appelle ordinairement *Sigiputons,* c'est à dire, *hommes parfaicts.* L'Ambassadeur s'en alla cinq fois à leur Temple, tant pour y voir des choses fort merueilleuses, que pour y ouyr la doctrine de ceux qui les preschoient, de quoy et de tout ce qui touche les extrauagances de leur religion, il en apporta vn fort gros volume au Roy de Bramaa, qui luy fut si agreable, qu'il commanda depuis qu'on eust à prescher cette mesme doctrine dans tous les Temples de ce Royaume, ce qu'on obserue fort exactement encore auiourd'huy en tous ses Estats. De ce liure i'en apportay vne version en ce Royaume de Portugal, qu'vn Florentin emprunta de moy, et depuis comme ie le voulu r'auoir, il me dist qu'il estoit perdu; toutesfois, à ce que ie sceu depuis, il l'emporta à Florence et le presenta au Duc de Toscane, qui commanda qu'il fust imprimé soubs ce tittre; *Nouuelle croyance des Payens du bout du monde.* Or vn iour que l'Ambassadeur estoit dans ce pagode en vne communication qu'il eut auec vn des Grepos qui luy tesmoignoit de l'amitié, car ils sont tous d'vn bon naturel, d'vn facile abord, et qui se communiquent assez librement aux estrangers, il luy demanda, combien de temps il y auoit depuis la creation du monde; ou s'il y auoit vn commencement à ces choses que Dieu monstroit si clairement à nos yeux, telles que pouuoient estre la nuict, le iour, le Soleil, la Lune, les Estoiles, et les autres creatures dont il n'y auoit ny pere ny mere qui en pûssent rendre raison naturellement. Le Grepos se fiant à son sçauoir plus qu'aux autres qui estoient à l'entour de luy, fit responce à cette demande : « La nature, dit-il, n'auoit point eu d'autre creation que celle qui auoit procedé de la volonté du Createur, le quel en vn certain temps determiné en son entendement diuin, l'auoit manifesté aux habitans du Ciel, creés auparauant par sa souueraine puissance, et que s'il falloit s'en rapporter à ce qui en estoit escript, il y auoit quatre-vingt et deux mille Lunes que la terre s'estoit descouuerte du lac des eaux. Dieu y crea un tres-beau iardin où il mist le premier homme qu'il nomma Adaa, ensemble sa femme Bazagon, ausquels il commanda tres-expressement pour les reduire soubs le ioug de l'obeyssance, qu'ils n'eussent à toucher à vn certain fruict d'un arbre appellé *Hilaforan*, parce qu'il se reseruoit cela pour luy; ou bien qu'en cas qu'ils en vinssent à manger, pour chastiment de leur faute ils espreuueroient la rigueur de sa iustice, dont eux et leurs descendants sentiroient tousiours les effects. Ce qu'ayant sceu le grand Lupantoo, qui est le serpent glouton de la profonde maison de fumée, et voyant que par ce commandement Dieu vouloit assuiettir l'homme en terre, pour luy donner du merite au ciel, il s'en alla à sa femme à qui il dist, qu'elle mangeast de ce fruict, et mesme qu'elle en fist manger à son mary, pour ce qu'il l'asseuroit que par ce moyen ils seroient tous deux plus excellents en sçauoir que beaucoup de choses creées, et libres de cette nature pesante dont il les auoit composés, si bien qu'en vn seul moment leurs corps entreroient au Ciel. Alors Bazagon femme d'Adaa, oyant ce que luy disoit Lupatan, fut esprise d'vn desir d'auoir cette excellente prerogatiue de science, dont il luy parloit, tellement que pour y paruenir elle mangea de ce fruict, et en fit manger à son mary ; d'où il s'ensuiuit que par ce malheureux morceau ils furent tous deux assuiettis à vne peine de mort, de douleur et de pauureté ; car Dieu voyant la desobeyssance et la rebellion de ces deux premieres creatures leur fit sentir la rigueur de sa iustice, en les chassant du iardin où il les auoit mis, et leur confirma les peines dont ils estoient desia menacez. Cela fut cause qu'Adaa apprehendant que la diuine iustice n'allast plus auant, passa vn fort long temps en des larmes continuelles, et ainsi Dieu luy enuoya dire pour lors que s'il continuoit en sa repentance il luy pardonneroit son peché. » Cependant que le Grepo parloit ainsi, l'Ambassadeur bien estonné de ces langages qui luy estoient de grandes nouueautez : « Certainement, luy dit-il, ie suis bien asseuré que le Roy mon maistre n'a iamais ouy dire rien de semblable à tout cecy, aux Prestres qui sont dans nos Temples : car pour recompense de nos œuures ils ne nous proposent autre chose que la possession des richesses en cette vie; car à ce qu'ils disent, il n'y a point de guerdon apres la mort, et nous deuons tous finir comme les autres animaux des forests, hors mis les vaches qui apres estre mortes, pour recompense de ce qu'elles nous ont donné leur laict, se conuertissent en d'autres vaches de mer, des prunelles desquelles s'engendrent les perles qui s'y treuuent. » A ces mots le Grepo se picquant de vanité pour les choses qu'il venoit de dire à l'Ambassadeur. Ne pense pas, luy respondit-il, qu'il y ait personne en tout nostre pays qui t'en puisse apprendre autant que ie t'en ay dit, si ce n'est vn Grepo fort docte comme ie suis. Auec cette fumée de presomption il se mit à ietter la veuë sur nous autres neuf qui estions derriere l'Ambassadeur. Et comme ministre du diable qui croyoit que nous le prisions autant comme il se prisoit luy-mesme, Vrayement, nous dit-il, ie serois bien aise que vous, qui pour estre estrangers n'auez aucune cognoissance de cette verité, me vinssiez ouyr plus souuent, pour sçauoir comme quoy Dieu a creé toutes ces choses, et combien nous luy sommes obligez pour le bienfaict de cette creation. Alors vn de nostre compapagnie appellé Gaspar de Meyrelez, se voulant monstrer en cecy plus curieux que les autres; apres auoir remercié le Grepo au nom de tous, il le pria de lui permettre de luy demander quelque chose qu'il eust bien voulu sçauoir de luy. A quoy le Grepo fist reponse, qu'il en estoit trescontent. « Car aussi bien, adjousta-t'il, le propre de l'homme sage et curieux, c'est de s'enquerir pour apprendre, et de l'ignorant d'ouyr sans sçauoir respondre. » Gaspar de Meyrelez luy demanda pour lors, si apres que Dieu eust creé toutes les choses dont il venait de parler, il ne fist point sur la terre quelques œuures heroïques, ou par sa iustice, ou par sa misericorde? A cela le Grepo repartit, qu'ouy, « pour estre euident, que tant que l'homme viurait en cette chair, il ne manqueroit point de commettre des pechez qui le rendroient punissable, ny Dieu d'vne grande volonté de luy pardonner. » A cette response il adjousta, « que les pechez des hommes venant à se multiplier au monde, Dieu auoit noyé toute la terre, en commandant aux nuës du ciel de pleuuoir sur elle, et de submerger toute chose viuante, reservé vn iuste auec sa famille, que Dieu fist mettre dans vne grande maison de bois, d'où estoient sortis depuis tous les autres habitans de la terre. » Le Portugais s'enquist de rechef, si apres ce chastiment Dieu n'en auoit point enuoyé quelque autre. « Il n'en a point donné, respondit-il, qui à le prendre en general soit semblable à celui-cy, mais il est bien vray qu'en particulier il chastie les Royaumes et les peuples par les guerres, et autres fleaux qu'il leur enuoye, comme nous voyons qu'il punist les hommes par une infinité d'afflictions, de trauaux, de maladies; et surtout d'vne extresme pauureté, qui est le dernier et l'extresme de tous les maux. » Le Portugais continuant en ses demandes le pria de luy dire, s'il auoit esperance que Dieu s'appaisast vn iour, afin que les hommes pûssent auoir vne entrée au Ciel! A cela le Grepo repartist, « Qu'il n'en sçauoit rien ; mais que c'estoit vne chose euidente, et qu'il falloit croire comme vn article de foy, que tout ainsi que Dieu estoit vn bien infiny, il se deuoit porter d'inclination aux biens que les hommes faisoient sur terre pour son respect, et pour l'amour de luy. » Ensuitte de ces choses il l'interrogea, s'il n'auoit point ouy dire, ou trouué par escrit, que toutes ces choses dont il venoit de parler estant passées, il estoit venu vn homme au monde, qui mourant en Croix avoit satisfaict à Dieu pour tous les hommes, ou s'il n'y auoit point parmy eux quelque cognoissance de cela? A quoy le Grepo respondist, « Nul ne peut satisfaire parfaictement à Dieu que Dieu mesme, quoy qu'il y ait au monde des hommes sainct et vertueux qui satisfont pour eux et pour quelques-uns de leurs amis, tels que sont les Dieux de nos Temples, selon ce que les Grepos nous asseurent. Mais de dire qu'vn seul ait satisfaict pour tous, c'est dequoy nous n'auons aucune cognoissance iusques icy ; joint qu'en vne terre qui est si basse de soy il ne se peut engendrer vn ruby de si haut prix. Il est vray neantmoins qu'autresfois il a esté certifié aux habitans de ce pays par vn homme appelé Jean qui s'en vint en cette ville, et de qui l'on tient que c'estoit un homme sainct, et qui auoit esté disciple d'un autre qui s'appelloit Tomé Modeliar seruiteur de Dieu, que ceux du pays mirent à mort, pource qu'il s'en alloit preschant publiment, que Dieu s'estoit faict homme, et qu'il avoit souffert le dernier supplice pour le genre humain. Ce qui fist d'abord vn si grand esclat parmi ceux de cette nation, que plusieurs creurent cela pour vne verité, et d'autres s'y opposerent et formerent là-dessus un party contraire, incitez à cela par le Grepo de la Loy de Quiay Figrau, Dieu des atomes du Soleil ; tellement qu'ils reprouuerent ce que disoit cet estranger, à cause de quoy il fut banny de cette ville de Sauady, Royaume des Bramas, et de là pour le mesme sujet à la ville de Digon où il endura la mort à cause qu'il preschoit publiquement ce que i'ay dict cy-dessus, à sçavoir que Dieu s'estoit faict homme, et qu'il auoit esté mis en Croix pour les hommes. » A ces mots Gaspar de Meyrelez et nous respondismes, Que cet homme n'auoit rien presché en ce pays qui ne fust tres-veritable ; dequoy le Grepo fist tant d'estime, que s'estant mis à genoux deuant tous les autres qui se treuuoient là presents, et leuant les mains et les yeux au Ciel, il dist les larmes aux yeux, « Seigneur, de la beauté et bonté duquel rendent tesmoignage les Cieux et les Estoiles, ie te prie de tout mon cœur de permettre qu'en nos temps arriue l'heure en laquelle les gens du bout du monde te remercient pour vne si grande grace. » Apres que ces choses se furent ainsi passées, et plusieurs autres qui meriteroient bien vne relation si mon esprit estoit capable de les escrire icy, l'Ambassadeur prist congé de ce Grepo auec beaucoup de compliments et de paroles de courtoisie, dont ils ne sont nullement auares entre eux, comme ayant accoustumé de les practiquer les vns parmy les autres.

CHAPITRE CLXV.

Ample relation de cet Empire du Calaminham, ensemble des Royaumes de Pegu, et de celuy des Bramas.

Un mois apres que nous fusmes arriuez à cette ville de Timplam où la cour estoit alors, l'Ambassadeur demanda response à son ambassade, et au mesme temps elle luy fut octroyée par le Calaminham auquel il parla, et qui le receut auec un tres bon visage, puis ayant sceu de lui dequoy il estoit question en son affaire, il en remist la conduicte à Monuagaruu (qui estoit comme i'ay desia dict) souuerain en ce qui touchoit le gouuernement du Royaume, des matieres de la guerre, dont il faisoit ordinairement les despesches. Ce fut donc celuy cy qui luy fist une responce de la part du Calaminham, auec un riche present en eschange de celuy que le roy de Brama luy auoit envoyé. Par mesme moyen il luy escriuist vne lettre qui contenoit ces paroles, « Bras de clair ruby, que Dieu a nouuellement enchassé en mon corps, et de qui la chair s'attache proprement à moy comme celle de quelque mien frere, par cette nouuelle ligue et amitié que ie t'accorde moy Prechau Guimiam, Seigneur des vingt-sept couronnes des monts de la terre, heritées par legitime succession du Seigneur, qui depuis vingt-deux mois ne met plus les pieds sur ma teste; car il y en a autant qu'il s'est esloigné de moy pour ne me voir jamais plus, à cause de la sanctification dont son ame est maintenant iouïssante, en sentant la douce chaleur des rayons du Soleil; i'ay veu ta lettre dattée de la cinquiesme chaueca de la huictiesme Lune de l'année, à laquelle i'ay adjousté vne vraye foy de frere, et comme tel que ie suis i'accepte le party que tu me presentes, et m'oblige à te rendre libre les deux passages de Sauady, afin que sans crainte de Siam tu puisses estre Roy d'Auaa, comme tu me demandes par ta lettre; et quant aux autres conditions dont ton Ambassadeur m'a touché quelque chose, i'y feray response par le mien que i'enuoyeray d'icy au premier iour, afin qu'à mon nom tu puisses treuuer un bon succès au plaisir que tu tesmoignes auoir à faire la guerre à tes ennemis. » L'Ambassadeur ayant receu cette lettre partit de la Cour le troisiesme iour de nouembre de l'an mille cinq cent quarante-six, accompagné de quelques Seigneurs, qui par l'exprés commandement du Calaminham furent auec luy iusques à vn lieu appellé *Bidor*, où prenant congé de luy ils luy firent un grand festin, et quelques presents pour luy. Mais auparauant que traicter du chemin que nous fismes depuis ce lieu jusques à Pegu où estoit le roi de Brama, il me semble conuenable et necessaire de faire icy une relation de certaines choses que nous vismes en ce pays; de quoi je m'acquitteray le plus succinctement que ie pourray, comme i'ay faict de toutes les autres matieres dont i'ay parlé cy-deuant; car si ie voulois déduire en particulier tout ce que i'ay veu, et qui s'est passé tant en cet Empire, que dans les autres Royaumes où ie me suis treuué durant ce penible voyage, i'aurois besoin de faire un autre volume beaucoup plus gros que celuy-cy, et d'auoir l'esprit plus releué que ie n'ay. Neantmoins pour ne cacher entierement des choses si remarquables, ie suis bien content d'en dire tout ce que mon style grossier me pourra permettre d'en rapporter. Le Royaume de Pegu a de circuit cent quarante lieuës. Il est à seize degrez du costé du Sud, et dans le cœur du pays vers le rhomb de l'Est il a cent quarante lieuës, et est enuironné par le haut d'vne fort grande terrasse nommée Pangacirau, où habite la nation Brama, dont le pays a huictante lieuës de largeur, et deux cent de longueur. Cette Monarchie ne fut autresfois qu'vn seul Royaume, ce qu'elle n'est pas maintenant pour estre diuisée en treize estats de souuerains qui s'en sont faicts maistres. Pour à quoy paruenir ils empoisonnerent premierement le Roy en un banquet qu'ils luy firent dans la ville de Chaleu, comme il se treuue dans leurs histoires. De ces treize Estats il y en a onze qui sont commandez par d'autres nations, qui par la distance d'vn autre plus grand pays se vont joindre à toutes ces bornes des Bramas, où demeurent deux grands Empereurs, dont l'un s'appelle Siammon, et l'autre Calaminham, qui est celui-là mesme dont i'ay entrepris de traicter seulement. A ce que l'on tient, l'Empire de ce

Prince a plus de trois cent lieuës tant en largeur qu'en longueur, et mesmes l'on dict qu'il y eust anciennement vingt-sept Royaumes, dont les habitans parloient tous vn mesme langage comme aujourd'huy. Dans cet Empire nous vismes plusieurs fort belles villes, grandement bien peuplées, et pourueuës en abondance de toutes les prouisions necessaires à la vie, comme de chairs, de poissons d'eau douce, de bleds, de legumes, de riz, d'herbages, de vins et de fruicts; de toutes lesquelles choses il y en a si grande quantité qu'on ne sçauroit assez l'exprimer. La capitale de toutes ces villes est celle-cy de Timplam, où reside la pluspart du temps cet Empereur Calaminham auec sa cour. Elle est située le long d'vne grande riuiere appellée Pituy, où font leur commerce plusieurs Nauires de rames. Tout à l'entour elle est enuironnée de deux terre-pleins de fortes pierres de taille, auec des fossez fort larges, et à chaque porte elle a vn chasteau auecque des tours fort hautes. Quelques marchands nous affirmerent, que cette ville pouuoit estre de quelques quatre cent mille feux. Il est vray que les maisons n'y sont la pluspart que d'vn ou de deux estages; mais en recompense elles sont basties à grands fraiz et fort richement, sur tout celles des marchands et de la noblesse, sans parler icy de celles des Seigneurs, qui sont separées par des

enclos fort grands, où pour leur commun passe-
temps il y a des basse-cours, et aux entrées des
arcades à la façon de la Chine; ensemble des iar-
dins et vergers plantez de quantité d'arbres et
de fort larges estangs, le tout accommodé fort
proprement aux delices et aux plaisirs de la vie,
ausquels ces peuples sont portez d'inclination; il
nous fut encore certifié que tant dans l'enclos de
la ville, qu'à vne lieuë à l'entour il y auoit deux
mille six cent Pagodes, quelques-vns desquels où
nous entrasmes, estoient des Temples fort somptueux et fort riches. Il est vray que pour les autres
ils ne sont la pluspart que des petites maisons en
façon d'Hermitage. Ces peuples suiuent vingt-quatre sectes toutes differentes, et parmy lesquelles il
y a une si grande confusion et diuersité d'erreurs
et de preceptes du diable, principalement en ce
qui touche les sanglans sacrifices dont ils ont accoustumé d'vser, que i'ay frayeur seulement d'en
ouyr parler, et à plus forte raison de les voir,
comme nous les vismes au iour de leurs solem-
nitez, ainsi que i'ay dit cy-deuant. Mais l'Idole
qui est la plus en vogue parmy eux et la plus
frequentée, est celle dont i'ay desia fait mention,
qui s'appelle *Quiay Brigau*, c'est-à-dire, *dieu des
atomes du soleil;* car c'est en ce faux dieu que
croit le Calaminham qui l'adore. Tous les principaux Seigneurs du Royaume en font de mesme:

aussi les Grepos, Menigrepos, et Talagrepos de ce faux dieu sont beaucoup plus honorez que tous les autres, et tenus en reputation de saincts personnages. Leurs superieurs que par un titre eminent ils appellent *Cabizondos*, ne cognoissent aucunes femmes à ce qu'ils disent; mais pour contenter leurs brutalitez et leurs appetits sensuels, ils ne manquent pas d'inventions diaboliques, qui sont plus dignes de larmes que de recit. Voila pourquoy il m'est necessaire de le passer soubs silence, pour n'offenser les oreilles Chrestiennes. Durant les foires ordinaires de cette ville, qu'ils appellent *Chanduhos*, nous y vismes de toutes les choses que la nature a creées, comme du fer en abondance, de l'acier, du plomb, de l'estain, du cuiure, du laiton, du salpestre, du souffre, de l'huyle, du vermillon, du miel, de la cire, du succre, de la lacre, du benjoin, des estoffes de soye, des vestemens de plusieurs sortes, du poivre, du gingembre, de la canelle, du lin, du cotton, de l'alun, du borax, des cornalines, du cristal, du canfre, du musc, de l'yuoire, de la casse, de la rheubarbe, du turbith, de l'escamonée, de l'azur, du pastel, de l'encens, de la cochenille, du saffran, de la myrrhe, de la porcelaine tres-riche, de l'or, de l'argent, des rubis, des diamants, des esmeraudes, des saphirs, et generalement de toute autre sorte de choses qu'on sçauroit nommer, et ce en si grande abondance, qu'il ne m'est pas possible de dire ce que i'y ay veu, pource qu'on le pourroit mettre en doute. Les femmes y sont ordinairement fort blanches et belles, mais ce qui leur donne plus d'esclat, c'est qu'elles sont d'vn tresbon naturel, fort chastes, charitables, et portées à la compassion. Les Prestres de toutes ces vingt-quatre sectes, dont il y en a fort grand nombre en tout cet Empire, sont vestus de iaune comme les Roolins de Pegu, avec leurs altirnes retroussées en façon d'estoles. Ils n'ont point de monnoye d'or ni d'argent, mais tout leur commerce se faict au poids des cates, taeis, maazes, et conderins. La Cour de cet Empereur Calaminham est grandement riche, et la Noblesse fort polie; joinct que le reuenu des Princes et des Seigneurs y est grand. Le Roy y est craint et respecté ensemble d'vne merueilleuse sorte. Aussi y a-t'il à sa Cour plusieurs Capitaines estrangers, ausquels il donne de grosses pensions pour le seruir, afin d'estre en plus grande seureté de sa personne. Il fut asseuré à cet Ambassadeur, qu'en la ville de Timplam, où est la Cour la pluspart du temps, il y a plus de soixante mille cheuaux, et plus de dix mille Elephants. Les Gentilshommes du pays se traictent fort proprement, et sont seruis en vaisselle d'argent, et quelquesfois d'or. Mais quant au commun peuple il vse de porcelaine et de laiton; en esté ils s'habillent de satin, de damas, et de taffetas rayez qui viennent de Perse; et en hyuer de robes fourrées de martre. Il n'y a point de chicane parmy eux, et mesmes ils n'ont point accoustumé d'obliger les gens : mais s'il y a quelque différent parmy le menu peuple, les quarteniers ont accoustumé de le vuider; que si de hazard ces contentions arriuent entre des gens de plus grande condition, alors on s'en remet au iugement de certains Religieux, qui pour cet effect sont deputez en certaines maisons; et de ceux-cy les affaires passent en forme d'appel au Queitor de la Iustice, qui en est comme super-intendant, des arrests duquel on ne peut appeler pour grande et importante que soit vne affaire. La Monarchie de ces vingt-sept Royaumes a sept cent Prouinces, à raison de vingt-six par Royaume; en chacune desquelles dans la ville capitale preside vn Gouuerneur, sans que de tous ces Lieutenants de Roy il y en ait vn qui ait plus de pouuoir que l'autre. Or à chaque Lune, chaque Capitaine est obligé de faire reueuë des soldats qui luy ont esté donnez, qui sont ordinairement deux mille hommes de pied, cinq cent cheuaux, et huictante Elephants de combat, un desquels est appellé du nom de la ville capitale de la mesme Prouince; de maniere que si de tous ces hommes de guerre, qui sont en ces sept cent compagnies de ces Prouinces, il en faut faire vne juste supputation, il s'y en treuuera de nombre un million sept cent cinquante mille, dont il y a trois cent cinquante mille hommes de cheual, et cinquante-cinq mille Elephants. Car pour le grand nombre qu'il y a de ces animaux en ce pays, cet Empereur se dict en ses tittres, *Seigneur de l'indomptable force des Elephants*. Le reuenu que tire ce Monarque des droicts Royaux, qu'ils appellent *Le Prix du Sceptre* ; ensemble de toutes ses mines, se monte à vingt millions d'or, sans y comprendre les presens que luy font les Princes, les Capitaines et les Seigneurs qui ne sont pas de ce compte, et vne grande quantité de deniers qui sont distribuez aux gens de guerre selon le merite d'vn chacun. En tout dans ce pays l'on y prise grandement les perles, l'ambre, et le sel, pour estre des choses qui viennent toutes de la mer, qui est fort esloignée de cette ville de Timplam ; mais de tout le reste il y en a en fort grande abondance. Le pays est de soy fort sain, l'air grandement bon, et les eaux de mesme. Quand ils esternuent ils ont accoustumé de faire le signe de la Croix comme nous, et de dire *Quiay doo sam rorpy*, c'est à dire *Le Dieu de la verité est trois et un* ; par où l'on peut voir, comme i'ay desia dict, que ces peuples ont eu la cognoissance de la vraye Religion et de la Loy Euangelique.

CHAPITRE CLXVI.

Du chemin que nous fismes iusques à nostre arrivée en la ville de Pauel, et des diuerses nations que nous vismes.

Comme nous fusmes partis de cette ville de Bidor, nous continuasmes nostre route à val la grande riuiere de Pituy, et ce mesme iour nous en allasmes coucher en vne certaine Abbaye de la loy de *Quiay Iarem, Dieu des mariez*; cette abbaye est sur le bord de l'eau, en vne plaine où il y a quantité d'arbres plantez, et des bastimens fort riches. L'Ambassadeur y fut tres-bien receu du Cabizondo et des Talagrepos; puis continuant nostre voyage plus de sept iours, nous arrivasmes à vne ville nommée Pauel, où pour fournir nos nauires des prouisions qui leur pouuoient estre necessaires nous demeurasmes 3 iours durant. L'Ambassadeur y acheta quantité de pieces riches de plusieurs ioliuetez de la Chine qui s'y vendoient à fort bon marché, comme du musc, des porcelaines fines, de la soye torse, des hermines, et autres peaux de plusieurs sortes dont on vse en cette contrée pour estre extremément froide, lesquelles marchandises sont là apportées par des troupes d'Elephants et de Rhinocerots, de certaines contrées fort esloignées à ce que nous dirent quelques marchands; car ils nous asseurerent qu'ils venoient d'vne province appellée Fricucaranjaa, et qu'au delà d'icelle il y auoit certains peuples qu'ils appelloient Calogens et Funcaos, hommes bazanez, et grands archers, et qui ont les pieds tous ronds comme les bœufs, mais les mains comme les autres hommes, si ce n'est qu'ils les ont fort veluës. Ils sont d'vn naturel enclin à la cruauté, et tout au bas de l'espine du dos ils ont vne louppe de la grosseur de deux poings. Leur demeure est en des montagnes fort hautes et rudes en quelques endroicts, desquelles il y a des fosses profondes, où durant les nuicts d'hyuer l'on oit quelquesfois des cris et des gemissemens effroyables. L'on nous disoit encore que non loin de ces peuples il y en auoit d'autres appellez Calouhos, Timpates, et Bugems, et d'autres aussi bien plus esloignez qui se nommoient Oqueus et Magores, qui se nourrissent de la chasse qu'ils font des bestes sauuages qu'ils mangent cruës, ensemble de toute sorte d'animaux contagieux, comme lezards, serpents, couleuures, laquelle chasse des bestes ils font ordinairement montez sur des animaux aussi grands que des cheuaux, qui ont trois cornes ou pointes au milieu de la teste, les pieds gros et courts, et au milieu du dos vn rang d'espines ou d'arestes dont ils picquent quand ils s'irritent, et tout le reste du corps est comme celuy d'vn grand lezard, joint qu'ils ont sur le col en lieu de crin d'autres espines beaucoup plus longues et plus grosses que celles du dos, et dans les jointures des espaules, des aisles courtes en façon de nageoires de poisson, dont ils volent comme en sautant de la longueur de vingt cinq et trente pas. Ces animaux s'appellent *Banazas*, sur lesquels ces peuples sauuages se donnent entrée dans les terres de leurs ennemis, avec qui ils ont vne continuelle guerre; et quelques-vns desquels leur payent tribut du sel, qui est ce qu'ils estiment le plus à cause de la nécessité qu'ils en ont pour estre fort esloignez de la mer. Nous parlasmes encore à d'autres hommes appellez Bumioens, qui habitent en de hautes montagnes où il y a des mines d'alun et de lacre, ensemble quantité de pastel. De cette nation nous en vismes une troupe qui conduisoit plus de deux mille bœufs, sur lesquels ils auoient mis des basts à nostre mode, et s'en seruoient à faire porter leurs marchandises; ces hommes estoient fort grands, et auoient les yeux et la barbe à la Chinoise. Nous en vismes d'autres aussi qui auoient d'assez longues barbes, le visage semé de lentilles, les oreilles et les narines percées, et dans les trous de petits fils d'or faicts en agraphes; ceux-cy s'appelloient *Gynaphogaos*, et la province dont ils estoient natifs, *Surobosoy*, lesquels par dedans les montagnes de Lauhos sont bornez du lac de *Chiammay*, et de ceux-cy les vns sont vestus de peaux veluës, et les autres de cuir bronzé; joint qu'ils vont ordinairement pieds nuds, et la teste descouuerte. Quelques marchands nous dirent que ceux-cy auoient de grandes richesses, et que tout leur trafic estoit en argent, dont ils auoient quantité. Nous parlasmes encore à vne autre sorte d'hommes appellez Tuparoens, qui sont bazanez, grands mangeurs, et fort adonnez aux voluptez de la chair. Ceux-cy nous firent une reception bien meilleure que tous les autres, et nous traicterent souuent en festin; et pource qu'en vn certain banquet où nous autres neuf Portugais nous trouuasmes auec l'Ambassadeur, vn des nostres appelé François Temude leur fist vn deffi à boire, tenant cela pour vn grand affront ils firent durer le festin plus long-temps pour recouurer leur honneur. Mais le Portugais les attaqua si vertement vingt qu'ils estoient, qu'il les renuersa, et lui demeura fort sain. Comme ils se furent desenyurez, le *Sapitou* qui estoit leur Capitaine, en la maison duquel auoit esté faict le festin, fist appeller tous les siens, qui estoient plus de trois cent, et malgré qu'en eust le Portugais il le fist monter sur vn Elephant, et ainsi il fut promené par toute la ville, accompagné d'vne infinité de gens qui le suiuoient au son de plusieurs tambours et trompettes, et d'autres tels instrumens. Le Capitaine mesme, ensemble l'Ambassadeur et nous autres auec tous les Bramas, marchions à pied apres luy auec des rameaux à la main, et deux hommes à cheual qui s'en alloient criant, « Peuple loüez auec allegresse les rayons qui procedent du milieu du Soleil, qui est le Dieu qui faict croistre nos riz, pour vous estre treuuez en vn temps auquel vous auez veu en vostre pays vn homme si sainct, qui sçachant mieux boire que tous ceux qui sont nais au monde, il a porté par terre les vingt principales testes de nostre troupe, afin que sa renommée s'augmente de iour en iour. » A quoy toute la foule qui l'accompagnoit, respondoit auec tant de cris et d'acclamations, que ce bruict faisoit vne maniere de peur à ceux qui l'oyoient. En cet équippage ils menerent tous les Portugais iusques au logis de l'Ambassadeur, où ils leur firent mettre pied à terre auec beaucoup de respect et de compliments; puis s'estant mis à genoux ils le rendirent à l'Ambassadeur, lui recommandant d'en auoir du soin comme d'vn sainct homme, ou du fils de quelque grand Roy; car, disoient-ils, cela ne peut estre autrement, puis que Dieu lui a fait vn si grand don que de sçauoir si bien boire. Alors ayant faict une queste pour luy ils amasserent plus de deux cent Taeis en lingots d'argent qu'ils luy donnerent, ce qui est vne coustume observée parmy ce peuple, et iusques au iour que nous partismes il fut touiours visité par les habitans, plusieurs desquels luy donnerent des riches pieces de soye et autres presents, comme s'ils eussent fait vne offrande à quelque saint en vn iour solennel de son inuocation. En suitte de ceux-cy nous vismes d'autres hommes fort blancs, nommez *Pamlens* grands archers, et bons hommes de cheual, qui estoient vestus de casaques de soye comme ceux du Iappon, et portoient la viande à la bouche auec de petits bastons à la façon des Chinois. Ceux-cy nous dirent que leur pays s'appelloit Binagoren, et qu'il estoit esloigné de ce lieu là enuiron deux cent lieuës à mont la riuiere. Ils auoient pour marchandise beaucoup d'or en poudre, comme celuy de Menancabo, de l'isle de Sumatra, ensemble de lacre, de l'aloës, du musc, de l'estain, du cuiure, de la soye, et de la cire qu'ils donnoient en eschange du poivre, du gingembre, du sel, du vin, et du riz. Les femmes de ces hommes que nous vismes là sont fort blanches, de meilleure conuersation que toutes les autres de ces contrées, de bon naturel, et fort charitables. Comme nous leur demandions quelle estoit leur Loy, et quelle la diuinité qu'elles adoroient? elles nous respondoient, « Que leurs Dieux c'estoient le Soleil, le Ciel, et les Estoilles, pource que de ces beaux Astres leur estoient donnez par vne saincte communication tous les biens qui leur venoient sur la terre; et qu'au reste l'ame de l'homme n'estoit qu'un souffle qui s'achevoit en la mort du corps, et qui depuis voltigeant en l'air se mesloit avec les nuës, iusques à ce que venant à se resoudre en eau il mouroit derechef sur terre comme auoit faict le corps auparauant. » I'obmets vne infinité de semblables extrauagances qui nous furent dictes, et qui font qu'il y a bien dequoy s'estonner de l'aueuglement et de la confusion de ces miserables; ce qui nous oblige encore à rendre de continuelles graces à Dieu, pour nous auoir deliurez de ces erreurs et de cette fausse creance. De cette façon, de la diuersité de ces nations incognuës que nous vismes en ces contrées, il est aisé d'inferer, qu'en cette Monarchie du monde il y a plusieurs pays qui ne

sont point descouuerts encore, et dont nous n'a-
uons point de cognoissance.

CHAPITRE CLXVII.

Continuation de ce voyage iusqu'à notre arrivée à Pegu
où estoit le Roy de Brama, et de la mort du Roolim
de Mounay.

Continuant nostre route au sortir de cette
ville de Pauel, le iour d'après nous abordasmes
en vn village appellé Luncor, entouré en distance
de plus de trois lieuës, de quantité d'arbres de
Benjoin qu'on transporte de ce lieu au Royaume
de Pegu, et de Siam. De là nous nauigeasmes
plus de neuf iours à val cette grande riuiere, le
long de laquelle nous vismes quantité de belles
villes de plusieurs sortes, et arriuasmes à vne
autre riuiere appellée Ventrau, par où nous fismes nostre voyage iusqu'à Penauchim premier
bourg du Royaume de *Iangumaa,* où cet Ambassadeur fit registre de ces vaisseaux et de tous
ceux qui estoient dedans, pource que c'est la
coustume de ce pays. Estans partis de ce lieu
nous nous en allasmes coucher aux Rauditens,
qui sont deux fortes places du prince de Ponca-

nor. Cinq iours après nous abordasmes vne grande ville nommée Magadaleu, qui est le pays d'où la la lacre vient à Martabane, dont le prince durant le temps que nous seiournasmes là, fit voir à l'Ambassadeur vne monstre generale des hommes de guerre qu'il auoit mis sur pied contre les Lauhos, auec qui il estoit en different pour auoir repudié vne sienne fille auec laquelle il estoit marié depuis trois ans, en intention d'espouser vne damoiselle de qui il auoit eu un fils qu'il auoit faict legitimer et choisir pour heritier du Royaume, frustrant par ce moyen de son droict vn sien nepueu fils de sa fille : passants outre dans le destroict de *Madur*, où nous fusmes plus de cinq iours, nous arriuasmes à vn village nommé Mouchel premier lieu du Royaume de Pegu. Là vn certain *Chalagonim* Corsaire fort renommé, qui s'en alloit en course en ce lieu auec trente Ceroos bien equippés et pleins d'hommes fort aguerris, nous assaillit vne nuict, et à force de nous combattre presque iusqu'au matin, il nous traitta de telle sorte, que Dieu nous fit une grande grace de nous eschapper de ses mains; neantmoins ce ne fut pas sans y perdre cinq vaisseaux des douze que nous auions, ensemble cent et huictante des nostres, auxquels estoient compris deux Portugais. L'Ambassadeur mesme eut vn bras coupé, et deux coups de fleche, dont il faillit à mourir; tous nous autres aussi fusmes grandement blessez, joint que le present qu'enuoyoit le Calaminhan au Roy de Brama, qui valoit plus de cent mille ducats, fut pris par le Corsaire, avec quantité d'autres marchandises fort riches, qui estoient dans les cinq nauires qu'ils prirent. En ce triste equippage nous arriuasmes trois iours apres à la ville de Martabane, volez comme ie viens de dire, et la pluspart des nostres mis à mort. L'Ambassadeur escriuit incontinent au roy de Brama vne lettre dans laquelle il luy rendit compte de tout ce qui luy estoit arriué tant en son voyage qu'en ce désastre. A l'heure mesme le Roy y voulant donner ordre enuoya pour cet effect une armée de six vingt Ceroos auec quantité de gens d'eslite, où il y avoit cent Portugais, pour s'en aller en queste de ce Corsaire. Cette flotte l'ayant découuert de bonne fortune, treuua qu'il auoit desia mis à terre les trente Ceroos auec lesquels il nous auoit attaquez, et que pour luy il s'estoit retiré auec les siens en vne forteresse qui estoit pleine de plusieurs prises par luy faictes en diuers endroits de ses provinces. Les nostres attaquerent incontinent cette place, et au premier assaut qu'ils luy donnèrent ils l'emporterent facilement. Il est vray qu'il y demeura quelques Bramaas et vn seul Portugais, mais il y en eut plusieurs de blessez de coups de flèches dont ils guerirent en peu de iours, sans que pas vn demeurast estropié. Comme l'on eut gaigné la forteresse, tout ce qui s'y treuua de gens fut mis au fil de l'espée, sans donner la vie qu'au Corsaire et à quelques six vingt hommes de sa compagnie lesquels furent amenez en vie au Roy de Brama, qui dans la ville de Pegu les fit tous lancer aux elephans, parce qu'ils furent demembrez en fort peu de temps. Cependant la prise de cette forteresse fut si aduantageuse aux Portugais qu'on y enuoya; qu'ils s'en reuindrent tous fort riches, et tient-on qu'il y en eut cinq ou six entr'eux à chacun desquels cela valut 25. ou 30. mille ducats, et deux ou trois mille à ceux qui furent les plus mal partagez. Après que l'Ambassadeur fut guery dans la ville de Martabane, des blessures qu'il auoit receuës en la meslée, il s'en alla droit à la ville de Pegu, où, comme i'ay dit, estoit la cour du Roy de Brama; estant aduerty de son arriuée et de la lettre qu'il luy apportoit de la part du Calaminham pour laquelle il acceptoit son amitié, et s'allioit auec luy, il l'enuoya receuoir par le *Chaumigrem* son frère de laict, et son beau frere. Cettui-cy partit incontinent accompagné de tous les grands du Royaume et de quatre bataillons de gens estrangers, où il y avoit mille Portugais, desquels estoit capitaine Antonio Ferreira, natif de Braguence, homme de grand esprit, et à qui ce Roy donnoit douze mille ducats de pension, sans y comprendre les presens qu'il lui faisoit en particulier qui ne valoient guere moins. Alors le Roy Brama voyant comme par cette nouuelle ligue Dieu contentoit son desir, luy voulut rendre graces d'vne si grande faueur. Pour cet effect il enuoya faire parmy tous ces peuples plusieurs grandes festes, et dans les Temples quantité de sacrifices à leur mode, où les parfums ne furent point espargnez, et où l'on tient que pour cet effect, il y fut esgorgé plus de mille cerfs, vaches et porcs, qui furent donnez pour aumosne aux pauures, sans y comprendre beaucoup d'autres œuures charitables, car auec ce qu'on habilla cinq mille pauures, l'on employa de grandes sommes de deniers pour la deliurance de mille prisonniers qui estoient retenus pour de l'argent. Apres que ces festes eurent continué sept iours tous entiers, auec vn zele tres-ardent et vne incroyable despense du Roy, des Seigneurs, et du peuple, en cette mesme ville arriuerent nouuelles certaines de la mort d'*Aixquendoo*, Rolim de Mounay, qui estoit comme leur souuerain Pontife. Cela fut cause que toutes les resiouyssances cesserent en vn instant, et que chacun se mit en estat d'en faire le dueil auec de grands sentimens de tristesse. Le Roy mesme se retira, les foires cesserent, les fenestres, les portes, et les boutiques furent fermées, sans qu'il parust dans la ville aucune chose viuante. Auec cela l'on ne vid dans leurs Pagodes et dans leurs Temples que pénitens de toutes façons, qui ne cessant de respandre des larmes se mirent à faire de si grands excez de repentance, que quelques-uns d'entre eux en moururent. Cependant le Roy partit cette mesme nuict pour s'en aller à *Mounay*, qui estoit à vingt lieuës de là, pour ce qu'il fallait necessairement qu'il assistast à cette pompe funebre selon l'ancienne coustume des Roys de Pegu. Il y arriua le lendemain sur le tard, et fit donner ordre à tout ce qui estoit necessaire pour ses funerailles, si bien que ce mesme iour tous les preparatifs en furent faits. Enuiron le soir le corps du deffunct fut tiré du lieu où il estoit mort et mis sur vn eschaffaut qu'on auoit dressé au milieu d'vne grande place, tout garny de velours blanc, et couuert en haut de trois daiz de brocat. Au beau milieu se voyoit vn Throsne de douze degrez, et vn cercueil presque à nostre mode, semé de plusieurs riches pieces d'or et de pierreries, et par dehors vn grand nombre de chandeliers et de cassolettes d'argent, où l'on brusloit quantité de parfums de toutes sortes, à cause de la corruption du corps qui commençoit desia de sentir mauuais. De cette façon ils le garderent toute cette nuict, durant laquelle il y eut assez à faire auec vn si grand tumulte de pleurs et de gemissemens que faisoit le peuple, que les paroles ne peuuent suffire à le déclarer : car le seul nombre des *Bicos, Grepos, Menigrepos, Talagrepos, Guimons, et Roôlmis,* qui sont les plus releuez de leurs Prestres se montoit à plus de trente mille, qui estoient là assemblez, sans y comprendre les autres qui s'y rendoient à toute heure. Comme l'on eut faict voir en ce lieu diuerses inuentions de tristesse fort bien appropriées au sujet de ce dueil, deux heures apres la minuict il sortit d'vn Temple appellé Quiay Figrau, Dieu des Atomes du soleil, vne procession où se voyoient plus de cinq cents petits enfants tous nuds, liés par le col et par la ceinture de chaisnes de fer et de cordes. Sur leurs testes ils portoient des faisceaux de bois, et des cousteaux en leurs mains, et chantoient en deux chœurs auec vn ton si lamentable et si triste, que ceux qui les escoutoient ne pouvoient s'empescher d'en pleurer. Cependant vn d'entr'eux s'en alloit disant en manière de prose : « Toy qui va iouyr des contentements du Ciel, ne nous laisse point prisonniers en cet exil. » A quoy l'autre chœur respondoit, « afin que nous nous resiouyssions auec toy aux biens du Seigneur. » Puis continuant leur chant en façon de litanies, ils disoient plusieurs autres choses semblables auec le mesme ton. Après cela, comme ils se furent tous mis à genoux deuant l'eschaffaut où estoit le corps, un Grepo aagé de plus de cent ans, prosterné par terre avec les mains leuées en haut, luy fit vne harangue au nom de ces petits enfans, à laquelle vn autre Grepo qui estoit prés du cercueil, comme s'il eust voulu parler au nom du deffunct, se mit à respondre ainsi. « Puis qu'ayant pleu à Dieu par sa saincte volonté me former de terre, il luy a pleu aussi me resoudre en terre, ie vous recommande, mes enfans, de craindre cette heure en laquelle la main du Seigneur nous met en la balance de sa iustice. » Surquoy tous les autres ayant faict vn grand cry donnerent ces mots pour replique : « plaise au tres-haut Seigneur, qui regne dans le Soleil, ne prendre point garde à nos œuures, afin que nous soyons deliurez des peines de mort. » Ces petits enfans s'estant retirez il en vint d'autres aagés de dix à douze ans, et vestus de longues robes de satin blanc. Ils auoient des chaisnes d'or aux pieds, et au col quantité de riches ioyaux et de perles. Apres qu'auec beaucoup de ceremonie, ils eurent faict de grandes reuerences au deffunct, il se mirent à escrimer tout à l'entour du cercueil auec des cymeterres tous nuds qu'ils auoient en main, comme s'ils eussent voulu chasser le diable, disant tout haut : « Vat'en maudit que tu es, dans le fond de la maison de fumée, où mourant auec vne peine perpetuelle; sans acheuer de mourir, tu payeras sans aussi iamais acheuer de payer, la rigoureuse iustice du haut Seigneur. » Cela dit ils se retiroient, comme s'ils eussent voulu monstrer que par cette action ils laissoient le corps du deffunct exempt du pouvoir des diables qui l'assiegeoient auparauant. En suitte de ceux-cy vingt-six de leurs Principaux Talagrepos aagez de plus de 80 ans, vestus de robes de damas violet auec des escharpes retroussées sur les espaules en façon d'estoles, qui portoient en main des encensoirs d'argent, et deuant lesquels, pour rendre cette action plus majesteuse, marchoient douze Huissiers auec des masses de mesme métail, sitost que ces Prestres eurent encensé le cercueil par quatre diuerses fois auec beaucoup de ceremonies, ils se prosternerent tous le visage en terre, et alors vn d'entr'eux se mit à dire, comme s'il eust parlé au mort : « Si les nuës du Ciel estoient capables de dire notre douleur aux bestes de la campagne, elles quitteroient leur pasture pour nous ayder à pleurer ta mort et la grande extremité où nous sommes tous reduits ; ou bien elles te preiroient, Seigneur, de nous embarquer auec toy en cette maison funeste, où nous voyons tous sans que tu nous voyes, pource que nous sommes indignes d'vne si grande faueur. Mais afin que tout ce peuple se console en toy deuant que le Tombeau nous cache ton corps, monstre-nous, Seigneur, par des figures de terre la paisible resiouyssance et le doux contentement de ton repos, afin qu'ils se resueillent tous du sommeil pesant où les enueloppent les obscuritez de la chair, et que nous autres miserables soyons incitez à t'imiter et à suiure tes traces pour te voir en la ioyeuse maison du Soleil au dernier soupir de nos vies. » A ces mots le peuple ayant faict vn cry fort espouuentable, respondit incontinent : *Miday Talemba*, c'est-à-dire, *Le Seigneur nous en face la grace*. Alors les douze Huissiers qui portoient les masses s'estant mis deuant pour faire vn chemin à travers la foule, bien qu'avec beaucoup de peine, parce que le peuple ne se vouloit point retirer, l'on vid sortir d'une maison qui estoit à main droicte de l'eschaffaut, vingt-quatre petits garçons richement vestus, et qui auoient au col quantité de chaisnes d'or et de pierreries. Ceux-cy ioüant à leur mode de plusieurs instrumens de musique, et s'estant mis à genoux en deux rangs devant le cerceuil continuerent à ioüer de leurs instrumens, au son desquels il y en auoit seulement deux qui chantoient. A quoy cinq autres respondoient de temps en temps, ce qui fit respandre à tout ce peuple vne si grande abondance de larmes, et luy donna tant de sentiment, que quelques-vns des plus qualifiez et des plus honorables ne purent s'empescher de s'outrager le visage ; et de donner de la teste contre les degrez du throsne où estoit le cercueil. Durant cette ceremonie et dix autres qui furent faictes, il y eut six ieunes gentils-hommes Grepos qui se sacrifierent beuuant dans vn vase d'or qui estoit sur vne table, d'vne certaine liqueur iaune, si venimeuse que deuant qu'ils eussent acheué d'en boire elle les fit cheoir par terre tout roides morts. Cependant cette action mettoit ces martyrs du diable au nombre de leurs saincts, si bien qu'il n'y auoit celuy qui n'enuiast leur bonne fortune ; aussi en alloit-on prendre les corps tout incontinent, et auec vne procession solemnelle on les portoit brusler dans vn grand feu qui estoit faict de sandal, d'aloës, et de benjoin, où ils les reduisoient en cendre. Le lendemain matin l'eschaffaut fut degarny des pieces les plus riches qui s'y voyoient. On y laissa neantmoins les daiz, les tapis, et les bannieres qui s'y voyoient, ensemble tous les autres meubles de grande valeur, puis auec des grandes ceremonies accompagnées de cris et de gemissemens effroyables, ensemble d'vn estrange bruit de diuerses sortes d'instruments, ils mirent le feu à l'eschaffaut et à tout ce qu'il y auoit dessus, le graissant plusieurs fois de liqueurs odorantes et de confections de grand prix. Ainsi le corps fut reduit en cendre en fort peu de temps, et cependant qu'il brusloit, le Roy et tous les Grands de sa Cour qui se treuuerent là presents luy firent aumosne de plusieurs pieces d'or, ensemble de quantité de riches bagues, et de saphirs, et quelques-uns de colliers de perles de grande valeur; toutes lesquelles choses si mal employées furent incontinent consommées par le feu, auec les os et le corps de ce miserable deffunct, de maniere qu'on nous asseura depuis, que cette pompe funebre cousta plus cent mille ducats, sans y comprendre les vestements que le Roy et les autres Grands du pays donnerent aux trente mille Prestres qui s'y treuuerent; à quoy fut employée vne incroyable quantité d'estoffes de diuerse façon, tesmoins les Portugais qui profiterent grandement d'vne si bonne occasion, pour ce qu'ils vendirent au prix qu'ils voulurent celles qu'ils auoient apportées de Bengala, qui leur furent payées en lingots d'or et d'argent.

CHAPITRE CLXVIII.

De l'election du nouueau Roolim de Mounay grand Tala-grepo de ces Gentils du Royaume de Pegu.

Le lendemain matin entre les sept ou huict heures, qui fut le temps auquel la cendre des ossemens du deffunct commençoit de se refroidir, le Roy en personne et tous les Grands du Royaume s'en vindrent mesme en ce lien où le corps auoit esté bruslé. Ils marchoient tous par ordre en vne procession fort somptueuse, où assistoient tous les Grepos, parmy lesquels il y en auoit cent trente auec des encensoirs d'argent, et quatorze auec des mitres d'or sur la teste. Ils estoient vestus de longues robes de satin iaune, et portoient des estoles de velours verd retroussées : quant à tous les autres iusques au nombre de dix sept mille, ils estoient vestus de taffetas de la mesme couleur, et d'vne maniere de surplis de toile fine, ce qui ne se faisoit pas sans vne grande despense à cause du nombre qu'ils es-

toient. Comme ils furent arriuez au lieu où le
Roolim auoit esté bruslé, apres quelques ceremonies faictes à leur mode selon le temps et le
sentiment que chacun tesmoignoit d'en auoir,
vn Talagrepo Brama de nation, oncle du Roy,
frere de son pere, que le peuple tenoit pour le
plus habile de tous, ayant esté choisy pour prescher deuant le peuple, monta en chaire pour cet
effect. Le commencement de son sermon fut vn
eloge touchant le deffunct, duquel il loüa la vie
par des termes et des raisons qui faisoient à son
propos, à quoy il s'eschauffa de telle sorte, que
se tournant vers le Roy auec les larmes aux yeux,
et haussant sa voix vn peu plus fort afin de se
mieux faire ouyr: il luy dit : « Si les Roys qui au
temps où nous sommes gouuernent, ou pour
mieux dire, tyrannisent les pays, consideroient
exactement combien peu de temps ils ont à viure,
et auec combien de rigueur de iustice ils doivent
estre chastiez par la puissante main du tres-haut
Seigneur, pour les crimes de leurs vies tyran-
niques, possible leur vaudroit-il mieux paistre
emmy les champs comme bestes brutes, qu'estre
si absolus en leurs volontez, et en vser auec si
peu de raison, iusques à estre cruels aux bons,
et mols à chastier ces meschans, que par leur
puissance souueraine ils ont mis en grandeur et
en auctorité. Aussi sans mentir ceux-là sont bien

à plaindre que leur bonne fortune à esleuez à vn estat si perilleux qu'est celuy des Roys d'auiourd'huy, pour l'insolence et la liberté dans laquelle ils viuent continuellement, sans auoir vne seule heure d'apprehension ny de honte. Mais vous deuez sçauoir ô aueugles du monde, que ce que Dieu vous a faict Roys a esté pour vser de clemence enuers les hommes, leur donner audience, les contenter, et les chastier, mais non pas pour les tuer tyranniquement. Neantmoins, ô mauuais Roys, en la condition où vous estes esleuez, vous vous opposez à la nature à laquelle Dieu vous a faict naistre, et prenez vne infinité d'autres formes fort differentes, en vous habillant à toute heure de quelques liures que bon vous semble, afin que vous soyez aux vns de vrayes sangsuës qui leur succez continuellement leurs biens et leurs vies, sans iamais vous separer d'eux iusques à ce qu'il n'y aye plus de sang dans leurs veines; et aux autres vous estes des Lyons d'vn rugissement effroyable, qui pour donner vn masque et vne couleur à votre ambition, faites publier des loix suprémes de mort, pour les moindres fautes, et le tout pour confisquer le bien d'autruy, ce qui est la fin de vos pretensions : au contraire s'il y en a quelques-vns que vous aymiez, et ausquels ou vous, ou le monde, ou ie ne sais qui ait donné des noms de grands, vous estes si nonchalants à chastier leur humeur altiere, et si prodigues à les enrichir aux despens de la despoüille des pauures, que vous auez laissez nuds, et mesmes escorchez iusques aux os, qu'il ne faut pas que vous doutiez que les petits ne vous accusent vn iour deuant Dieu pour toutes ces choses, et alors vous n'aurez aucune excuse à dire, et ainsi il ne vous restera rien qu'vne confusion espouuentable pour vous troubler, et vous mettre tous en desordre. » En suitte de ces choses il en dit tant d'autres en faueur des pauures suiets, fist de si hauts cris, et respandit tant de larmes pour l'amour d'eux, que le Roy en demeura comme pasmé, et hors de soy-mesme, ce qui le toucha si auant dans l'ame, qu'à l'heure mesme il fit appeller Brazagaran Gouuerneur de Pegu, et luy commanda qu'il fist congedier sans autre delay tous les deputez des Prouinces des Royaumes qu'il auoit faict assembler en la ville de Cosmin, pour leur demander une grande somme de deniers, afin d'attaquer le Royaume de Sauady à qui depuis peu il auoit resolu de faire la guerre. Par mesme moyen il iura publiquement sur les cendres du deffunct, que durant son regne il ne chargeroit iamais ses suiets d'imposts, et ne les obligeroit point à seruir par force, comme il auoit faict auparauant; mesme qu'à l'aduenir il auroit vn soing tres-particulier d'ouyr les petits, et leur rendre iustice des maluersations des grands, conformément au merite d'vn chacun, y adioustant plusieurs autres choses fort iustes et bonnes, qui seroient capables de nous faire la leçon à nous qui sommes Chrestiens. Ce sermon estant finy, la cendre du deffunct qu'on auoit desia recueillie, fut distribüée comme une relique dans les quatorze bassins d'or, dont le Roy en prist vn luy-mesme dessus sa teste, et les Grepos les plus qualifiez portèrent les autres. Ainsi la procession s'en allant delà auec le mesme ordre qu'elle y estoit venuë, ceste cendre fut portée en vn temple fort riche, qui pouuoit estre loing de ce lieu de la portée d'vn fauconneau, et qui s'appelloit *Quiay Docoo*, c'est à dire : *Dieu des affligez de la terre*. Là elle fut mise dans vne fosse à fleur de terre, sans autre pompe ny vanité, pour avoir esté ainsi commandé par *Aixequendoo*, qui, comme i'ay desia dit, estoit leur souuerain Roolin sur tous les Grepos : ceste fosse fut alors environnée de trois rangs de grilles, deux d'argent et une de laiton, et à trois verges de fer, qui trauersoient toute la largeur de la Chapelle, furent mises septante et deux lampes d'argent, à sçauoir vingt quatre en chacune, toutes de grand prix, et de dix ou douze lumignons, attachées ensemble à de fort grosses chaisnes d'argent : dauantage autour des degrez par où l'on descendoit en cette fosse l'on y mit trente-six cassolettes pleines de parfum, d'aloës et de benjoin, et d'autres confections où il y auoit de l'ambre, et tout cela ne fut acheué qu'enuiron le soir à cause des grandes ceremonies qu'il y eut en ces funerailles. Tout ce iour-là on deliura vn nombre infiny d'oyseaux qu'on auoit là portés en plus de trois cent cages, ces Gentils ayant cette opinion, que c'estoit autant d'ames des deffuncts autresfois sorties de cette vie; et qui s'estoient mises comme en dépost dans les corps de ces oyseaux, en attendant le iour qu'on les deliurast, afin qu'en toute liberté elles pûssent aller accompagner l'ame du deffunct. Ils en firent de mesme d'vne autre grande quantité de petits poissons qu'on auoit là transportez encore en certaines iattes ou boutiques pleines d'eau, tellement que pour les remettre en liberté ils les ietterent dans la riuière auec vne autre nouuelle ceremonie, afin qu'ils s'en allassent servir l'ame de celuy de qui l'on venoit de porter les cendres en terre; là mesme on apporta toute sorte de venaison et de gibier des forests, qui fut distribué en aumosne à tous les pauures qui se treuuerent là presens dont le nombre estoit infiny. Ces ceremonies et autres semblables qui se firent en cette action, estant acheuées, pource qu'il estoit presque nuict le Roy se retira en son quartier, où il auoit faict dresser des tentes pour se loger et ce pour vne marque de deuil, et tous les Grands en firent de mesme, si bien que toute l'assemblée se retira peu à peu. Le lendemain si tost qu'il fut iour le Roy fit faire de grandes proclamations, que sur peine de la vie chaque personne de quelque condition qu'elle fust, eust à déloger promptement de l'Isle, et que ceux qui estoient Prestres eussent à se retirer pour vaquer à l'Oraison, ou qu'en cas de contrauention ils seroient demis de leur dignité, ce qui fut executé tout incontinent. A l'heure mesme tous les Prestres sortirent de l'Isle horsmis nonante qui estoient deputez pour faire election de celuy qui deuoit succeder à la place du deffunct. Ils s'assemblerent donc tous en la maison de Gangiparo pour s'y acquitter de leur charge; et d'autant qu'aux deux premiers iours qui estoit le terme limité pour faire cette election, elle ne pût reussir à cause de la diuersité des opinions et contrarieté grande qui se treuua entre ceux qui donnerent leurs voix, le Roy fut d'aduis qu'entre les nonante deputez l'on en choisist deux qui fissent eux seuls cette eslection. Cette resolution prise ces neuf s'assemblerent tous par l'espace de cinq iours et autant de nuicts, durant lequel temps ces Bonzes furent en continuelle oraison. Dauantage on fit quantité d'offrandes et d'aumosnes, joinct qu'il y eut plusieurs pauures vestus, et des tables dressées, où l'on donnoit à manger à tous ceux qui s'y presentoient, et faisoit-on de toutes parts des processions. A la fin ces neuf estant demeurez d'accord par vne mesme conformité de voix, ils esleurent pour Roolim un certain Manica Mouchan, qui en ce temps-là estoit Cabizondo ou Prelat dans la ville de Digum en vn Pagode qui s'appelloit *Quiay Figrau*, c'est à dire, *Dieu des Atomes du Soleil*, dont i'ay parlé plusieurs fois. C'estoit vn homme aagé de soixante et huict ans, tenu entr'eux pour quelque sainct personnage, grandement sçauant aux coustumes et aux loix de ces sectes de Gentils, et sur tout fort charitable aux pauures, de laquelle eslection le Roy et tous les Grands de la Cour se treuuerent fort satisfaits. Alors sans autre delay le Roy dépescha le Chaumigrem son frere de laict, à qui il donna pour lors le tiltre de *Coutalanhaa*, qui signifie, *Frere du Roy*, afin de s'en aller auec vn tiltre plus honorable. Il partit incontinent auec cent Laulées de rame où estoit la fleur de toute la noblesse des Bramas, ensemble les neuf eslecteurs, et s'en alla chercher avec eux celui qu'on avoit nouuellement esleué à la qualité de Roolim : ils l'amenerent donc auec beaucoup de respect et d'honneur, de maniere que le neufiesme iour apres son partement estant arriué en vn lieu ap-

pellé *Tagalaa*, à cinq lieues de cette Isle de
Mounay, le Roy fut au deuant de luy auec tous
les Grands de la Cour, sans y comprendre vne
infinité d'autres gens, et plus de deux mille vaisseaux de rame. Auec tout cet appareil comme il
fut arriué au lieu où estoit le nouueau Roolim, il
se prosterna deuant luy, et baisant la terre par
trois fois : « Toy, luy dit-il, ô saincte perle d'esclat violet, qui es au milieu du Soleil, exhale sur
moy par une agreable inspiration, le Seigneur
de la puissance increée, affin que ie ne redoute
point sur terre l'insupportable ioug de mes ennemis. » A ces mots le nouueau Roolim estendant
la main sur luy affin de le faire leuer de terre,
luy dit ces paroles : *Faxy hinapoo varite pamor
dapou companoo dacorem fapixhianopau*, ce qui
signifie, *Trauaille mon fils, afin que tes œuures
soient agreables à Dieu, et ie prieray pour toy sans
cesse.* Alors le Roy se levant de terre le Roolim le
fit asseoir prez de soy, et lui porta par trois fois
la main sur la teste, ce que le Roy tint pour le
plus grand honneur qu'il luy eust sceu faire; luy
ayant dit alors quelques paroles que nous ne pûmes entendre pour estre vn peu trop esloignés,
il luy souffla trois fois sur la teste, cependant
que le Roy estoit à genoux, et tout le peuple
couché par terre : cela faict, il partit de ce lieu
parmy de grands applaudissemens qu'on luy don-

noit de toutes parts, et au bruict de plusieurs cloches et instruments de musique, il s'embarqua dans la Laulée du Roy où il s'assit dans vne riche chaire d'or toute semée de pierrerie, et le Roy à ses pieds, ce qui fut encore vn grand honneur que le Roolim luy fit. Tout à l'entour de luy et vn peu à l'escart estoient douze petits enfans vestus de satin iaune, auec des escharpes de brocat, des masses d'or, et des sceptres en main. Sur le bord du nauire estoient en lieu de matelots, tous les Seigneurs du Royaume, ayant à costé des rames dorées, et, tant à la poupe qu'en la prouë, deux chœurs de ieunes garçons vestus de satin incarnadin, et qui tenoient en main plusieurs sortes d'instrumens de musique, au son desquels ils chantoient les loüanges de Dieu. Quelques-uns des nostres remarquèrent qu'il y auoit vn cantique qui disoit ainsi ; « Enfans de cœur net, loüez cet admirable et diuin Seigneur: car pour mon particulier estant pecheur ie n'en suis point digne ; que si cela ne vous est permis, que vos yeux pleurent devant ses pieds et qu'ils se rendent agreables à luy. De cette mesme manière ils disoient plusieurs autres Cantiques au son de leurs instrumens, et ce auec tant d'ardeur et de zèle que s'ils eussent esté Chrestiens, cela eust esté capable d'esmouuoir à devotion ceux qui les oyoient.

Apres qu'en ce somptueux appareil le Roolim fut arriué en la ville de Martabane; pource qu'il estoit déja nuict il ne mit point incontinent pied à terre comme l'on auoit resolu, mais il attendit le lendemain matin; car il ne luy estoit point permis aucunement de toucher la terre de ses pieds, pour la grande dignité de sa personne; le Roy le desembarqua le premier de dessus ses espaules, et ainsi alternatiuement les Princes et Seigneurs du Royaume le porterent au Pagode de *Quiay Ponuedée*, pour estre le plus grand et le plus somptueux de toute la ville, au milieu duquel il y auoit vn Theatre richement tendu de satin iaune, qui est la liurée de cette dignité soueraine. Là par vne nouvelle ceremonie s'estant couché sur vn petit lict d'or, il fist semblant d'estre mort, et alors au son d'vne cloche qui sonna par trois fois, les Roolims se prosternerent tous le visage en terre par l'espace d'vne demie heure; durant lequel temps tous les assistans pour vne marque de tristesse, tindrent leurs mains deuant leurs yeux, en disant tout haut, « Seigneur r'appelle à vne nouuelle vie ce tien sainct seruiteur, afin que nous ayons qui prie pour nous. » A l'heure mesme ils le tirerent de là, enueloppé qu'il estoit d'vne robe de satin iaune, et le mirent dans vne tombe parée de la mesme liurée; puis chantant ie ne sçay quelles paroles fort tristes auec des larmes aux yeux, apres auoir faict par trois fois le tour du Temple, ils le laisserent dans vne fosse faicte exprés, couuerte par dessus d'vn drap de velours noir, et entourée de testes de mort. En suitte de cela les yeux tous baignez de larmes ils dirent quelques oraisons à leur mode qui esmeurent grandement le Roy. A mesme temps comme l'on eut imposé silence à toute la foule du peuple qui faisoit vn estrange bruict, l'on sonna par trois fois vne grande cloche, qui fut vn signal auquel respondirent incontinent autant de cloches qu'il y auoit en toute la ville, auec vn bruict si horrible et si espouuantable que toute la terre en trembloit. Apres que ce bruict eust cessé, deux Talagrepos hommes de grande reputation parmy eux, et fort versez en leurs loix, monterent sur deux chaires qu'on leur auoit preparées exprés, et qui estoient couuertes de riches tapis de Turquie, là ils entretindrent les escoutans du sujet de cette ceremonie, et leur donnerent l'explication de chaque chose, leur faisant vne ample relation de la vie et de la mort du defunct Roolim, et de l'eslection de celuy-cy; ensemble des belles qualitez qu'il auoit pour estre esleué à vne si haute charge, à laquelle il estoit appellé par vne particuliere grace de Dieu. A quoy l'on adjousta plusieurs autres choses dont le peuple fut grandement satisfaict et content. Alors cette mesme cloche ayant derechef sonné trois fois, les deux Prestres descendirent de leurs chaires, qui de la façon qu'elles estoient tapissées furent incontinent bruslées, auec vne autre nouuelle ceremonie dont ie m'excuse de faire ici vne relation ; pource qu'il ne me semble point necessaire de perdre le temps à ces superfluitez, en ayant desia dict assez. Apres que toutes ces choses furent paisibles et calmes, et que par l'espace de cinq ou six *Credo* on eust esté sans rien dire, du prochain Temple qui estoit à vn traict d'arbaleste l'on vid sortir vne fort riche et somptueuse Procession de petits enfans tous vestus de taffetas blanc, pour marque de leur innocence et de leur netteté, ils auoient au col quantité de ioyaux, des chaisnes aux pieds en forme de brasselets, des cierges de cire blanche aux mains, et sur la teste des bonnets tous semez de broderie d'or et de soye, auec plusieurs perles entremeslées de rubis et de saphirs, où au milieu de cette Procession se voyoit vne riche custode couuerte d'vn drap d'or, que douze de ces petits enfans portoient sur leurs espaules, et enuironnée tout à l'entour de plusieurs casselettes et encensoirs d'argent d'où s'exhaloient des odeurs fort agreables à l'odorat. Ces petits enfans ioüoient de plusieurs instruments de musique, et s'en alloient chantant des loüanges à Dieu, luy demandant qu'il ressuscitast ce defunct à vne nouuelle vie. Comme ils furent arriuez au lieu où le Roolim estoit couché, ils descendirent où estoit la chasse, et tirant le drap dont elle estoit couuerte, il en sortit de dedans vn petit enfant qui ne pouuoit pas auoir dauantage de trois ou quatre ans. Or encore bien qu'il fust nud, si est-ce que cette nudité ne paroissoit point, pour ce qu'il estoit tout couuert d'or et de pierrerie, et paroissoit de mesme façon que nous auons accoustumé de peindre les Anges. Auecque cela il auoit des aisles d'or, et vne tres-riche couronne sur la teste. Comme il fut sorty de dessous la chasse, les assistans s'estant prosternez par terre, se mirent à dire tout haut auec vne voix qui faisoit trembler ceux qui les oyoient. « Ange de Dieu, enuoyé du Ciel pour nostre salut, prie pour nous quand tu retourneras à la bonne heure. » Le Roi s'en alla tout aussi-tost vers cet enfant, et l'ayant pris entre ses mains auec vn fort grand respect, et vne estrange ceremonie; comme s'il eust voulu monstrer qu'il n'estoit pas digne de le toucher, pour estre vn Ange que Dieu auoit enuoyé du Ciel, il le mist sur le bord de la fosse. Alors apres que l'enfant eust tiré le drap de velours qui le couuroit; cependant que tous estoient à genoux portant droit au Ciel les mains et les yeux, si tost que les Prestres eurent encensé cinq fois le Roolim qui faisoit le mort, comme si ce mesme enfant eust parlé à luy, il se mist à dire tout haut, « Toy qui as esté conceu en peché, en la misere et saleté de la chair, Dieu t'enuoie dire par moy qui suis la moindre fourmy de sa despense, que tu ressuscites à vne nouuelle vie qui luy soit agreable, redoutant tousiours le chastiment de sa main puissante, afin qu'au dernier souffle de ta vie tu ne tresbuches point comme les enfans du monde, et que de ce lieu où tu es estendu tout mort, tu te leues tout maintenant; parce qu'il a esté ainsi arresté par le plus grand des plus grands au Temple de la terre, et viens apres moy, et viens apres moy, et viens apres moy. » A mesme temps le Roy prist de rechef cet enfant entre ses bras, et alors le Roolim sortant de la fosse où il estoit, comme estonné de cette vision il se mist à genoux deuant l'enfant que tenoit le Roy, et dist, « I'accepte cette nouuelle grace de la main du Seigneur, conformément à ce que tu me dis de sa part, m'obligeant iusques à la mort d'estre vn exemple d'humilité, et le moindre de tous les siens, afin que les crapaux de la terre ne se perdent point en l'abondance du monde. » Cela faict l'enfant se despestra pour la seconde fois d'entre les bras du Roy, et s'en allant droit à la fosse, il tendit la main au Roolim pour l'en retirer. Or l'un et l'autre furent à peine au premier degré, lorsqu'on sonna cinq fois une cloche, qui fut le signal auquel tout le peuple se prosterna par terre pour la seconde fois, disant, « Benist soyez vous Seigneur, pour vne si grande grace; » et à l'heure mesme toutes les cloches de la ville commencerent à sonner dauantage. On tira toute l'artillerie qui estoit sur terre, et celle de plus de deux mille vaisseaux qui estoeint à l'ancre en ce port, d'où se forma vn bruict si estrange qu'il estoit insupportable aux oreilles de tout ceux qui l'oyoient.

CHAPITRE CLXIX.

De quelle façon le nouueau Roolim fut conduit en l'Isle de Mounay, et mis en possession de sa dignité.

Le nouueau Roolim fut conduict de ce lieu dans vne chaire d'or grandement riche, et toute semée de pierrerie, que les principaux Seigneurs du Royaume portoient sur leurs espaules; le Roy cependant marchoit à pied deuant luy, et portoit vn riche cymeterre sur l'espaule. En cet équipage il l'accompagna iusques à son palais qu'on auoit richement meublé, et où il fut logé trois iours; cependant qu'en l'Isle de Mounay se faisoient les preparatifs nécessaires à son entrée. Or durant le temps qu'il fut de sejour en l'Isle de Martabane il y eut plusieurs sortes d'inuentions de grands fraiz qui furent faictes aux despens des Princes, des Seigneurs et des habitans. En deux de ces festes le Roy mesme s'y treuua en personne, auec vn riche appareil que ie ne descriray point icy, pource que pour en dire le vray, ie ne sçaurois pas dire comment cela se passa. Le iour estant arriué auquel le nouueau Roolim, qui est (comme i'ay desia dict) leur souuerain Pontife, deuoit faire son entrée en l'Isle de Mounay, la flotte des Seroos, langoas, et Laulées, et de tels autres vaisseaux de plusieurs sortes qui estoient sur la riuiere au nombre de plus de deux mille, fut rangée en deux files de la distance d'vne lieuë et demie qu'il y peut auoir depuis la ville iusques à l'Isle; de manière que de tous ces vaisseaux joints ensemble se forma la ruë la plus agreable qu'on eust sceu iamais voir. Car chaque vaisseau estoit couuert de rameaux pleins de quantité de fruict; ensemble de toutes sortes de fleurs, et de plusieurs pauesades, estendarts, et bannieres de soye; en quoy ils faisoient tous à l'enuy les vns des autres afin de gaigner leur pretendu Iubilé, et auoir vne pleniere indulgence et absolution de toutes les voleries qu'ils avoient faictes par le passé, sans estre subjects à restitution de chose quelconque. Ce qu'ils faisoient encore pour estre absous d'vne infinité d'autres abus de leur vie abominable, que ie passe soubs silence pour estre vn sujet indigne des deuotes oreilles, et conformes à leurs sectes diaboliques; ensemble aux damnables intentions de ceux qui les ont instituées; car toute leur façon de viure n'est rien que dissolution et desbordement dans les lasciuetez de la chair, comme celle de tous les autres infideles, et heresiarques. Or en la compagnie du Roolim il n'y eust pas dauantage de trente Laulées de rames fort legeres, et qui estoient pleines de quantité de Noblesse. Pour luy il estoit en vn riche Seroo assis dans vn throsne d'argent, au-dessous d'vn daiz de toile d'or, et le Roy à ses pieds, pour n'estre point digne de s'asseoir en vn lieu plus eminent. Tout à l'entour de luy estoient à genoux trente petits enfans, vestus de satin cramoisy auec leurs masses d'argent sur l'espaule, et douze debout habillez de damas blanc, et qui avoient en main des encensoirs, d'où s'exhaloient des parfums fort agreables. En tout le reste des nauires suiuoient deux cent Talagrepos des plus honorables, tels que peuuent estre parmy nous les Archeuesques et autres Prelats, auquel nombre estoient encore compris six ou sept ieunes Princes tous fils de Roys. Et pource que ces nauires estoient si pleins de gens, qu'on ne pouvoit ramer, ils auoient quinze Laulées ou petits esquifs, dans lesquels ramoient les Religieux supremes de ces neuf sectes, pour les mettre à bord plus facilement. En cet équippage, et auec cet ordre le nouueau Roolim partit de la ville de Martabane deux heures auant le iour, et continua sa route entre tous ces vaisseaux, qui s'estendoient en long dessus la riuière, et qui comme i'ay desia dict, faisoient vne maniere de ruë; et d'autant qu'il n'estoit pas encore iour, sur tous ces vaisseaux il y auoit quantité de lanternes de différentes façons, et qu'on auoit mises entre les rameaux qui les couuroient. Si tost qu'il commença de partir le canon tira par trois fois, et à ce signal il se fist vn si grand bruict de cloches et d'artilleries qui se mist à tirer de toutes parts; ensemble de plusieurs sortes d'instruments bien estranges, entremeslez aux cris et aux acclamations de ce peuple, qu'on eust dict d'abord que la mer et la terre s'en alloient se dissoudre. Comme il fut arrivé au quay, où il se devoit desembarquer pour mettre pied à terre, il y fut receu par vne procession solemnelle de certains Roolims, qui viuent dans des solitudes, et qu'ils appellent *Menigrepos*, qui sont comme les Capucins parmy nous; que tous ces Gentils respectent infiniment, à cause que de la façon qu'ils viuent, et selon la reigle qu'ils obseruent, ils font des abstinences beaucoup plus grandes que tous les autres; ceux-cy qui pouuoient estre six ou sept mille de nombre, estoient tous pieds nuds, et vestus de nattes noires, pour monstrer le mespris qu'ils faisoient du monde. Sur la teste ils portoient des cranes et des ossements de morts, et de grosses cordes au col; joint qu'ils avoient le front et le visage tout plastré de bouë, auec vn escriteau où se lisoient ces paroles: « Fange, fange, ne iette point ta veuë sur ta » bassesse; mais sur les recompenses que Dieu a » promises à ceux qui s'auilissent pour le seruir. » Comme ils furent prés du Roolin qui les receut tous fort affablement, ils se prosternerent par terre le visage en bas, et apres auoir esté ainsi penchez quelque temps, le principal d'entre eux regardant le Roolim, « Plaise à celui, dit-il, de la main duquel tu as receu nouuellement vn si grand bien que d'estre chef de tous sur la terre, te rendre si homme de bien et si sainct, que toutes tes œuures luy soient agreables de mesme que l'innocence des enfans qui se taisent quand leur mere leur presente le tetin. » A quoy tous les autres firent response auec vn grand bruict de voix confuses, « Ainsi le permette le haut Seigneur de la main puissante. » Passant outre accompagné de cette Procession, que le Roy gouuernoit luy-mesme pour plus grand honneur, auec quelques-uns des principaux qu'il appella pour cet effect, il s'en alla droict au lieu où estoit enseuely le defunct Roolim, et arriué qu'il fut à son tombeau, il s'y prosterna dessus auec le visage panché sur terre; puis ayant respandu quantité de larmes, il dist d'vne voix triste et dolente, comme s'il eust parlé au mort : « Plaise à celuy qui vit regnant sur la beauté des estoiles, me faire meriter l'honneur d'estre ton esclaue, afin qu'en la maison du Soleil, où tu te recrees maintenant, ie serue comme de la balay à ses pieds; car de cette façon ie seray faict un diamant de si haut prix, que le monde et toutes ses richesses ensemble n'en pourront point égaler la valeur. » A quoy tous les Grepos respondirent : » Masiran fatypam, » c'est à dire, *Dieu le veuille.* Là-dessus prenant un chapelet qui auoit esté au deffunct, et qui estoit dessus son tombeau, il se le mit au col comme vne relique de grand prix, luy donnant d'aumosne six lampes d'argent, deux encensoirs, et six ou sept pieces de damas violet. Cela faict il se retira en son palais, tousiours accompagné du Roy, des Princes, et des Seigneurs du Royaume, ensemble des Prestres qui estoient là assemblez, desquels il se dépestra, puis du haut d'vne fenestre il ietta sur toute l'assemblée des poignées de riz, comme nous auons accoustumé de ietter de l'eau beniste, ce que tout le peuple receut à genoux; et les mains haussées. Cette ceremonie acheuée, qui dura bien prez de trois heures, l'on sonna trois fois vne cloche, auquel signal le Roolim se retira tout à faict. Par mesme moyen les vaisseaux et ceux qui estoient venus dedans se retirerent aussi; à quoy il y eust assez à faire tout ce iour là. Enuiron le soir le Roy prit congé du Roolim, et s'en alla coucher à la ville. Le lendemain matin il tira droict à Pegu qui estoit à dix huit lieuës de là, où il arriua le iour d'apres à deux heures de nuict, sans vouloir permettre qu'on luy fist aucune entrée; pour monstrer l'extreme regret qu'il auoit de la mort du dernier Roolim, à qui l'on disoit qu'il auoit esté grandement affectionné.

CHAPITRE CLXX.

Des choses que fist ce Roy de Brama, apres son arriuée en la ville de Pegu, ensemble du siege qu'il mit deuant Sauady, et de la fortune que nous y courusmes.

Vingt-deux iours apres que ce Roy de Brama fut arriué en la ville de Pegu, voyant que par la lettre que son Ambassadeur lui auoit apportée de la part du Calaminham, il l'aduertissoit qu'il concluroit auec luy touchant la ligue qu'ils desiroient faire ensemble auec le Siamon par l'entremise d'vn Ambassadeur qu'il enuoyroit exprez, et que pour y auoir beaucoup à faire à cela, il ne pouuoit ni l'executer à ce printemps, ny s'en aller assaillir le Royaume d'Auaa comme il desiroit, à cause que la saison n'estoit pas encore propre : il resolut d'enuoyer son frere de laict, à qui, comme i'ai dit cy-deuant, il auoit desia donné le titre de frere legitime au siege de Sauady, qui estoit à cent trente lieuës de là contre le nordest. Ayant donc assemblé vne armée de cent cinquante mille hommes, où il y auoit bien trente mille estrangers de diuerses nations, et cinq mille elephants de combat, sans y comprendre autres trois mille qui portoient le bagage et les viures, le Chaumigrem partit de cette ville auec vne flotte de mille trois cent vaisseaux de rame, le cinquiesme iour du mois de Mars. Le quatorziesme il arriua à la veuë du Sauady, et s'estant mis à l'ancre sur le bord d'vne grande campagne appellée *Gumpalaor,* il demeura là six iours en attendant les cinq mille elephants qui luy venoient par terre, lesquels ne furent pas plustost arriuez qu'il commença d'assaillir la ville, de maniere qu'y ayant mis le siege, il l'attaqua par trois fois en plein iour, et se retira tousiours auec vne grande perte des siens, tant pour la resistence qu'il treuua en ceux de dedans, comme pour l'extreme peine qu'auoient ses gens à planter les eschelles contre les murailles à cause de leur mauuaise situation qui estoit sur des ardoises. Làdessus ayant pris conseil des siens sur ce qu'il auoit à faire, tous ses Capitaines treuuerent à propos de la battre en ruyne auec deux rangs d'artillerie, et ce par le costé le plus foible, adioustans que si l'on pouuoit seulement abbattre vn pan de muraille, l'entrée luy en seroit plus facile et moins dangereuse. Cette resolution ne fut pas plustost prise qu'elle fut executée en diligence. Alors les ingenieux commencerent à faire par le dehors deux manieres de bouleuarts sur vne grande platteforme, de poutres et de fascines qu'ils esleuerent en cinq iours à vne si grande hauteur, qu'elle surpassoit la muraille de plus de deux brasses. Cela faict, à chaque bouleuart on y flanqua vingt grosses pieces d'artillerie, auec lesquelles l'on commença de battre la ville si vertement qu'on abbatit en peu de temps vn pan de muraille : car outre toutes ces pieces de batterie, il y auoit plus de trois cent fauconneaux, qui tiroient sans cesse en intention de tuer seulement ceux qui estoient dans les ruës. Comme en effect ils en firent vn grand dégast, ce qui fut cause que se voyant si mal traittez et qu'on leur tuoit ainsi leurs gens, comme vaillans qu'ils estoient ils se resolurent de vendre leur vie à leurs ennemis le plus cherement qu'ils pourroient ; tellement qu'vn matin ayant faict vne sortie par cette mesme bréche de la muraille que le canon auoit faicte, ils donnerent si vaillamment sur ceux du camp, qu'en moins d'vne heure toute l'armée du Brama fut presque mise en déroute. Or pour ce qu'il estoit desia iour, les Sauadys s'aduiserent de rentrer dans leur ville, laissant morts sur la place huict mille de leurs ennemis. Apres cela ils repareront la bréche en fort peu de temps par le moyen d'vn terre-plein qu'ils y firent de fascines et d'autres materiaux qui estoient si forts qu'ils resistoient à l'artillerie. Alors le Chaumigrem voyant le mauvais succez qu'il auoit eu se resolut de faire la guerre aux lieux d'alentour, et aux frontieres les plus esloignées de la ville, pour cet effect ayant enuoyé Diosanay grand Thresorier du Royaume de qui nous autres Portugais estions esclaues, pour Colonel de cinq mille hommes, il luy commanda de s'en aller en vn certain bourg appellé Valeutay qui fournissoit souvent de prouisions à cette ville assiegée, mais ce voyage luy fut si peu fauorable, qu'auparauant son arriuée en ce lieu par la rencontre qu'il fist de deux mille Sauadys, ses gens furent taillez en pieces en moins de demie heure, sans que de tous ceux que les ennemis attraperent il en demeurast pas vn seul en vie. Neantmoins il plût à nostre Seigneur que durant cette déroute nous nous sauuasmes à la faueur de la nuict, comme iugeant plus à propos d'euiter la mort par la fuitte, que de l'attendre en ce lieu pour y demeurer auec les autres. Ainsi sans sçauoir où nous allions, nous prismes le chemin d'vne montagne fort raboteuse, où nous marchasmes auec vne estrange peine durant trois iours et demy, à la fin desquels nous entrasmes dans certaines plaines fort marescageuses, où nous ne voyons aucun sentier et n'auions pour toute compagnie que des tygres, des serpents, et autres animaux sauuages qui nous faisoient une estrange peur. Mais comme nostre Dieu, que nous inuoquions sans cesse auec les larmes aux yeux, est le vray chemin de la guide des voyageurs, il permist par sa misericorde infinie qu'au bout de ce temps là enuiron la nuict nous apperceusmes vn feu du costé de l'Est. Ainsi continuant nostre voyage vers l'endroit où nous voyons cette lumiere, le lendemain matin nous nous treuuasmes prez d'vn grand lacq, où il y auoit quelques hameaux, qui selon les apparences estoient habitez par des gens fort pauures; de maniere que n'osant point encore nous descouurir, nous nous cachasmes tout ce iour-là en des lieux panchans en precipice, et fort marescageux, et comme il y auoit quantité de glayeuls et de sangsues ils nous mirent tous en sang. Sitost qu'il fut nuict nous nous remismes à marcher iusques au lendemain matin, que nous arriuasmes prez d'vne grande riuiere, le long de laquelle nous marchasmes plus de cinq iours. A la fin auec beaucoup de peine nous gaignasmes vn autre lacq bien plus grand que le premier, sur le bord duquel il y auoit vn petit Temple en façon d'Hermitage, et là mesme nous trouuasmes vn vieil Hermite qui nous fit la meilleure reception qui luy fust possible. Ce vieillard nous permit de nous reposer là 2. iours auec luy, durant lequel temps nous luy demandasmes beaucoup de choses qui faisoient à nostre dessein. A quoy il nous respondit tousiours conformément à la verité, et nous dit : Que nous estions encore dans les terres du Roy de Sauady, que ce lacq se nommoit *Oreguantor*, c'est-à-dire, *baaillement de la nuict*, et l'Hermitage *Quiay vogarem*, ou, *Dieu de secours*. Là-dessus comme nous voulusmes sçauoir de luy la signification de cet abus, mettant la main sur vn cheual d'airain, qui estoit pour Idole dessus l'autel, dit qu'il auoit leu souuent dans vn liure où il estoit traitté de la fondation de ce Royaume, qu'il y auoit 237. ans que ce lacq estant vne grande ville nommée *Ocumchaleu*, vn autre Roy qui s'appelloit *Auaa* l'auoit prise en guerre; que pour recognoissance de cette victoire ses Prestres, par qui il se gouuernoit entierement, luy auoient conseillé de sacrifier à *Quiay Guatur*, Dieu de la guerre tous les petits enfans masles qu'on auoit faict captifs, et qu'en cas qu'il ne le fist, que lors qu'ils viendroient à estre hommes ils regaigneroient le Royaume sur luy. Comme en effect le Roy apprehendant l'euenement de cette menace fit ioindre ensemble tous ces enfans, qui estoient huictante et cinq mille de nombre, et les ayant ainsi assemblez en vn certain iour, qui estoit fort solemnel entr'eux, il les fit tous passer au fil de l'espée par vne grande inhumanité, auec dessein que le lendemain il les feroit brusler en sacrifice. En suitte de ces paroles l'Hermite nous asseura, que la nuict suiuante il suruint vn grand tremblement de terre, et qu'apres cela tant de foudres et de feux du Ciel tomberent sur cette ville, qu'en moins d'vne demie heure elle fût démolie, et tout ce qui estoit dedans reduict à neant; de maniere que par ce iuste chastiment de Dieu, le Roy fut mis à mort auec les siens, sans que pas vn seul en eschapast. En ce nombre furent compris trente mille Prestres qui depuis durant toutes les Lunes nouuelles et pleines ne manquoient point de se faire ouyr en ce lacq, par des cris si espouuentables, que les habitans d'alentour en estoient comme transis de peur et d'effroy ; à cause de quoy tout le païs estoit dépeuplé, sans qu'il y eust seulement que 85. Hermitages en memoire des huictante et cinq mille enfans que le Roy auoit fait tuer sans cause, et par le mauuais conseil de ses Prestres.

CHAPITRE CLXXI.

Continuation du succez que nous eusmes en ce voyage.

Nous passasmes deux iours en cet Hermitage, où, comme i'ay dit cy-deuant, nous fusmes fort bien receus de l'Hermite. Le troisiesme iour d'apres sitost qu'il fut iour nous prismes congé de luy et partismes de ce lieu assez affligez de ce que nous auions ouy dire. Ainsi tout ce mesme iour et la nuict suiuante nous continuasmes nostre chemin le long de la riuiere. Le lendemain matin nous arriuasmes en vn lieu où il y auoit quantité de canes de succre dont nous prismes quelques-vnes, pour n'auoir autre chose de quoy nous pouuoir nourrir. De cette façon nous marchasmes tousiours le long de cette riuiere que nous prismes pour guide de nostre voyage, pource que les apparences nous firent iuger que pour longue qu'elle fust il falloit qu'elle s'engolfast dans la mer, où nous esperions que nostre Seigneur nous susciteroit quelque remede pour nous retirer de ces miseres. Le iour d'après nous arriuasmes à vn village appellé *Pommiseray*, où nous nous cachasmes dans vn bois fort touffu, pour n'estre veus des passans. A deux heures de nuict nous continuasmes nostre dessein, qui estoit de nous en aller ainsi, sans sçauoir où, et de suiure le courant de cette riuiere, resolus que nous estions de prendre en gré la mort s'il plaisoit à Dieu nous l'enuoyer, pour mettre fin à tant de trauaux que nous auions souferts iour et nuict. Et sans mentir les frissonnemens et les visions de cette derniere fin nous trauailloient plus que la mort mesme, par qui nous nous imaginions desia d'estre enlacez. Au bout de dixsept iours que nous continuasmes ce penible et triste voyage, Dieu nous fist la grace que durant l'obscurité d'vne nuict fort pluuieuse nous descouurismes vn certain feu deuant nous vn peu plus loing que la portée d'vn fauconneau. La peur que nous eusmes d'abord que nous ne fussions prez de quelque ville, fit que nous nous arrestasmes tout court vn assez long temps, sans sçauoir à quoy nous resoudre, iusqu'à ce que nous prismes garde que ce feu sembloit se mouuoir, par où nous iugeasmes qu'il y auoit là quelque vaisseau qui alloit de part et d'autre. Comme en effect demie heure apres nous en apperceusmes vn où il y auoit neuf personnes, qui gaignant le bord de la riuiere prez du lieu où nous estions, mirent pied à terre en vne cale qui s'y voyoit en forme de havre. A l'heure mesme ils firent du feu, et commencerent à preparer leur souper, qui ne fut pas plustost prest, qu'ils se mirent à manger avec de grandes demonstrations d'allegresse; à quoy ils employe- rent vn assez long espace de temps. A la fin comme ils se furent bien remplis de breuuage et de viandes, il arriua que tous neuf, parmy lesquels il y auoit trois femmes, se mirent à s'endormir d'vn profond sommeil. Alors voyant que nous ne pouuions trouuer vne occasion plus fauorable que celle-là pour faire nostre proffit de cette aduenture, nous nous en allasmes tous huict fort bellement dans la barque qui estoit à demy dans la vase, et attachée à vn gros pieu ; puis la poussant auec nos espaules nous la mismes à nage, et nous y embarquant tous en diligence, nous commençasmes à ramer à val la riuiere sans faire le moindre bruict. Or pource que le courant de l'eau nous estoit fort fauorable, et que nous auions le vent en pouppe, le lendemain matin nous nous trouuasmes à plus de dix lieuës d'où nous estions partis, à sçauoir auprés d'un Pagode appellé *Quiay Hinarel*, c'est à dire, *Dieu des riz*, où nous ne trouuasmes qu'vn seul homme et trente-sept femmes, la pluspart aagées, et Religieuses de ce Temple, qui nous receurent auec beaucoup de charité, bien qu'à mon aduis elles le fissent plustost pour l'apprehension qu'elles auoient de nous, que pour aucune volonté qu'elles eussent de nous faire du bien. Les ayant enquises de plusieurs particularitez qui faisoient à nostre dessein, elles ne sceurent iamais nous respondre là-dessus, alleguant pour toutes raisons, Qu'elles estoient de pauures femmes, qui par vn vœu solemnel auoient renoncé aux choses du monde, sans bouger de ces enclos où elles s'occupoient à prier sans cesse *Quiay Ponuedée*, qui faisoit mouuoir les nuës du Ciel, afin qu'il lui plût leur donner de l'eau pour rendre fertiles leurs terres, et leur donner abondance de riz. En ce lieu nous passasmes tout le iour à calfustrer nostre barque, et nous pouruoir par mesme moyen aux despens de ces Religieuses, de riz, de succre, de fassioles, d'oignons, et de quelques chairs fumées dont elles estoient assez bien fournies. Estant partis de ce lieu à vne heure de nuict, nous nous mismes à la rame et à la voile, et continuasmes nostre route 7. iours entiers, sans que pas un de nous osast aborder la terre, pour l'extréme apprehension que nous auions de quelque desastres qui nous pouuoit venir aisément de quelqu'vn de ces lieux que nous voyons le long de la riuiere. Mais comme il est impossible d'éuiter çà bas ce qui est determiné là haut, sur le poinct que nous continuions tousiours nostre route, tous confus que nous estions, et en alarme perpetuelle à cause du danger qui estoit present à nos yeux, tant pour les choses que nous voyons, que pour celles dont nous estions en deffiance, nostre mauuaise fortune voulut qu'vn peu auant le iour, comme nous passions par l'emboucheure d'vn canal, trois Paraos de Corsaires nous attaquerent auec tant de violence, et tant de differentes sortes de dards qu'ils firent pleuuoir sur nous, qu'en moins de deux *Credo* ils nous tuerent trois de nos compagnons. Quant à nous autres cinq qui estions restez, nous nous iettasmes incontinent dans la mer tous ensanglantez à cause des blessûres que nous venions de receuoir, dont il y en eust deux autres qui moururent presque depuis. Comme nous fusmes à terre, nous nous cachasmes à trauers le bois, où nous passasmes tout ce iour là sans cesser les larmes aux yeux de nous plaindre de la disgrace presente, apres tant de diuerses fortunes que nous auions couruës par le passé. Ainsi tous blessez que nous estions, partant de là auec plus d'esperance de mort que de vie, nous suiuismes nostre chemin par terre, auec tant de trauail et d'irresolution sur ce qu'il nous falloit faire, que nous nous mismes à pleurer plusieurs fois, sans nous pouuoir consoler l'vn l'autre, pour le peu d'apparence que nous voyons qu'il nous fût possible de sauuer nos vies par aucuns remedes humains. Comme nous estions reduicts en ce déplorable estat, auec deux de nos compagnons prests à mourir de cinq que nous estions restez, il plût à nostre Seigneur (de qui le secours supplée ordinairement à nos defauts) qu'en ce mesme lieu où nous estions, sur le bord de l'eau il vinst à passer fortuitement vn vaisseau, où il y auoit vne femme Chrestienne appellée *Violente*, qui estoit mariée à vn payen à qui appartenoit ce vaisseau qu'elle auoit faict charger de cotton pour l'aller vendre à la ville de Cosmin. Cette femme ne nous apperceut pas plustost, qu'esmeuë de compassion en nous regardant, *Iesus!* s'escria-t'elle, *voila des Chrestiens qui se rencontrent devant mes yeux!* Cela dict elle fist aborder son nauire au mesme lieu où nous estions, et sautant à terre en la compagnie de son mary, qui tout Payen qu'il estoit, ne laissoit pas de se porter d'inclination à la charité, ils se mirent tous deux à nous embrasser les larmes aux yeux, et nous firent embarquer avec eux. En mesme temps cette vertueuse Dame prist le soing de faire panser nos playes, et nous pouruent de vestemens le mieux qu'elle pût, nous rendant plusieurs autres bons offices de vraye Chrestienne, et fort charitable. Alors toute apprehension laissée à part, nous partismes de ce lieu en diligence, et cinq iours apres Dieu nous fist la grace d'arriuer à la ville de Cosmin, qui est vn port de mer au Royaume de Pegu, où dans la maison de cette bonne femme Chrestienne nous fusmes si bien pansez, qu'en fort peu de temps nous nous trouuasmes bien gueris de toutes nos playes. Or comme il n'y a iamais de fautes aux graces que Dieu a faictes à ses creatures, il luy plût qu'en ce mesme temps se trouuast en ce port vn nauire, duquel estoit maistre Louys de Montarroyo, qui estoit sur le poinct de faire voile à Bengala. Tellement qu'apres auoir pris congé de nostre hostesse, que nous remerciasmes de tant de bien-faicts dont nous luy estions obligez, nous nous embarquasmes auec ce mesme Louis de Montarroyo qui nous fist encore un bon traictement, et nous pourueust en abondance tous cinq de ce qui nous estoit necessaire. A nostre arriuée au port de Chatigan au Royaume de Bengala, où il y auoit alors plusieurs Portugais, ie m'embarquay incontinent dans la Fuste d'vn certain marchand appellé Fernand Caldeyra, qui s'en alloit faire voile à Goa, où Dieu me fist la grace d'arriuer en bonne santé. Là ie treuuai Pedro de Faria, qui auoit esté Capitaine de Malaca, et qui estoit celuy-là mesme par qui i'auois esté enuoyé Ambassadeur à Martabane vers le Chaubainhaa, comme i'ay dit cy-deuant. D'abord ie luy rendis compte fort exactement de tout ce qui s'estoit passé; de quoy il me tesmoigna d'estre fort triste, et me pourueut de quelques commoditez; à quoy sa conscience et sa generosité l'obligeoient pour les biens que i'auois perdus à son occasion. Vn peu apres pour ne laisser passer la saison, ie m'embarquay en intention de m'en aller du costé du Sud, et d'espreuuer de rechef la fortune au Royaume de la Chine et du Iappon, pour voir si en ces contrées où i'avois tant de fois perdu la cappe, ie n'y en pourrois point treuuer vne meilleure que celle que i'avois sur moy.

CHAPITRE CLXXII.

Comme estant party de Goa ie fis voile à Zunda, et des choses qui s'y passerent durant un Hyuer que i'y demeuray.

M'ESTANT embarqué à Goa dans vn Iunco de Pedro de Faria qui s'en alloit en marchandise à Zunda, i'arrivay à Malaca le mesme iour que mourut Ruy Vaz Pereyra, dit Marramaque, qui estoit pour lors Capitaine de la forteresse. Comme ie fus party de ce lieu pour m'en aller à Zunda, au bout de dix-sept iours i'arriuay au port de Banta, où les Portugais ont accoustumé de faire leur commerce. Et pour ce qu'en ce temps-là dans tout le pays il y auoit grande disette de poivre, et que nous en allions chercher, nous fusmes contraincts de passer là l'Hyuer auec resolution de nous en aller à la Chine l'année suiuante. Il y auoit desia bien prés de deux mois que nous estions en ce port, où nous faisions paisiblement nostre commerce, lors que de la part du Roy de Demaa, Empereur de toute l'Isle de Iaoa, Angenia, Bale, Madura, et de toutes les autres Isles de cet Archipelago, vint aborder en cette contrée vne femme veufue, appellée *Nhay Pombaya,* aagée d'enuiron soixante ans, qui venoit faire vne Ambassade au *Tagaril,* Roy de Zunda, qui estoit encore son vassal comme les autres Roys de cette Monarchie, pour luy dire que dans le terme d'vn mois et demy il eust à se treuuer en personne à la ville de *Iapara,* où il faisoit alors ses preparatifs pour s'en aller attaquer le Royaume de Passeruan. Lors que cette femme prist terre en ce port, le Roy la fut chercher en personne iusques dans le mesme vaisseau où elle estoit, d'où il la mena dans son Palais auec vne grande pompe, et la mist en la compagnie de sa femme afin d'estre mieux traictée, tandis que de son costé il se retira en vn autre departement loin de là, pour luy faire plus d'honneur. Or afin que l'on sçache la raison pourquoy cet Ambassade se faisoit plustost par vne femme que par vn homme, il faut remarquer que ç'a esté tousiours la coustume des Roys de ce Royaume, de traicter par l'entremise des femmes les choses les plus importantes à leur Estat, principalement où il s'agist de la paix; ce qu'ils n'obseruent pas seulement aux messages particuliers, que les Seigneurs enuoyent faire aux vassaux tel que fut celuy-cy; mais encore en matiere d'affaires publiques et generales qui se font par Ambassade de Roy à Roy. Toute la raison qu'ils rendent de cela, c'est, « Que Dieu a donné plus de douceur et d'inclination à la courtoisie, et mesmes plus d'auctorité aux femmes qu'aux hommes qui sont seueres à ce qu'ils disent, et par consequent moins agreables à ceux vers lesquels ils sont enuoyez. Or c'est leur opinion que chacune de ces femmes que les Roys ont accoustumé d'enuoyer en matiere d'affaires de consequence, doit auoir certaines qualitez pour bien faire vne Ambassade, et s'acquitter dignement de la commission qui leur est donnée. Car premierement ils disent, « Qu'il ne faut pas qu'elle soit fille, de peur que l'estant elle ne vienne à perdre l'honneur en sortant de sa maison, à cause que tout ainsi que par sa beauté elle contente vn chacun, pour cette mesme raison elle pourroit estre vn motif de discorde et d'inquietude aux choses où l'union est requise, plustost qu'un acheminement à la concorde, et à la paix qu'on pretend faire. » Ils adjoustent à cela, « Qu'il faut qu'elle soit mariée, ou du moins vefue apres un legitime mariage : que si elle a eu des enfans de son mary, il faut qu'elle aye vn certificat comme quoy elle les a tous allaictez de sa propre mammelle, alleguant là-dessus, que celle qui engendre des enfans, et qui ne les nourrist si elle peut, est plustost vne mere charnelle, voluptueuse, corrompuë et deshonneste, que non pas vne veritable mere.» Aussi cette coustume s'obserue si exactement en tout ce pays, principalement entre les personnes de qualité, que si vne mere a vn enfant qu'elle ne puisse nourrir pour quelque cause valable, il faut qu'elle tire vne attestation de cela, comme d'vne chose grandement serieuse et importante à son honneur. Que si estant encore ieune il luy arriue de perdre son mary, et de rester vefue, pour mieux r'affiner sa vertu il faut qu'elle entre en Religion, afin de monstrer par là que ce qu'elle s'est mariée autresfois, n'a pas tant esté pour le plaisir qu'elle pouuoit attendre du mariage, que pour auoir des enfans, conformément à la pureté et à l'honneste intention auec laquelle Dieu mit ensemble les deux premiers mariez dans le Paradis de la terre. Dauantage, afin qu'il n'y ait rien à redire à la pureté de leur mariage, et qu'il soit du tout conforme à la Loy de Dieu, ils disent, Que depuis qu'vne femme est enceinte elle ne doit plus auoir de communication auec son mary, pource que sa compagnie ne peut estre alors que deshonneste et sensuelle. A ces conditions ils en adjoustent beaucoup d'autres que ie passe sous silence, pource qu'il me semble que i'aurois fort peu de raison d'vser de prolixité en des choses que i'estime dignes d'excuse si ie ne les déduis pas tout au long. Cependant apres que Nhay Pombaya eust fait son Ambassade au Roy de Sunda, comme i'ay dict cy-deuant, et traicté auec luy sur le suiet qui l'amenoit là, elle partit incontinent de cette ville de Banta, et le Roy fist ses preparatifs en fort peu de temps. En suitte de cela il se mist à la voile auec vne flotte de trente Calaluzes, et dix Iurupangos bien fournis de munitions et de viures, dans lesquels quarante vaisseaux il y auoit sept mille hommes de combat, sans y comprendre la chourme des gens de rame. Parmy ce nombre se treuuerent quarante Portugais, de quarante-six que nous pouuions estre en tout, à cause dequoy il nous fist de particulieres faueurs pour le faict de nos marchandises, et confessa publiquement, qu'il nous sçauoit fort bon gré de ce que nous le suiuions, si bien que nous eussions eu peu de raison de recourir aux excuses, pour ne le point accompagner en cette guerre.

CHAPITRE CLXXIII.

Comme le Pangueyram de Pate Empereur de Iaoa et Roy de Demaa, assisté d'vne grosse armée s'en alla contre le Roy de Passeruan; et de ce qui en arriua.

Ce Roy de Zunda estant party de ce port de Banta le cinquiesme iour du mois de Ianuier de l'année mille cinq cent quarante-six, arriua le dix-neufuiesme à la ville de Iapara, où le Roy de Demaa Empereur de cette Isle Iaoa faisoit pour lors ses preparatifs, et auoit sur pied vne armée de huict cent mille hommes. Ce Prince aduerty de la venuë du Roy de Zunda, qui estoit son beau-frere et son vassal, l'enuoya recevoir dans son Nauire par le Roy de Panaruca Admiral de la flotte, lequel amena auec luy cent soixante Calaluzes de rames, et nonante Lanchares pleines de Luffons de l'Isle Borneo. Auec toute cette compagnie il arriua où estoit le Roy, qui le receut fort courtoisement, et luy fit de l'honneur plus qu'à tous les autres. Quatorze iours apres que nous fusmes arriuez à cette ville de Iapara, le Roy de Demaa s'en alla au Royaume de Passaruant, et s'embarqua pour cet effect auec vne flotte de deux mille et sept cent voiles, où il y auoit mille Iuncos de haut bord et tout le reste estoient nauires de rame. L'vnziesme de Feurier il arriua à la riuiere de *Hicandurée*, qui est à l'entrée de la barre ; et d'autant que le Roy de Panaruce Admiral de la flotte s'apperceut que les gros vaisseaux ne pouuoient s'en aller surgir à la ville, qui estoit à deux lieuës de là, et ce à cause des bancs de sable qu'il y auoit en quelques endroits de la riuiere, il fit desembarquer tous ceux qui estoient dedans, et les autres vaisseaux de rame s'en allerent moüiller l'ancre à la rade de la ville en intention de s'en aller brusler les nauires qui estoient au port, comme en effect il en vint à bout. En cette armée estoit en personne l'Empereur *Pangueyran,* accompagné de tous les grands du Royaume ; le Roy de Zunda son beau-frere qui estoit General d'armée s'en alla par terre auec la pluspart des siens ; et apres qu'ils furent tous arriuez en vn certain lieu où l'on deuoit asseoir le camp qui estoit du costé des murailles, deuant que passer outre l'on eut soing de les fortifier, et de placer le canon aux lieux les plus commodes pour battre la ville ; auquel travail l'on employa la pluspart du iour. Quant à la nuict suiuante on la passa en resiouyssances et à faire bon guet, iusqu'à ce qu'aussitôt qu'il fut iour, chaque Capitaine s'appliqua à ce à quoy son deuoir l'obligeoit, tous ensemble ne cessant de s'employer à ce que les ingenieurs disoient qu'il leur faloit faire; de maniere que ce second iour toute la ville fut enuironnée de palissades fort hautes auec leurs terre-pleins fortifiés de grosses poutres. Sur quoy l'on flanqua plusieurs grosses pieces d'artillerie, où estoient comprises des aigles et des lyons de metail que les Achems et les Turcs auoient fondus par l'inuention d'vn certain Renegat natif du Royaume d'Algaruës, appartetenant à la Couronne de Portugal; et à cause que ce meschant auoit changé de creance, il se faisoit appeller *Coia Geinal*: car pour le regard du nom qu'il auoit auparauant lors qu'il estoit Chrestien, ie suis bien content de le passer soubs silence pour l'honneur de sa famille, attendu qu'il n'estoit pas de basse extraction. Cependant les assiegez ayant pris garde combien mal aduisez ils auoient esté de permettre que les ennemis trauaillassent deux iours entiers à se fortifier paisiblement dans leur camp, sans qu'aucun les empeschast; et tenant cela pour vn grand affront, ils demanderent à leur Roy de leur permettre de les sonder vn peu la nuict suiuante, alleguant qu'il estoit à croire que des hommes lassez du trauail ne pouuoient pas s'ayder beaucoup de leurs armes, ny resister à cette premiere impetuosité. Le Roy qui commandoit alors au Royaume de Passaruan estoit fort ieune, et doüé de plusieurs belles qualitez qui le faisoient grandement aymer de tous ses subjects : car à ce qu'on disoit de luy, il estoit grandement liberal, nullement tyran, de bon naturel enuers le menu peuple, amy des pauures, et si charitable enuers les vefues, que si elles luy donnoient aduis de leurs incommoditez il les secouroit à l'instant, et leur faisoit plus de bien qu'elles ne luy en demandoient. Outre ces perfections qui le rendoient ainsi recommandable, il en possedoit quelques autres si conformes au dessein des hommes, qu'il n'y auoit celuy qui pour son seruice n'eust exposé mille fois sa vie s'il en eust esté besoing. D'ailleurs il n'auoit auec luy que des gens d'eslite, et toute la fleur de son Royaume, sans y comprendre plusieurs estrangers, ausquels il faisoit aussi beaucoup de biens, d'honneurs, et de graces, qu'il accompagnoit de bonnes paroles, qui sont les moyens par lesquels on gaigne si fort les volontez des petits et des grands, que des brebis on en faict des lyons; comme au contraire s'y comportant autrement, des genereux lyons on en faict des aigneaux timides. Ce Roy donc examinant ce congé que ces gens luy demandoient, et s'en remettant à l'aduis des plus vieux et plus prudents Conseillers d'Estat qu'il eust auec luy, il y eut vne grande contention sur le succez que pourroit auoir cette affaire; mais en fin par le conseil de tous en general il fut arresté : « Qu'en cas que la fortune leur fust tout à faict contraire en cette sortie qu'ils vouloient faire contre leurs ennemis, ce leur seroit encore vn mal beaucoup moindre, et vn affront moins considerable, que de voir le Roy ainsi assiegé par des gens de peu, qui contre toute raison les vouloient tous reduire par la force à quitter la creance en laquelle ils auoient esté esleuez par leurs peres, pour en embrasser vne autre nouuelle par la suscitation des Farazes qui ne mettoient leur salut qu'à lauer les parties du derriere, à ne manger point de chair de pourceau, et à espouser sept femmes. Par où les mieux aduisez pouuoient iuger aisément que Dieu leur estoit si fort ennemy, et qu'il ne les deuoit point assister en aucune chose, puisque par vne si grande offense soubs vn pretexte de religion, et auec des raisons si pleines de contradiction ils vouloient que leur Roy se fist Mahometan par la force, et se rendist leur tributaire. » A ces raisons ils en adiousterent plusieurs autres que le Roy et ceux qui estoient là presents treuuerent si bonnes qu'ils s'y accorderent tous d'vn commun consentement, marque euidente que ce n'est pas vne chose moins naturelle à vn bon subject d'exposer sa vie pour son

Roy, qu'à vne femme vertueuse de conseruer sa chasteté pour le mary que Dieu luy a donné. Cela estant, dirent-ils, il ne faut pas differer dauantage vne chose de si grande importance, mais bien tous en general et chacun en particulier, faire voir par cette sortie l'extreme affection dont nous sommes portez enuers nostre bon Roy, et ce qu'il doit deferer au sang de ceux qui sçauront le mieux combattre pour sa deffense; ce qui est tout l'heritage que nous desirons de laisser à nos enfans. Sur quoy il fut resolu que la nuict suiuante ils feroient vne sortie sur les ennemis.

CHAPITRE CLXXIV.

De la sortie que firent sur les ennemis douze mille Amoucos ou Soldats determinez, et de ce qui en arriva.

Deux heures apres la minuict estant passées, comme l'allegresse qu'apportoit cette sortie à tous les habitans de la ville estoit generale, ils n'attendirent point qu'on les appellast, mais auant le temps que le Roy leur auoit limité, ils s'assemblerent tous en vne grande place appellée

Passeuian, qui n'estoit pas loing du Palais Royal où ceux du païs auoient accoustumé de tenir leurs foires, et d'y faire leurs festes plus remarquables aux principaux iours destinez à l'inuocation de leurs Pagodes. Le Roy cependant merueilleusement content de remarquer en eux vne si grande ardeur de courage, de tous les 70. mille habitans qu'il y auoit dedans la ville, il en tira seulement douze mille pour cette entreprise, et les diuisa en quatre compagnies, chacune de trois mille, desquelles fut General vn oncle du Roy, frere de sa femme appellé *Quiay Panarican,* homme que l'experience auoit rendu sçauant en de semblables entreprises, et qui marchoit à la teste de la premiere compagnie. De la seconde estoit Capitaine vn autre Mandarin des principaux, appellé *Quiay Ancedaa.* De la troisieme vn estranger Champaa de nation, natif de l'Isle Borneo et de qui le nom estoit *Necodaa Soolor,* et de la quatriesme vn autre appellé *Panbacaluio,* tous bons Capitaines, fort vaillans et grandement experimentez au fait des armes. Comme ils furent tous prests, le Roy leur fit derechef vne autre harangue, par laquelle il leur representa succinctement la grande confiance qu'il auoit tousiours euë en eux pour le regard de cette entreprise, et leur asseura que son cœur se reposoit en chacun d'eux, comme ceux des quatre Capitaines et de tous ses autres bons subjects ne dépendoient que du sien. Apres cela, pour les mieux encourager et les fortifier en sa bienueillance, il prit vne coupe d'or dans laquelle il les fit boire, demandant pardon à ceux ausquels il n'en pouuoit faire autant, parce que le temps ne le luy permettoit pas. Ces paroles de courtoisie animerent si fort les soldats comme ils virent qu'ils auoient vne si grande demonstration de l'amitié de leur Roy, que sans vser d'autre delay la pluspart d'entr'eux se firent oindre avec du *minhamundi*, qui est vne certaine confection d'vne huile odorante de laquelle ces peuples ont accoustumé de se frotter, quand ils ont fait vne derniere resolution de mourir, et ceux-cy sont appellez ordinairement *Amoucos*. L'heure estant venuë en laquelle se deuoit faire cette sortie, de douze portes de la ville il y en eut quatre d'ouuertes par chacune desquelles sortit vn des quatre Capitaines auec sa compagnie en enuoyant pour cet effect pour espions du camp, six Orobalons des plus valeureux que le Roy eust auec luy, lesquels il auoit honorez de nouueaux tiltres, ensemble des faueurs les plus signalées qui ont accoustumé de donner du courage à ceux qui en manquent, et de l'accroistre en ces autres qui sont naiz auec quelque resolution. Les quatre Capitaines marcherent vn peu apres les six espions, et s'allerent ioindre tous ensemble en vn certain lieu où ils auoient à combattre les ennemis. A l'heure mesme donnant dans leur gros auec vne merueilleuse impetuosité, pour venir à bout de l'entreprise qu'ils auoient faicte, ils combattirent si vaillamment, qu'en moins d'vne heure de temps que dura le combat, les 12. mille Passaruans laisserent morts sur la place plus de trente mille ennemis, sans y comprendre les blessez qui furent en beaucoup plus grand nombre, et dont il y en eut plusieurs qui moururent depuis. Dauantage ils firent leurs prisonniers de guerre trois Roys, et huict *Pates*, qui sont comme les Ducs parmy nous; mesme le Roy de Zunda, auec qui nous autres quarante Portugais estions, ne pût si bien faire qu'en se sauuant il ne fust blessé de trois coups de lance, outre qu'il y en eut qui moururent pour sa deffence, et la pluspart des autres furent blessez. Ainsi le camp se treuua en vn si grand desordre qu'il fut presque tout perdu; joinct que le Pangueyram de Pate, Empereur de Demaa fût blessé d'vn coup de dard, et contraint de se jetter dedans l'eau où peu s'en falut qu'il ne se noyast. Par où l'on peut voir combien est grande la force de quelque nombre de soldats resolus et determinez, contre des gens qu'ils surprennent lors qu'ils ne pensent à rien moins : car auparauant que ceux cy eussent pensé à eux, et les Capitaines mis en ordre leurs soldats, ils furent tous mis en déroute par deux fois. Le lendemain, si tost que le iour leur donna moyen de se recognoistre, et de s'esclaircir de la verité de cette affaire, les Passaruans firent retraitte en la ville, où ils treuuerent qu'ils n'auoient perdus des leurs que neuf cent soldats, et deux ou trois mille blessez. Or vn si heureux succez fit naistre depuis dans les cœurs des assiegez tant de hardiesse, et de confiance, que cela fût cause de plusieurs grands desastres qui leur aduinrent.

CHAPITRE CLXXV.

De la nouuelle sortie que fit le Roi de Passaruan contre les ennemis qui le tenoient assiegé, et du succez de cette bataille.

Il n'est pas à croire combien de tristesse et d'ennuy apporta au Roy de Brama le desastre du iour precedent, tant pour le grand affront qu'il auoit receu de ceux de dedans par la perte de ses gens; que pour le mauuais succez du commencement de ce siege, de quoy il donna plu-

sieurs attaques à nostre Roy de Canda, comme s'il
eust voulu luy en imputer la faute, disant que
cette infortune estoit aduenuë par le mauuais
ordre qu'il auoit mis aux sentinelles. Or apres
qu'il eut commandé qu'on eust à panser les blessez, et à mettre en terre les morts, il fit appeler
au conseil tous les Roys, Princes, et Capitaines
qui auoient des gens sur mer et sur terre, ausquels il dist : « Qu'il auoit faict un vœu solemnel
et un serment sur le Mozapho de Mahomet, qui
est leur Alcoran, ou le liure de leur loy, de ne
point leuer le siege de deuant cette ville qu'il ne
l'eust entierement démolie, ou bien d'y perdre
tout son Estat. » A quoy il adjousta : « Qu'il protestoit de faire mourir quiconque s'opposeroit à
cette resolution, quelque raison qu'il luy pust
alleguer là dessus, » ce qui fist naistre une si
grande terreur dans les esprits de tous ceux qui
l'escoutoient, que pas vn d'eux n'osa contredire
à sa volonté; au contraire ils l'approuuerent infiniment et se mirent à la loüer. Il vsa donc de
toute sorte de diligence pour faire fortifier le
camp de rechef de bons fossez, de fortes pallissades, et de plusieurs bouleuards de pierre et de
charpenterie, garnis par dedans de leur plate-
forme, où il fit mettre quantité de canon de
fonte, si bien que par ce moyen le camp fût plus
fort que la ville mesme, à cause de quoy les as-

siegez disoient souvent par manière de raillerie aux sentinelles de dehors : « Qu'il falloit bien dire que c'estoient des courages grandement lasches, puisqu'au lieu d'assieger leurs ennemis en vaillans hommes, ils s'assiegeoient eux-mesmes comme de foibles femmes, et partant qu'ils s'en retournassent en leurs maisons, où ils auroient bien plus d'acquest à filer leurs quenouilles que non pas à faire la guerre. » Et voyla les brocards qu'ils leur donnoient ordinairement, dont ceux de dehors se tenoient pour grandement offensez. Il y auoit bien prés de trois mois que cette ville estoit assiegée, sans que les ennemis eussent beaucoup aduancé; car durant tout ce temps-là qu'il y eut cinq batteries et trois assauts qui y furent donnez, auec plus de mille eschelles plantées contre les murailles, les assiegez se defendirent tousiours en hommes courageux et vaillants, se fortifiant par des contre-murs qu'ils opposoient à la brèche, qui estoient faits de pieces de charpenterie qu'ils tiroient des maisons; de manière que toute cette puissance du Pangueyram, qui estoit (comme i'ay desia dict) de quelques huict cent mille hommes dont le nombre estoit bien diminué, ne fut pas capable de le faire entrer dedans; de quoy commençant à se lasser le principal Ingenieur du Camp, qui estoit vn renegat de Maillorque, et voyant que cette affaire n'auoit point vn succés conforme à ce qu'il en auoit mis dans l'esprit du Roy, il se resolut d'y proceder par vne autre voye bien differente. Pour cet effect d'vn grand amas de terre et de fascine il en fist vne manière de caualier, qu'il fortifia de six rangs de poutres, et fist si bien qu'en neuf iours il l'esleua par dessus la muraille de la hauteur d'vne brasse. Cela faict il y flanqua dessus quarante grosses pièces d'artillerie, ensemble quantité de berches et fauconneaux auec quoy il se mist à battre la ville de telle sorte, que les assiegez en receuoient beaucoup de dommage. Cependant le Roy voyant bien que cette inuention de l'ennemy estoit la chose du monde qui le pouuoit le plus incommoder dans sa ville, se resolut par le moyen de dix mille Conjurez qui s'offrirent à luy pour cela, et ausquels pour marque d'honneur il donna le tiltre de *Tygres du monde*, d'attaquer les ennemis qui estoient dessus ce fort, chose qui ne fut pas plustost resoluë que l'execution s'en ensuiuit, et mesme pour les mieux encourager le Roy voulut estre leur Capitaine, combien que toute cette entreprise se gouvernast par les quatre *Panaricons*, qui auoient desia commandé en la premiere sortie qu'ils auoient faicte. S'estant donc mis en campagne vn matin à Soleil leué, ils combattirent si vaillamment sans apprehender toute cette grande force d'artillerie, qu'en moins de deux ou trois *Credo* ils gaignerent le haut, où ils attaquerent les ennemis qui estoient plus de trente mille de nombre, et les deffirent tous en moins d'vn quart d'heure. Le *Pangueyram de Pate* voyant cette déroute des siens, y accourut en personne auec vingt mille soldats determinez, en intention de faire quitter aux Passeruans le fort qu'ils venoient de gaigner. Mais ils le defendirent si vaillamment, qu'il n'y a point de paroles qui soient capables de l'exprimer. Cette sanglante bataille ayant duré iusques au soir, le Passeruan qui auoit desia perdu la pluspart des siens, fist sa retraicte par dedans la muraille où s'alloit joindre le fort; mais auparavant il y fist mettre le feu par six ou sept endroicts, qui se prenant aux barils de poudre dont il y en auoit quantité, s'alluma en diuers endroicts, sans que l'on en pût approcher de la portée d'vne arbaleste, accident qui fut fauorable aux assiegez, pource que les vns ne pouvoient joindre les autres; cela fut cause qu'à cette fois la ville fut preseruée du grand danger qui la menaçoit : neantmoins les Passeruans n'en furent pas quittes à si bon marché, que de dix mille soldats qui estoient de cette conjuration, il n'en demeurast six mille de morts sur le haut de la platte-forme. Il est vray que l'on tient que du costé du Pangueyram il y en eust plus de quarante mille de tuez, au nombre desquels estoient compris trois mille estrangers de diuerses nations, la pluspart Achems, Turcs et Malabares, ensemble douze Pates ou Ducs, cinq Roys, et plusieurs autres Capitaines et hommes de condition.

CHAPITRE CLXXVI.

Comme vn certain Portugais qui s'estoit faict renegat, fut arresté prisonnier fortuitement, et du compte qu'il nous rendit de sa vie.

Toute cette nuict se passa de part et d'autre auec beaucoup de gemissemens, de cris, et de plaintes; car il ne fut pas possible de se reposer durant ce temps-là, à cause que ceux de dedans et de dehors l'employerent presque tout à panser les blessez, et à ietter les morts dans la riuiere. Le lendemain si tost qu'il fut iour, le Pangueyram de Pate voyant le mauvais succés que son entreprise auoit euë iusques alors, et cela neantmoins n'estant pas capable de l'en faire desister suiuant le conseil que luy en donnoient les siens, il fist de rechef apprester tous ses soldats pour assaillir de nouueau la ville, se faisant accroire que les assiegez ne pouuoient pas auoir beaucoup de forces pour se defendre, puisque leurs murailles estoient abbatuës en diuers endroicts, leurs munitions faillies, la pluspart de leurs gens mis à mort, et le Roy grandement blessé, du moins on en faisoit courir le bruit. Or pour mieux s'asseurer de cela, il fist mettre en embuscade quelques soldats en certaines aduenuës par où il auoit eu aduis que deuoient passer quelques habitans de la frontiere, afin d'apporter à la ville des œufs, de la volaille, et autres choses semblables necessaires à la guerison des malades. Or ceux-là mesmes qu'il auoit enuoyé pour cet effect, arriuerent au camp vn peu deuant qu'il fust iour, et y amenerent neuf prisonniers, entre lesquels il y auoit vn Portugais. Or apres qu'on en eust escarté les huict à force de gehennes et de tourments, quand on vinst au Portugais qui estoit le dernier, en intention de luy en faire autant qu'aux autres, il s'imagina que s'il declaroit à l'ennemy qui il estoit, on luy feroit possible quelque grace; tellement qu'à la premiere torture il s'escria, *Qu'il estoit Portugais*, sans que iusqu'alors il eust sceu ny qui nous estions, ny que nous l'eussions recognû nous-mesmes. Notre Roy Zunda n'eut pas plustost ouy cette declaration, qu'il commanda qu'on ne luy donnast pas dauantage la gehenne, et nous fist appeler à mesme temps pour sçauoir si ce que nous disoit ce malheureux estoit veritable. Alors six que nous estions des moins blessez que les autres, nous en allasmes à luy, et le treuuant bien en peine, iugeasmes d'abord à sa mine qu'asseurément il estoit Portugais; de maniere que nous prosternans tous aux pieds du Roy, nous le priasmes tous ensemble qu'il luy plût nous donner cet homme, luy representant que pour estre de nostre nation le deuoir nous obligeoit de le luy demander. Comme en effect il nous l'octroya tres-volontiers, et pour remerciement nous luy baisasmes les pieds. Apres qu'il nous l'eust donné, nous le menasmes au mesme lieu où nos compagnons estoient couchez à cause de leurs blessures, et voulusmes sçauoir de luy s'il estoit veritablement Portugais; pource qu'il estoit si triste que nous ne le pouuions pas bien cognoistre, non pas mesme par sa parole. Mais apres qu'il fut reuenu à luy, et qu'il eut respandu quantité de larmes, « Seigneurs et freres, nous dit-il, ie vous aduise que ie suis Chrestien, et Portugais de pere et de mere, bien que comme vous voyez ie n'en porte point l'habit, mon pays est Penamocor, et mon nom Nuno

Rodriguez Taborda; ie sortis de Portugal en l'année mil cinq cent treize apres m'estre enroollé en l'armée du Mareschal, et dans le vaisseau de sainct Iean, duquel estoit Capitaine Ruy Diaz Pereyra. Or pource qu'en ces premiers commencemens ie me portay tousiours dans les occasions en homme de bien, Alphonse d'Albuquerque (que Dieu reçoiue en sa gloire) me fist Capitaine d'vn des quatre brigantins qu'il auoit aux Indes en ce temps-là. Depuis ie me treuuay auec luy à la prise de Goa et de Malaca. Auec cela ie trauaillay aux fondations d'Ormuz et de Calecut, sans iamais manquer à pas vne des occasions qu'eust en ce temps-là ce fameux Capitaine, à qui tant de nations differentes donnent aujourd'huy le tiltre de grand. Ie continuay ces mesmes preuues de mon courage durant le gouuernement de Lopo Suarez, de Diego Lopez de Siqueyra, et des autres Gouuerneurs des Indes iusques à Dom Henry de Menesez, qui succeda à cette charge par la mort du Vice-Roy Vasco de Gama. Cependant comme à l'entrée de son gouuernement il fist General d'vne flotte de douze vaisseaux François de Sa, dans lesquels il y auoit trois cent hommes pour s'en seruir à bastir un fort à Zunda, pour la crainte que l'on auoit alors des Espagnols, qui en ce temps-là s'en alloient aux Molucques par la nouuelle route que

Magellan leur auoit descouuerte; en cette flotte ie fus faict Capitaine d'vn brigantin appellé Saint-George, où ie commandois à vingt-six hommes fort courageux et vaillants. Nous partismes donc de la barre de Bintan, au temps que Pedro de Mascarenhas la démolist. Mais comme nous arriuasmes à l'Isle de Lingua, nous fusmes battus d'vne si furieuse tempeste, que n'y pouuant resister il nous fut force d'aborder à Iaoa, où de sept Nauires de rames que nous estions il s'en perdit six, et mes peschez voulurent que le mien fust de ce nombre; en quoy ce qu'il y eust de plus malheureux pour moy, fut que la tourmente ietta mon brigantin en la coste de ce pays où ie demeure il y a vingt-trois ans, sans que de tous ceux qui estoient dans le vaisseau il s'en eschappast que trois de mes compagnons, du nombre desquels ie suis demeuré seul en vie; et plût à Dieu qu'il m'eust faict la grace de me faire mourir il y a long-temps, afin de ne le point offenser comme i'ay faict depuis. Car m'estant veu plusieurs fois pressé par ces Gentils de suiure leurs pernicieuses erreurs, i'y contredis un assez long-temps. Mais comme la chaire est foible, me voyant grandement pauure, esloigné de mon pays, et sans esperance de liberté, mes pechez me firent accorder à leurs prieres ce qu'ils me demandoient auec tant d'importunité. A cause de quoy le pere de ce Roy me fist tousiours de grandes faueurs; et d'autant qu'hier on m'en uoya querir d'vn lieu où i'estois pour y venir panser deux Gentilshommes des principaux du pays, il a plû à Dieu que ie sois tombé entre les mains de ces chiens afin que ie le fusse moins qu'eux, de quoy Dieu soit beny à iamais. » Le discours de cet homme nous estonna grandement, et autant que le requeroit la nouueauté d'vn faict si estrange; de maniere que nous estant mis à le consoler le mieux que nous pûsmes, en termes que nous iugeasmes necessaires selon le temps où nous estions, nous luy demandasmes s'il vouloit venir auec nous à Zunda, et de là à Malaca, où Dieu luy feroit la grace de mourir à son seruice et en bon Chrestien. A quoy nous ayant faict response qu'il ne demandoit pas mieux, et qu'il n'auoit iamais eu d'autre dessein que celuy-là, nous luy donnasmes vn autre habillement, pource qu'il estoit vestu en Payen, et l'eusmes tousiours auec nous tant que le siege dura.

CHAPITRE CLXXVII.

Comme le Roy de Demaa fut mis à mort par vn accident bien estrange, et de ce qui en arriua.

Pour reprendre maintenant le fil de nostre Histoire, il faut sçauoir que le Pangueyram de Pate Roy de Demaa, ayant eu aduis par les ennemis que les siens auoient faict prisonniers, du piteux estat où les assiegez se trouuoient reduicts, la pluspart desquels estoient morts, leurs munitions faillies, et leur Roy fort blessé; toutes ces choses ensemble les porterent plus ardemment que iamais à l'assaut qu'il s'estoit proposé de donner à cette ville assiegée. Il resolut donc d'y planter l'escalade en plain iour, et de l'assaillir auec beaucoup plus de violence qu'auparauant; de maniere qu'à l'heure mesme on fist de grands preparatifs par tout le Camp, où plusieurs Huissiers à cheual portant des masses sur leurs espaules, s'en allerent criant tout haut, apres qu'on eust fait assembler les gens de guerre au son des trompettes, « Le Pangueyram de Pate par la puissance de celuy qui a tout creé,

Seigneur des terres qui enuironnent les mers, voulant descouurir à tous en general le secret de son ame, vous faict à sçauoir que d'aujourd'huy en neuf iours vous ayez à vous tenir prests, afin qu'auec des courages de Tygre, et des forces redoublées, vous l'assistiez en l'assaut qu'il se propose de donner à la ville; pour recompense dequoy il promet liberalement de faire de grandes faueurs, tant en argent, qu'en tiltres honorables et signalez aux cinq soldats, qui les premiers de tous planteront les drapeaux sur les murailles des ennemis, ou qui feront des actions qui luy seront agreables; comme au contraire ceux qui ne se porteront point vaillamment en telle entreprise, et qui ne s'en acquitteront conformément à sa volonté, seront executez par la voye de la Iustice, sans auoir aucun esgard à leur condition. » Cette ordonnance du Roy pleine de menaces estant publiée par tous les endroits du camp, sema si fort l'alarme que les Capitaines commencerent incontinent de se tenir prests, et à se pourueoir de toutes les choses qui leur estoient necessaires à cet assaut, sans se donner le moindre repos ny de jour, ny de nuict; joint qu'ils faisoient vn si grand bruict, entremeslans leurs huées et leurs cris au son des tambours et d'autres instrumens de guerre, qu'on ne pouuoit l'ouyr sans en estre effrayé. Cependant comme des neuf iours destinez à ce siege, il y en auuoit desia sept de passez, si bien qu'il n'en restoit plus que deux, à la fin desquels l'on deuoit aller à l'assaut de la ville, vn matin comme le Pangueyram estoit au Conseil, pour y resoudre des affaires de ce siege auec les principaux Seigneurs de son armée ; ensemble des moyens, du temps et des endroicts par où il falloit assaillir la place, et de telles autres choses necessaires ; l'on tient que de la diuersité des opinions qu'ils eurent les vns et les autres, nasquit vne si grande contention entre eux, que le Roy fut contrainct de prendre l'aduis d'vn chacun par escrit. Durant ce temps-là comme il auoit tousiours prés de luy un petit page qui auoit du *Bethel,* herbe qui a les fueilles semblables à du plantain, que ces Payens ont accoustumé de mascher, pource qu'elle leur rend l'haleine douce à ce qu'ils tiennent, joint qu'elle purge les humeurs de l'estomach. Il en demanda donc à ce Page, qui sembla d'abord ne l'ouyr pas, et qui pouuoit auoir douze ou treize ans ; car il me semble à propos de faire mention de son aage, à cause de ce que i'ay à dire de luy cyapres. Or pour reuenir au Pangueyram, comme il continuoit son discours auec ses Conseillers de guerre, à force de parler et d'estre en cholere la bouche luy deuint seche, de maniere qu'il demanda derechef du Bethel au Page qui le portoit d'ordinaire dans vne petite boüette d'or, mais il ne l'ouyt non plus cette seconde fois que la premiere, pource qu'il s'amusoit à escouter ce que les vns et les autres disoient, tellement que le Roy en ayant demandé pour la troisiesme fois, vn des Seigneurs qui estoient prez du Page, le tira par le bord de son vestement, et luy dist: *Qu'il donnast du Bethel au Roy;* ce qu'il fist incontinent, et s'estant mis à genoux lui presenta la boüette qu'il auoit entre les mains, alors le Roy en prit deux ou trois feüilles comme il auoit accoustumé de faire auparauant, et sans estre autrement fasché, luy donnant legerement sur la teste auec la main : *Es-tu sourd,* luy dit-il, *de ne m'ouyr pas ?* et là-dessus il rentra en discours auec ceux de son Conseil. Or pource que cette nation de Iaaos est la plus pointilleuse et la plus perfide du monde, joinct que ceux de ce pays-là tiennent pour la plus grande offence qu'on leur puisse faire quand on leur touche à la teste, ce ieune Page s'imaginant que le Roy luy eust touché par vne marque d'vn si grand mespris, qu'il en seroit infame à iamais, sans que neantmoins pas vn de ceux de la compagnie eust y pris garde, fut quelque temps à sanglotter à part soy, et resolut enfin de se venger de l'iniure que le Roy venoit de luy faire, de sorte que mettant la main à vn petit couteau qu'il portoit à la ceinture par maniere de iouët, il en frappa le Roy droit au milieu du tetin gauche, et ainsi pource que le coup estoit mortel, le Roy se laissa cheoir par terre sans pouuoir dire que ces deux ou trois mots : *Ie suis mort*, dequoi tous ceux de son Conseil furent si fort effrayez à cause de la nouueauté du faict, qu'il n'est pas possible de le pouuoir declarer. Apres que cette émotion fut un peu calmée, l'on se mit premierement à panser le Roy, pour voir si on ne le pourroit point guerir de cette playe; mais pource qu'il estoit blessé droit au cœur, il n'y eut pas moyen d'y mettre remede, tellement qu'il ne vesquit plus que deux heures. A l'heure mesme on se saisit du ieune Page, que l'on mit à la question à cause de quelques soupçons qui s'ensuiuirent de cet accident. Neantmoins il ne confessa iamais rien, et ne dist autre chose, sinon : « Qu'il auoit faict cela de sa franche volonté, et pour se vanger du coup que le Roy lui auoit donné sur la teste par vne maniere de mespris, comme s'il eust frappé quelque chien qui eust abayé de nuict par la ruë, sans considerer qu'il estoit fils du Pate Pondan, Seigneur de Surebayaa. » Alors le Page fut empalé tout vif, auec vn pieu assez gros, qu'on luy fit entrer par le fondement, et sortir par le chignon du col. L'on en fit autant à son pere, à ses trois freres, et à soixante-deux de ses parens; et ainsi l'on extermina toute sa race; laquelle execution pour auoir esté si cruelle et si rigoureuse fut cause de plusieurs grands troubles qui suruindrent depuis en tout le pays de Iaoa, et en toutes les Isles de *Bale*, *Tymor* et *Madura*, qui sont fort grandes, et dont les Gouuerneurs sont souuerains par leurs loix et de toute ancienneté. Apres qu'on eut acheué cette execution il fut question de voir ce que l'on feroit du corps du Roy, sur quoy il y eut plusieurs differents aduis entr'eux : car les vns disoient, que l'enseuelir en ce lieu estoit le mesme que le laisser au pouuoir des Passaruans; et les autres, que si on le transportoit à Demaa où estoit son Tombeau, il ne seroit pas possible qu'il ne se corrompist auparauant que d'y pouuoir arriuer. A quoy ils adioustoient, que s'ils l'enseuelissoient ainsi pourry et corrompu, son ame ne pourroit estre receuë en Paradis, conformément à la loy du pays qui est celle de Mahomet en laquelle il estoit mort. Apres plusieurs contestations là-dessus, à la fin ils suiuirent le conseil qu'vn de nos Portugais leur donna, qui luy fut si profitable depuis, qu'il luy valut plus de dix mille ducats, dont les Seigneurs luy firent aumosne comme à l'envy les uns des autres, pour recompense du bon seruice qu'il rendoit alors au deffunct. Ce conseil fut, qu'ils eussent à mettre le corps dans vne caisse toute pleine de chaux et de canfre, et à l'enseuelir dans vn grand Iunco aussi plein de terre, tellement qu'encore que la chose ne fust pas si esmerueillable d'elle-même, neantmoins si ne laissa-t'elle pas d'estre vtile aux Portugais, pource que tous la treuuerent fort bonne et bien inuentée; comme en effet le succez en fut tel, que par ce moyen le corps du Roy fut conduit iusques à la ville de Demaa, sans aucune sorte de corruption, ny de mauuaise senteur.

CHAPITRE CLXXVIII.

Du surplus qui arriua iusqu'à ce que l'armée se fust embarquée; ensemble d'vn grand different qui suruint entre deux des principaux de la Ville, et du malheureux succez qui s'en ensuiuit.

Si tost que le corps du Roy fut mis dans le Iunco où l'on l'enseuelit, le Roy de Zunda General de l'armée fit embarquer l'artillerie et les munitions, et auec le moindre bruit que l'on pût faire, mettre en lieu de seureté ce que le Roy auoit de plus pretieux, ensemble tous les thresors des tentes. Mais quelque soing et quelque silence qu'on apportast à cela, l'on ne pût empescher que les ennemis n'en eussent le vent, et qu'ils ne prissent garde aux choses qui se passoient dans le camp; de manière qu'à l'heure mesme le Roy sortit de la ville en personne auec trois mille soldats seulement de la coniuration passée, qui par vn vœu solemnel se firent oindre de l'huyle qu'ils appellent *Minhamundi*, comme gens qui estoient determinez et qui se voüoient à la mort. Ainsi tous resolus qu'ils estoient, ils s'en allerent donner sur les ennemis, et les treuvant occupez à trousser bagage, ils les traitterent si mal, qu'en moins d'vne demie heure que dura l'effort de la meslée, ils taillerent en pieces douze mille hommes. Auec cela ils firent prisonniers deux Roys et cinq Pates ou Ducs, ensemble plus de trois cents Turcs, Abyssins, et Achems : et mesme leur *Calis moulana*, dignité souueraine entre les Mahometans, par le conseil duquel le *Pangueyran* estoit là venu. Il y eut aussi quatre cent nauires bruslez qui auoient gaigné la rade et où estoient les blessez, si bien que par ce moyen tout le camp fut presque perdu. Apres cela le Roy fit retraitte à la ville auec les siens dont il ne perdit que quatre cent, et permit aux siens de s'embarquer le mesme iour, qui fust le neufiesme de Mars. S'estant mis dans leurs vaisseaux le plus promptement qu'ils pûrent, ils firent voile droit à la ville de *Demaa*, amenant auec eux le corps de *Pangueyran*, lequel y estant arriué fut receu du peuple auec de grands cris et d'estranges demonstrations d'vn dueil vniuersel. Le iour d'apres l'on fist la reueuë de tous les hommes de guerre, pour sçauoir combien il y en avoit de morts, et treuua-t'on qu'il y en auoit de manque cent trente mille, là où les Passaruans, à ce qu'on disoit, n'en auoient perdu que vingt-cinq mille : mais quoy qu'il en soit, pour bon marché que la fortune puisse faire de ces choses elles n'arriuent jamais que la campagne ne rougisse du sang des vainqueurs, et à plus forte raison de celuy des vaincus à qui ces euenemens coustent tousiours bien plus cher qu'aux autres. Ce mesme iour il fût question de créer un nouueau Pangueyran, qui, comme i'ay dit autrefois, est Empereur sur tous les Pates et Roys de ce grand Archipelago, que les Historiens Chinois, Tartares, Iappons et Lequios, ont accoustumé d'appeller *Raterra vendau*, c'est à dire, *Paupiere du monde*, comme l'on peut voir dans la carte si l'éleuation des hauteurs se treuue veritable. Or pource qu'apres la mort de Pangueyran il ne se treuua point de legitime successeur qui heritast de cette Couronne, il fut resolu qu'elle se feroit par eslection. Pour cet effect du commun consentement de tous l'on choisit huict hommes comme chefs de tout le peuple, afin qu'ils eussent à créer vn *Pangueyran*. Ceux-cy s'assemblerent donc dans vne maison, et apres auoir mis ordre à pacifier toutes choses dans la ville ils furent sept iours entiers sans pouuoir demeurer d'accord de cette eslection : car comme il y auoit huict opposans des principaux Seigneurs du Royaume, il se treuua parmy les eslecteurs plusieurs aduis differents ; ce qui procedoit de ce que la pluspart d'entr'eux et presque tous appartenoient de bien prez à ces huict, ou à leurs parens, si bien que chacun taschoit de faire Pangueyran celuy qui estoit le plus selon son humeur; tellement que les habitans de la ville, et les soldats de l'armée se servants de ce delay à leur aduantage, comme gens qui s'imaginoient que cette affaire ne se termineroit iamais, et qu'il n'y auroit aucun chastiment pour eux, ils commencerent à se deborder effrontement apres toute sorte d'actions pleines d'insolence et de malice. Et d'autant qu'il y auoit sur le port quantité de nauires marchands, ils s'y ietterent dedans et se mirent à voler pesle-mesle les estrangers, et ceux du pays, auec tant de licence que l'on tient qu'en quatre iours ils prirent cent Iuncos, où ils tuerent plus de six mille hommes. Dequoy ayant eu aduis le Roy de *Panaruca* Prince de *Balambuam*, et Admiral de la mer de cet Empire, il y accourut en diligence, et du nombre de ceux qui furent convaincus d'vn larrecin manifeste, il en fit pendre quatre vingt le long de la coste, pour espouuanter ceux qui les verroient. Apres cette action *Quiay Ansedaa*, Pate ou Duc de *Cherbom*, qui estoit Gouuerneur de la ville et grandement en auctorité, prenant pour un manifeste mespris ce que le Roy de Panaruca venoit de faire, à cause, disoit-il, qu'il auoit peu respecté sa charge de Gouuerneur, il s'en offença si fort, qu'à mesme temps ayant faict amas d'enuiron six ou sept mille hommes, il s'en alla fondre auec eux dans le Palais de ce Roy, en intention de se saisir de sa personne ; mais le *Panaruca* lui resista d'abord auec ceux de sa suitte, et à ce que l'on tient, il luy fist diuers complimens, et tascha de se iustifier enuers luy le mieux qu'il luy fut possible. A quoy tant s'en faut que *Quiay Ansedaa* voulust auoir esgard, qu'au contraire entrant par force dans sa maison il luy tua trente ou quarante des siens. Cependant il accourut tant de peuple à cette mutinerie que c'estoit vne chose effroyable à voir. Car comme ces deux chefs estoient grands Seigneurs, l'vn Admiral de la flotte, l'autre Gouuerneur de la ville, et tous deux alliez des principales familles, le diable sema vne si grande diuision entr'eux, que si la nuict n'eust separé leur combat il est à croire que pas un d'eux n'en fust reschappé ; toutefois le different alla bien plus loing, et ne se termina pas ainsi : car les gens de guerre qui estoient en ce temps-là plus de six cent mille de nombre, venant à considerer le grand affront que Quiay Ansedaa Gouuerneur de la ville venoit de faire à leur Admiral, pour en auoir leur reuanche ils mirent tous pied à terre cette mesme nuict, sans que le Panaruca fust assez puissant pour l'empescher, quelque peine qu'il y apportast. Ainsi tous animez et transportez de cholere, et d'vn desir de vengeance, ils s'en allerent fondre dans la maison de *Quiay Ansedaa*, où ils le mirent à mort, et dix mille hommes avec luy. Dequoy n'estans pas contens ils attaquerent la ville par plus de dix ou douze endroicts, et se mirent à tuer et saccager tout ce qu'ils y rencontrerent, tellement qu'ils s'y comporterent avec tant de violence, qu'en trois iours seulement que dura le siege de cette ville il n'y demeura rien qui ne fust un object insupportable à la veuë. Avec cela il y auoit vne si grande confusion de cris, de pleurs, et de gemissemens effroyables, que les personnes qui les entendoient n'en pouuoient iuger autre chose sinon que la terre s'alloit escrouler. En vn mot, afin de ne perdre le temps à n'exaggerer cecy par des paroles superfluës, la ville fust toute en feu, qui se prit iusques aux fondemens, de sorte qu'on tient qu'il y eut plus de cent mille maisons bruslées, plus de trois cent mille personnes taillées en pieces, et presque autant de prisonniers, qui furent menez esclaues et vendus en diuerses contrées. Auec cela, il y eut une infinité de richesses, volées, dont la valeur, à ce que l'on tient, seulement en argent et en or, se monta jusqu'à quarante millions, et le tout ioinct ensemble à cent millions d'or. Quant au nombre des prisonniers et des morts, il fut bien de cinq cent mille personnes, et toutes ces choses ensemble arriuerent par le mauuais conseil d'un ieune Roy esleué entre des ieunes gens comme luy, et qui ne se gouuernoient qu'à sa volonté, sans que personne s'y opposast.

CHAPITRE CLXXIX.

De tout le surplus qui nous arriua iusqu'à nostre partement vers le port de Zunda d'où nous fismes voile à la Chine, et des fortunes que nous courusmes en ce voyage.

Trois iours apres vne si cruelle et si effroyable mutinerie, comme toutes choses furent paisibles, les principaux Chefs de cette esmotion apprehendant qu'aussi-tost qu'on auroit esleu vn Pangueyram, ils ne fussent chastiez selon que le meritoit l'enormité de leur crime, ils se mirent tous à la voile sans attendre plus long-temps le danger qui les menaçoit. Ils partirent donc dans les mesmes vaisseaux ou ils estoient venus, sans qu'il fust iamais possible au Roy de Pañaruca leur Admiral de les en empescher. Au contraire, il courut fortune par deux fois de se perdre à cause de cela, auec ce peu de gens qui estoient de son party. Ainsi en deux iours seulement les deux mille voiles qui estoient au port en partirent, sans qu'il demeurast à terre que quelques Iurupangos de marchands, et on lais-là le pays tout embrasé, ce qui fut cause que ce peu de Seigneurs qui resterent s'estans joints ensemble, resolurent de passer à la ville de Iapara à cinq lieuës de là vers la coste de la mer Mediterranée. Cette resolution prise ils la mirent incontinent en execution, afin qu'auec plus de tranquillité (car l'esmotion populaire n'estoit pas encore bien esteinte) ils pûssent faire eslection du *Pangueyram*, qui signifie proprement *Empereur*. Comme en effect ils en creerent vn appellé *Pate Sudayo*, Prince de *Surubayaa*, qui n'auoit point esté un de ces huict opposans dont nous auons desia parlé; eslection qu'ils firent, pource qu'elle leur sembla necessaire pour leur commun bien, et pour la tranquillité du pays. Aussi tous les habitans en furent grandement satisfaicts, et l'envoyerent incontinent querir par le Panaruca à douze lieues de là, en vn lieu appellé *Pisammanes*, où il se tenoit alors. Neuf iours apres qu'il fut mandé il ne manqua pas de venir, accompagné de plus de deux cent mille hommes, embarquez en quinze cent Calaluzes et Iurupangos. Il fut receu de tout le peuple auec de grandes demonstrations d'allegresse, et en suitte de cela couronné suiuant les ceremonies accoustumées, comme Pangueyram de tout le pays de Iaoa, Bale, et Madura, qui est vne Monarchie fort peuplée, et grandement riche et puissante. Cela faict il s'en retourna à la ville de Demaa, en intention de la faire rebastir de nouveau, et la remettre au mesme estat qu'auparavant. A son arriuée en ce lieu, la premiere chose qu'il fist, ce fut de donner ordre à la punition de ceux qui se treuuerent atteints et conuaincus du saccagement de la ville, entre lesquels il ne s'en treuua iamais que cinq mille, combien que le nombre en fust beaucoup plus grand; car tous les autres auoient desia pris la fuitte qui çà, qui là. Cependant durant la iustice qui se fist en quatre iours de ces malheureux, on les punist de deux genres de mort seulement; car les vns furent empalez en vie, et les autres bruslez en ces mesmes Nauires dans lesquels on se saisit d'eux; de maniere que de tous ces quatre iours il ne s'en passa point auquel il n'en mourust un grand nombre; dequoy nous autres Portugais qui estions là presents demeurasmes comme pasmez; mais comme nous vismes que l'esmotion estoit encore si grande par tout le pays, qu'il y auoit peu d'apparence que de long-temps les choses fussent paisibles; nous priasmes le Roy de Zunda de nous donner nostre congez, pour nous en aller joindre nostre Nauire qui estoit au port de Banta; car la saison du voyage de la Chine estoit desia venuë. Ce Roy nous l'ayant accordé fort facilement, auec exemption des droicts de nos marchandises, il nous fist encore present à chacun de cent ducats, et aux heritiers des quatorze des nostres qui estoient morts à la guerre, il en donna trois cent à chacun ; ce que nous acceptasmes pour une aumosne fort honorable, et digne d'vn Prince fort liberal, et d'vn tres-bon naturel. Ainsi tres-contens que nous estions de luy, nous nous en allasmes incontinent au port de Banta, et y demeurasmes douze iours entiers, durant lesquels nous acheuasmes de faire les preparatifs de notre voyage. Apres cela nous fismes vóile à la Chine en la compagnie d'autres quatre Nauires qui s'en alloient faire le mesme voyage, et emmenasmes auec nous Iean Rodriguez, qui estoit le Portugais Gentil que nous rencontrasmes à Passeruan, comme i'ay dict cydevant, lequel s'estoit faict Brachmane d'vn Pagode, appellé *Quiay Nacorel*, et pour luy il se faisoit nommer *Guaxitau facalem*, qui vaut autant à dire que, *Conseil de sainct*. Ce mesme Iean Rodriguez ne fut pas plustost arriué à la Chine, qu'il fist voile en intention de retourner à Malaca, où il fut (moyennant la grace de Dieu) reconcilié de nouueau à nostre saincte foy Catholique, toutesfois à condition que pour penitence d'une si grande offense il seruiroit un an tout entier dans l'Hospital des malades et incurables, comme il le fist aussi, et à la fin de ce temps-là il mourut avec de fort grandes demonstrations de bon et veritable Chrestien, par où il semble que nous pouuons croire que nostre Seigneur luy fist misericorde, puis qu'apres tant d'années qu'il auoit faict profession d'infidel, il le reserua pour venir mourir à son seruice, dont il soit loüé à tout iamais. Nos cinq Nauires auec lesquels nous partismes de Zunda, estant arriuez au port de Chincheo où les Portugais faisoient en ce temps là leur commerce, nous y demeurasmes trois mois et demy auec assez de trauail et de danger de nos personnes; car nous estions en vn pays où l'on ne parloit que de reuolte et de mutinerie. Auecque cela il y auoit de grandes armées par toute la coste, à cause de plusieurs courses que des Corsaires du Iapon y auoient faictes; de maniere que dans ce desordre il n'y auoit aucun moyen d'exercer le commerce, attendu que les marchands n'osoient sortir de leurs maisons pour se mettre sur la mer. Pour raison de tout cela nous fusmes contraincts de passer au port de Chabaquée où nous treuuasmes à l'ancre six-vingt Iuncos, qui nous ayant attaquez nous prirent trois de nos cinq vaisseaux où moururent quatre cent Chrestiens, dont il y en auoit huictante-deux Portugais; quant aux autres deux vaisseaux, en l'vn desquels i'estois, ils s'échapperent comme par miracle. Mais d'autant que nous ne pouuions aborder la terre à cause des vents d'Est qui nous trauaillerent tout ce mois là, nous fusmes contraints (bien qu'à nostre grand regret) de regaigner la coste de Iaoa. A la fin comme nous eusmes continué nostre route par l'espace de vingt-deux jours avec beaucoup de trauail et de danger, nous descouurismes vne Isle appellée *Pullo Condor*, esloignée de huict degrez de hauteur, et d'vn tiers de Nord-oüest, Sud-oüest ; ensemble la barre du Royaume de *Camboja*. Alors comme nous estions sur le point de la joindre, il survint du costé du Sud vne si furieuse tourmente, que nous courusmes tous fortune de nous perdre. Neantmoins courant à la driue nous rangeasmes l'Isle de Lingua, où la tempeste nous surprit à l'Oüest-sud-oüest auec vn vent si impetueux, que luttant contre la marée il nous empeschoit de nous seruir de nos voiles ; de maniere qu'ayant peur des escueils et des bancs de sable qui estoient du costé de la prouë, nous mismes coste à trauers, iusques à ce qu'apres vn long-temps nostre sur-quille de pouppe s'ouurit à neuf palmes d'eau au premier tillac. Ce qui fut cause que nous voyant si proches de la mort, nous fusmes contraincts de couper les deux masts, et de ietter toutes nos marchandises dans la mer, par où nostre Nauire fut vn peu allegé. Cela faict comme tout le reste du iour et vne partie de la nuict nous eusmes laissé aller notre vaisseau à la mercy de la mer, il plût à nostre Seigneur par vn effect de sa diuine Iustice, que sans sçauoir

comment, ny sans voir aucune chose, nostre nauire s'en allast chocquer contre un escueil auec la
mort de soixante-deux personnes. Comme ce malheureux succés rendit tous nos sentimens per-
clus, et nous osta nos forces, pas vn de nous ne
se souuinst de chercher à se sauuer par quelque
moyen, comme firent les Chinois que nous auions
pour Mariniers dans nostre Iunco. Car ils eurent
bien tant d'industrie durant la nuict, qu'auparauant qu'il fust iour il se treuua qu'ils auoient
faict vn radeau des planches et des poutres qui
leur tomberent en main, l'attachant de telle sorte
auec des cordages de voile, que quarante per-
sones y pouuoient demeurer à l'aise. Or comme
nous estions tous en vn peril eminent, et en vn
temps auquel (comme l'on dict) le pere ne faict
rien pour le fils, ny le fils pour le pere; chacun
ne pensoit qu'à soy seulement, sans se mettre
autre chose dans l'esprit; de quoy nous furent
de beaux exemples nos Mariniers Chinois, que
nous ne tenions que pour nos esclaues : car Martin Esteuez Capitaine et Maistre du Iunco, ayant
prié ses propres valets qui estoient dans le radeau,
de l'y receuoir auec eux, ils luy respondirent,
qu'ils ne le pouuoient faire en aucune façon que
ce fût; ce qui estant venu aux oreilles d'vn des
nostres appellé Ruy de Moura, comme il ne pût
souffrir de voir que ces perfides nous traictoient

auec tant de discourtoisie et d'ingratitude, il se leua sur pied d'vn lieu où il estoit assez blessé, et nous fist à tous une briefue harangue, par laquelle il nous representa, « Que nous eussions à nous souuenir combien estoit odieuse la coüardise ; qu'au reste il nous importoit entierement de nous saisir de ce radeau pour tascher de sauuer nos vies. » A ces paroles il en adjousta plusieurs autres semblables qui nous firent si bien reprendre courage, que tous d'vn mesme accord et d'une mesme resolution à laquelle la necessité presente nous obligeoit, n'estant que vingt-huict Portugais nous attaquasmes les quarante Chinois qui estoient dans le radeau. Alors nous opposasmes nos espées aux haches de fer qu'ils auoient en main, et les combattismes si vertement que nous les tuasmes tous quarante dans l'espace de trois ou quatre *Credo*. Il est vray que des vingt-huict Portugais il y en eust seize des nostres de tuez, et douze qui en eschapperent assez blessez, dont il y en eust quatre qui moururent le iour d'apres : ce qui fut sans doute vne chose qui ne s'estoit iamais plus imaginée, ny veuë. Par où l'on peut voir clairement combien est grande la misere de la vie humaine ; car n'y ayant pas douze heures que nous nous embrassions tous dans le Navire, et nous comportions en vrays freres, en intention de mourir les vns pour les autres, nos peschez nous porterent depuis à de si grandes extremitez, que nous soustenant à peine sur quatre meschantes pieces de bois attachées auec deux cordes, nous nous tuasmes les vns les autres auec autant de barbarie que si nous eussions esté ennemis mortels, ou quelque chose de pire. Il est vray que l'excuse que l'on peut alleguer là-dessus, c'est que la necessité qui n'a point de loy, nous contraignit d'en venir à cette derniere violence.

CHAPITRE CLXXX.

Continuation de ce qui nous arriua apres nous estre sauuez de cet escueil.

Comme nous fusmes les maistres de ce radeau qui nous cousta tant de sang, et à nous et aux Chinois, nous nous y mismes dessus trente-huict personnes que nous estions, dont il y auoit douze Portugais, sans y comprendre quelques-uns de leurs enfans, ny de nos valets, ny le surplus de ceux qui estoient blessez, dont la pluspart moururent depuis. Et d'autant que nous estions en assez grand nombre sur vn fort petit radeau, où nous flottions à la mercy des vagues de la mer, enfoncez dans l'eau iusques au col. De cette façon nous eschappasmes de ce perilleux et malheureux escueil, vn Samedy iour de Noël 1547 auec vne seule piece d'vne vieille courtepointe qui nous seruit de voile, sans auoir ny esguille ny boussole qui nous defendist de l'impetuosité de l'eau. Il est vray que nous faisions suppleer à ce defaut la grande esperance que nous auions en nostre Seigneur, que nous inuoquions sans cesse auec beaucoup de gemissemens et de cris, accompagnez d'vne grande abondance de larmes. En ce pitoyable équippage nous nauigeasmes quatre iours entiers sans nous soustenir d'aucuns aliments; de maniere que le cinquiesme iour d'apres la necessité nous contraignit de manger d'un Caffre qui nous mourut, du corps duquel nous nous sustentasmes plus de cinq iours, qui faisoient le neufuiesme de nostre voyage, sans que durant les autres quatre que nous fusmes ainsi trauaillez, nous eussions autre chose à manger que des glaires, ou du limon de la mer. Car nous nous proposions de mourir de faim, plustost que de manger d'aucuns de ces quatre Portugais qui nous estoient morts. Apres que nous eusmes ainsi erré à la mercy de la mer, il plût à nostre Seigneur, par sa misericorde infinie, de nous faire descouurir la terre le iour des

Roys; ce qui nous fut une veuë si agreable, que l'allegresse en fut mortelle à quelques-vns des nostres; car de quinze que nous estions en vie, il en mourut quatre de mort soudaine, dont il y en auoit trois de Portugais; de maniere que de trente-huict que nous estions embarquez sur le radeau, nous n'eschappasmes qu'onze personnes, dont il y auoit sept Portugais et quatre de nos garçons. A la fin ayant abordé la terre, nous nous treuuasmes en vne plage qui s'y faisoit en façon de havre; et nous commençasmes à rendre une infinité de graces à Dieu, pour nous auoir ainsi deliurez des perils de la mer; nous promettant aussi que par sa misericorde infinie il nous tireroit de ceux de la terre. Nous estant donc pourueus de certains coquillages, comme huitres et escreuisses de mer afin de nous en nourrir, pource que nous prismes garde que tout ce pays estoit grandement desert, et qu'il y auoit quantité d'elephans et de tygres : nous montasmes sur quelques arbres, afin d'euiter la fureur de ces animaux et des autres que nous y voyons, puis quand il nous sembla que nous pouuions nous remettre en chemin auec moins de danger, nous nous ramassasmes ensemble et prismes nostre chemin à trauers vn bois, où pour mettre nos vies en asseurance nous eusmes recours aux cris et hauts vrlements. Cependant comme c'est le propre de la misericorde diuine de n'esloigner iamais ses yeux des pauures souffreteux qui sont sur la terre, il permit que par vn canal d'eau douce, qui par dedans le bois s'alloit engolpher dedans la mer, nous vismes arriuer vne barquasse chargée de charpenterie et d'autre bois, où il y auoit neuf Negres, Iaos, et Papuas de nation. Si tost que ces hommes nous virent, s'imaginant que nous estions quelques diables, comme ils nous le confesserent depuis, ils se ietterent dans l'eau, et laisserent le nauire tout seul, sans que pas vn d'eux y demeurast. Mais comme ils sçeurent que nous estions égarez, ils se rasseurerent de la peur qu'ils auoient euë auparauant. Alors ils s'en vindrent à nous comme curieux, et ils nous demanderent plusieurs particularitez ; à quoy nous leur respondismes conformement à la verité, et par mesme moyen nous les priasmes pour l'amour de Dieu de nous mener en telle ville qu'ils voudroient, et nous y vendre comme leurs esclaues à quelques-vns qui nous menassent à Malaca, adioustant que nous estions marchands, et que pour recognoissance d'vn si bon office on leur donneroit pour nous beaucoup d'argent, ou autant de marchandises qu'ils en voudroient. Or pource que ces Iaoas sont portez d'inclination à l'auarice, comme ils virent que nous leur parlions de leurs intérêts, et que l'excez de nostre misere nous mettoit dans le desespoir, ils se rendirent plus traittables auec nous, et nous donnerent des paroles plus fauorables, auec esperance de faire ce que nous leur demandions : mais ces courtoisies ne durerent qu'autant de temps qu'il leur en fallut pour entrer dans leur barque qu'ils auoient quittée : car si tost qu'ils se virent dedans, ils se mirent au large, et faisant mine de vouloir partir sans nous prendre, ils nous dirent que pour s'asseurer de ce que nous leur disions, ils vouloient qu'auparauant que passer outre nous leur rendissions nos armes, pource qu'autrement ils ne nous prendroient iamais, quand mesme ils nous verroient manger des lyons. Nous voyant ainsi contraints par l'extreme necessité où nous estions, et par vn certain desespoir de ne treuuer aucun remede au mal present, il nous fut force de faire tout ce que ces gens voulurent de nous : tellement qu'ayant approché leur barque vn peu plus prez, ils nous dirent, que nous eusssions à nous mettre à la nage, pource qu'ils n'auoient point de Manchuas pour nous aller prendre à terre, ce que nous nous resolusmes de faire à mesme temps. Alors deux ieunes garçons et un Portugais se ietterent dans l'eau pour prendre vne corde, qu'on nous auoit iettée par la poupe, de la barquasse. Mais auparauant qu'ils l'eussent iointe, ils furent deuorez par trois gros lézards, sans que des corps de tous les trois nous en vissions jamais autre chose que le sang dont toute la mer en fut teinte. Durant que cela se passoit nous autres huict qui estions restez au bord de l'eau fusmes tellement saisis d'apprehension, et de frayeur, qu'il nous fut impossible de nous remettre d'un assez long temps, dequoy les chiens qui estoient dans cette barque ne furent aucunement touchez. Au contraire frappant des mains en signe de ioye, ils se mirent à dire par maniere de raillerie : « O que ces trois là sont heureux d'auoir fini leurs iours sans douleur ! » Puis comme ils virent que nous estions à demy plongez dans la vase, sans auoir la force de nous en tirer, cinq d'entr'eux sauterent à terre, et nous liant par le milieu des bras nous mirent dedans leur barque, en nous faisant dix mille sortes d'iniures, d'affronts, et de mauuais traittemens. En suitte de cela s'estant mis à la voile, ils nous menerent en un village appellé *Cherbom*, qui estoit à douze lieuës de là, où ils nous vendirent tous huict, à sçauoir six Portugais que nous estions, vn garçon Chinois, et un autre Caffre ; et moyennant la somme de treize *Pardains*, qui valent trois cent reales de nostre monnoye. Celuy qui nous achepta estoit vn marchand Payen de l'Isle de Zelebres, soubs la puissance duquel nous fusmes vingt-cinq ou vingt-six iours ; et sans mentir nous n'eusmes faute auec luy ny de vestemens, ny de nourriture. Le mesme marchand nous vendit depuis la somme de douze pistoles au Roy de Calapa, lequel vsa d'vne si grande magnificence enuers nous, qu'il nous enuoya volontairement au port de Zunda, où il y auoit trois vaisseaux Portugais, desquels estoit General Ieronime Gomez Surmento, qui nous fit vne tres-bonne reception, et nous pourueut abondamment de tout ce qui nous estoit necessaire, iusques à ce qu'il démara du port pour faire voile à la Chine.

CHAPITRE CLXXXI.

Comme de ce port de Zunda ie passay à Siam, d'où je m'en allay à la guerre de Chyammay, en la compagnie des Portugais.

Comme il y auoit bien prez d'vn mois que nous estions en ce port de Zunda où s'estoient rendus des Portugais en assez bon nombre, si tost que la saison d'aller à la Chine fut venuë, les trois vaisseaux firent voile à Chincheo, sans qu'il demeurast à terre que deux Portugais seulement, qui dans vn Iunco de Patane s'en allerent à Siam auec leurs marchandises. Ie m'aduisay donc de prendre cette occasion, et de me mettre en leur compagnie, pource qu'ils s'offrirent à faire la despence de mon voyage, et mesme de me prester quelque argent pour tenter derechef fortune, et voir si à force de l'importuner elle ne me traitteroit point mieux qu'elle n'auoit faict par le passé. Estant donc party de ce lieu dans vingt-six iours nous arriuasmes à la ville de Odiaa, capitale de cet Empire de Sournau, que ceux de ce pays appellent ordinairement Siam, où nous fusmes grandemens bien receus, et bien traittez par les Portugais que nous y treuuasmes à terre. Or d'autant qu'il y auoit plus d'vn mois que i'estois de sejour en cette ville en attendant la saison d'aller à la Chine, afin de passer au Iappon en la compagnie des autres six ou sept Portugais qui s'estoient embarquez pour cet effect, ie fis mon compte d'employer en marchandises quelques cent ducas que m'auoient prestez ces deux autres auec qui i'estois venu de Zunda. Cependant des nouuelles certaines vindrent au Roy de Siam qui estoit alors en la ville d'Odiaa auec toute sa Cour, que le Roy de Chyammay allié des *Timocouhos*, des *Laos*, et des *Gueos*, peuples qui du costé du Nord-est tiennent la pluspart de ce pays, par le haut de *Capimper* et *Passiloco*, et qui sont tous souuerains grandement riches et puissans en Estats, auoit mis le siege deuant la ville de *Quitiruam*, auec la mort de plus de trente mille hommes, et de *Oyaa Capimper* Gouuerneur et Lieutenant general de toute cette frontière. Le Roy demeura si fort estonné de cette nouuelle, que sans temporiser dauantage il passa le mesme jour de l'autre costé de la riuiere : auec cela, ne voulant s'amuser à loger dans des maisons, il s'alla camper soubs des tentes en plaine campagne, pour attirer les autres à faire à son imitation. Par mesme moyen il fit publier par toute la ville : «Que tous ceux qui pour n'estre ny vieux ny estropiez ne pouuoient se dispenser d'aller à cette guerre, eussent à se tenir prests dans douze iours qu'il leur donnoit pour tout delay, sur peine aux contreuenants d'estre bruslez, auec vne perpetuelle infamie pour eux et pour leurs descendants, et confiscation de leurs biens à la Couronne,» ausquelles peines il en adiousta plusieurs autres fort grandes et si effroyables, que le seul recit faisoit trembler d'apprehension, non seulement ceux du pays, mais les estrangers mesmes, que le Roy ne dispensoit point de cette guerre, de quelque nation qu'ils fussent; ou bien s'ils n'y vouloient aller, il leur estoit enioinct tres-expressement de sortir de son Royaume dans trois iours. Cependant un si rigoureux edict les effraya tous de telle sorte, qu'ils ne sçauoient ny quel conseil prendre, ny quelle resolution suiure; pour le regard des Portugais, pource qu'en ce pays on leur auoit tousiours porté plus de respect qu'à toutes les autres nations, ce Roy les enuoya prier par le *Combracalam* Gouuerneur du Royaume, de l'accompagner volontairement en ce voyage et qu'ils luy feroient plaisir, pource qu'il leur vouloit fier à eux seulement la garde de sa personne, comme les iugeant plus propres à cela que tous ceux qu'il eust pû choisir. Or afin de les y obliger dauantage, le message fut accompagné de plusieurs belles promesses, et de fort grandes esperances de pensions, graces, bienfaits, faueurs, et honneurs : mais sur tout d'vne permission qui leur seroit octroyée de bastir des Eglises dans son Royaume; ce qui nous obligea tellement que de cent trente Portugais que nous estions, nous nous treuuasmes six vingt de nombre qui demeurasmes d'accord de nous en aller à cette guerre. Les douze iours du terme estant escoulez, le Roy se mit en campagne auec vne armée de quatre cent mille hommes, où il y auoit septante mille estrangers de diuerses nations. Ils s'embarquerent tous dans trois cent *Seroos*, Laulees, et *Iangas*, si bien qu'au neufiesme iour de ce voyage le Roy arriua à vne ville frontiere nommée *Suropisem*, à douze ou treize lieuës de *Qui-*

tiruam, que les ennemis auoient assiegée. Là il demeura plus de sept iours, pour attendre quatre mille elephans qui luy venoient par terre. Durant ce temps-là des nouuelles luy vindrent, que la ville estoit grandement pressée, tant du costé de la riuiere dont les ennemis s'estoient saisis auec deux mille vaisseaux, que deuers la terre où il y auoit tant de gens, qu'on n'en sçauoit pas le nombre au vray; que s'il en falloit iuger par les coniectures il y pouuoit auoir quelques trois cent mille hommes, dont il y en auoit quarante mille de cheual; mais point d'elephans. Cette nouuelle fit haster le Roy, qui à l'heure mesme ayant faict revuë de ses gens, treuua qu'il auoit cinq cent mille hommes, pource que depuis son partement plusieurs l'estoient venus ioindre par le chemin, ensemble quatre mille elephans et deux cent chariots de pieces de campagne. Auec cette armée il partit en diligence de *Suropizem*, et tira vers *Quitiruam*, ne faisant pas dauantage que quatre ou cinq lieuës à chasque iournée. A la fin le troisiesme iour d'apres il arriua à vne vallée appellée *Siputay*, à vne lieuë et demie du lieu où estoient les ennemis. Alors tous ces gens de guerre auec les elephants, ayant esté mis en ordre de bataille par les trois Maistres de camp, deux desquels estoient Turcs de nation, et le troisiesme Portugais appellé Dominique de Seixas, il poursuiuit son chemin vers *Quitiruam*, où il arriua deuant que le Soleil se monstrast. Or pource qu'en ce temps-là les ennemis estoient desia prests, et auoient eu aduis par leurs espions, tant des forces du Roy de Siam, que du dessein qu'il auoit, ils l'attendirent de pied ferme en plaine campagne, s'asseurant sur les quarante mille hommes de cheual qu'ils auoient auec eux. Si tost qu'ils le descouurirent ils se firent paroistre aussi enfermez en douze bataillons de quinze mille hommes chacun, tous lestes et bien rangez. A l'heure mesme leur auant-garde, qui estoit des susdits quarante mille hommes de cheual, chargeant l'arriere-garde du Roy de Siam, composée de soixante mille hommes de pied, s'y porta si vaillamment qu'il la défit en moins d'vn quart d'heure, et mesme trois Princes y demeurerent sur la place. Le Roy de Siam voyant cette déroute des siens, comme prudent qu'il estoit, s'aduisa de ne point suiure l'ordre d'auparauant, mais de se ioindre en vn corps d'armée auec les septante mille estrangers, et les quatre mille elephans qu'il auoit. Auec ces forces il donna dans le gros des ennemis, auec tant d'impetuosité, qu'en ce premier chocq il les mit entierement en deroute; d'où s'ensuiuit la mort d'vne infinité de personnes : car comme leurs principales forces consistoient en leurs gens de cheual, sitost que les elephants donnerent sur eux, soustenus par les harquebuziers estrangers, et par les pieces de campagne dont il y auoit deux cents charettes chargées, ils furent tous deffaicts en moins d'vne demie heure, si bien qu'apres la déroute de ceux-cy, tous les autres commencerent incontinent à faire retraitte. Cependant le Roy de Siam, suiuant l'honneur de la victoire, les poursuiuit du costé de la riuiere; ce que voyant l'ennemy, de tous ceux qui estoient restez il en forma vn escadron tout nouueau, où il y auoit plus de cent mille hommes, tant sains que blessez : ils y passerent tout ce iour-là ioincts ensemble en vn corps d'armée, sans que le Roy les osast combattre, à cause qu'il les voyoit fortifiez de leurs deux mille nauires, où il y auoit encore vn grand nombre de gens. Neantmoins si tost qu'il fut nuict close; les ennemis commencerent à marcher à grands pas tout le long de la riuiere, se rangeant vers l'arriere-garde, afin d'aller auec plus d'asseurance; dequoy le Roy de Siam ne fut point fasché, pource que la pluspart des siens estant blessez, il falloit necessairement qu'il les fist panser, comme en effect cela fut executé tout aussi-tost, si bien qu'on y employa la pluspart du iour et de la nuict suiuante.

CHAPITRE CLXXXII.

Continuation de ce que fist le Roy de Siam iusques à ce qu'il fust de retour en son Royaume, où la Royne sa femme l'empoisonna.

Apres que le Roy de Siam eust gaigné une si heureuse victoire, la premiere chose qu'il fist, ce fut de pourueoir en diligence aux fortifications de la ville, et à tout le surplus qu'il iugea necessaire pour l'asseurance d'icelle. Apres cela il commanda qu'il se fist vne monstre generale de ses gens de guerre, pour sçauoir ceux qu'il auoit perdus en cette bataille. Par ce moyen il en treuua de faute quelques cinquante mille, tous hommes de peu, que la rigueur de l'Edict du Roy auoit contraincts de s'en aller en cette guerre, mal équippez et sans armes defensiues. Quant aux ennemis le iour d'apres on sceut qu'il y en auoit eu cent trente mille de tuez. Si tost que les blessez se porterent bien, le Roy ayant mis aux principales places de cette frontiere la garde qui luy sembla necessaire, fut conseillé par les siens de s'en aller faire la guerre au Royaume de *Guibem*, qui n'estoit qu'à quinze lieuës de là du costé du Nord, afin de tirer sa raison de ce que la Royne de Guibem auoit donné vn libre passage dans ses Estats à celuy de *Chiammay;* à cause de quoy il luy attribuoit la principale faute *d'Oyaa Capimper*, et des trente mille hommes qui auoient esté tuez auec luy. Le Roy treuuant fort bon cet aduis, partit de cette ville auec vne armée de quatre cent mille hommes, et s'en alla attaquer vne des villes de cette Royne, appellée *Fumbacor*, qui fut prise bien aisément, et tous les habitans furent mis à mort sans en excepter pas vn. Cela faict il continua son voyage iusqu'à la ville de *Guitor*, capitale de ce Royaume de *Guibem*, où estoit alors la Royne, qui pour estre vefue, gouuernoit l'Estat sous le tiltre de Regente, durant la minorité de son fils aagé d'enuiron neuf ans. A son arriuée il mist le siege deuant la uille; et d'autant que la Royne ne se sentoit pas assez forte pour resister à la puyssance du Roy de Siam, elle ayma mieux demeurer d'accord auec luy, qu'elle luy payeroit de tribut par an cinq mille Turmes d'argent, qui font soixante mille ducats de nostre monnoye, dequoy elle luy paya cinq années d'aduance. Outre cela le ieune Prince son fils luy fist hommage de vassal, et le Roy le mena à Siam auec luy. Là-dessus il leua le siege de deuant la ville, et passa outre vers le Nord-est en la ville de Taysiran, où il eust nouuelles que le Roy de Chiammay s'estoit desia desdit de la ligue passée. Cependant comme il y auoit six iours qu'il marchoit dans les terres des ennemis, il saccageoit tout autant de lieux qu'il en treuuoit, sans vouloir permettre qu'on donnast la vie à pas vn masle. Ainsi passant pays, il arriua au lac de *Singapamor*, qu'on appelle ordinairement *Chiammay*, où il s'arresta vingt-six iours, durant lesquels il prist douze fort belles places, enuironnées de bouleuarts et de fossez à la façon des nostres, tous de brique et de mortier, sans y auoir ny pierre, ny chaux; à cause qu'en ce pays-là ce n'est pas la coustume de bastir ainsi, et où pour toute artillerie il n'y auoit que quelques fauconneaux et quelques mousquets de bronze. Or pour ce qu'en ce temps-là l'Hyuer s'approchoit, et que la saison estoit fort pluuieuse; joint que le Roy commençoit desia de se porter mal, il fist sa retraicte en la ville de Quitiruan, où il s'arresta plus de 23. iours, durant lesquels il acheua de la fortifier de murailles et de fossez grandement larges et profonds. En suitte de cela ayant mis ordre à toutes choses et cette mesme ville, en estat de se defendre si on l'attaquoit, il s'embarqua auec les trois mille vaisseaux dans lesquels il estoit venu, et ce en intention de s'en retourner à Siam. Neuf iours apres il arriua à la ville d'Odiaa, capitale de tout son Royaume, où il tenoit sa Cour la pluspart du temps. A son arriuée les habitans luy firent vne entrée où le peuple employa beaucoup d'argent à diuerses inuentions qui furent faictes pour le receuoir. Ce qui dura 14. iours, conformément aux loix, et aux sectes de ces Payens. Et pource que durant les six mois de son absence, la Royne sa femme auoit commis adultere auec un pouruoyeur de sa maison, appelé *Uquumcheniraa*, et qu'au retour du Roy elle se trouua enceinte de 4. mois, la crainte qu'elle eust que cela ne se descouurit, fit que pour se sauuer du danger qui la menaçoit, elle se resolut d'empoisonner le Roy son mary. Comme en effect sans differer dauantage sa pernicieuse intention, elle luy donna du poison dans vn vase de porcelaine tout plein de laict, dont l'effect fut tel qu'il en mourut dans cinq iours, durant lequel temps il donna ordre par son testament aux plus importantes affaires de son Royaume, et s'acquitta de ce qu'il deuoit aux estrangers qui l'auoient seruy en cette guerre de *Chiammay*, d'où il n'y auoit que vingt iours qu'il estoit venu. En ce testament comme il vint à faire mention de tous nous autres Portugais, il voulut que cette clause y fust adjoustée.

« C'est mon intention que les six vingt Portu-
» gais qui ont tousiours veillé fidelement à la
» garde de ma personne, reçoiuent pour recom-
» pense de leurs bons seruices demie année du
» tribut que me donne la Royne de Tybem, et
» qu'en mes doüanes leurs marchandises ne
» payent aucun tribut par l'espace de trois an-
» nées. Auecque cela i'entens que par toutes les
» villes de mon Royaume leurs Prestres puissent
» publier la loy dont ils font profession, d'vn
» Dieu faict homme pour le salut des humains,
» comme ils me l'ont asseuré quelquefois. » A
ces choses il en adjousta plusieurs autres semblables qui meriteroient bien d'estre ici rappor-
tées, quoy que neantmoins ie les passe soubs silence, pource que i'espere cy-apres d'en faire
vne plus ample mention. Dauantage il pria tous
les grands de la Cour qui se treuuerent là presens, qu'ils luy donnassent cette consolation
deuant que mourir, de faire declarer Roy son
fils aisné, ce qui fut incontinent executé. Pour
cet effect apres que tous les Oyaas, Conchalis et
Monteos, qui sont des dignitez soueueraines sur
toutes les autres du Royaume, eurent presté le
serment de fidelité à ce ieune prince, ils le monstrerent du haut d'vne fenestre à tout le peuple
qui estoit en bas dans vne grande place, et luy
mirent dessus la teste vne riche couronne d'or

en façon de mitre, ensemble vne espée nuë à la main droicte, et des balances à la gauche; ce qu'ils ont accoustumé d'obseruer en vne semblable ceremonie. Alors *Oya Passiloco,* qui estoit le plus haut en dignité dans le Royaume, s'estant mis à genoux deuant ce ieune Roy, luy dist les larmes aux yeux, et tout haut, afin qu'vn chacun le pût ouyr. « Bien-heureux enfant, qui en vn aage encore tendre tiens cela de la bonne influence de ton Astre, que d'estre choisi là haut au Ciel pour gouuerner cet Empire de Sournau, voy comme Dieu te le met en main par moy qui suis ton vassal : ie te le remets aussi afin que tu fasses ton premier serment, par lequel tu protestes de le tenir auec l'obeyssance de sa diuine volonté, ensemble de garder esgalement la Iustice à tous les peuples, sans auoir aucun esgard aux personnes, soit qu'il faille chastier ou recompenser les grands ou les petits, les puissants ou les humbles, afin qu'à l'aduenir il ne te soit point reproché de n'auoir accomply ce que tu as iuré en cette action solemnelle. Car s'il aduient que les considérations humaines t'esloignent de ce que pour ta iustification tu és obligé de faire deuant un Seigneur si equitable, tu seras pour cela grandement puny dans la profonde fosse de la maison de fumée, lac ardant de puanteur insupportable, où les meschans et les damnez pleurent continuellement avec une tristesse de nuict obscure dans leurs entrailles : et afin que tu t'obliges à la charge que tu prends sur toy, dy maintenant *Xamxaimpom*, » qui est comme qui diroit entre nous *Amen*. Le Passiloco ayant acheué sa harangue, le nouveau Prince dict en pleurant *Xamxaimpom*, ce qui esmeut si fort toute l'assemblée du peuple, qu'on fut vn assez long-temps sans ouyr que gemissemens et que plaintes. A la fin apres que ce bruict fut appaisé, le Passiloco reprenant son discours en regardant le nouueau Roy. « Cette espée, luy dit-il, que tu tiens en main toute nuë, t'est donnée comme un sceptre de souueraine puissance sur terre afin de subjuguer les rebelles. Ce qui veut dire encore que tu és veritablement obligé d'estre le soutien des petits et des foibles afin que ceux qui s'enorgueillissent de leur puissance, ne les renuersent par le souffle de leur superbe. Ce que le Seigneur a en aussi grande haine comme la bouche de celuy qui blasphemeroit contre vn petit enfant qui n'auroit iamais peché : et afin que tu satifasses en tout au bel esmail des estoiles du Ciel, qui est ce Dieu parfaict, iuste et bon, dont la puissance est admirable sur toutes les choses du monde : dy derechef *Xamxaimpom*. » A quoy le Prince respondit par deux fois en pleurant, *Maxinau, maxinau*, c'est-à-dire, *Ie le promets ainsi*. En suitte de cela Oyaa Passiloco l'ayant instruict sur plusieurs autres choses semblables, le ieune Prince respondit par sept fois *Xamxaimpom*, et ainsi s'acheua la ceremonie de son couronnement. Neantmoins la derniere partie fut qu'il s'y en vinst vn Talagrepo de dignité souueraine sur tous les autres Prestres, appellé *Quiay Pomuedée,* qu'on disoit estre aagé de plus de cent ans. Cettuy-cy s'estant prosterné aux pieds auprés du prince, luy presta serment sur un bassin d'or plein de riz, et cela faict ils remirent le Roy dedans apres l'auoir ainsi creé de nouueau; car le temps ne permettoit pas qu'on le tinst là dauantage, à cause que le Roy son pere estoit à l'article de la mort; joint que le dueil estoit si vniuersel parmy le peuple, qu'en quelque lieu que ce fust on n'oyoit autre chose que larmes et que souspirs.

CHAPITRE CLXXXIII.

De la triste mort de ce Roy de Siam, et de quelques choses illustres et memorables par luy faictes durant sa vie.

Comme l'on eut passé le iour et la nuict suiuante de la façon que ie viens de dire, le lendemain à huict heures du matin l'infortuné Roy rendit l'esprit en la presence de la pluspart des Seigneurs de son Royaume; de quoy il se fist vne si grande demonstration de dueil parmy tout le peuple, que de quelque costé qu'on se tournast, on n'oyoit que gemissemens accompagnez de larmes. Ce qui sembloit vne chose esloignée de tout vsage, et de toute raison naturelle. Or d'autant que ce Prince viuoit en reputation d'estre charitable aux pauures, liberal en ses bien faits et en ses recompenses, pitoyable et doux enuers vn chacun; et sur tout incorruptible à faire Iustice, et à chastier les meschans, ses subjects parloient si amplement de cecy en le regrettant, que si tout ce qu'ils en disoient estoit veritable, il faut croire qu'il n'y eust iamais de meilleur Roy que celuy-cy, ny parmy ces Payens, ny en toutes les autres contrées du monde. Toutesfois comme ie ne puis asseurer si les choses qu'ils disoient en leurs plaintes estoient veritables pour ne les auoir vuës, i'en demeureray seulement à celles qui pour son regard se sont passées de mon temps, et ne les pouuant mettre en doute i'en rapporteray icy 3. ou 4. entre plusieurs actions que ie luy ay veu faire depuis l'année 1540. iusques à 1545 que ie fus en marchandise dans ce Royaume. La premiere fut qu'en l'année 1540. Pedro de Faria estant Gouuerneur de Malaca, le Roy Dom Iean III. de glorieuse memoire luy escriuit vne lettre, par laquelle il luy recommandoit sur toutes choses, de faire son possible pour rachepter vn certain Dominique de Seixas, qui depuis l'espace de 23. ans estoit esclaue dans le Royaume de Siam, adjoustant que telle chose estoit importante au seruice de Dieu et au sien, pour auoir appris que de luy plustost que de tout autre, il pourroit être instruict veritablement des grandes choses qu'on luy comptoit de ce Royaume, et qu'en cas qu'il vinst à rachepter ce Chrestien, il l'enuoyast incontinent aux Indes vers le Vice-Roy Don Garcia auquel il en auoit desia escrit, afin qu'il le fist embarquer dans le Nauire qui partiroit cette année là, pour s'en reuenir en Portugal. Pedro de Faria n'eut pas plustost receu cette lettre, que voyant auec combien de soin le Roy son Maistre luy recommandoit cette affaire, il enuoya pour son Ambassadeur à Siam vn certain Francisco de Crasto, homme noble et grandement riche, afin d'y traicter de la rançon de ce Dominique de Seixas, et d'autres seize Portugais qui estoient encore esclaues. Suiuant cette commission, Francisco de Crasto s'en vint à la ville d'Odiaa au temps que i'y estois, où il donna sa lettre au Roy de Siam, qui luy fist vne fort bonne reception, et apres l'auoir leuë, et s'estre enquis de luy de plusieurs choses nouuelles et curieuses, il luy fist response aussi-tost, chose qu'il n'auoit point accoustumé de faire à aucun Ambassadeur. En cette response estoient contenuës ces paroles. « Quant à Dominique de Seixas, que le Capitaine de Malaca m'enuoye demander, m'aduertissant que ie feray vn grand plaisir au Roy de Portugal de le luy enuoyer, ie m'y accorde tres-volontiers, et à deliurer aussi tous les autres qui sont auecque luy. » Alors Francisco de Crasto, ayant eu cette despesche du Roy, l'en remercia fort humblement, et se prosterna par trois diuerses fois la teste panchée contre terre, comme l'on a coustume de faire à ce Roy pour estre plus absolu que tous les autres. Depuis lors que la saison permit à Francisco de Crasto de s'en retourner à Malaca, il enuoya chercher Dominique de Seixas en la ville de *Goutaleu*, où il estoit alors General de la frontiere, ayant à sa charge trente mille hommes de pied, cinq mille cheuaux, et dix-huict mille ducats de pension par an. Auec luy il fit venir encore les autres seize Portugais, et les mit tous entre les mains de Francisco de Crasto, qui le remercia derechef de la grace qu'il luy faisoit. Vn peu apres comme Dominique de Seixas et ses compagnons s'en allerent prendre congé de ce Roy, il leur fit bailler mille turmes d'argent, qui valent douze mille ducats de nostre monnoye, et les pria de luy pardonner s'il luy donnoit si peu de chose. Vne autre fois, qui fut en l'année mil cinq cens quarante cinq, Simon de Melo estant Capitaine de la mesme forteresse de Malaca, vn certain Louys de Montarroyo venant de la Chine pour aller à Patane, il arriua fortuitement qu'vn sien nauire battu du vent de trauerse fut ietté au port de Chatir à cinq lieuës de Lugor, où toute sa marchandise luy fut prise par le Xabandar du pays, apres que la mer l'eust ietté à bord. En suitte de cela luy mesme fut faict prisonnier auec tous les autres qui s'estoient sauuez iusques au nombre de vingt-quatre Portugais, et cinquante ieunes garçons ou petits enfans qui faisoient en tout le nombre de septante et quatre personnes Chrestiennes, joinct que la Marchandise qui fut sauuée de ce naufrage se montoit bien à quinze mille ducats. Or la raison que le Xabandar allegua de cecy fut, que par l'ancienne coustume du Royaume tous ses biens estoient à luy, dequoy ayant eu nouuelles quelques Portugais qui estoient pour lors à la ville, et ausquels Louys de Montarroyo auoit rendu compte du desastre par vne sienne lettre apres luy auoir enuoyé en prison vn habit dont il auoit bon besoing, ils conclurent tous entr'eux de faire vn *Odiaa* ou vn present de pieces riches iusques à la somme de mille ducats, et de s'en aller treuuer le Roy au iour qu'on nomme de l'*Elephant blanc*, qui estoit dix iours apres, et auquel pour estre vne feste fort solemnelle, ce prince a accoustumé de faire plusieurs aumosnes à tous ceux qui luy en demandent, et quantité de faueurs aux siens. Ainsi en la solemnité de ce iour qu'ils appellent *onida pileu*, c'est à dire, *allegresse des gens de bien*, tous les Portugais qui estoient soixante ou septante se mirent en vn certain passage d'vne ruë des 9. principales par où le Roy deuoit passer auec beaucoup de pompe et de Majesté. Alors comme ils se virent prez de luy, ils se prosternerent tous par terre, comme c'est la coustume des habitans de Siam ; en mesme temps vn d'entr'eux deputé pour cela se mit à raconter au Roy toute l'affaire de Louys de Montarroyo, et de ses compagnons de la façon qu'elle s'estoit passée, luy demandant pour aumosne qu'il luy plust commander qu'on deliurast ses pauures prisonniers, sans parler de la marchandise que le Xabaudar auoit prise, pource que cela ne luy sembloit point raisonnable. Mais le Roy qui entendit aussi tost ce que les nostres luy demandoient fut touché des larmes qu'il vid respandre à quelques vns d'entr'eux, de maniere qu'il fit arrester l'elephant blanc sur lequel il estoit monté ; puis portant sa veuë sur les Portugais et sur les pieces de present que quelques-vns auoient en main, comme il sceut que leur intention estoit de les luy offrir; « Mes amis, leur dit-il, ie tiens pour receu ce que vous me voulez donner, et vous en sçay fort bon gré : car en vn iour si solemnel ie n'ay pas accoustumé de rien prendre de personne, mais de donner et d'obliger vn chacun par biensfaits. C'est pourquoy ie vous prie tres-instamment pour l'amour de vostre Dieu, de qui ie suis et serai tousiours seruiteur, de vous seruir de ces presens, pour les partager à ceux des vostres qui en auront le plus de besoing : car vous ferez bien mieux de gaigner par ce moyen la recompense de cette aumosne, que vous donnerez pour l'amour de luy, que vous n'aurez d'acquest en tout ce que ie vous sçaurois donner pour recognoissance de ce present, estant veritable que deuant luy ie ne suis qu'vn petit ver de terre. Quant aux prisonniers que vous me demandez, c'est mon plaisir de vous en faire vne aumosne afin qu'en toute liberté ils s'en puissent retourner à Malaca : c'est pourquoy ie commande qu'on ait à leur rendre toute la marchandise qu'ils diront leur auoir esté prise : car les choses qui se font pour l'amour de Dieu doiuent estre accomplies auec beaucoup plus de largesse que n'en requierent les souffreteux, principalement quand ils les demandent les larmes aux yeux. » Là dessus les Portugais se prosternerent tous deuant luy. Le iour d'apres le Roy par ses lettres patentes ordonna : *Que dans le terme de dix iours l'on eust à conduire en la ville les prisonniers, auec tout ce qu'on leur auoit pris.* Ce qui fut incontinent executé fort exactement : car on leur remist aussi tost entre les mains toute la marchandise qu'on auoit sauuée du nauire, qui se montoit, comme i'ai desia dit, à quinze mille ducats, desquels le Roy leur fit don. Pour tout le reste qui estoit dans le vaisseau il se perdit par la violence de la tourmente. Deux ou trois mois apres, en cette mesme année mil cinq cent quarante cinq, estant grandement important à ce Roy de Siam de se treuuer en personne pour repousser l'ennemy qui estoit le Roy des *Tuparahos*, qui du costé de *Passilicau* s'estoit donné vne entrée dans son pays, où il saccageoit quelques-vnes des places plus foibles, en intention de s'en aller assieger les forteresses de *Xiuau* et de *Lautor* desquelles dependoit toute la seureté de cet Estat, il se resolut de s'y en aller luy mesme. Il enuoya donc par le Royaume vn nombre de Colonels, pour faire vne certaine leuée de gens, auec commission expresse de se rendre dans vingt iours dans cette ville d'Odyaa, auec leurs hommes de guerre, car c'estoit son intention d'en partir en ce temps-là. Par mesme moyen il commanda à ses chefs, que sur peine d'vn rigoureux chastiment ils n'eussent à dispenser de cette guerre pas vn homme qui pûst combattre, horsmis les pauures, et ceux qui passeroient soixante ans. Sur quoy à chacun de ces Colonels fut assignée la Prouince dans laquelle il deuoit faire ses leuées. Estant donc escheu à vn certain Quiay Raudiuaa vaillant homme et de qualité, dont le Roy se seruoit souuent, d'auoir pour son departement la frontiere de *Blanchaa*, où la pluspart des gens pour estre grandement riches tant en argent qu'en marchandise, s'adonnent aux voluptez et aux delices du corps, et passent la pluspart du temps en festins, en ieux et à tels autres plaisirs de la vie, comme ils virent que *Quiay Raudiuaa* les vouloit contraindre de s'en aller en cette guerre comme il lui estoit enjoint, ils prirent cela pour vn ioug trop pesant et pour vn fardeau insupportable ; voyant donc que telle chose ne s'accommodoit pas bien au genre de vie qu'ils auoient accoustumé de mener, les plus riches du pays s'assemblerent entr'eux, et delibererent de se dispenser de ce voyage par le moyen d'vne grosse somme d'argent qu'ils firent ensemble, et qu'ils apporterent au Colonel; et comme il n'est point de lieu, où l'argent ne soit assez puissant pour renuerser toutes choses, sans qu'il y ait moyen de s'en deffendre, le Colonel Raudiuaa se laissa si bien flechir à la grande quantité de deniers que ces hommes luy donnerent, qu'il consentit qu'ils ne bougeassent de leurs maisons. De cette façon il fut contraint de mettre à leur place tout autant de malades, d'estropiés, de pauures, et de vieillards qu'il en treuua dans le pays, sans se soucier des deffenses qui estoient portées par la commission que le Roy luy auoit donnée. Auec ces belles compagnies de gens de guerre estant arriué à la ville d'Odiaa, comme il fut question de les produire deuant le Roy comme tous les autres Colonels, chacun desquels faisoit monstre de ses hommes de guerre, si tost que ce Prince vint à porter sa veuë du haut d'vne fenestre où il estoit, sur des hommes si malfaicts, si vieux et si pauurement vestus, joinct que la pluspart d'entr'eux estoient malades, sans en remarquer pas vn parmy eux dont il pust regarder le visage autrement qu'à regret, il en fit venir deuant luy quelques vns qui estoient en vne file, tous fort vieux, et malades en apparence. Alors leur ayant demandé quel aage ils auoient, et quelle maladie, ensemble pourquoy ils se presentoient deuant luy en si mauuais equippage, vn d'eux prenant la parole luy raconta toute l'affaire de la façon qu'elle se passoit, ce qui mit le Roy si fort en cholere, qu'à l'heure mesme ayant faict venir deuant luy le Quiay Raudiuaa, et tansé publiquement sa malice, et sa lascheté, il le fit lier pieds et mains, puis ayant commandé qu'on eust à fondre cinq turmes d'argent il les luy fit verser dans la bouche en sa presence, dont il mourut aussitost. Alors le voyant mort deuant luy : « S'il est vrai, luy dit-il, qu'il n'ait fallu que cinq turmes d'argent pour te tuer, comment t'imagines-tu que les cinq cent mille ducats que tu as pris pour dispenser les coüards de Banchaa d'aller à la guerre, ne seroient pas capables de t'enuoyer en l'autre monde? Dieu te pardonne ton auarice, et à moy le peu de chastiment que ie t'ay faict sentir pour elle. » En suitte de cela, sans attendre vn seul moment il enuoya fouiller la maison du deffunct, où l'on treuua les cinq mille turmes qu'il auoit eües, qui furent incontinent portées au Roy, lequel fit distribuer deuant luy cet argent à tous les vieillards et aux pauures malades que le Raudiuaa auoit amenez, qui estoient plus de trois mille de nombre, et cet argent se montoit à plus de soixante mille ducats de nostre monnoye ; cela faict il les renuoya en leurs maisons, leur recommandant qu'ils eussent à prier Dieu pour luy. Quant à ces effeminez, qui pour n'aller à la guerre auoient donné les cinq mille turmes au Colonel il les enuoya tous faire habiller en femmes, et les bannit en vne Isle appellée *Pullo Caton*, de quoy n'estant pas content il voulut que leurs biens leur fussent confisquez comme à des poltrons, et qu'on eust à les distribuer à ceux qui feroient le mieux à la guerre. Et d'autant qu'il apperceut qu'vn Portugais des cent soixante qu'il auoit alors auec luy, estoit vn peu demeuré derriere en vn combat que les nostres auoient donné, où ils firent si vaillamment et auec un tel courage qu'ils gaignerent la principale forteresse, que les ennemis auoient prise en la ville de *Lautor*, il luy commanda de s'en retourner à *Siam*, puis qu'il n'estoit pas tel que ses autres compagnons, et que tant qu'il y demeureroit il n'eust ny à sortir de la maison, ny de se donner le nom de Portugais, sur peine d'auoir la barbe rasée comme le Cheualier de Branchaa, puis qu'il estoit aussi poltron qu'eux. Comme au contraire à tous les autres, lesquels, comme i'ay desia dit, estoient cent soixante de nombre, il leur enuoya doubler trois fois leur solde, et les exempta des droits de leurs marchandises; joint qu'il voulut qu'en quelque lieu que ce fust de son Royaume, ils pûssent bastir des Eglises où fut adoré le nom du Dieu des Portugais, comme estant clair et manifeste qu'il valoit plus que tous les autres. Par ces exemples et par ceux que ie pourrois icy rapporter en assez grand nombre, il est manifeste combien grandes et loüables estoient les inclinations de ce Prince, qui pour estre Gentil ne laissoit pas d'auoir le naturel grandement bon, et porté aux actions vertueuses.

CHAPITRE CLXXXIV.

Comme le corps du Roy fut bruslé et la cendre portée à un Pagode, ensemble de quelques autres nouueautez qui arriuerent en ce Royaume.

L'on ne sçauroit croire combien grande fut la douleur, et combien merueilleux le sentiment que tous les Seigneurs du Royaume tesmoignerent auoir de l'accident de leur bon Roy qu'ils voyoient mort deuant eux, ce qui fit que pour demonstration de leur dueil il y eut vne infinité de larmes respanduës : mais en afin apres que leur tristesse fût vn peu calmée, il se fit vne assemblée de tous les Prestres de cette ville, lesquels, à ce que l'on dit, estoient quelques vingt mille de nombre ; puis comme l'on eut traitté auec les principaux du Royaume touchant la pompe funebre et les ceremonies qui s'y deuoient faire, il fut arresté entr'eux de brusler le corps auparauant que le poison dont il estoit mort fust cause d'vne corruption, et d'vne mauuaise senteur, pource qu'en tel cas son ame ne pourroit estre sauuée en aucune façon que ce fust, conformément à ce qui en estoit escrit. Pour cet effet l'on fit dresser en diligence vn fort grand bucher, faict de sandal, d'aloës, de calembaa, et de benjoin, où l'on mit le feu auec vne autre nouuelle ceremonie. En mesme temps le corps du deffunct fut bruslé durant les gemissemens et les plaintes de tout le peuple, et la cendre mise dans vne chasse d'argent. Cela faict on l'embarqua dans vne laulée fort richement equippée, et nommée Cabizonda, auec quarante seroos pleins de Talagrepos, qui sont les dignités les plus hautes de leurs Prestres Gentils. Outre ceux-cy elle estoit accompagnée d'vn grand nombre d'autres vaisseaux où il y auoit vne infinité de gens, et en suitte cent grandes barquasses chargées de diuerses figures d'Idoles soubs des formes de couleuures, lézarts, lyons, tygres, crapaux, serpents, chauuesouris, oysons, boucs, chiens, elephans, vautours, chats, milans, corbeaux, et autres semblables animaux, dont les figures estoient si bien representées au naturel qu'elles paroissoient des choses viuantes. Auec cela les faces de ces Idoles estoient toutes couuertes en façon de dueil de pieces de soye conformément aux couleurs de chacun. Or ces animaux, comme i'ay desia dit, estoient en si grand nombre qu'au rapport de ceux qui les virent, l'on tient asseurément qu'il y eust plus de cinq mille pieces de soye employées à couurir tous ces demons. En vn autre Nauire fort grand se voyoit le Roy de tous ces Idoles, qu'ils appellent *Le Serpent glouton de la profonde cauerne de la maison de fumée.* Cette Idole auoit la figure d'vne monstrueuse couleuure de la grosseur de plus d'vn muid, et estoit entortillée en neuf cercles; si bien qu'estenduë elle eust faict la longueur de plus de cent empans, et quant au col elle l'auoit dressé en haut; des yeux, de la gueule, et de la poictrine de ce serpent sortoient de grandes flammes de feu d'artifice, qui rendoient ce monstre si effroyable et si furieux, que ceux qui le regardoient en trembloient de peur; i'adiouste à tout cecy qu'en vn Theatre de la hauteur de trois brasses, tout doré et enrichy, il y auoit vn fort beau petit garçon aagé de quatre à cinq ans, tout couuert de perles, de chaisnes et brasselets d'vne riche pierrerie, et qui auoit les aisles et la cheuelure de fin or, de mesme que nous auons accoustumé de peindre les Anges; cet enfant tenoit en main vn riche coutelas, et par cette inuention ces Payens vouloient donner à entendre, « Que c'estoit vn Ange du Ciel enuoyé de Dieu pour emprisonner tout ce grand nombre de demons, afin qu'il ne volast point l'ame du Roy auparauant qu'elle fust arriuée au lieu du repos qui luy estoit preparé là haut en la gloire, pour recompense des bonnes œuures qu'il auoit fait en ce bas monde. » Auec cet ordre tous ces vaisseaux gaignerent la terre en vn Pagode qui s'appelloit *Quiay Poutar,* où apres qu'on eust mis la quaisse d'argent où estoient les cendres du Roy, et tiré dehors le petit garçon, l'on mist le feu à tout ce grand nombre d'Idoles de la façon qu'elles estoient dans les barquasses; ce qui fut accompagné d'vn si grand bruict de cris, de coups d'artillerie, de harquebuzes, de tambours, de cloches, de cornets, et d'autres differentes sortes de bruicts, qu'il n'estoit pas possible de l'ouyr sans en trembler. Cette ceremonie ne dura pas plus d'vne heure, car comme toutes ces figures estoient faictes de paille ; joint que dans les vaisseaux il y auoit quantité de bray et de poix resine, de toutes ces matieres combustibles s'alluma en peu de temps vn feu si espouuentable, qu'on eust dict que c'estoit vn vray portraict de l'enfer. Tellement qu'en vn instant l'on vist reduict à neant, et les vaisseaux, et tout ce qu'il y auoit dedans. Comme l'on eust achevé cecy ; ensemble plusieurs autres inuentions de choses fort naturelles, et qui auoient cousté beaucoup, que ie ne veux point m'amuser à descrire icy, pource qu'elles me semblent superfluës, et n'estre point necessaires ; tous les habitans qui estoient là accourus à la foule, et dont le nombre paroissoit infiny, se retirerent en leurs maisons. Là ils demeurerent les portes et les fenestres fermées, sans qu'on vid paroistre pas vn d'eux parmy les ruës par l'espace de dix iours, durant lequel temps les places furent desertes, et n'y remarqua-t'on seulement que de pauures gens qui s'en alloient de nuict demandant l'aumosne auec d'estranges lamentations. Au bout des dix iours qu'ils se furent ainsi enfermez, ils ouurirent leurs portes et leurs fenestres, et leurs Pagodes ou leurs Temples parurent ornez de plusieurs enseignes de resiouissance ; ensemble de quantité de tapisseries, d'estendarts, et de bannieres de soye, joint qu'il y eust quantité de tables dressées, et pleines de diuers parfums. Alors l'on vid paroistre parmy toutes les ruës certains hommes à cheual, vestus de damas blanc, lesquels au son de quelques instrumens fort harmonieux s'en alloient disant tout haut, et les larmes aux yeux : « Tristes habitans de ce Royaume de Siam, escoutez, escoutez ce que l'on vous faict sçauoir de la part de Dieu, et auec des cœurs humbles et nets loüez tous son sainct Nom ; car les effects de sa diuine Iustice sont grands. Par mesme moyen posant votre dueil, sortez de vos demeures où vous estes enfermez, et chantez les loüanges de la bonté de vostre Dieu, puisqu'il luy a pleu vous donner vn nouueau Roy qui le craint, et qui est amy des pauures. » Cette proclamation estant faicte l'on ouyst plusieurs instrumens, dont certains hommes à cheual, et vestus de satin blanc, s'en alloient iouänt auec vn concert fort harmonieux. Sur quoy tous les assistans ayant le visage prosterné en terre, et les mains haussées comme gens qui rendoient graces à Dieu, respondoient tout haut en pleurant, « Nous faisons nos Procureurs les Anges du Ciel, afin qu'ils loüent continuellement le Seigneur pour nous. » Apres cela tous les habitans de la ville sortant des maisons, et ne pensant plus qu'à danser et à se resiouyr, s'en alloient au Temple de *Quiay Fanarel*, c'est-à-dire,

Dieu des ioyeux, où ils offroient de doux parfums, et les plus pauures, des fruicts, des volailles, et du riz, pour l'entretien des Prestres. Le mesme iour le nouueau Roy se fist voir par toute la ville auec beaucoup de pompe et de majesté; à cause dequoy se firent de grandes resiouyssances parmy tout le peuple. Et d'autant que le Roy n'auoit seulement que neuf ans, il fut ordonné par les vingt-quatre Bracalons du gouuernement, que la Royne sa mere en seroit tutrice ou Regente, et qu'elle auroit de l'Empire sur tous les autres Officiers de la Couronne. Ces choses se passerent ainsi durant quatre mois et demy, pendant lesquels il n'y eust aucun desordre, et tout fut paisible dans le Royaume. Mais au bout de ce temps-là estant arriué que la Royne vint à accoucher d'vn fils qu'elle auoit eu d'vn sien pouruoyeur, offensée du mauuais bruict où elle estoit, elle resolut à part soy de satisfaire à son desir, qui estoit de se marier auec le pere de ce nouueau fils qu'elle en auoit, pource qu'elle en estoit ardemment amoureuse. Pour cet effect elle entreprit meschamment de faire tuer le ieune Roy, qui estoit son enfant legitime, afin que par ce moyen la Couronne passast au bastard par droict d'heritage. Afin d'executer cette entreprise ayant inuenté plusieurs differentes sortes de meschancetez inouyes, et qu'on n'a iamais imaginées, que ie suis bien content de passer icy sous silence, pource qu'il me seroit impossible de les raconter sans en estre effrayé; à la fin elle fist semblant que l'excés de son affection enuers le ieune Roy son fils la tenoit tousiours en alarme, et luy faisoit apprehender que quelqu'vn n'attentast à sa vie. Tellement qu'vn iour ayant fait assembler tous ses Conseillers d'Estat, elle leur representa que n'ayant que cette seule perle enchassée en son cœur, elle vouloit empescher que par quelque desastre on ne l'arrachast d'vn lieu où elle l'auoit mis si auant, et que pour cet effect elle estoit d'aduis, tant pour se r'asseurer de ses apprehensions, que pour obuier aux grands maux que la nonchalance auoit accoustumé d'apporter en semblables cas, qu'il y eust vne garde au Palais, et autour de la personne du Roy. Cette affaire fut incontinent traictée au Conseil, et accordée à la Royne, pource que la chose ne sembloit que bonne d'elle-mesme. Alors la Royne voyant que son dessein luy auoit fort bien réussi, prist à l'heure mesme pour garde du Palais et de la personne de son fils, ceux qu'elle iugea plus propres à executer sa damnable entreprise, et en qui elle auoit plus de confiance. Elle ordonna donc vne garde de deux mille hommes de pied, et de cinq cent cheuaux, sans y comprendre l'ordinaire de sa maison qui estoit de six cent Cauchins et Lequios, et en fist Capitaine vn certain Tileubacus, cousin de ce mesme pouruoyeur de qui elle auoit vn enfant, afin qu'à la faueur de cettuy-cy elle pût mieux disposer de ce qu'elle pretendoit, et venir à bout plus facilement de son pernicieux dessein. S'asseurant donc sur les grandes forces qu'elle auoit desia à son party, elle commença de se vanger de quelques grands du Royaume, pource qu'elle sçauoit qu'ils la mesprisoient, et ne la tenoient point en l'estime qu'elle eust desiré d'estre tenuë. Les deux premiers sur lesquels elle fist mettre la main, furent deux deputez de ce gouuernement, appellez *Pinamonteo*, et *Comprimuan*, se seruant de ce pretexte, qu'ils auoient de secrettes intelligences auec le Roy de *Chiammay*, et que par leurs terres ils luy deuoient donner vne entrée dans le Royaume. Par ce moyen soubs couleur de Iustice elle les fist executer tous deux, et confisqua leurs Estats, dont elle donna l'vn à son fauory, et l'autre à vn beau-frere, lequel à ce que l'on disoit auoit esté forgeron. Mais d'autant que cette execution auoit esté faicte à la volée, et sans aucune preuue, la pluspart des Seigneurs du Royaume en murmurerent contre la Royne, luy remettant en memoire le merite de ceux qu'elle auoit faict mettre à mort, les seruices rendus à la Couronne, la qualité de leurs personnes; ensemble la noblesse et l'antiquité de leur extraction pour estre de sang Royal, et descendus des Roys de Siam en ligne droicte. Mais elle ne fist point d'estat de cela, au contraire le iour d'apres ayant faict semblant de se treuuer mal, elle renonça en plein Conseil à sa Regence, et en donna la charge à *Ucuncheniral*, ainsi se nommoit son fauory, afin que par ce moyen ayant de l'empire sur tous les autres, il pût disposer à sa volonté des affaires du Royaume, et en donner les charges les plus importantes à ceux qui voudroient estre de son party; dequoy ce fauory s'aduisoit comme d'vn moyen le plus asseuré d'vsurper cette Couronne, et se faire Seigneur absolu de l'Empire de Sournau, dont le reuenu estoit de douze millions d'or, sans y comprendre les autres droicts qui en valoient bien autant. Par toutes ces inuentions cette Royne usa d'vne si grande diligence pour contenter le desir qu'elle auoit d'esleuer à la Royauté son fauory, de se marier auec luy, et de faire successeur de la Couronne le fils naturel qu'elle auoit eu de luy, que dans huict mois ayant la fortune fauorable à ses pretensions, et esperant d'executer plus amplement son meschant dessein, elle fist mettre à mort tous les Seigneurs du Royaume. Auecque cela elle leur confisqua tous leurs Estats, tous leurs biens, et tous leurs thresors, qu'elle distribuoit de iour en iour à des creatures qu'elle faisoit pour les attirer à son party. Or d'autant que le ieune Roy son fils seruoit de principal obstacle à ce qu'elle pretendoit; ce Prince innocent ne pût s'eschapper de sa fureur desreiglée, car elle l'empoisonna luy-mesme comme elle auoit aussi empoisonné le Roy son pere. Cela faict elle se maria auec *Ucunchenirat*, qui auoit esté vn des pouruoyeurs de sa maison, et le fist couronner Roy dans la ville, l'onziesme iour de Nouembre l'an mille cinq cent quarante et cinq. Mais comme le Ciel ne laisse iamais impunies les meschantes actions; l'année d'apres mille cinq cent quarante-six, et le quinziesme iour de Ianuier ils furent tous deux mis à mort par *Oyaa Passiloco*, et par le Roy de *Camboja*; ce qui aduint en vn certain banquet que firent ces Princes, dans vn Temple qui s'appeloit *Quiay Figrau*, c'est à dire, *Dieu des Atomes du Soleil*, de qui la solemnité estoit ce iour-là celebrée. De cette façon, tant par la mort de ces deux personnes, que de tous les autres de leur party que ces Princes tuerent encore auec eux, toutes choses demeurerent paisibles, sans qu'il en arriuast aucun prejudice à ceux du Royaume. Il est vray qu'il fust depeuplé de toute la Noblesse qu'il y souloit auoir auparauant, à cause qu'elle mourut miserablement par le mauuais succés, et les pernicieuses inuentions dont i'ay parlé cy-deuant.

CHAPITRE CLXXXV.

De l'entreprise que fist le Roy de Brama sur le Royaume de Siam, et des choses qui se passerent iusqu'à son arriuée en la ville d'Odiaa.

Cet Empire de Siam estant demeuré sans successeur legitime, à qui la Couronne appartinst en ligne droicte, et ce par la mort de cette mauuaise Royne et de son favory, à qui elle auoit faict usurper la Couronne, ces deux Seigneurs du Royaume ; à sçauoir Oyaa Passiloco, et le Roy de Camboja (qui en ce temps-là estoit encore plus que Duc) auec quatre ou cinq des plus affidez qui estoient restez, furent d'aduis d'eslire pour Roy vn certain Religieux appellé *Pretiem*, pource qu'il estoit frere naturel du mesme Roy defunct, qui auoit esté mary de cette mauuaise Royne dont ie viens de parler. Ce Religieux qui estoit Talagrepo d'un Pagode que l'on appelloit *Quiay Mitrau*, d'où il n'auoit bougé depuis trente ans, en fut tiré le iour d'apres par *Oyaa Passiloco* qui le mena avec luy ; tellement que le septiesme iour de Ianvier il entra dans la ville, et le neufuiesme iour il y fut couronné Roy auec une nouuelle sorte de ceremonie assez grande d'honneur et de dignité ; dequoy ie ne feray pas icy mention, pource que cela ne me semble poinct necessaire ; joint que i'y employerois trop de temps, et que i'ay autresfois traicté des choses semblables à celle-cy. Par mesme moyen laissant à part tout ce qui arriua de surplus en ce Royaume de Siam, ie me contenteray de rapporter icy les choses que ie m'imagine deuoir estre les plus agreables aux curieux ; estant donc aduenu que le Roy de Brama, qui en ce temps-là regnoit tyranniquement à Pegu, eust aduis du déplorable estat où se trouuoit reduict alors l'Empire de Sournau, et de la mort des plus grands Seigneurs du pays, aduenuë pour le succés que i'ay rapporté cy-deuant ; et d'apprendre encore que le nouueau Roy de cette Monarchie estoit un Religieux, qui n'auoit ni cognoissance des armes, ny de la guerre ; joint qu'il estoit d'vn naturel lasche ; mais surtout grandement tyran, et fort mal voulu du peuple, il prist là-dessus le conseil des siens dans la ville d'*Anapleu*, où pour lors il auoit sa

Cour. Ayant donc voulu auoir leur aduis sur vne entreprise si importante. Ils luy dirent tous que pour rien que ce fust il ne falloit qu'il s'en desistast, attendu que ce Royaume estoit vn des meilleurs du monde, tant en richesses qu'en abondance de toutes choses. A cela ils adjousterent, que la saison qui luy estoit pour lors fauorable, le luy promettoit à si bon marché, qu'il y auoit apparence qu'il ne luy cousteroit pas dauantage que le reuenu d'vne seule année, quelque despence qu'il voulust faire de ses thresors : Qu'au reste s'il luy aduenoit de le prendre, il demeureroit Monarque des Empereurs de tout le monde, et qu'auec cela il seroit honoré du souuerain tiltre de *Seigneur de l'Elephant blanc*, moyennant lequel il faudroit necessairement que les dix-sept Roys du *Capinper*, qui faisoient profession de sa loy, luy rendissent obeyssance. Ils luy dirent en suitte : qu'ayant faict une si grande conqueste par ces terres mesmes, et par le secours des Princes ses alliez en dix ou douze iours il pourroit passer à la Chine, où l'on tenoit pour certain qu'estoit cette grande ville de Pequin, incomparable perle de tout le monde, et contre laquelle le grand Cam de Tartarie, le Siammon, et le Calaminhan, auoient tant de fois mis en campagne de si prodigieuses armées. Le Roy de Brama ayant ouy toutes ces raisons et plusieurs autres que les siens luy donnerent, luy mettant tousiours deuant les yeux ses interests qui sont des forces qui l'emportent sur tout le monde, se resolut de les croire, et de faire cette entreprise. Pour cet effect il s'en alla droit à Martabane, où en moins de deux mois et demy il fit vne armée de deux cent mille hommes où il y en auoit cent mille estrangers, y comprenant mille Portugais, desquels estoit Capitaine Diego Suarez d'Albergaria, surnommé *Galego* par vne maniere de saubriquet. Ce Diego Suarez sortit du Royaume de Portugal en l'année mil cinq cent trente-huict, et s'en alla en l'Inde, auec la flotte du Vice-Roy Dom Garcia de Noronha, dans vn Iunco duquel estoit Capitaine Ioan de Sepulueda, de la ville d'Euora, tellement qu'au temps que ie dis, à sçauoir en l'année mil cinq cent quarante huict, il auoit de ce Roy Brama deux cent mille ducats de rente, auec le tiltre de son frere et de Gouuerneur du Royaume de Pegu. Le Roy partit donc de cette ville de Martabane le Dimanche d'apres Pasques, septiesme iour du mois d'Auril en l'année 1548. Son armée, comme i'ay desia dit, estoit de huict cent mille hommes, dont il y auoit seulement quarante mille cheuaux et tout le reste estoient gens de pied, y compris 60. mille harquebusiers : dauantage il auoit cinq mille elephans de guerre, auec lesquels on combat en ces contrées, et presqu'autant de bagage, ensemble mille pieces de canon que conduisoient quatre mille couples de buffles et de rhinocerots, joinct qu'il y auoit vn pareil nombre de paires de bœufs pour la conduitte des viures. S'estant mis en campagne auec ces forces, il fit tousiours marcher son armée iusques à ce qu'en fin il entra dans les terres du Roy de Siam, et apres y auoir marché cinq iours il se rendit en vne forteresse appelée Tapurau, où il y auoit bien prez de deux mille feux, et où commandoit pour Capitaine vn certain Mogor, homme vaillant et fort rusé en matiere de stratagémes de guerre. Le Roy de Bramaa l'ayant inuestie il donna trois assauts en plain iour, et se mit à l'attaquer auec quantité d'eschelles qu'on auoit expres faict conduire. Or d'autant qu'il ne s'y pûst donner vne entrée pour cette fois, pour la grande resistence que luy firent ceux qu'il assaillit, il fit sa retraite du costé de la riuiere. Là par le conseil de Diego Suarez qui estoit general du camp, par qui il se gouuernoit entierement, ayant faict pointer quarante grosses pieces d'artillerie, dont la pluspart tiroient des boulets de fer, il se mit à la battre auec tant de furie, qu'ayant abattu un pan de muraille de douze brasses il l'attaqua auec dix mille estrangers, où estoient compris plusieurs Turcs, Abyssins, Mores, Malauares, et

la pluspart Achems, Iaos, et Malayos, d'ou s'ensuiuit vne si rude meslée entre les vns et les
autres, qu'en moins de demie heure les assiegez,
qui estoient six mille Siames, furent tous taillez
en pieces, sans que pas vn d'eux se voulust
rendre. Quant au Brama il perdit plus de trois
mille hommes des siens, dont il tesmoigna d'estre
fort fasché, si bien que pour se vanger de cette
perte il fit passer au fil de l'espée toutes les femmes ; ce qui fut sans doute vne maniere de
cruauté bien estrange. Apres cette execution il
tira droit à la ville de *Sacotay*, qui estoit à neuf
lieuës ; desirant d'en auoir là sa raison plus à sa
volonté. Il arriua à la veuë de cette ville vn Samedy enuiron soleil couché, et s'alla loger le
long de la riuiere de Lebrau, qui est vne des
trois qui sortent du lacq de Chiammay, dont i'ay
desia faict mention, auec dessein de s'acheminer
par là droict à la ville d'*Odiaa* capitale de cet
Empire de Sournau : car il auoit desia eu nouuelles que le Roy y estoit alors, et qu'il y faisoit
ses preparatifs pour le combattre en campagne :
il n'eust pas plustot aduis de cela que les siens
luy conseillerent de ne s'arrester en aucune part,
tant afin de ne perdre temps, que pour ne se
défaire insensiblement des forces qu'il auoit,
attendu que le pays estoit desia tout en émotion,
et les places qu'il pretendoit prendre si bien

fortifiées, qu'elles luy cousteroient bon s'il s'y amusoit, ioint qu'à son arriuée à Odiaa, il treuueroit la pluspart de ses gens défaicts, et ses viures entierement employez. Le Roy ayant approuué cet aduis fit marcher son armée le iour d'apres par le bois taillis, enuoyant deuant soixante mille pionniers, qui eurent beaucoup de peine pour luy applanir les passages et les chemins. Comme il fut arriué en un lieu appellé *Tilau*, qui est derriere Iuncalan, et du costé du Sud-oest, prés du Royaume de Quedaa, à cent quarante lieuës de Malaca, il eut la ville de Iuropisan, dont le Capitaine capitula auec luy, et là mesme il prist des guides qui sçauoient fort bien le chemin par le moyen desquelles en neuf iours de chemin il arriua en veuë de la ville d'Odiaa, où il assist son camp, qu'il enuironna de trenchées et de fortes palissades.

CHAPITRE CLXXXVI.

Du premier assaut que le Roy de Brama donna à la ville d'Odiaa, et quel en fut le succez.

Il y auoit desia cinq iours que le Roy de Brama estoit arriué à la ville, durant lesquels il eut assez de trauail et de peine, tant à faire des trenchées et des palissades, qu'à pourueoir aux autres choses necessaires à ce siege, et pendant tout ce temps-là les assiegez ne remuerent aucunement. Dequoy s'estant apperceu Diego Suarez, mareschal de camp, ensemble du peu de compte que les Siames faisoient d'vne si grande puissance, que celle qui estoit là assemblée, ne sçachant à quoy en attribuer la cause, il se resolut d'executer le dessein qui l'auoit là conduit; pour cet effect de la plupart des gens qu'il auoit, qui pouuoient estre 80. mille de nombre, il en fit deux escadrons separez, en chacun desquels il y auoit huict bataillons de six mille hommes, chacun auec ses forces. Il se mit à marcher en ordonnance de guerre, et au son de plusieurs instruments, vers les deux pointes que la ville faisoit du costé du Sud, à cause que de ce costé là l'entrée luy sembloit beaucoup plus facile que de tout autre endroit. Ainsi le dixneufiesme jour de Iuin de la mesme année 1548. vne heure deuant le iour, tous ces hommes de guerre ayant planté plus de mille eschelles aux murailles, se mirent en deuoir d'y monter; mais les assiegez s'y opposerent si vaillamment, qu'en moins d'vne demie heure il en demeura sur la place plus de dix mille de part et d'autre. Cependant le Roy qui encourageoit les siens, voyant le mauuais succez de ce combat, commanda à ceux-cy de faire retraitte, et fit de rechef attaquer la muraille, s'aydant à cet effect des cinq mille elephans de guerre qu'il avoit amenez et diuisez en vingt troupes, chacune de deux cent cinquante, sur lesquels il y auoit vingt mille *Moens* et *Chaleus,* gens d'eslite, et qui auoient double paye. La muraille estant assaillie tout du long auec ces forces, à la portée de trois traicts d'arbaleste, fut battuë auec vne impetuosité si effroyable, que les paroles me manquent pour l'exprimer. Car comme tous les elephans portoient des chasteaux de bois d'où l'on tiroit des mousquets, des couleurines de bronze, et vne grande quantité de harquebuses à crocq, chacune de la longueur de dix ou douze empans, cette munition de feu fit de si grands rauages sur les assiegez, qu'en moins de trois *Credo* la pluspart d'entre eux furent precipitez en bas ; auec cela les elephans mettant leurs trompes sur les panois qui seruoient comme de creneaux dont ceux de dedans se deffendoient, les deffirent tous de telle sorte que pas vn d'eux ne resta en son entier, si bien que par ce moyen la muraille fut abandonnée de deffence, sans qu'il y eust plus personne qui osast paroistre en haut. De cette façon l'entrée de la ville fust bien aisée aux assaillans, qui par un si bon succez inuitez à faire leur profit d'vne si fauorable occasion, planterent de rechef leurs eschelles qu'ils auoient quittées, par où ils monterent en haut, et s'estant mis à faire des cris de toutes parts et des grandes acclamations, y arborerent en signe de victoire vne grande quantité de bannieres et de guidons. Or d'autant que les Turcs voulurent auoir en cecy meilleure part que les autres, ils prierent le Roy qu'il leur fist la faueur de leur donner l'auant-garde, ce qu'il leur accorda facilement, et ce par le conseil de Diego Suarez, qui ne desirant rien tant que d'en voir le nombre amoindry, leur donnoit tousiours le lieu le plus dangereux. Eux cependant extraordinairement contens et glorieux de se voir preferez à tant de nations qu'il y auoit en ce camp, se resolurent de sortir à leur honneur de ce qu'ils auoient demandé au Roy. Pour cet effect, ayants dressé vn escadron de mille deux cent hommes, où estoient compris quelques Abyssins, et Ianissaires, ils se mirent à faire de grands cris, et monterent par ces eschelles iusques au plus haut de la muraille, qui en ce temps-là tenoit, comme i'ay dit, pour le Roy de Brama, et il y auoit desia plusieurs gens. Alors, ces Turcs, soit qu'ils fussent plus temeraires, ou plus malheureux que les autres, s'estant coulez par un pan de muraille descendirent par vn bouleuart en vne place qui estoit en bas, en intention d'ouurir vne porte, et donner vne entrée au Roy, afin qu'ils eussent veritablement de quoy se vanter de luy avoir liuré tous seuls la capitale ville du Royaume de Siam, et qu'ainsi ils gaignassent la recompence qu'ils pouuoient esperer d'une si belle action: car le Roy auoit desia promis auparauant de donner à quiconque luy livreroit cette ville, la somme de mille bisses d'or, qui vallent cinq cent mille ducats de nostre monnoye. Ces Turcs estant descendus en bas furent d'aduis de tascher d'enfoncer les portes auec deux beliers qu'ils auoient pour cet effect, mais comme ils estoient occupez apres cela, sur la confiance qu'ils auoient d'estre les seuls qui gaigneroient les mille bisses d'or, que le Roy auoit promises à quiconque luy ouuriroit les portes : ils se virent chargez tout à coup par trois mille Iaos, tous soldats determinez, qui se ietterent sur eux auec tant de furie, qu'en moins de trois ou quatre Credo, il ne demeura pas vn seul Turc sur la place, dequoy n'estant pas contens, ils monterent aussitost sur le haut de la muraille auec vne estrange ardeur, et comme tous acharnez qu'ils estoient, et couuerts du sang des Turcs qu'ils venoient de tailler en pieces, ils attaquerent les gens du Bramaa qui estoient en haut, et les combatirent si vaillamment et auec tant de courage, que pas vn d'eux ne leur osa tenir teste; de maniere que ceux qui se sauuerent la nuict furent ceux-là mesmes qui se laisserent cheoir en bas. Pour tout cela neantmoins le Roy Brama redoublant plus qu'auparauant son courage, ne quitta point cet assaut. Au contraire il s'aduisa de l'entreprendre de nouueau, tellement que s'imaginant que ces seuls elephans suffisoient pour luy rendre libre cette entrée, il s'approcha vne autre fois de la muraille. Cependant voyla suruenir à ce bruit *Oyaa Passiloco,* Capitaine general de la ville, qui accourut par ce mesme endroit de la muraille, accompagné de quinze mille hommes qu'il auoit auec luy, dont la pluspart estoient Luzons, Borneos, et Champaas, ausquels estoient entremeslez des Menancabos, et fit ouurir les portes au mesme temps, par où le Brama pretendoit se

donner vne entrée. En suitte de cette action il
luy fit dire qu'on venoit de lui apprendre que
son Altesse auoit promis de donner mille bisses
d'or à quiconque luy ouuriroit ces portes; que
pour luy il les auoit maintenant ouuertes, et
qu'ainsi il pouuoit entrer dans la ville, comme
bon luy sembleroit, pourueu neantmoins qu'il
voulust s'acquitter de sa parole, comme grand
Roy qu'il estoit, et luy enuoyer les mille bisses,
puis qu'il attendoit là pour les receuoir. Le Roy
Brama ayant ouy cette raillerie, ne luy voulut
point respondre, pour monstrer par là le mespris qu'il faisoit de *Oyaa Passiloco*. Mais à l'heure
mesme il commanda qu'on se hastast d'assaillir
la ville, ce qui fut executé tout incontinent auec
vne extreme furie : car le combat s'alluma si fort
de part et d'autre, que c'estoit vne chose du tout
effroyable à veoir, attendu que cette violence
dura plus de trois heures entieres, durant lequel
temps les portes furent par deux fois enfoncées,
et par deux fois aussi les assaillans se donnerent
vne entrée dans la ville, ce que le nouueau Roy
de Siam n'eut pas plustost veu, et pris garde que
tout s'en alloit perdu, qu'il accourut en diligence
auec tous les soldats qu'il auoit auec luy, qui
faisoient enuiron trente mille hommes de nombre, et des meilleurs qui fussent en toute la ville.
Alors la meslée s'eschauffa plus qu'auparauant,

par la rencontre ou par la venuë de ceux-cy, et dura bien enuiron vne bonne demie heure, durant laquelle ie ne sçay ce qui se passa, et n'en puis dire autre chose sinon qu'on voyoit des ruisseaux de sang couler sur la terre, et l'air s'embraser vivement; joint qu'il y auoit de part et d'autre tant de tumulte et de bruict, qu'on eust dict que la terre s'escrouloit; car c'estoit vne chose tout à faict effroyable d'ouyr le discord et la dissonance de ces instrumens barbares, comme de cloches, tambours et trompettes, entremeslez au bruict de l'artillerie; ensemble aux hurlemens effroyables des six mille Elephants, d'où s'ensuiuoit vn si grand effroy, que tous ceux qui les oyoient en perdoient tout à faict le courage et le sentiment. Auec cela la place du costé de la ville qui tenoit desia pour le Brama, estoit couuerte de corps noyez dans le sang, spectacle si horrible que la seule veuë que nous en auions nous faisoit pasmer, et nous mettoit presque tous hors de nous-mesmes. Alors Diego Suarez voyant derechef perduë la place d'armes, la pluspart des Elephans blessez, et les autres si espouuantez des coups de canon, qu'il estoit impossible de les faire retourner vers la muraille; joint que les meilleurs hommes de ceux qui auoient combattu en cette entrée auoient esté tuez, et qu'il estoit presque Soleil couché, il s'approcha du

Roy, et luy dist, Qu'il luy conseilloit de faire retraicte hors de la muraille, chose que le Roy luy accorda, bien qu'à contre-cœur, pource qu'il prist garde que luy et la pluspart de ses Portugais estoient blessez, bien que neantmoins il y consentit auec dessein de retourner le lendemain matin à cette mesme entreprise, dont il se desistoit le reste du iour.

CHAPITRE CLXXXVII.

Du dernier assaut donné à la ville d'Odiaa, et quel en fut le succés.

Le Roy ayant faict retraicte en son quartier, s'y treuua blessé d'vn coup de flesche qu'il receut en la meslée de ce mesme iour, et qu'il ne sentist iusques alors à cause de l'ardeur du combat. Cet accident empescha l'effect de la resolution qu'il auoit prise de donner vn autre assaut à la ville le iour d'apres. Car il fut contrainct de garder le lict douze iours entiers : neantmoins comme il fut guery de cette blessûre, ce qui arriua dix-sept iours apres, il entreprist de rechef de poursuiure son dessein, et d'effectuer ce qu'il auoit desia resolu, à sçauoir de ne point leuer le siege de deuant cette ville, iusqu'à ce qu'il s'en fust rendu le maistre; quand mesmes il luy en eust cousté la vie et son Estat. Il luy donna donc vn second assaut qui fut presque semblable au premier, pource qu'il y perdit beaucoup de ses gens; de maniere qu'ayant faict retraicte il s'enflamma de cholere plus qu'auparauant, et son opiniastreté s'augmenta si fort, que sans s'estonner de la grande perte des siens il donna cinq autres assauts en plein iour où il se seruit de plusieurs eschelles, ensemble de diverses ruses et stratagemes de guerre qu'vn Ingenieur Grec luy inuentoit tous les iours. Mais de quelques finesses qu'il vsast en ses combats, il s'en retiroit tousiours auec la perte de plusieurs des siens; de quoy il tesmoignoit d'estre grandement fasché, disant quelquefois par maniere de gausserie, Qu'il se repentoit de cette entreprise qu'il auoit faite. Cependant comme il y auoit desia quatre mois et demy que le siege de cette ville duroit, il commanda qu'il se fist vne monstre generale de tous les siens, et treuua qu'il auoit perdu cent quarante mille hommes, la pluspart desquels estoient morts de maladie. Alors voyant en quel estat il se treuuoit reduit, pour y mettre vne fin il se resolut d'assaillir derechef la ville par vne autre nouuelle inuention, et cet assaut estoit le huictieme de tous ceux qu'on luy auoit desia donnez durant ce siege; ce qu'il entreprist par l'aduis des siens, qui lui conseillerent de l'assaillir à la faueur de la nuict. Pour raison de cela ils lui alleguerent, Que l'obscurité lui feroit paroistre l'assaut moins dangereux, et l'escalade beaucoup plus facile. Cette resolution prise il commanda tout incontinent qu'on fist les preparatifs necessaires à ce dessein; de maniere qu'en dix-sept iours l'on eut fait vingt-six chasteaux de fortes soliues, chacun desquels estoit dressé sur vingt-six rouës de fer, avec plus de cent moulinets qui se rouloient par embas, et qui facilitoient le mouuement d'vne si grande machine. Chaque chasteau auoit dix brasses de largeur, treize de longueur, et cinq de hauteur, et tous ensemble estoient renforcez de doubles poutres garnies de plaques de plomb. Dauantage chacun d'eux estoient plein de bois, et auoit pardeuant six chaisnes de fer fort grandes et fort longues à cause du feu. Par ces chasteaux l'on vint aux approches au son de plusieurs tambours et cloches, de qui le bruict effroyable faisoit trembler tous ceux qui l'oyoient. Les choses ainsi preparées, vn Vendredy enuiron la minuict, en vn temps grandement obscur et fort pluuieux, le Roy Brama fist tirer par trois fois toute l'artillerie du camp, laquelle comme ie croy auoir desia dit, consistoit en cent soixante grosses pieces, dont la pluspart tiroient des boulets de fer, sans y comprendre quantité de fauconneaux, berches et mousquets, au nombre de plus de quinze cent; tellement que de toutes ces machines de guerre tirées ensemble par trois fois, se forma vn si horrible et si effroyable tremblement de terre, que ie ne pense pas qu'ailleurs qu'en enfer il y puisse auoir quelque chose de semblable. Car de quelque sorte que l'imagination s'arreste là-dessus, elle ne treuue rien qui doiue en effect estre comparé à cecy. En ce temps-là ce n'estoient pas seulement les grosses pieces d'artillerie dont i'ay parlé cy-deuant, et les petites qui tiroient; mais l'on en faisoit de mesme aussi de tous les autres bastons de feu qu'il y auoit, tant dedans que dehors, de quelque calibre qu'ils fussent; tellement qu'ils estoient bien cent mille en tout; car auec ce que dans le Camp du Brama se trouuoit soixante mille harquebuziers, comme il me souuient d'auoir desia dict, il y en auoit dans la ville plus de trente mille, sans y comprendre sept ou huict mille fauconneaux, berches et petards; tellement qu'ouyr tout cecy tirer ensemble par l'espace de trois heures continuelles, et s'entremesler aux tonnerres, aux esclairs, et à la tempeste de la nuict, estoit sans mentir vne chose qui ne s'estoit iamais veuë, ny luë, ny imaginée, et qui me semble deuoir passer pour incroyable; et ainsi tous estoient en ce temps-là comme hors d'eux-mesmes. Car les vns se couchoient par terre, les autres se cachoient en des fosses, les vns se mettoient derriere des murailles, et les autres dans des puits. Durant le plus grand effort de cette horrible et furieuse tempeste, l'on mist le feu aux vingt-cinq chasteaux qu'on auoit desia approchez de la muraille, si bien que par la force du vent qui estoit grand pour lors, et par le moyen des barils de goudron qu'on y auoit mis dedans, il s'alluma d'vne si estrange sorte, qu'il fist voir de nouueau un si effroyable pourtraict de l'enfer (car c'est le seul nom qu'on luy peut donner, pource qu'il n'y a rien sur terre qui luy puisse estre comparé auec raison) que si ceux-là mesme qui estoient dehors en trembloient de peur, ie vous laisse à penser auec combien plus de raison la deuoient apprehender ceux que la necessité contraignoit d'en attendre la violence. En suitte de cecy l'on commença de part et d'autre vne sanglante meslée, et ceux de dehors commencerent incontinent l'escalade, cependant que les assiegez qui ne prenoient pas moins garde qu'eux à toutes choses, se defendirent si vaillamment que l'aduantage se treuuoit quelquefois esgal des deux costez, et les vns et les autres en estat d'estre perdus entierement; car comme il arriuoit souuent qu'on r'enuoyoit vn nouueau renfort de gens; joint que l'obstination du Roy Brama estoit si grande, que luy-mesme s'en alloit au milieu des siens, les encourageant par ses discours et par les grandes promesses qu'il leur faisoit, la chose alla si auant, et prist vn tel accroissement, que ne pouuant dire la moindre partie de ce qui s'y passa, ie laisse à l'entendement d'vn chacun de s'imaginer ce que cela pouuoit estre. Quatre heures apres la minuict, les vingt-cinq chasteaux estans tout à faict bruslez, et rasez à fleur de terre, auec un brasier si ardant, qu'il n'y auoit celuy qui en pût approcher d'vn traict de pierre, le Roy de Brama fist sonner la retraicte aux siens, à la requeste que luy en firent les Capitaines des estrangers; car il y en auoit tant de blessez parmy eux, que pour les panser il y fallut employer tout le iour suiuant, et vne bonne partie de la nuict.

CHAPITRE CLXXXVIII.

Comment le Roy de Brama fut contrainct de leuer le siege deuant la ville d'Odiaa, pour les nouuelles qui luy vindrent d'vne mutinerie qui s'estoit faicte au Royaume de Pegu, et ce qui arriva là-dessus.

Le Roy de Brama voyant que ny les canons dont il auoit battu la ville, ny les assauts qu'il luy auoit donnez en plein iour et à force de gens, ny ses inuentions de chasteaux accompagnez de tant d'artifices de feu sur lesquels il s'estoit si fort asseuré, ne luy auoient de rien seruy pour l'execution d'vne chose qu'il auoit si fort desirée, comme il estoit resolu de ne se point desister de l'entreprise qu'il avoit entre les mains, il fist assembler son Conseil de guerre, où se treuuerent tous les Capitaines, Ducs, Princes et Seigneurs qu'il y auoit en l'armée. Alors leur ayant proposé à tous son desir et son intention, il les pria de leur dire quels estoient leurs aduis là-dessus. A mesme temps l'affaire estant mise en deliberation et bien debattuë de part et d'autre, ils conclurent enfin, Que pour quelque sujet que ce fust il ne falloit point que le Roy leuast ce siege, attendu que cette entreprise estoit la plus glorieuse, et la plus profitable de toutes celles qui pourroient iamais s'offrir à luy. Ils luy representerent en outre la grande quantité de finances qu'il y auoit employées, et que s'il continuoit de la battre sans se desister de ses assauts, à la fin les ennemis seroient espuisez ; parce qu'il estoit manifeste (selon ce qu'ils en auoient appris) qu'ils n'auoient desormais plus de pouuoir de resister à quelque petit effort qu'on leur pût faire. Le Roy fort content de ce que leurs opinions se treuuoient conformes à son desir, tesmoigna de leur en sçauoir bon gré. Aussi leur fist-il de nouueau plusieurs recompenses en argent, et leur iura que s'ils pouuoient prendre le ville, il leur donneroit à tous les plus grandes charges du Royaume, auecque des tiltres fort honorables, accompagnez de beaucoup d'Estats, et de grands reuenus. Cette resolution prise il ne fut plus question que de voir de quelle façon on s'y comporteroit ; tellement que par le conseil de Diego Suarez et de l'Ingenieur il fut resolu que de quantité de fascines et de gazons de terre, l'on en feroit comme une maniere de caualier qui s'esleueroit par dessus les murailles, et qu'on monteroit en haut tous les canons et autre artillerie, auec lesquels on battroit les principales fortifications de la ville, puis que en elles seulement consistoit toute la defense des ennemis. L'on mit donc ordre incontinent à tout ce qu'on iugea necessaire à ce trauail; à quoy furent employez les soixante mille pionniers qui estoient au Camp, lesquels en douze iours mirent le fort ou ce caualier en l'estat que le Roy le desiroit. L'on y auoit desia flanqué dessus quarante grosses pieces d'artillerie, et faict une tranchée de douze bastions à la Turque, afin de battre la ville le iour suivant, lors qu'il arriua vn courrier auec des lettres au Roy de *Chauseroo,* Seigneur de *Moucham,* par lesquelles on luy donnoit aduis, « Que le Xemindoo s'estant sousleué dans le Royaume de Pegu, y auoit taillé en piece quinze mille Bramas, et qu'auec cela il s'estoit saisi des principales places de tout le pays. » A cette nouuelle le Roy demeura si fort troublé, que sans tarder là dauantage il leua le siege, et se mist sur vne riviere appellée *Pacarau,* en laquelle il ne s'arresta que cette nuict, et le iour suiuant qu'il employa à retirer son artillerie et ses munitions. En suitte de quoy ayant faict mettre le feu à toutes les pallissades, et au logement du Camp, vn Mardy cinquiesme jour d'Octobre l'an mil cinq cent quarante-huict, il partit pour s'en aller à la ville de Martabane. Ayant faict toutes les diligences pour y arriuer, il s'y rendist à la fin en dix-sept iours, et y fut amplement informé par le Chalagonim son Capitaine, de tout ce qui s'estoit passé dans son Royaume, ensemble du proceder que le Xemindoo auoit tenu pour se faire Roy, et luy prendre son thresor en faisant mourir quinze mille Bramas, et que dans les villes de Digon, Surion, et Dalaa iusques à Danapluu, il auoit logé cinq cent mille hommes en intention de luy empescher le passage au Royaume. Cette nouuelle embarassa fort le Roy Brama, qu'il se mit à tramer en son ame toutes les inuentions dont il s'aduisa pour remedier à vn si grand mal qui se presentoit, mais en fin il resolut de passer là quelques iours à Martabane, en attendant le reste de ses gens qu'il auoit laissez apres lui. A cette resolution il en adiousta vne autre, qui fût de s'en aller chercher cet ennemy, et de s'en venger en bataille rangée. Mais le malheur voulut, qu'en douze iours seulement qu'il demeura là, des quatre cent mille hommes qu'il auoit, il y en eut six vingt mille qui le quitterent : car comme ils estoient tous Pegus, et par consequent desireux de secoüer le ioug des Bramas, ils treuuerent à propos de se ranger au party du nouueau Roy Xemindoo, qui estoit Pegu comme eux ; à quoy leur seruit grandement, de sçauoir, que le Prince estoit de condition releuée, liberal et enclin à faire du bien à ses soldats outre leurs payes ordinaires ; joinct qu'il estoit si doux, si affable aux siens et si plein de bonne volonté pour eux, qu'ils ne luy demandoient rien qui ne leur fust incontinent octroyé; tellement que par ce moyen il les auoit si bien gaignés à luy qu'il n'y en auoit pas un seul, qui ne fust tres-aise de se rendre dans son party. Cependant le Roy Brama apprehendant que cette retraite des siens ne prist de iour en iour vn accroissement nouueau, fust conseillé par ses gens de ne s'arrester pas là plus d'un iour, à cause que plus il y tarderoit et plus ses forces se diminueroient, pour ce que la pluspart de ses gens où presque tous estoient Pegus, nation qui ne luy seroit pas beaucoup fidele. Ce conseil sembla fort bon au Roy, qui à l'heure mesme se mit en chemin pour s'en aller à Pegu : il n'y fut pas plustost arriué qu'il eut nouuelles que le Xemindoo l'attendoit, et qu'estant aduerty de sa venuë, il se tint prest tout incontinent pour le receuoir. Ainsi ces deux Roys estant à la veuë l'vn de l'autre camperent en vne grande plaine appellée Machen, qui estoit à deux lieuës de la ville de Pegu; le Xemindoo auec six cent mille hommes, et le Brama auec trois cent cinquante mille. Le lendemain matin ces deux armées s'estant mises en l'ordre de bataille qu'il leur falloit eslire pour combattre, vindrent à se ioindre vn Vendredy 26. Nouembre de la mesme année 1548. Il n'estoit que six heures de matin quand ils en vindrent aux mains, ce qui fut faict auec tant de violence qu'vne déroute s'en ensuiuit aussitost. L'on y combattit neantmoins auec vn courage inuincible de part et d'autre, mais le Xemindoo ny eut pas du meilleur : car en moins de trois heures toute son armée fut mise en déroute auec la mort de trois cent mille des siens, tellement qu'en ces extremitez il fut contraint auec six hommes de cheual tant seulement de se sauuer en vne forteresse qui s'appelloit *Batelor*, où il ne fut qu'vne seule heure, durant laquelle il se fournit d'vn petit vaisseau où il s'enfuit la nuict suiuante amont la riuiere dans *Cedaa*. Laissons-le donc fuir maintenant, et en attendant que nous le reprenions quand il en sera temps, reuenons au Roy Brama, qui fort content de la victoire qu'il auoit gaignée s'en alla le lendemain matin contre la ville de Pegu, qui n'estoit qu'à deux lieuës. Il y fut à peine arriué, comme i'ay dit cy-deuant, que les habitans se rendirent à luy, à condition qu'il leur sauueroit la vie et les biens. Surquoy il mist ordre à faire panser les blessez. Quant à ceux des siens qui perdirent la vie en ce combat, il se treuua qu'ils estoient soixante mille de nombre, entre lesquels il y auoit deux cent huictante Portugais, joinct que tous les autres y furent grandement blessez.

CHAPITRE CLXXXIX.

De la grande fertilité du Royaume de Siam, et de plusieurs autres particularitez touchant ce pays.

Ayant traitté cy-deuant du succez qu'eut ce voyage du Roy Brama au Royaume de Siam, et de la mutinerie du Royaume de Pegu, il me semble qu'il ne sera point hors de propos de parler icy succinctement de la situation, estenduë, abondance, richesse et fertilité que ie vis en ce Royaume de Siam, et en cet Empire de Sornau, pour monstrer que la conqueste nous en eust esté beaucoup plus vtile que ne sont auiourd'huy tous les estats que nous avons dans l'Inde, joinct que nous la pouuions faire auec beaucoup moins de fraiz. Ce Royaume, comme l'on peut voir dans la carte, a par son esleuation prez de sept cent lieuës de costé, et cent soixante de largeur, en trauersant le païs. La pluspart consiste en grandes plaines, où l'on voit quantité de labourages et de riuieres d'eau douce, à cause dequoy le pays est grandement fertil, et pourueu en abondance de bestail et de viures. Aux contrées les plus eminentes il y a d'espoisses forests de bois d'angelin dont se peuuent faire à milliers des nauires de toutes sortes, il y a plusieurs mines d'argent, de fer, d'acier, de plomb, d'estain, de salpestre, et de souffre, comme aussi de la soye, de l'aloës, du benjoin, du lacre, de l'indigo, du coton, des rubis, des saphirs, de l'yuoire, de l'or, et le tout en grande abondance. Il se treuue aussi dans le bois quantité de bresil et de bois d'ebeine, dont l'on charge tous les ans plus de cent Iuncos pour en transporter à la Chine, à *Hainan*, aux Lequios, à Camboya, et à Champaa, sans y comprendre la cire, le miel, et le succre qu'on y recueille en diuers endroits. Le Roy reçoit ordinairement de ses droits chaque année douze millions d'or, outre les presens que luy font les Seigneurs du païs, qui sont en grande abondance. En la iurisdiction de ses terres il a deux mille six cens Peuplades, qu'ils appellent prodon, comme parmy nous les villes et les citez, laissant à part les petits hameaux et les villages dont ie ne fais point d'estat. La pluspart de ces peuples n'ont point d'autres fortifications ou murailles en leurs bourgs que des palissades de bois, tellement qu'il seroit facile à quiconque les attaqueroit de s'en faire maistre. D'ailleurs auec ce que les habitans de ces villes sont naturellement effeminés, ils n'ont pas accoustumé d'auoir des armes deffensiues. La coste de ce Royaume ioint les deux mers du Nord et du Sud; celle de l'Inde par *Iunçalo* et *Tanauçarim*, et celle de la Chine par *Monpolocata*, *Cuy*, *Lugor*, *Chintabu*, et *Berdio*. La capitale de tout cet Empire c'est la ville d'*Odiaa*, dont i'ay parlé cy-deuant; elle est fortifiée de murailles de brique et de mortier, et peuplée, selon quelques-vns, de quatre cent mille feux, dont il y en a cent mille d'estrangers de diuerses contrées du monde : car comme ce Royaume est fort riche de soy, et d'vn grand traffic, il ne se passe point d'année que de toutes les Prouinces et Isles de Iaoa, Bale, Madoura, Angenio, Borneo et Solor, il n'y nauige pour le moins dix mille Iuncos, sans y comprendre les autres petits vaisseaux, dont toutes les riuieres et tous les ports sont touiours pleins. Le Roy de son naturel n'est nullement porté à la tyrannie. Les doüanes de tous les Royaumes sont destinées charitablement pour l'entretien de certains Pagodes, où l'on a fort bon marché des droits qui s'y payent : Car comme il est deffendu aux Religieux de faire trafic d'argent, ils ne prennent des marchands que cela seulement qu'ils leur veulent donner d'aumosne. Il y a dans le pays douze sectes de Gentils, comme au Royaume de Pegu, et le Roy par un souuerain tiltre se faict appeller *Prechau Saleu*, qui en nostre langue signifie *sainct membre de Dieu*. Il ne se fait voir au peuple que deux fois l'année tant seulement, mais c'est auec autant de richesse et de maiesté, qu'il tesmoigne auoir de grandeur, et de puissance; et neantmoins auec tout ce que ie dis, il ne laisse pas de se dire vassal, et se rendre tributaire au Roy de la Chine, afin que par ce moyen les Iuncos de ses subiets puissent aborder au port de Combay, où ils font ordinairement leur commerce. Il y a encore en ce Royaume vne grande quantité de poivre, de gingembre, de canelle, de camphre, d'alun, de casse, de tamarin, de cardamome; de maniere qu'on peut affirmer sans mentir, ce que i'ay souuent ouy dire en ces contrées, à sçauoir que ce Royaume est vn des meilleurs pays qui soient au monde, et plus facile à prendre que toute autre Prouince pour petite qu'elle puisse estre. Ie pourrois rapporter icy bien plus de particularitez des choses que i'ay veuës dans la ville d'Odiaa seulement, que ie n'en ai raconté de tout le Royaume : mais ie ne suis pas d'aduis d'en faire mention, pour ne causer à ceux là qui liront cecy la mesme douleur que i'ay de la perte que nous en auons faicte pour nos pechez, et du gain que nous pouuions faire en conquerant ce Royaume.

CHAPITRE CXC.

Continuation de ce qui aduint au Royaume de Pegu, tant durant la vie qu'apres la mort du Roy Brama.

Pour reuenir maintenant à l'histoire que i'ay cy-deuant laissée, il faut sçauoir qu'apres que le Roy de Brama eut gaigné dans Pegu cette memorable victoire qu'il eut contre le Xemindoo, comme i'ay dit cy-deuant, par le moyen de laquelle il demeura paisible possesseur de tout le Royaume, la première chose à quoy il trauailla fut à faire chastier les coupables qui par le passé s'estoient mutinez : pour cet effect il fist trancher la teste à vne grande quantité de Noblesse, de Capitaines et de Seigneurs dont les biens furent tous confisquez à la Couronne, de maniere que l'or et l'argent qu'il en eut se monta, à ce que l'on tient, à plus de dix millions d'or, sans y comprendre la riche vaisselle et la pierrerie, ce qui verifia ce commun dire qui estoit generalement en la bouche de tous : « Qu'il en coustoit beaucoup à plusieurs pour le peché d'un seul homme. » Comme le Roy continuoit de plus en plus en ses cruautez et en ses iniustices qu'il executoit contre les vns et les autres, au bout de deux mois et demy qu'il s'occupoit à cela, des nouuelles certaines luy vindrent que la ville de Martabane s'estoit reuoltée, auec la mort de deux mille Bramas, et que le Chalogomin gouuerneur de ceste mesme ville, s'estoit declaré pour le *Xemindoo*. Mais afin que le sujet de ceste reuolte soit mieux entendu des curieux, deuant que passer outre ie diray succinctement que ce Xemindoo auoit esté vn Religieux de Pegu, homme de noble extraction, et selon que quelques-vns l'affirmoient, proche parent du Roy precedent que ce Brama auoit faict mourir il y auoit douze ans, comme i'ay desia dict; ce Xemindoo se nommoit auparauant par son propre nom *Xoripam Xay*, homme aagé de quarante-cinq ans, d'vn fort grand esprit, et tenu de tous pour vn sainct; aussi auec ce qu'il estoit grandement versé aux loix de leurs Sectes et de leur fausse Religion, il auoit plusieurs bonnes parties qui le rendoient si agreable à ceux qui l'oyoient prescher, qu'aussi tost qu'il montoit en chaire, tous les assistans se prosternoient par terre, disant à chaque parole qu'il proferoit, *Pitaral Axiuan Dauocoo Quiay Ampaleu*, ce qui signifie, *Asseurement Dieu parle en toy*. Ce Xemindoo se voyant donc en si grand credit parmy tout le peuple, picqué qu'il estoit de la generosité de son naturel, et de l'occasion qu'il auoit si presente et si fauorable, se delibera de tenter sa fortune, et de voir jusques à quel degré elle pourroit arriuer. Pour cet effect au temps que le Roy Brama s'alla ietter sur le Royaume de Siam et qu'il mit le siege à la ville d'Odiaa, comme i'ai dit cy-deuant, le Xemindoo preschant alors au Temple du Conquiay de Pegu, qui est comme la Cathedrale de toutes les autres, où il y auoit vne grande assemblée de peuple, se mit à parler fort au long, « de la perte de ce Royaume, de la mort de leur Roy legitime, ensemble des grandes extorsions, des cruels supplices, et de plusieurs autres maux que les Bramas auoient faicts à leur nation, auec tant de débordemens, et tant d'offenses contre Dieu, qu'il n'y auoit pas iusques aux riches maisons fondées par les aumosnes des gens de bien pour seruir de Temples à prescher les loüanges diuines, qui ne fussent toutes desolées et démolies; que s'il s'en trouuoit quelques-vnes qui fussent demeurées sur pied, l'on s'en seruoit, ou comme d'estables, ou comme d'autres lieux de voirie, et où l'on auoit accoustumé de ietter les immundices. » En suitte de cecy le Xemindoo dit plusieurs autres choses semblables, si bien que par le moyen de ses soupirs et des larmes qu'il respandoit en les proferant, il fit vne si grande impression dans les esprits du peuple, que dés lors tous ces assistans le recognurent pour leur Roy legitime, et luy en firent serment ; de sorte qu'au lieu qu'il s'appelloit auparauant *Xorimpaxem*, ils le nommerent *Xemindoo* par vn tiltre souuerain qu'ils luy donnerent sur tous les autres. Se voyant alors esleué à la dignité de Roy, la premiere chose qu'il fit durant l'ardeur et impetuosité de ce peuple, fut de s'en aller dans le Palais du Roy de Brama, où ayant treuué cinq mille Bramas, il les tailla tous en pieces, sans donner la vie à pas vn. Depuis il en fit autant de tous les autres qui estoient logez aux lieux les plus importans du Royaume, et par mesme moyen il porta les mains sur les thresors du Roy qui n'estoient pas petits. De cette façon autant qu'il y auoit de Bramas dans le Royaume, qui estoient quinze mille de nombre, ils furent tous mis à mort, sans y comprendre les femmes de tout aage. Auec cela l'on se saisit des places où ils estoient, qui furent à mesme temps démolies, si bien qu'en vingt-trois iours seulement, le Xemindoo demeura tout à faict possesseur du Royaume, et mit cinquante mille hommes sur pied pour combattre en rase campagne le Roy de Brama, s'il aduenoit qu'il accourust au bruit de cette mutinerie, comme en effect il le combattit à son grand dommage, pource qu'il luy aduint d'estre défaict, comme i'ay dit cy-deuant. Et voilà pourquoy puis que cela me semble suffire pour l'intelligence de ce que i'ay à raconter, ie reuiens à mon premier discours. Ce Roy de Brama ayant eu aduis de la reuolte de la ville de Martabane, et de la mort de ces deux mille Bramas, mist ordre tout aussitost à faire venir tous les Seigneurs du Royaume, auec autant de gens qu'il pourroit leuer, leur donnant pour cet effect quinze iours de terme tant seulement, pource que la nécessité presente ne pouuoit souffrir vn plus long delay. Cela fait le iour d'apres il partit à peu de train de cette ville de Pegu, afin que les siens en fissent de mesme, et s'alla loger en vne ville appellée Mouchan, en intention d'estre là durant les quinze iours qu'il auoit donnez de terme. Or comme il y en auoit desia six ou sept d'escoulez, il eut aduis que Xemim Satan, Gouuerneur d'vne ville ainsi nommée, qui estoit à cinq lieuës de là, auoit enuoyé secrettement au Xemindoo vne grande somme d'or, et qu'auec cela il luy auoit faict hommage de la mesme ville où il commandoit. Cette nouuelle embarassa vn peu le Roy de Brama, qui pensant à part soy au moyen qu'il pourroit tenir pour aller au deuant du mal qui le menaçoit, enuoya querir le Xemin de Satan qui estoit alors en la mesme ville de son gouuernement; ce qu'il faisoit en intention de luy envoyer trancher la teste. Mais luy s'estant mis au lict, et faisant semblant d'estre malade, luy respondit qu'il s'y en iroit si tost qu'il se pourroit leuer : or pour ce qu'il se sentoit coulpable, se doutant à peu prés du sujet pour lequel on l'enuoyoit appeller, il communiqua de cette affaire à dix ou douze des siens, tant parens que freres qui estoient là auec luy, lesquels conclurent tous ensemble, que puis qu'il n'y auoit point de meilleur moyen de se sauuer qu'en tuant le Roy, il falloit sans autre delay le mettre en execution; tellement que tous ensemble s'estant offerts à l'assister secrettement en cette entreprise, ils assemblerent et en diligence tous leurs confidens, sans leur declarer d'abord le sujet pour lequel se faisoit cette assemblée. Par mesme moyen ils y firent ioindre d'autres gens qu'ils attirerent à eux par quantité de promesses, et de tous ceuxcy joints ensemble ils en firent vne compagnie de six cent hommes. Alors ayant eu nouuelles que le Roy s'estoit logé dans vn Pagode, ils s'y ietterent dedans avec vne grande impetuosité, et la fortune leur fut si fauorable, que l'ayant treuué à la garde-robbe ils le mirent à mort sans courir aucun danger. Cela faict ils se retirerent tous ensemble en vne basse-cour qui estoit dehors; et d'autant qu'il y auoit desja du tu-

multe parmy les gardes qui auoient eu le vent
de cette trahison, il se fist parmy eux vn grand
combat, auquel enuiron vne demie heure moururent de part et d'autre quelque huict cent
hommes, dont la pluspart estoit de Bramas.
Alors le Xemin de Satan ayant faict retraicte
auec quatre cent des siens, s'en alla en vn lieu
de large estenduë qui s'appelloit Poutel, où se
rendirent incontinent tous ceux de cette contrée, lesquels estans aduertis de la mort du Roy
de Brama que tous haïssoient mortellement, firent vn gros de cinq mille hommes, et s'en allè-
rent chercher les trois mille Bramas que le Roy
auoit là menez auec luy. Et d'autant que ceux-
cy s'estoient desia separez en diuers endroicts,
comme troublez qu'ils estoient; ce mesme iour
ils furent tous facilement mis à mort, sans que
pas vn d'eux en reschappast. Avec eux moururent aussi huictante Portugais, de trois cent que
Diego Suarez auoit auec luy, lesquels, et tous
les autres aussi qui demeurerent la vie sauue, se
rendirent à composition, chose qu'on leur accorda, et mesmes on leur donna la vie, à condition qu'à l'aduenir ils seruiroient fidelement le
Xemin de Satan comme leur propre Roy, ce
qu'ils luy accorderent facilement. Neuf iours
apres cette rebellion, le mutin se voyant fauorisé
de la fortune, et auec quantité de gens à sa de-

uotion, qui s'estoient là rendus de cette Prouince iusqu'au nombre de trente mille hommes, se fist declarer Roy de Pegu, promettant de grandes recompenses à ceux qui le suiuroient, et qui l'accompagneroient iusqu'à ce qu'il eust entierement gaigné le Royaume, et chassé les Bramas hors du pays. Auec ce dessein il se retira dans vne forteresse appellée Tagalaa, resolu de s'y fortifier pour l'apprehension qu'il auoit des gens de guerre qui deuoient venir au secours du Roy defunct, le pensant treuuer en vie, dont il y auoit desia nouuelles qu'il en estoit party plusieurs de la ville de Pegu. Or d'autant que parmy ces Bramas que le Xemin de Satan auoit mis à mort, il en eschappa fortuitement vn qui tout blessé qu'il estoit, ne laissa pas de se ietter dans la riuiere, et la passant à la nage ne cessa de marcher toute cette nuict et l'autre suiuante, de peur qu'il auoit des Pegus, iusques à ce que le 3. iour il arriua à vne campagne appellée Coutasarem, où il y auoit vn peu plus d'vne lieuë iusqu'à la ville. Là mesme ayant rencontré le Chaumigrem frere de laict du Roy defunct, qui s'y estoit logé avec vne armée de cent 80. mille hommes, desquels il y en auoit seulement 30000. Bramas, et tous les autres Pegus. Comme il le treuua sur le poinct de son partement, à cause de la chaleur qu'il y pouuoit auoir dans deux heures, il l'aduertit de la mort du Roy, et du surplus qui estoit passé; combien que cette nouuelle troublast grandement le Chaumigrem, si est-ce qu'il la dissimula pour lors auec tant de courage et de prudence, que pas un de ses gens ne recognût en luy aucune esmotion. Au contraire s'estant vestu d'vn riche habit de satin incarnadin en broderie d'or, auec vne chaisne de pierrerie au col, il fist appeller tous les Capitaines et Seigneurs de son armée, et se tournant vers eux auec le semblant d'vn homme ioyeux, « Messieurs, leur dit-il, cet homme que vous auez veu maintenant s'en venir à moy si à la haste, m'a apporté cette lettre que i'ay en main, de la part du Roy mon Seigneur et le vostre; et bien que par le contenu d'icelle il nous semble blasmer de nonchalance à cause de nostre retardement, si est-ce que i'espere qu'en peu de temps ie luy en rendray raison, et que son Altesse nous sçaura fort bon gré à tous du seruice qu'en cela nous luy aurons rendu. Par cette mesme lettre il me donne aduis encore, qu'il a des nouuelles tres certaines que le Xemindoo remet vne armée sur pied, en intention de s'en venir sur les villes de Cosmin et de Dalaa, et de gaigner le long des riuieres de Digon et Meidoo, toute la Prouince de Danapluu iusques à Ansedaa. C'est pourquoy il m'enjoint expressement que le plustost qu'il me sera possible, ie mette dans ces places (comme les plus importantes) des forces qui soient capables de resister à l'ennemy, et que ie prenne garde qu'il ne se perde rien par ma nonchalance, pource qu'en tel cas il ne receuroit aucune excuse. Cela estant, il me semble grandement important et fort necessaire à son seruice, que vous Seigneur Xemimbrum vous en alliez de ce pas sans tarder vn seul moment, vous mettre auec vos gens dans la forteresse de Dalaa, et vostre beau-frere Bainhaa Quem dans celle de Digon auec ses quinze mille hommes. Quant au Capitaine Gipray et à Monpocasser, ils mettront leurs trente mille soldats dans Ausedaa et à Danapluu, et le Ciguamcan auec vingt mille hommes s'en ira depuis Xaraa iusques à Malacou. Par mesme moyen Quiay Brazagaran suiuy de ses beaux-freres et autres parens, s'en ira pour General de la frontiere sur tous les austres, auec une armée de cinquante mille hommes, afin qu'assisté de ces forces il puisse en personne donner ordre aux lieux qui en auront besoin. » Voilà ce que le Roy m'escrit, de quoy ie vous prie que nous fassions vn accord, et le signions tous ensemble; pource que ie ne suis pas d'aduis que ma teste responde de vostre peu de soin, ou bien de vostre imprudence. Ses Capitaines luy obeirent tout aussitost, et sans tarder là dauantage, chacun d'eux s'en alla droict au lieu où il auoit commission de se rendre. Par le moyen de cette finesse si accorte et si bien dissimulée, le Chaumigrem se deffist en moins de trois heures de tous les cent cinquante mille Pegus; de peur qu'il auoit que s'il leur venoit des nouuelles de la mort du Roy, ils ne se iettassent sur les trente mille Bramas qu'il auoit là auec luy, dont il sçauoit qu'il ne s'en eschapperoit pas vn seul en vie. Cela faict, si tost que la nuict fut venuë, tournant visage du costé de la ville, qui n'estoit pas esloignée de plus d'une lieuë, il se saisit en diligence de tout le thresor du Roy defunct, qui se montoit à ce qu'on disoit à plus de trente millions d'or, sans y comprendre la pierrerie qui ne se pouuoit priser. Par mesme moyen il sauua les femmes et les enfans des Bramas, et prist autant d'armes et de munitions qu'il en pût emmener. Apres cela il mist le feu à tout ce qu'il y auoit dans les magazins, fist creuer toute la petite artillerie, et enclouër la grosse dont il ne pût faire le mesme. Auecque cela il mist à mort tous les sept mille Elephans qu'il y auoit dans le pays, sans en laisser en vie que deux mille où il auoit tout son bagage, ensemble les munitions et les thresors. Pour tout le surplus il fut consommé par le feu, de telle sorte que ny dans le Palais où il y auoit des chambres toutes lambrissées d'or, ny dans les magazins et les arseneaux, ny sur les riuieres où il y auoit deux mille vaisseaux de rames, il n'y demeura chose quelconque qui ne fust reduicte en cendre. Apres cette execution il partit en diligence vne heure auant le iour, et tira droict à Tanguu qui estoit son propre païs, d'où il estoit sorty il y auoit quatorze ans, pour s'en venir à la conqueste du Royaume de Pegu, qui dans le cœur du pays estoit esloigné de là de quelques cent soixante lieuës. Mais comme la peur met ordinairement des aisles aux pieds, elle le fist marcher en si grande diligence, que luy et les siens arriuerent en quinze iours au lieu où ils s'en alloient. Cependant comme le Chaumigrem eust renuoyé subtilement les cent cinquante mille Pegus dont i'ay parlé cy-deuant; il aduint que deux iours apres ils sceurent que le Roy de Brama estoit mort. Or d'autant qu'ils estoient ennemis mortels de cette nation, six vingt mille d'entr'eux ayant faict un gros, rebrousserent chemin en diligence pour aller en queste des trente mille Bramas ; mais lorsqu'ils furent arriuez à la ville, ils treuuerent qu'il y auoit desia trois iours qu'ils estoient partis. Cela fist que s'estans mis à les poursuiure le plus promptement qu'ils pûrent, il arriuerent en vn lieu qui s'appelloit *Guinacoutel*, à 40. lieuës de la ville d'où ils venoient; là ils eurent nouuelles qu'il y auoit 5. iours qu'ils estoient passez; de maniere que desesperant de pouuoir executer le dessein qu'ils auoient de les tailler tous en pieces, ils rebrousserent chemin vers le mesme lieu d'où ils estoient partis. Là ils consulterent entr'eux sur ce qu'il leur falloit faire, et resolurent enfin, que puisqu'ils n'auoient point de Roy legitime, et que la terre estoit toute dépeuplée de Bramas, de s'en aller treuuer le Xemin de Satan : comme en effect ils s'y en allerent incontinent, et auec ce qu'il les receut auec beaucoup de resiouïssance et de bon accueil, il leur promist de leur faire de grands biens et beaucoup d'honneurs; ensemble de les esleuer aux charges du Royaume si tost que le temps le permettroit, et qu'il seroit plus pacifique de soy. Là-dessus il s'en alla droict à la ville de Pegu, où il fut receu auec vne magnificence de Roy, et couronné pour tel dans le temple de *Çomquiay*, qui est le principal de tous les autres.

CHAPITRE CXCI.

Des choses arriuées au temps de Ximen Satan, et d'vn cas abominable qui aduint à Diego Suarez.

Il y auoit desia trois mois et neuf iours que ce tyran Xemin de Satan possedoit paisiblement la ville et le Royaume de Pegu, lors que sans rien apprehender, et sans que personne luy contredist il se mit à distribuer les biens et les finances de la Couronne à qui bon luy sembloit, d'où s'ensuiuirent de grands scandales, qui furent cause de diuerses querelles et diuisions qu'il y eut entre plusieurs Seigneurs, qui pour ce sujet et pour le peu de iustice que le tyran leur faisoit, se retirerent en diuerses contrées et dans les Royaumes estrangers. Quelques-vns aussi s'allerent rendre au party de Xemindoo, qui en ce mesme temps-là commençoit desia d'estre en reputation. Car apres s'en estre fuy de la bataille, suiui seulement de six hommes de cheual, comme i'ay dict cy deuant, il s'alla rendre au Royaume d'Ansedaa, où tant par l'efficace de ses sermons, que par l'auctorité de sa personne, il gaigna tant de gens à sa deuotion, qu'assisté de la faueur et des forces de ces Seigneurs qui se rangerent de son costé, il fist vne armée de soixante mille hommes, auec lesquels il s'en vint à *Meidoo*, où il fut fort bien receu de ceux du pays. Or laissant à part maintenant ce qu'il fist en cette contrée durant quatre mois qu'il y demeura, i'en remettray le discours à vne autre fois, et passeray cependant à vn estrange accident qui en ce peu de iours arriua dans cette ville, afin que l'on sçache à quel poinct s'est terminée la bonne fortune du grand Diego Suarez, qui auoit esté gouuerneur de ce Royaume de Pegu, et la recompense que le monde a accoustumé de faire à la fin à tous ceux qui le seruent et qui se fient en luy, soubs l'ombre du bon visage qu'elle leur monstre du commencement. Le faict se passa de cette sorte, Il y auoit en cette ville de Pegu vn marchand appellé *Mambogoaa*, homme riche, et qui estoit en reputation dans le pays. Cettuy-cy s'aduisa de marier vne sienne fille auec vn ieune homme, fils d'vn autre marchand honorable et fort riche aussi, qui s'appelloit *Manicamandarim*; ce qu'il fist au temps que Diego Suarez estoit au plus haut de sa fortune, et qu'il se disoit frere du Roy, et souuerain en l'Estat sur tous les Princes et Seigneurs du Royaume. Ainsi les peres des fiancez estant demeurez d'accord de ce mariage, et du doüaire qu'on deuoit donner qui estoit, à ce que l'on tient, de trois cent mille ducats, comme le iour fut venu auquel se deuoient celebrer les nopces auec vn grand appareil de richesses et d'honneur, en cette assemblée se treuuerent la pluspart des Gentils-hommes et des plus qualifiez de la ville; cependant il arriua fortuitement ce mesme iour presque enuiron soleil couché, que Diego Suarez estant sorty du Palais Royal auec vne grande suitte de gens tant de pied que de cheual, comme c'estoit son ordinaire de n'aller iamais que bien accompagné, vint à passer pardeuant la porte de *Mambogoaa*, pere de l'espousée. Alors oyant les grandes resiouyssances qui se faisoient dedans la maison, il demanda ce que c'estoit, à quoy il luy fut respondu, que Mambogoaa marioit sa fille et qu'on en celebroit les nopces en son logis : à l'heure mesme il arresta l'elephant où il estoit monté, et enuoya dire au pere qu'il le felicitoit de ce mariage, et prioit Dieu qu'il donnast longue et heureuse vie aux deux mariez. A ces paroles il en adjousta plusieurs autres pour compliment, et mesme il luy fit beaucoup d'offres s'il le vouloit employer, dequoy le vieillard pere de la mariée se sentit si fort honoré, que ne sçachant comme quoy s'en acquiter, puisque la personne qui luy faisoit tant d'honneur, n'estoit pas moindre que le Roy mesme en grandeur et en dignité, le desir qu'il eut de se reuancher d'vne partie de cette obligation, s'il ne le pouuoit du tout, fit qu'il s'en alla prendre sa fille par la main, accompagnée qu'elle estoit de plusieurs Dames de condition, et qu'il s'en vint auec elle iusques à la porte de la ruë, où estoit Diego Suarez. Là s'estant prosterné à terre auec beaucoup de respect il luy fit plusieurs complimens à sa mode, et le remercia de la faueur et de l'honneur qu'il luy auoit faict. Là dessus la nouuelle mariée ayant tiré de son doigt vne riche bague qu'elle y auoit, et mis les genoux en terre, la presenta à Diego Suarez, par l'exprez commandement que son pere luy en auoit faict; mais luy qui estoit sensuel et lascif de son naturel, au lieu d'obseruer la bienseance à laquelle les loix de la noblesse et de l'amitié l'obligeoient, ayant pris la bague que luy donna cette fille, luy tendit la main, et l'empoigna par force elle-mesme, en disant : « à Dieu ne plaise qu'vne si belle fille que vous tombe entre les mains d'autre que de moy. » Alors le pauure vieillard voyant que Diego Suarez tiroit sa fille si rudement, et qu'il luy faisoit cette honte, haussant les deux mains au Ciel auec les genoux à terre et les larmes aux yeux : « Seigneur, luy dit-il, ie te supplie pour l'amour et le respect du grand Dieu que tu adores, qui a esté conceu sans tache d'aucun peché dans le ventre de la Vierge, comme ie le confesse et le croy selon ce que i'en ay sceu, et que i'en ay ouy dire, que tu ne m'enleues point ma fille : car si tu le fais, asseurement i'en mourray de regret et de fascherie ; mais si tu desires de moy que ie te donne son doüaire, ensemble tout ce qu'il y a dans la maison, et que ie me liure moy-mesme pour ton esclaue ie le feray tout maintenant, pourueu que tu permettes que son mary la possede, car ie n'ai point d'autre bien en ce monde que celuy-cy, et n'en veux point d'autre tant que ie viuray ; » Sur quoy il mit la main sur sa fille : Alors Diego Suarez voyant comme quoy ce triste vieillard luy demandoit sa fille auec des yeux tous baignez de larmes, il ne luy fit point d'autre responce, sinon que se tournant vers le Capitaine de ses gardes qui estoit Turc de nation : « Tue ce chien, » luy dit-il. A l'heure mesme le Turc porta la main à son cimeterre pour faire le coup, et tuer ce pauure vieillard, mais luy s'eschappa à mesme temps, laissant sa fille toute escheuelée entre les mains de Diego Suarez. Cependant le nouueau marié accourut à ce tumulte, le visage tout baigné de larmes, mais il y fut à peine arriué que ces barbares le mirent à mort et son pere aussi, auec 6. ou 7. autres de ses parens. Durant que cela se passoit les cris que faisoient les femmes dans la maison estoient si estranges qu'ils espouuantoient ceux qui les oyoient, si bien que la terre et l'air en trembloient, ou pour mieux dire, ils demandoient vengeance à Dieu du peu de respect qu'on portoit à sa diuine iustice, et d'vne si grande violence qu'estoit celle-cy ; et sans mentir si ie ne rapporte plus amplement les particularitez qui se passerent en vne action si noire et si lasche, ie desire qu'on m'en tienne pour excusé, car ie le fais pour l'honneur de la nation Portugaise. Il me suffira de dire que cette pauure fille se voyant sur le point d'estre forcée s'estrangla d'vn lacet qui luy seruoit de ceinture, ce qu'elle ayma mieux faire que permettre à cet homme sensuel et brutal de l'enleuer auec luy, chose qui luy déplust tellement qu'on luy ouit dire, qu'il se repentoit bien plus de n'en auoir eu la iouyssance que de l'auoir ainsi traittée. Or depuis le iour de cet acte abominable iusques à quatre ans apres l'on ne vid iamais le bon vieillard pere de la mariée sortir hors de sa maison. Mais en fin pour donner vne grande demonstration de son dueil, et faire voir l'extreme sentiment qu'il en auoit, il se couurit d'vne vieille natte deschirée, et en ce triste equippage il s'en alla demander l'aumosne à ses propres esclaues, ne mangeant iamais qu'il ne fust couché de son long et nud, le visage tourné sur la terre. Ainsi ayant sans cesse les larmes aux yeux, il continua tousiours cette triste façon de riure iusqu'à ce qu'en fin il vist que l'heure et le temps l'inuitoient à recourir à la iustice qu'il demanda de cette sorte. S'estant apperceu que dans le Royaume il y auoit vn autre Roy, d'autres Gouuerneurs, et vne autre iurisdiction, changemens que le temps produit ordinairement en tous pays et en toute sorte d'affaires, il sortit de sa maison auec le pauure equippage dont il estoit couuert, ayant au col vne grosse corde, la barbe fort blanche à cause de sa vieillesse, et longue iusques au bas de l'estomach. De cette façon il s'en alla au milieu d'vne grande place où il y auoit vn Temple appellé *Quiay Fentareu*, c'est à dire, *Dieu des affligez*; là il s'en alla prendre l'Idole de dessus l'Autel, et la tenant entre ses bras il sortit du Temple, puis apres luy auoir faict toutes les reuerences qu'ils appellent *Cambaiaas*, et toutes les ceremonies qui sont coustumieres à ces payens; et s'estant mis à crier fort haut par trois fois, afin de pouuoir estre ouy de tout le peuple qui estoit là accouru à la foule, il dit les larmes aux yeux : « O peuples, peuples, qui auec vn cœur net et paisible faictes profession de la verité de ce Dieu des affligez, que vous me voyez entre les bras, sortez comme des esclairs qui paroissent durant vne nuict obscure et pluuieuse, et vous mettez à crier si haut que vos

cris percent les Cieux, afin que la pitoyable o-
reille du Seigneur se porte à ouyr nos gemissemens, et que par eux elle sçache la raison que
nous auons de luy demander iustice de ce maudit
estranger, comme du plus meschant homme qui
soit iamais nay dans le monde. Car ce meschant n'estant pas content d'auoir enuahy nos
biens, s'en est venu deshonorer nos familles ; cela
estant, quiconque n'accompagnera auec moy le
Dieu que ie tiens entre mes mains, et que i'ar-
rouse de mes larmes en detestant vn crime si abominable, que le serpent glouton de la profonde
cauerne de fumée luy abrege ses iours miserá-
blement, et luy déchire son corps au milieu de
la nuict. » Ces paroles de ce vieillard effrayerent
si fort les assistans, et firent vne si forte impression dans leurs esprits, qu'en moins d'vn quart
d'heure plus de cinquante mille personnes s'assemblerent en cette place, auec tant de furie et
de desir de vengeance, que la chose paroissoit du
tout estrange ; ainsi le nombre du peuple s'ac-
croissant de plus en plus, ils coururent tous à
la foule droict à la maison du Roy, auec vn bruit
si horrible, que ceux qui l'oyoient en trembloient
de peur. Auec ce desordre estant arriués à la
basse-cour du Palais, ils s'escrierent six ou sept
fois auec vn ton effroyable : « O Roy, sors de là
dedans où tu es enfermé, pour t'en venir ouyr

la voix de ton Dieu, qui te demande iustice par la bouche de ton pauure peuple. » A ces cris le Roy mit la teste à la fenestre; et effrayé d'vne nouueauté si estrange voulut sçauoir d'eux ce qu'ils demandoient? A quoy tous d'vne commune voix respondirent auec des cris si hauts, qu'ils sembloient percer le Ciel : « iustice, iustice d'vn malheureux et infidele, qui pour nous voler nos biens nous a tué nos peres, nos enfans, nos freres, et nos autres parens. » Le Roy les ayant enquis là-dessus qui estoit celuy-là : « c'est, luy respondirent-ils, vn maudit larron participant aux œuures du serpent, qui dans les prez de delices abusa le premier homme que Dieu crea. » Le Roy ayant ouy ces paroles ferma les oreilles par maniere d'estonnement, et les interrogeant derechef : « Est-il possible, leur dit-il, qu'il y ait quelque chose de semblable à ce que vous venez de me dire? » à quoy ils repliquerent tous : « Cettuycy est le seul homme le plus maudit de tous ceux qui sont iamais nais sur la terre, pource qu'il le tient de son inclination et de son meschant naturel, c'est pourquoy nous te prions au nom de ce Dieu des affligez que ses veines soient autant espuisées de sang, comme l'enfer est remply de ses mauuaises œuures. » A ces mots le Roy se tournant vers ceux qui estoient prez de luy : « Que vous semble de cecy ? leur dit-il, que dois-ie faire? comment me dois-ie comporter en vn faict si estrange et si extraordinaire? » A quoy tous luy respondirent : « Seigneur si tu ne veux entendre à ce que ce Dieu des affligez te vient demander, il est à craindre qu'il n'entende non plus à t'aider, et qu'il ne refuse de te seruir de support en ta dignité. » Alors le Roy se tournant vers la foule de ses gens qui estoient à la basse-cour, leur dist, « Qu'ils s'en allassent à la place où se tenoit le grand marché, et qu'il commanderoit que l'homme qu'ils demandoient leur y fust liuré afin d'en faire à leur volonté. » En mesme temps ayant fait venir le *Chirca* de la iustice, qui en est comme souuerain sur-intendant par dessus tous les autres, il luy dist, qu'il s'en allast de sa part appeller Diego Suarez et qu'il le liurast à ce peuple pieds et poings liés, afin qu'il en fist iustice, ou que s'il en vsoit autrement, il apprehendoit que Dieu ne la fist de luy-mesme.

CHAPITRE CXCII.

Continuation de ce qui arriva touchant le faict de Diego Suarez.

Le Chirca de la Iustice s'en alla tout incontinent à la maison de Diego Suarez, et luy dist que le Roy l'enuoyoit querir. Luy cependant fut si troublé de voir le Chirca, et si hors de soy-mesme, qu'il fut vn assez long-temps sans luy pouuoir respondre, comme vne personne qui estoit hors de soy, et qui auoit perdu les sentimens. Mais en fin comme il fut vn peu remis, il luy dist, « Qu'il le prioit grandement de le dispenser de s'en aller auec luy pour cette fois, à cause qu'il auoit vne grande douleur de teste, et que pour recognoissance, d'vn si bon office il luy donneroit quarante bisses d'or. » A quoy le Chirca luy fit responce : « L'offre que tu me fais est trop petite pour prendre sur moi cette grande douleur de teste que tu dis auoir, c'est pourquoy tu me suiuras s'il te plaist, ou de gré, ou de force, puisque tu m'obliges à t'en dire la verité. » Alors Diego Suarez voyant qu'il n'y auoit plus moyen de s'excuser, voulut prendre auec luy six ou sept de ses seruiteurs, et le Chirca ne le voulant point permettre : « Il faut, luy dit-il, que ie fasse ce qui est de ma charge, et qui m'est commandé par le Roy, qui veut que tu viennes seul, et non auec sept hommes : car le temps est maintenant passé, auquel tu soulois si bien aller accompagné, comme ie t'ay veu plusieurs fois ; tout ton appuy est perdu par la mort du Tyran de Brama, qui estoit le tuyau par le moyen duquel tu t'es enflé iusques à maintenant d'vn orgueil insupportable, comme l'on peut voir par les meschantes actions que tu as commises, qui t'accusent auiourd'huy deuant la iustice de Dieu. » Cela dict, il le prit par la main, et le mena tousiours prez de luy enuironné d'vne garde de plus de trois cent hommes, dont nous demeurasmes fort confus. Ainsi marchant d'vne ruë à l'autre, à la fin il arriua au Bazar, qui est comme la halle et la place publique où se vendent toutes sortes de denrées. Mais comme il s'y en alloit, il rencontra fortuitement Baltazard Suarez son fils, qui venoit de la maison d'vn marchand où son pere l'auoit enuoyé ce matin pour receuoir quelque argent qu'on luy deuoit. A l'heure mesme le fils voyant qu'on menoit ainsi son pere descendit de son cheual, et se iettant à ses pieds, » qu'est-ce-cy, Seigneur ? luy dit-il auec les larmes aux yeux, d'où vient qu'on vous mene de cette sorte? Demande-le à mes pechez, luy respondit Diego Suarez, et ils te le diront, car ie te proteste mon fils, que de la façon que ie m'en vay, toutes choses me paroissent estre des songes. » Là dessus se tenant embrassés l'vn l'autre en meslant leurs larmes ensemble ils furent ainsi quelque temps iusques à ce qu'en fin le Chirca commanda à Balthasar Suarez de se retirer, mais luy n'en voulut rien faire, pource qu'il ne pouuoit se separer d'auec son pere : ce que voyant les ministres de la iustice ils l'en tirerent par force, et le repousserent si rudement qu'il en eust la teste blessée, mesme en suitte de cela ils luy donnerent plusieurs autres coups, ce qui fut cause que le pere en tomba tout éuanouy. Là dessus il demanda vn peu d'eau, qu'on ne luy eust pas plustost donnée qu'estant reuenu à soy il haussa les mains au Ciel, et auec les larmes aux yeux il se mit à dire : « *Si iniquitates obseruaueris Domine, Domine quis sustinebit?* Mais, ô Seigneur, adiousta-il, pour la grande confiance que ie mets en l'infiny prix de vostre precieux sang, que vous auez respandu pour moy en la Croix, ie puis bien dire auec plus d'asseurance : *Misericordias Domini in æternum cantabo.* » Ainsi tout desolé qu'il estoit en cette derniere affliction, comme il fut arriué à la veuë d'vn Pagode où le Roy le faisoit mener, l'on tient que ayant apperceu tant de gens, il en demeura comme pasmé. Apres auoir esté ainsi pensif, comme il vint à regarder vn Portugais qu'il luy fut permis d'auoir prez de luy afin de l'assister et l'encourager en la foy : « Iesus, s'escria-t'il, tous ceux qui sont icy presens m'ont-ils accusez deuant le Roy ? » A quoy le Chirca luy fist cette responce : « Il n'est plus temps de te remettre en memoire cecy, puis que tu as assez d'esprit pour sçauoir que le peuple est d'vne humeur si desreiglée, qu'il sent tousiours le mal auquel il est enclin naturellement. » « Ce n'est pas cela, respondit Diego Suarez auec les larmes aux yeux, car ie voy bien que s'il y a du desreiglement en luy, il procede de mes pechez. » « Tu vois par là, repliqua le Chirca, que c'est icy la recompense ordinaire que le monde a accoustumé de donner à ceux qui durant leur vie ont perdu la memoire de la Iustice diuine comme tu as faict, et Dieu te donne la grace qu'en ce peu de vie qu'il te reste, tu te repentes des fautes commises. Possible aussi que cela te vaudra mieux que tout l'or que tu laisses çà bas pour heritage à celuy qui peut-estre est la cause de ta mort. » Icy Diego Suarez ayant les genoux en terre, et les yeux dressez au Ciel auec quantité de larmes ; « Seigneur, s'escria-t'il, Iesus-Christ mon vray Redempteur, par les douleurs de ta sacrée Passion, ie te prie mon Dieu par celuy que tu és, de permettre que l'accusation de ces cent mille chiens affamez, satisface pour moy au chastiment de ta diuine Iustice, afin que l'inestimable prix que tu as employé pour le salut de mon ame sans que ie l'aye merité, ne me soit point inutile. » Alors il se mist à monter sur les escaliers de la basse-cour, et le Portugais qui l'assistoit, m'affirma qu'à chaque degré il baisoit la terre, et disoit par trois fois le nom de *Iesus*. A la fin comme il fut au plus haut, le *Manbogoaa*, qui auoit l'I-dole entre ses bras, animant le peuple auec des cris fort hauts, se mist à dire, « Quiconque pour l'honneur de ce Dieu des affligez que ie tiens entre mes bras, ne lapidera ce maudict serpent, qu'il soit à iamais malheureux, et que la ceruelle de ses enfans se consume au milieu de la nuict, afin que par le supplice d'vn si grand peché se iustifie en eux la droicte Iustice du haut Seigneur. » Il n'eust pas plustost acheué de parler ainsi, qu'on vid fondre sur Diego Suarez vne si grande quantité de cailloux, qu'en moins d'vn quart d'heure il se trouua enseuely dessous ce monceau de pierres, dont le nombre fut infiny; joint qu'on les lançoit auec tant d'imprudence, que la pluspart de ceux-là mesmes qui les iettoient en demeurerent blessez. Vne heure apres ils tirerent de dessous ces pierres le pauure Diego

Suarez, et auec vn autre nouueau tumulte de cris et de voix ils le mirent en plusieurs pieces auec tant de furie et d'animosité de tout le peuple, qu'il n'y auoit celuy qui ne creut faire vne œuure fort charitable et fort saincte de donner l'aumosne à ceux des plus mutins d'entr'eux, qui en traisnoient la teste et les entrailles par les ruës. Cette execution faicte, le Roy voulant qu'on luy confisquast ses biens, enuoya des gens en sa maison, où le desordre fut si grand pour l'extréme auarice qu'auoient ces chiens affamez, qu'ils n'y laisserent point vne seule tuile. Et d'autant qu'ils n'y treuuerent pas tout ce qu'ils pensoient, ils mirent à la gehenne tous ses esclaues et ses valets, auec vn si grand excés de cruauté, qu'il en demeura 38. de morts sur la place, entre lesquels il y eut sept Portugais qui porterent la peine d'vne chose de laquelle ils n'estoient point coulpables. En toute cette despoüille ne se treuuerent seulement que six cent bisses d'or, qui valent trois cent mille ducats, sans aucune chose quelconque sinon quelques pieces de meubles fort riches, mais point de pierrerie; ce qui fist croire que Diego Suarez auoit enterré tout le reste; dequoy l'on ne sceut iamais apprendre des nouuelles, quelque recherche qu'on en pût faire. Neantmoins il fut verifié par le iugement de quelques-vns qui l'auoient veu en prosperité, qu'il auoit vaillant plus de trois millions d'or, selon la supputation du pays. Voila quelle fut la fin du grand Diego Suarez, que la fortune auoit tellement fauorisé dans ce Royaume de Pegu, qu'elle l'esleua iusques au degré de frere du Roy, tiltre le plus haut et le plus absolu de tous, et luy donna par mesme moyen deux cent mille ducats de rente, auec la charge de General de huict cent mille hommes, et souuerain sur tous les autres Gouuerneurs ou Vice-Roys des quatorze Royaumes qu'auoit alors le Roy de Brama. Mais l'ordinaire des biens du monde, principalement de ceux qui sont mal acquis, c'est de seruir tousiours de grands chemins aux disgraces et aux infortunes.

CHAPITRE CXCIII.

Comme le Xemindoo s'en alla donner contre le Xemin de Satan, et de ce qui en arriua.

Je reuiens maintenant au Xemindoo, dont il y a long-temps que ie n'ay parlé. Comme ce Tyran et cet auare Roy Xemin de Satan donnoit de iour en iour de nouueaux accroissemens aux cruautez et aux tyrannies dont il vsoit contre toute sorte de personne, ne cessant de tuer et de voler indifferemment ceux qu'on soupçonnoit d'auoir de l'argent, et n'espargnant aucune chose sur laquelle il pût mettre les mains, ses voleries allerent iusqu'à ce poinct, qu'on tient qu'en sept mois seulement qu'il fut paisible possesseur de ce Royaume de Pegu, il fist mourir six mille marchands grandement riches, sans y comprendre les vieux Seigneurs du pays, qui par vne maniere de droict d'aisnesse possedoient des biens de la Couronne. Ces extorsions le rendirent aussi tellement odieux, que la pluspart de ceux qu'il auoit auec luy le quitterent pour se ietter dans le party du Xemindoo, qui auoit en ce temps-là pour luy les villes de Digon, Meidoo, Dalaa, et Coulam, iusques aux confins de Xaraa, dont il partit à la haste pour s'en aller assieger ce Tyran auec vne armée de deux cent mille hommes, et de cinq mille Elephans. Comme il fut arriué à la ville de Pegu, où tenoit alors sa Cour le Xemin de Satan, il l'investit tout à l'entour de palissades et de fortes tranchées, mesmes il luy donna quelques assauts; mais il n'y pût pas entrer si facilement qu'il croyoit, pour la grande resistance qu'il treuua en ceux de dedans, à cause de quoy ayant treuué à propos de changer d'aduis, comme prudent qu'il estoit il en vint subtilement à vne trefue de vingt iours auec le Tyran soubs certaines conditions, dont la principale fut, que si dans le terme de ces vingt iours il luy donnoit mille bisses d'or, qui valoient cinq cent mille ducats, il se desisteroit de la pretension et du droict qu'il auoit en ce Royaume : et toutes ces choses il les faisoit (comme i'ay desia dict) finement, à cause que par ce moyen il se promettoit de le ranger à sa volonté auec moins de peril. Ainsi le temps de la trefue ayant commencé de courir, toutes choses demeurerent paisibles de part et d'autre, et les assiegeans se mirent à communiquer auec les assiegez. Durant cette pacification, tous les matins 2. heures auant le iour ceux du Camp de Xemindoo, ioüoient à leur mode de diuerses sortes d'instrumens fort melodieux, au son desquels tous ceux de la ville accouroient aux murailles pour voir ce que cela vouloit dire. Alors ces instrumens cessans de ioüer, il se faisoit vne proclamation par un Prestre, tenu en l'opinion de tous pour estre vn sainct personnage, qui disoit ces mots auec une voix fort triste, « O peuples, peuples ! à qui la Nature a donné des oreilles pour escouter, oyez la voix du sainct Capitaine Xemindoo, clair miroüer de qui Dieu se veut seruir pour vous rendre vostre liberté et vostre premier repos ; suiuant quoy il vous aduertit tous de la part de Quiay Niuandel, Dieu des batailles du champ Vitau, qu'aucun de vous n'ait à leuer la main contre luy, ny contre cette saincte assemblée qu'il a faicte, porté d'vn sainct zele enuers ce peuple de Pegu, comme frere qu'il est des plus petits de tous les pauures, autrement quiconque s'en viendra contre l'armée de ces seruiteurs de Dieu, ou qui aura la volonté de leur faire quelque mal, qu'il soit maudict pour cela, et aussi difforme et vilain comme les enfans de la nuict, qui parmy la baue de leur poison font des cris horribles qui procedent d'une cruelle rage, liurez entre les genciues ardentes du dragon de discord, que le vray Seigneur de tous les Dieux a maudict pour iamais; comme au contraire, qu'à ceux qui seront si heureux que d'obeyr à cette proclamation comme ses saincts freres et alliez soit octroyé en cette vie vne perpetuelle paix, accompagnée de beaucoup de biens et de richesses; joint qu'apres leur mort leur ame ne sera pas moins pure et agreable à Dieu, que celle des saincts qui s'en vont dansant parmy les rayons du Soleil, au repos celeste du Seigneur Tout-puissant.» Cette publication faite, ces instrumens recommençoient à iouer plus fort que iamais auec vn grand bruict; ce qui faisoit vne telle impression dans les cœurs de ceux qui les escoutoient, qu'en sept nuicts que cela se continua, plus de soixante mille personnes se vindrent rendre au Camp de Xemindoo; car tous ceux qui oyoient ces paroles y adjoustoient autant de foy que si vn Ange descendu du Ciel les eust proferées. Cependant le Tyran ainsi assiegé, voyant que ces secretes proclamations de l'ennemy luy estoient si dommageables qu'elles ne pouuoient tourner qu'à son entiere ruine, rompit les trefues dans douze iours, et prist conseil auec les siens sur ce qu'il luy falloit faire. Alors ils furent d'aduis que pour quelque sujet que ce fût, il ne souffrist point qu'on le tinst ainsi assiegé, de peur que de la façon que les habitans estoient mutinez, en moins de dix iours ils ne se rendissent tous au party de l'ennemy; et partant que le meilleur et plus asseuré conseil estoit de combattre Xemindoo en pleine campagne, et luy donner vne bataille generale auparauant qu'il fust plus puissant. Cette resolution estant appreuuée par le Xemin il se prepara à l'executer. Pour cet effect deux iours apres auparauant qu'il fust encore iour, il sortit par cinq portes de la ville auec huictante mille hommes qu'il auoit alors, et se mist à charger les ennemis auec une estrange furie. Eux cependant qui se tenoient tousiours sur leurs gardes, les furent receuoir auec beaucoup de courage, et ainsi il se fist parmy eux vne si cruelle meslée, où il fut combattu de part et d'autre auec tant d'ardeur, qu'en moins de demie heure que dura son plus grand effort, il y mourut des deux costez plus de quarante mille hommes. Mais en fin au bout de ce temps-là le nouueau Roy de Xemin fut porté par terre de son Elephant, d'vn coup d'harquebuze que luy donna vn Portugais nommé Gonçalo Neto, natif de Setuuel; ce qui fut cause que tous les autres acheuerent de se rendre, et la uille aussi, à condition qu'on laisseroit aux habitans, leurs biens et leurs vies saues. Par ce moyen le Xemindoo y entra dedans, et ce mesme iour, qui fut vn Samedy vingt-troisiesme de Feurier en l'an 1551. il se fist couronner Roy de Pegu dans le plus grand Temple qui fut dans la ville. Quant à Gonçalo Neto pour recompense d'auoir tué le Xemin il luy fist donner vingt bisses d'or, qui valent dix mille ducats, et aux autres Portugais qui estoient huictante, il leur donna cinq mille ducats, outre les honneurs et les libertez qu'ils eurent dans le pays, mesmes il les exempta pour trois ans des droicts de leurs marchandises; ce qui fut depuis obserué fort exactement.

CHAPITRE CXCIV.

De ce que fist le Xemindoo apres qu'il fut couronné Roy de Pegu, et comme le Chaumigrem frere de laict du Roy de Brama le vint attaquer auec vne grosse armée.

Le Xemindoo se voyant couronné Roy de Pegu, et paisible Seigneur de tout le Royaume, commença d'auoir des pensées bien differentes de celles que le Xemin de Satan auoit euës, estant esleué à cette mesme dignité de Roy. Car la premiere et la principale chose à laquelle il s'employa de tout son possible, fut à maintenir son Royaume en paix, et à faire fleurir la Iustice, comme en effect il l'establit auec tant d'integrité, qu'aucun homme pour grand qu'il fust, n'osoit regarder vn moindre que soy. Par mesme moyen en ce qui touchoit le gouuernement du Royaume il y procedoit auec tant de vertu et d'equité, que cela donnoit de l'admiration aux estrangers qui s'y treuuoient, si bien qu'on ne pouuoit sans estonnement considerer la paix, le repos, et l'vnion des volontez de tout le peuple. Durant l'heureux et paisible estat de ce Royaume, qui continua l'espace de trois ans et demy, le Chaumigrem frere de laict de ce mesme Roy de Brama, que le Xemin de Satan auoit mis à mort, comme i'ay dit cy-deuant, ayant eu aduis que pour raison des rebellions et des guerres, qui depuis son aduenement estoient aduenuës au Royaume de Pegu, les principaux de l'Estat y auoient laissé la vie, et que le Xemindoo qui regnoit alors, estoit depourueu de toutes les choses necessaires à sa defense, il se resolut de tenter derechef la mesme entreprise dont on auoit desia perdu l'occasion à cause de la mort de son Roy. Auec ce dessein il fist leuée à sa solde d'vne grosse armée d'estrangers, ausquels il donnoit par mois vn Tincal d'or, qui vaut cinq ducats de nostre monnoye; comme il eust faict ses preparatifs le neufuiesme iour de Mars en l'année 1552. il partit de Tanguu, lieu de sa naissance, auec vne armée de trois cent mille hommes, dont il y en auoit seulement cinquante mille de Bramas, et tous les autres estoient Mons, Chaleus, Calaminhams, Sauadis, Pamcrus, et Auaas; de sorte que la pluspart de ces six nations estoient de celles qui par les rhombs ou vents de l'Est, et de l'Est-nord-est, habitent au cœur de ces Royaumes, en la distance de plus de cinq cent lieuës, comme l'on peut voir dans la Carte, si l'esleuation en est veritable. Cependant Xemindoo nouueau Roy de

Pegu, ayant eu des nouuelles certaines de ces grandes forces qui s'en venoient fondre sur luy, fist tous ses preparatifs pour s'en aller au deuant auec dessein de luy liurer la bataille. Pour cet effect il assembla dans la mesme ville où il estoit, vne grosse armée de neuf cent mille hommes, mais qui estoient tous Pegus de nation, et par consequent d'vne foible complexion, et moins aguerris que tous les autres dont i'ay desia traicté; et vn Mardy quatriesme d'Auril enuiron midy, ayant eu aduis que l'armée des ennemis estoit campée le long de la riuiere de Meleytay à douze lieuës de là, il fist de si grandes diligences que dans ce mesme iour et la nuict suiuante, tous ses gens furent mis en ordonnance de bataille; car ils auoient desia faict leurs preparatifs de longuemain, et leurs exercices aussi, par l'adresse de leurs Capitaines; il n'y eust pas beaucoup de peine à les ranger tous ensemble. Le iour d'apres enuiron les neuf heures du matin, tous ces gens de guerre se mirent à marcher au son d'vne infinité d'instrumens, et sans beaucoup se haster s'en allerent loger cette nuict à deux lieuës de là prés de la riuiere de Pontareu, où il fut treuué à propos de ne passer plus auant. Le lendemain vne heure auant le Soleil couché, le Brama Chaumigrem se fist voir auec vn si grand peloton de gens de guerre, qu'il occupoit l'estendue d'vne lieuë et demie de chemin, son armée estoit composée de septante mille cheuaux, de deux cent et trente mille hommes de pied, et de six mille Elephans de combat, sans y en comprendre autant qui portoient le bagage et les viures; et d'autant que la nuict s'approchoit il s'aduisa de se loger le long de la montagne, afin d'estre en plus grande seureté. Ainsi la nuict se passa auec vne bonne garde, et vn estrange bruit qui se fist de part et d'autre. Le lendemain qui estoit vn Samedy septiesme du mois d'Auril en l'année 1552. sur les cinq heures du matin ces deux armées vindrent à se ioindre prés de la riuiere, auec des intentions differentes; car le dessein du Brāma estoit de passer le gué, et de se ranger de l'autre costé de la riuiere sur vne butte qui estoit prés d'vn autre fleuue; et Xemindoo auoit enuie de l'en empescher et de luy defendre le passage. Sur cette contention se firent quelques escarmouches où l'on employa la pluspart du iour, et où moururent de part et d'autre enuiron cinq cent personnes. Neantmoins l'aduantage demeura du costé de Chaumigrem, pource qu'il gaigna le lieu où il pretendoit se ranger, et y passa toute la nuict auec vn banquet et de grands feux que les soldats firent. Le lendemain si tost qu'il fût iour, le Xemindoo Roy de Pegu presenta le combat à ses ennemis, qui ne le refuserent point; de maniere qu'ils s'attaquerent les vns les autres auec toute la furie qu'vne cruelle haine a de coustume d'allumer en semblables cas. Alors les deux auantgardes où estoient les plus signalez de ce combat, s'attaquerent si vertement, qu'en moins de demie heure toute la campagne fut pleine de morts ; ce qui fist que les Pegus commencerent à perdre courage. Alors le Xemindoo voyant que les siens pour estre grandement blessez, perdoient beaucoup du champ de bataille, se mist à les secourir auec un gros de 3000. Elephans, dont il donna si à propos et si courageusement sur les septante mille cheuaux, que les Bramas perdirent derechef tout ce qu'ils auoient gaigné ; ce que voyant le Chaumigrem, comme plus experimenté qu'il estoit à la guerre, sçachant fort bien ce qu'il falloit faire pour la recouurer, il fist semblant de se retirer comme s'il eust esté vaincu ; à l'heure mesme le Xemindoo qui n'entendoit pas cette ruse, et qui ne pensoit qu'à la victoire, poursuiuit son ennemy à la longueur d'enuiron demy quart de lieuë. Mais incontinent le Brama s'estant mis à tourner visage auec tous les siens, donna sur son ennemy auec de si grands efforts, et des cris si effroyables, que non seulement les hommes, mais la terre mesme, et tous les autres elemens en trembloient. Par ce moyen la meslée se renouuella de telle sorte, qu'en fort peu de temps l'air fut veu tout embrasé de feu, et la terre toute couuerte de sang; car les Capitaines et les Seigneurs Pegus voyant leur Roy si auant dans la meslée, auec apparence d'auoir perdu la victoire, accoururent aussi tost pour le secourir. Le Panousaray frere du Brama en fist de mesme de son costé, auec quarante mille hommes et deux mille Elephans. Ainsi il s'alluma entr'eux vn combat si sanglant et si effroyable, que les paroles ne sont pas capables d'en exprimer la verité. Et voila pourquoy ie n'en diray autre chose, sinon qu'vne demie heure ou enuiron deuant le Soleil couché, l'armée des neuf cent mille Pegus fut toute mise en déroute, si bien qu'à ce que l'on tient il y en eut quatre cent mille de morts, et tous les autres, ou du moins la pluspart furent grandement blessez; ce que voyant le Xemindoo il se sauua du danger par le conseil que luy donnerent les siens. Ainsi le champ de bataille et la victoire demeurerent ensemble au Chaumigrem, qui dans ce peu de iours qui luy restoient se fist couronner Roy de Pegu, auec les mesmes enseignes Royales, d'espées, de couronnes et de sceptres qui auoient esté au Roy de Brama, que le Xemin de Satan auoit mis à mort. Et d'autant qu'il estoit desia presque nuict, l'on n'employa le temps à autre chose qu'à panser les blessez, et à faire bon guet dans le Camp.

CHAPITRE CXCV.

D'vne grande esmotion qui se fist au Camp de ce nouueau Roy Brama, ensemble quel en fust le sujet et le succés.

Le lendemain si tost qu'il fût iour, tous les soldats victorieux, tant les sains que les malades, accoururent à la despoüille des morts, dont s'enrichirent plusieurs d'entr'eux; car ils y treuuerent vne grande quantité de pieces d'or et de pierrerie, à cause que la coustume de ces Gentils (comme ie croy l'auoir desia dit) est de porter à la guerre tout ce qu'ils ont de richesses; les soldats estans bien satisfaicts de ce costé-là, le nouueau Roy de ce miserable Royaume partit aussi-tost du lieu où il auoit gaigné la victoire, pour s'en aller à la ville de Pegu, esloignée de là enuiron trois lieuës. Or d'autant que ce mesme iour il n'y voulut point entrer pour certaines considerations que ie diray cy-apres, il se logea à la veuë d'icelle vn peu plus loing d'vne demie lieuë, en vne plaine appellée Sunday patir; apres s'y estre logé il mist ordre à la garde des 24.

portes, à chacune desquelles il fist mettre vn Capitaine Brama auec 500. cheuaux. De cette façon il demeura là cinq iours sans pouuoir se resoudre à entrer dans la ville, pour l'apprehension qu'il auoit que les estrangers ne luy en demandassent le pillage ; comme en effect il estoit obligé de le leur accorder par la promesse qu'il leur en auoit faicte à Tanguu. Ainsi la coustume des gens de guerre qui ne viuent que de leur solde, estant de n'auoir esgard qu'aux interests qu'ils attendent : ces six nations voyant que le Roy differoit ainsi à entrer dans la ville, ce qu'elles ne souffroient qu'à regret, commencerent à se mutiner, et ce par le conseil d'un Portugais qui estoit parmy eux, appellé Christofle Sarmento, natif de Barguence, homme d'vn courage altier, bon Capitaine et vaillant de sa personne ; comme en effect cette mutinerie alla si auant, que le Roy Brama pour ne se perdre entierement, fut contraint de faire retraicte en vn Pagode, où il se fortifia auec ses Bramas, iusqu'à ce que le lendemain sur les neuf heures, il y eust vne trefue; et par consequent vn peu de calme en cette affaire, durant lequel temps le Roy leur voulant descouurir son intention, se mist à parler ainsi du haut d'vne muraille, afin qu'vn chacun l'ouyst, « Mes bons amis et mes vaillans Capitaines, bien que neantmoins vous ne vous monstriez pas bien conformes à la paix que vous me iurastes à Tanguu, ie vous ai faict venir à ce sainct giste des morts, afin qu'auec vn serment solemnel ie vous descouure icy mon intention, de laquelle, ayant les genoux à terre et les yeux dressez au Ciel, ie prends pour tesmoin Quiay Niuandel, Dieu des batailles du champ Vitau, le priant qu'il soit Iuge de cecy entre vous et moy, et me rende muet si ie ne vous dis la verité. Ie me souviens fort bien de la promesse que ie vous fis à Tanguu, qui fut de vous donner le pillage de cette ville tumultueuse, tant pour auoir creu que vostre valeur seroit comme le ministre de ma vengeance, que pour satisfaire en partie à vostre auarice, à laquelle ie sçay que vous estes naturellement fort enclins. Aussi vous ayant donné cette promesse pour gage de ma foy, i'aduouë que ie suis tout à faict obligé de ne vous point manquer de parole. Mais quand je viens à considerer les grands inconueniens qui me doiuent arriuer de cecy, et l'estroict compte qu'il m'en faudra rendre vn iour deuant l'equitable et rigoureuse Iustice du haut Seigneur, il faut que ie vous aduouë que i'apprehende fort de me charger d'vn si pesant fardeau. C'est pourquoy la raison me conseille de me rendre coupable enuers les hommes, plus tost que de me mettre mal auec Dieu. Aussi n'est-il pas raisonnable que les innocens payent pour ceux qui ont failly, et desquels ie suis assez satisfaict par la mort qu'ils ont receuë au combat qui s'est donné; de quoy vous auez esté tous les ministres. Voila pourquoy ie vous prie tres instamment, comme enfans que vous estes de mes entrailles, qu'ayant esgard à ma bonne intention vous n'attisiez point ce feu où mon ame se doit brusler, puisque vous voyez assez combien est raisonnable ce que ie vous demande, et combien il seroit injuste de me le refuser. Neantmoins afin que vous ne demeuriez point tout à faict sans recompense, ie vous promets d'y contribuer tout ce qui vous semblera raisonnable, et de suppléer à vne partie de ce defaut par mon propre bien, par ma personne, par mon Royaume, et par mon Estat. » Alors les Capitaines de ces trois nations mutinées voyant la iustification du Roy, et les promesses qu'il leur faisoit, se rendirent tous à luy auec asseurance de faire ce qu'ils voudroient. Neantmoins ils le prierent sur tout de se souuenir des pretensions des soldats, y adioustant qu'il estoit de grande importance de ne les point mescontenter, et d'en faire estat. A quoy le Roy leur repartist, « Qu'ils auoient raison, et qu'en toutes choses il tascheroit de se rendre conforme à ce qu'ils iugeroient raisonnable. » Cependant pour éuiter les disputes qui s'en pourroient ensuiure, il fut arresté qu'ils s'en rapporteroient à des arbitres. Pour cet effet les mutinez en nommerent trois de leur côsté, et le Roy trois autres du sien, qui faisoient six de nombre, dont il y en deuoit auoir trois de Religieux, et les autres estrangers; afin que par ce moyen ce iugement se donnast auec moins de soupçon. Cette resolution prise entr'eux ils demeurerent d'accord, que les trois Iuges Religieux fussent Menigrepos d'vn Pagode qui se nommoit *Quiay Hifaron*, c'est à dire, *Dieu de la pauureté ;* et que pour le regard des autres trois de nations estrangeres, le Roy et les mutinez ietteroient au sort pour voir qui en esliroit vn ou deux de son costé. Cette eslection estant escheuë au Roy, Dieu voulut qu'il en choisist deux Portugais, de 180. qui estoient alors dans la ville, l'vn desquels fut Gonçalo Pacheco, Facteur de lacre du Roy nostre Maistre, homme noble, et qui auoit la conscience fort bonne; et l'autre vn honorable marchand appellé Nuno Fernandez Teixeyra, que ce Roy tenoit en fort bonne estime pour l'auoir cognû du viuant du Roy defunct. Par mesme moyen les Capitaines des mutinez esleurent vn autre estranger, de qui ie ne sçay point le nom. Ces choses ainsi concluës l'on fist incontinent appeller les Iuges destinez pour resoudre de cette affaire, car le Roy apprehendoit de sortir de là, que la chose ne fust concluë, afin de les pouuoir tous congedier paisiblement deuant qu'entrer en la ville, de peur que leur en permettant l'entrée ils ne luy manquassent de parole. Pour cet effect enuiron la minuit, le Roy enuoya vn Brama à cheual au quartier des Portugais, qui n'auoient pas moins d'apprehension que les Pegus d'estre rauagez et mis à mort. Apres que le Brama fut dans la ville, et qu'il eust demandé tout haut (car ils ont accoustumé de le faire ainsi quand ils viennent de la part du Roy) où estoit le Capitaine des Portugais? On le mena tout incontinent en son logis, sans sçauoir ce que cela pouuoit estre. Y estant arriué, « C'est vne chose aussi propre, dit-il au Capitaine, à la nature de ce haut Seigneur qui a creé le firmament et tous les Cieux, de faire des gens de bien pour la conuersion des meschans, comme il est ordinaire au pernicieux dragon de nourrir en sa poictrine des esprits d'esmotion et de tumulte, pour apporter du desordre à la paix qui nous conserue en la saincte Loy du Seigneur. Ie veux dire par là, continua-t-il, que parmy ceux de vostre nation il s'est treuué vn meschant homme, vomissant de son estomach infernal des flammes de discorde et de sedition, par le moyen desquelles il a fait mutiner dans l'armée du Roy mon maistre trois nations estrangeres, de Chalons, Meleytes et Sauadis ; dequoy a esté cause la meschanceté de ce mauuais Conseiller et des mutinez, à laquelle s'est jointe vne extréme auarice. Cependant il s'en est ensuiuy vn si grand mal, qu'auec ce que le Camp a failly d'en estre perdu, il y a trois mille Bramas de tuez, et le Roy mesme s'est veu en vn si grand danger de sa personne, qu'il a fallu qu'il se soit retiré dans vn fort, où il a esté trois iours, et où il est encore pour n'en oser sortir à cause qu'il ne se fie pas à vne de ces nations estrangeres. Neantmoins pour remede à vne si grande inquietude, il a plû à Dieu qui est le vray pere de concorde, inspirer dans l'ame du Roy qu'il eust à souffrir cette injure, comme prudent qu'il est, afin de pacifier par ce moyen le tumulte et la rebellion de ces trois turbulentes nations qui habitent aux lieux les plus deserts des montagnes des Mons, que Dieu maudisse entre tous les peuples. Or pour acheminer cette paix et cette vnion, il s'est faict vn traicté entre le Roy et les Capitaines des mutinez, par lequel il a esté conclu de part et d'autre auec serment que pour exempter cette ville du pillage qui auoit esté promis aux soldats, le Roy leur donneroit de son propre bien, ce que six hommes deputez pour cela en resoudroient par leur aduis, du nombre desquels il y en a desia quatre, si bien que pour les parfaire tous six il ne faut plus que toy, et vn autre Portugais que le Roy a choisi de son costé, le nom duquel est escrit dans ce papier, par où tu seras rendu certain de ce que ie te dis. » Là-dessus il luy mist en main vne lettre qu'il auoit du Roy Brama, que Gonçalo Pacheco prist à genoux, et la mist sur sa teste auec des complimens exterieurs si pleins de ciuilité et de courtoisie, que le Brama en demeura fort content et satisfaict, et luy dist, « Certes il falloit bien que le Roy mon maistre eust vne grande cognoissance de toy, t'ayant choisi pour iuge de son honneur et de son bien ». Gonçallo Pacheco leut à l'heure mesme la lettre deuant tous les Portugais, qui l'ouyrent debout, auec leurs bonnets à la main, le contenu estoit de telle substance : « Capitaine Gonçallo Pacheco mon cher amy, et qui parois deuant mes yeux comme vne perle pretieuse, pour n'estre pas moins vertueux dans la tranquillité de la vie que le plus sainct Menigrepos qui viue dans les deserts, Moy l'ancien Chaumigrem, nouueau Roy de quatorze Estats du pays que Dieu m'a maintenant mis en main par la mort du sainct Roy mon maistre, ie t'enuoye vn soubsris de ma bouche; afin que tu me sois aussi agreable que ceux que ie fais asseoir à ma table en vn iour de resiouyssance et de feste. Sçache donc que i'ay proposé en ma volonté, pource que i'ay recognu en toy, de te prendre pour iuge en l'affaire dont il est question. C'est pourquoy ie t'ay faict appeller, ensemble mon grand amy Nuno Fernandez Teixeyra Pain d'or fin de plusieurs quarats. Tellement qu'il est besoin que vous me veniez treuuer tous deux pour ordonner de cette affaire, dont ie me fie en vous tout à faict. Pour ce qui est du surplus qui touche la seureté de vos personnes, pour l'apprehension que vous pourrez auoir de la mutinerie passée, ie vous donne ma parole, et vous iure sur la foy que doit auoir vn Roy que Dieu mesme a oinct, que ie vous prens en ma sauue-garde auec tous ceux de vostre nation, et qui croyent en vostre Dieu. » Apres que cette lettre fut leuë au grand estonnement de tous nous autres qui l'ouysmes, nous n'en pusmes croire autre chose, sinon que par la permission diuine elle venoit du Ciel pour le repos et l'asseurance de nos vies, dequoy nous auions esté fort en doute iusques alors. Gonçallo Pacheco, et Nuno Fernandez, auec les autres dix Portugais qui furent esleus pour cet effect, preparerent incontinent vn present de plusieurs riches pieces pour l'apporter au Roy, et ils s'y en allerent cette mesme nuict en la compagnie du Brama, qui auoit apporté la lettre vne heure auant le iour, pource que le temps et la haste qu'auoit le Roy ne souffroit aucun delay.

CHAPITRE CXCVI.

Du iugement que donnerent les six deputez, et de l'entrée que fit le Chaumigrem en la ville de Pegu.

Gonçallo Pacheco, Nuno Fernandez, et les autres Portugais arriuerent au camp à vne heure deuant le Soleil, et ce Roy les enuoya receuoir par Gibraidam Sedaa Seigneur de Meidoo, vn des principaux Capitaines Bramas qu'il auoit pour lors auec luy, et auquel il se fioit grandement, qui estoit accompagné de plus de cent cheuaux, auec six Huissiers qui portoient des masses. Cettuicy receut les Portugais et les mena au Pagode, où le Roy s'estoit retiré, qui leur fit à tous vne fort bonne reception, et à Gonçallo Pacheco, ensemble à Nuno Fernandez, il leur fit de grands honneurs. Apres qu'il se fut entretenu auec eux sur certaines choses qui luy plaisoient il leur remist de rechef en memoire l'importance du faict pour lequel il les auoit enuoyés querir, et leur recommanda grandement de prendre plustost le party des Capitaines que le sien mesme, les asseurant qu'il en seroit tres-content, et leur dit plusieurs autres paroles semblables. Alors de ce mesme lieu il les enuoya tout incontinent conduire par ce Brama en vne tente, où pour lors l'attendoient les autres quatre deputez auec le Thresorier General et les deux Greffiers. Comme ils eurent imposé silence à tous ceux qui estoient dehors l'on se mit à traitter de l'affaire pour laquelle ils estoient assemblez, sur quoy il y eut diuers aduis, à quoy la pluspart du iour fut employée. Mais enfin tous six vindrent à conclure, qu'encore que d'vn costé le Roy pour la promesse qu'il auoit faicte dans Tanguu à ses soldats estrangers de leur donner le butin, ou le pillage des lieux qu'ils prendroient par droict de guerre, fust extremément obligé de s'en acquitter sans y faillir, que neantmoins veu d'vn autre costé que cette promesse estoit grande, et de notable preiudice aux innocens, pource que l'on ne pouuoit la mettre en execution sans que Dieu y fust grandement interessé, ces choses considerées ils ordonnerent par sentence : « Que le Roy pour la promesse qu'il leur auoir faicte eust à payer à tous mille bisses d'or de poids de ses finances, au contentement des Capitaines de chasque nation, et qu'à mesure que les Soldats receuroient leur paye, ils passeroient de l'autre costé de la riuiere, et se retireroient librement en leur pays : mais que premierement on leur payeroit aussi tout ce qui leur estoit deub, deuant que cette mutinerie se fist, et qu'on leur donneroit des viures à suffisance pour vingt iours. » Cette sentence estant publiée fut reçeuë auec beaucoup de contentement de l'vn et de l'autre party, tellement que tout aussitost le Roy commanda qu'elle fust executée de poinct en poinct; mesme pour vn plus grand effect de liberalité, apres auoir fourny toute cette somme d'argent, il fit encore plusieurs autres largesses et recompenses à tous les Capitaines et à tous les Officiers des compagnies, dont ils se tindrent tous pour grandement contents et satisfaicts. De cette façon ces trois nations mutinées furent congediées pource que le Roy ne voulut iamais plus se fier à eux, ny s'en seruir : neantmoins il ne voulut pas permettre que ces estrangers s'en allassent tous ensemble, mais qu'ils fussent diuisez par troupes, chacune composée de mille hommes, afin que par ce moyen ils donnassent moins d'ombrage en se retirant, et eussent moins de force à pouuoir piller les bourgs par où ils passeroient, et ainsi ils s'en allerent le iour d'apres. Quant à Gonçallo Pacheco et Nuno Fernandez Teixeyra le Roy leur fit donner dix bisses d'or, pour auoir esté ses Iuges en cette sentence, tellement que par ce present ils furent fort bien contentez de celuy qu'ils auoient faict au Roy. A quoy fust adiousté vn passe-port escrit de sa propre main, afin que les Portugais se pûssent retirer librement dans l'Inde, sans payer aucun droict ny peage de leur marchandise, dequoy ils firent plus d'estat que de tout l'argent qu'on leur eust pû donner, pource qu'il y auoit desia trois ans que le Roy precedent nous retenoit dans ce pays auec des vexations et des tyrannies fort grandes, en quoy nous courions souuent vn grand danger de nos vies, à cause du succez dont i'ay parlé cy-deuant. Cela faict il y eut plusieurs proclamations faictes par des hommes à cheual, qui firent sçauoir que le iour d'apres le Roy deuoit entrer dans la ville paisiblement par le moyen des grands dons qu'il auoit faict à ses depens, et du cruel supplice de mort dont il auoit menacé ceux qui feroient le contraire. Le lendemain à neuf heures de matin il partit de ce Pagode où il s'estoit retiré, et à dix heures il arriua à la ville, où entrant par vne porte appellée Sabambainhaa, il y fut receu par vne assemblée en forme de Procession de six mille Prestres de toutes les douze sectes qu'il y a en ce Royaume, par l'vn desquels appellé Cabizundo, luy fut faite vne harangue dont la preface estoit telle, « Benist et loué soit ce Seigneur qui doit veritablement estre recogneu de tous pour tel, des sainctes œuures duquel faictes par ses diuines mains, nous rendent tesmoignage la clarté du iour et l'esmail de la nuict, auec toutes les autres magnificences de sa misericorde, qu'il a produites en nous. Loué soit-il, dis-ie, de ce que par les effects de sa puissance infinie qui luy sont agreables il luy a pleu t'establir sur terre par dessus tous les Roys qui la gouuernent; et puisque nous tenons pour nous que tu es son fauory, nous te prions Seigneur, qu'auiourd'huy passé tu ne te souuiennes plus desormais de nos fautes, ny des offences que nous t'auons faictes, afin que ce tien peuple affligé se console sur la promesse qu'il espere que ta Maiesté luy en fera maintenant. » Cette mesme priere luy fut faicte aussi par les cinq mille Grepos, tous prosternez par terre, et auec les mains leuées en haut, lesquels auec vn effroyable tumulte de voix luy dirent : « Octroyenous Seigneur et Roy, vne paix et vn pardon du passé à tous les peuples de ce tien Royaume de Pegu, afin qu'ils ne soient point troublez par la peur de leurs offences, qu'ils confessent publiquement deuant toy. » Le Roy leur fit responce, qu'il en estoit content, et leur iura ainsi par la teste du sainct Quiay Niuandel, Dieu des batailles du champ Vitau. Sur cette promesse tout le peuple se prosterna le visage en terre et luy dist : « Dieu te face prospérer vne infinité d'années en la victoire de tes ennemis, afin que tu foules aux pieds leurs testes. Alors pour marque de grande allegresse ils se mirent à ioüer de plusieurs instrumens à leur mode, bien que fort barbares, et mal accordez; et ce Grepo Cabizundo luy mit sur la teste vne riche Couronne d'or et de pierrerie en façon de mithre, auec laquelle le Roy fit son entrée dans la ville, auec beaucoup d'appareil et de triomphe, faisant marcher deuant luy toute la despoüille des elephans et des chariots, ensemble la statuë de Xemindoo qu'il auoit vaincu, attachée à vne grosse chaisne de fer, et quarante drappeaux traisnez par terre. Pour luy il estoit assis sur vn fort puissant elephant, harnaché d'or, et enuironné de quarante Huissiers qui tous portoient des masses. Là se voyoient aussi tous les Seigneurs et les Capitaines marchans à pied auec leurs cimeterres couuerts de plaques d'or, qu'ils portoient sur leurs espaules, et vne garde de six mille cheuaux bardez, et de trois mille elephans de combat, auec leurs chasteaux de diuerses inuentions, sans y comprendre plusieurs autres gens, tant de pied que de cheual, qui le suiuoient sans nombre.

CHAPITRE CXCVII.

Comment le Xemindoo fut treuué, et amené au Roy de Brama, et de ce qui en arriua.

Après que le Roy de Brama eut demeuré fort paisiblement en cette ville de Pegu, vingt-six iours entiers, la premiere chose qu'il fit fut de se saisir des principales places de ce Royaume, qui pour n'auoir sceu la deffaicte de Xemindoo tenoit encore pour luy. Pour cet effect en ayant donné la commission à quelques Capitaines, il escriuit aux habitans de ces places plusieurs lettres de courtoisie, dans lesquelles il les appelloit quelquesfois *enfans de son ame*, et leurs donnoit vne abolition de tout le passé. Auec cela il leur promettoit par vn serment solemnel, de les maintenir en paix à l'aduenir, et de leur rendre tousiours la iustice sans aucuns imposts, ny autre oppression; mais qu'au contraire il leur feroit de nouuelles faueurs, comme aux propres Bramas qui le seruoient à la guerre. A ces paroles il en adioustoit plusieurs autres fort accommodées au temps et à son desir, mises en creance par les lettres que ceux des villes en escriuoient, par lesquelles ils faisoient vne ample relation des franchises et dons que le Roy leur auoit faicts à tous. Cependant ces choses accompagnées de ce que la renommée en auoit desia publié de toutes parts, furent d'vn si grand effect, que toutes les places se rendirent à luy, et se mirent soubs son obeyssance, si bien qu'à leur imitation toutes les autres Villes, Citez, Estats, et Prouinces qu'il y auoit dans le Royaume en firent de mesme; et pour moy ie tiens que ce Royaume duquel le Roy Brama fit maintenant vne nouuelle conqueste, est le meilleur, le plus abondant, et le plus riche en or, en argent, et en pierreries qui se puisse treuuer en beaucoup d'endroits du monde. Ces choses estant ainsi mises à fin au grand aduantage du Brama, il dépescha en diligence de toutes parts plusieurs hommes à cheual, pour s'en aller en queste du Xemindoo, qui comme i'ay desia dict, s'estoit sauué de la bataille passée apres y auoir esté blessé, lequel fut si malheureux qu'il fut recognu dans vn lieu nommé *Faucleu*, à vne lieuë de la ville de *Potem*, qui separe la frontiere du Royaume d'Aracam; à l'heure mesme il fut mené auec vne grande allegresse par un homme de bas lieu à ce Roy Brama, qui pour recompense de cela le fist Seigneur de 3o. mille ducats de rente. Alors l'ayant fait venir deuant luy ainsi lié qu'il estoit auec vn collier de fer et

des manotes, il luy dit par maniere de mespris :
« Tu sois le biën venu Roy de Pegu, et peux bien
baiser cette terre que tu vois; car ie t'asseure que
i'y ay desia mis le pied, par où tu peux voir combien ie te suis amy, puisque ie te fais vn honneur
que tu ne t'es iamais imaginé. » A ces paroles le
Xemindoo ne fist aucune responce, si bien que
le Roy s'estant mis de rechef à railler ce miserable qui estoit deuant luy la face en terre, il
luy dist : « Qu'est-cecy ? es tu estonné de me voir,
ou de te voir toi-mesme en si grand honneur ? ou
que veut dire que tu ne me respons point à ce
que ie te demande ? Apres cet affront le Xemindoo, soit qu'il fust troublé de ses malheurs, ou
honteux de son deshonneur, luy respondit de
cette sorte : « Si les nuës du Ciel, le Soleil, la
Lune, et les autres creatures, qui ne peuuent exprimer de parole ce que Dieu a creé pour le seruice des hommes, et pour peindre la beauté du
firmament, qui nous cachent les riches thresors
de sa puissance, pouuoient naturellement par
l'horrible bruit de leurs effroyables tonnerres
expliquer à ceux qui me voyent maintenant en
quel estat ie me voy moy mesme reduit deuant
toy, et l'extreme affliction que mon ame souffre,
elles respondroient pour moy, et declareroient le
subjet que i'ay d'estre muet en l'estat où mes
pechez m'ont mis; et comme tu ne peux estre

iuge de ce que ie dis, estant la partie qui m'accuses, et le ministre de l'execution de ton dessein, ie me tiens pour excusé si ie ne te fais responce comme ie ferois deuant ce benist Seigneur, qui pour coulpable que ie fusse auroit pitié de moy, touché de la moindre larme que je respandrois. » Cela dit il se laissa cheoir le visage en terre et demanda par deux fois vn peu d'eau. Alors le Roy de Brama pour l'affliger dauantage commanda que Xemindoo receust cette eau par vne sienne fille qu'il tenoit esclaue, que le pere aymoit grandement à ce que l'on tient, et qu'au temps de sa deffaicte il auoit promise au Prince de Nautir, fils du Roy d'Auaa. Cette Princesse ne vid pas plustost son pere de la façon qu'il estoit couché par terre, qu'elle se ietta à ses pieds, et le tenant estroictement embrassé, apres l'auoir baisé trois fois au visage, luy dit auec les yeux tous baignez de larmes ; « O mon Pere, mon Seigneur, et mon Roy, ie vous prie pour l'extréme affection que ie vous ay tousiours portée, et pour celle aussi que vous m'auez tesmoignée en tout temps, qu'il vous plaise me mener auec vous de la façon que ie suis attachée à vos bras, afin qu'en ce triste passage vous ayez qui vous console auec vn verre d'eau, maintenant que pour mes peschez le monde vous refuse le respect qui vous est deu. L'on tient que le pere s'efforça de respondre à ces paroles ; mais il ne le pût iamais à cause que la grande amour qu'il portoit à sa fille l'en empescha, et qu'ainsi s'estant laissé cheoir une autre fois où il estoit assis, il demeura vn assez long-temps comme éuanouy ; déquoy quelques Seigneurs qui estoient là presens furent tellement esmeus, que les larmes leur vindrent aux yeux de compassion qu'ils en eurent : à quoy le Roy Brama ayant pris garde, et que ces Seigneurs estoient Peguus, qui auparauant avoient esté subjets de Xemindoo, apprehendant qu'ils ne le trahissent à l'aduenir, il leur envoya trancher la teste tout aussi tost, disant auec vne mine desdaigneuse et farouche : « Puisque vous auez si grande pitié de vostre Roy Xemindoo, allez-vous-en deuant, et luy faictes preparer le logis, et là il vous payera de cette affection que vous tesmoignez avoir pour luy. » Ce disant, sa cholere se redoubla si bien, qu'à l'instant il fit tuer la fille mesme sur le dos de son pere voyant qu'elle le tenoit embrassé : ce qui fut sans mentir vne cruauté plus que brutale et farouche, en ce qu'il voulut empescher les affections que la nature nous a imprimées. Par mesme moyen ne voulant plus voir le Xemindoo, il commanda qu'on l'ostat de là et qu'il fust mené en vne estroitte prison où il passa toute la nuict suiuante auec vne bonne garde.

CHAPITRE CXCVIII.

De quelle façon le Xemindoo fut mené au supplice, et de la mort qui luy fut donnée.

Le lendemain matin l'on fit par toute la ville de grandes proclamations, afin que le peuple se treuuast present à la mort de ce malheureux Xemindoo, qui auoit esté Roy de Pegu. Or la principale raison pour laquelle le Brama fit cela, fut afin que les habitans le voyant mort perdissent à l'aduenir toute esperance de l'auoir iamais pour Roy, comme tous generalement le desiroient. Aussi comme il estoit de leur pays et le Brama estranger, ils auoient vne extreme apprehension que le Brama ne fust tel auec le temps, que celuy que le Xemin de Satan auoit tué : car durant son regne il fut ennemy mortel des Pegus, et les traitta auec vne cruauté si extraordinaire qu'il se passoit rarement vn iour qu'il n'en fist executer plus de quinze cent, et quelquesfois quatre ou cinq mille, le tout pour des choses de fort petite importance, et qui ne meritoient aucune peine si l'on y eust procedé par les voyes d'vne vraye iustice. Enuiron les dix heures l'infortuné Xemindoo fut tiré de la façon qui s'ensuit, du cachot où il estoit. Deuant luy marchoient par les ruës par où il deuoit passer, quarante hommes de cheual auec des lances en main afin de preparer les chemins et les rendre libres. Il y en auoit autant par derriere que par deuant qui tenoient des espées nuës, et s'en alloient criant tout haut, que le peuple dont le nombre estoit infiny eust à faire place. Apres eux suiuoit vne compagnie d'hommes d'armes, qui selon l'opinion de ceux qui les virent estoient plus de quinze cent, tous harquebuziers qui auoient la mesche allumée; ensuitte de ces derniers que ceux du pays ont accoustumé d'appeller, *Tixe Lachoos,* c'est à dire, *Auant-coureurs de la cholere du Roy,* l'on voyoit paroistre cent et soixante elephans armez de leurs chasteaux couuerts de tapisseries de soye, et qui par ordre de cinq à chaque file faisoient 32. files. Ils estoient suiuis auec le mesme ordre de cinq à la file, de quinze hommes de cheual qui portoient des enseignes noires toutes sanglantes, et s'en alloient criant tout haut par maniere d'Edict : « Que ces miserables qui sont esclaues de la faim, et que les disgraces de la fortune persecutent continuellement, escoutent les cris de la puissance du bras de l'ire, executée sur ceux qui ont offensé leur

Roy, afin que l'estonnement de la peine qui pour cela leur est ordonnée, leur demeure imprimée bien auant dans la memoire. » Derriere ceux-cy il y en auoit autres quinze couuerts d'vne maniere de vestemens rouges, qui en apparence les rendoient assez effroyables, et de mauuaise mine. Ceux-cy au son de cinq cloches dont ils sonnoient trois fois fort à la haste, disoient auec vne voix si triste, que ceux qui les escoutoient en estoient esmeus à pleurer. « Cette rigoureuse iustice est faite par le Dieu viuant, Seigneur de toute verité, du sainct corps duquel les cheueux de nos testes sont les pieds. C'est luy qui veut qu'on face mourir le Xeri Xerindoo vsurpateur des Estats du grand Roy Brama, Seigneur de Tanguu. » A ces proclamations respondoit vne troupe de gens qui marchoient deuant à la foule, auec des cris si hauts, qu'ils faisoient trembler de peur, disant ces paroles : *Faxio turqué panau acontamdoo*, qui signifient, *Qu'il meure sans qu'on ait pitié de celuy qui a commis vne telle offence*. Ceux-cy estoient suiuis d'vne compagnie de cinq cent Bramas à cheual, et apres eux en venoit vne autre de gens de pied, dont les vns tenoient en main des espées nuës et des boucliers, et les autres estoient armez de corcelets et de cottes de maille. Au milieu de ceux-cy l'on voyoit venir le pauure patient monté sur vne meschante haridelle toute nuë, et derriere luy estoit en croupe le bourreau qui le soustenoit par dessoubs les bras. Ce miserable Prince estoit si pauurement vestu qu'on luy voyoit la chair de tous costez. Auec cela pour vn extreme mespris de sa personne on luy auoit mis sur la teste vn couronne de paille semblable à vn estuy de jonc où l'on met vn vrinal de verre, laquelle couronne estoit toute garnie par le dehors de coquilles de moules enfilées auec du fil bleu, et tout à l'entour de son colier de fer on y auoit mis vne grande quantité d'oignons. Mais bien qu'on l'eust reduit en vn estat si deplorable, et que son visage ne fust presque point celuy d'vn homme viuant, si ne laissoit-il pas d'auoir ie ne sçay quoy dans les yeux qu'il haussoit de fois à autre, qui donnoit à cognoistre sa condition de Roy ; joint qu'en luy se remarquoit vne certaine douceur accompagnée de majesté qui faisoit pleurer tous ceux qui le regardoient. Autour de cette garde dont il estoit accompagné, il y en auoit vne autre de plus de mille hommes à cheual, entremeslez à plusieurs elephans tous armez. Ainsi passant par les douze principales ruës de la ville, où il y auoit vne infinité de gens, il arriua finalement en vne certaine ruë appellée *Cabam Bainhaa*, qui estoit celle-là mesme, comme i'ay dit cy-deuant par où il y auoit vingt-deux iours seulement qu'il sortit quand il se fist voir en champ de bataille auec ce Brama, en laquelle sortie ce mesme Xemindoo parut auec vne pompe si grande et si riche, qu'au rapport de tous ceux qui le virent, et du nombre desquels ie fus, c'estoit sans doute vne des plus grandes choses qu'on ait iamais vuës au monde, dequoy toutes fois ie ne veux point faire icy de relation, soit que ie ne m'ose promettre de pouuoir raconter veritablement comme le tout se passa, ou soit que i'apprehende qu'il ne se treuue quelqu'vn qui receust ces veritez pour des mensonges. Neantmoins mes yeux ayant esté les tesmoins de ces deux succez, si ie ne parle de la grandeur du premier, du moins ie veux declarer les miseres du second, afin que par deux accidens si differens aduenus en si peu de iours, l'on apprenne combien peu d'asseurance il faut mettre aux prosperitez de la terre, et à tous les biens que nous donne l'inconstante et la trompeuse fortune. Comme le pauure patient passoit par cette ruë de Cabam Bainhaa, il arriua à vn certain carrefour où estoit Gonçallo Pacheco, nostre Capitaine, auec plus de cent Portugais à sa compagnie, entre lesquels il y en auoit vn de fort bas lieu, et d'vn esprit encore plus vil à qui l'on auoit volé ses biens depuis deux ans, à ce qu'il disoit, au temps que ce patient regnoit, si bien que s'estant plaint à luy des autheurs de ce larreçin, il n'auoit daigné luy donner audience, ce qui fit que s'en plaignant encore maintenant comme s'il eust creu se vanger en proferant des paroles extrauagantes et hors de propos. Si tost que ce pauure Prince fut prez du lieu où estoit Gonçallo Pacheco, auec tous les autres Portugais, cet estourdy luy dit si haut que tous le pûrent ouyr : « O voleur Xemindoo, souuienne-toy qu'au temps que ie me fus plaindre à toy de ceux qui m'auoient volé mes marchandises, tu ne m'en fis aucune iustice, mais i'espere que tu satisferas maintenant à ce que tes œuures meritent : car auiourd'hy ie mangeray à mon souper d'vne piece de cette tienne chair, auec laquelle i'inuiteray deux chiens que i'ay au logis. » Le triste patient ayant ouy les paroles de cet homme insensé haussa les yeux au Ciel, et apres auoir esté vn peu pensif, auec vn visage seuere se tournant vers celuy qui les proferoit : « Amy, luy dit-il, par la grande bonté de ce Dieu en qui tu crois, ie te prie de me pardonner ce dequoy tu m'accuses, et de te souuenir que ce n'est pas l'action d'un Chrestien, en ce penible estat ou ie me voy maintenant, de me remettre en memoire ce que i'ay faict par le passé : car auec ce que tu ne recouures point pour cela la perte que tu dis auoir faicte, telle chose ne sert qu'à m'affliger et à me troubler grandement. » Alors Pacheco ayant ouy ce que cet homme disoit, il luy commanda de se taire, ce qu'il fit incontinent, et en mesme temps le Xemindoo auec vn visage graue donna à entendre que cette action luy agreoit; de maniere qu'il tesmoigna d'en auoir l'esprit plus tranquille, ce qui fit que pour recognoistre de bouche ce de-quoy il ne pouuoit se reuancher autrement. « Il faut que i'aduouë, luy dit-il, que si Dieu le vou-loit ainsi, ie ne voudrois maintenant qu'vne seule heure de vie pour confesser l'excellence de la foy en laquelle vous autres croyez ; car, à ce que i'ay ouy dire autre-fois, vostre Dieu est seul veritable, et tous les autres Dieux sont menteurs. » Le Bour-reau n'eust pas plustost ouy ces paroles qu'il luy donna vn si grand soufflet, que le sang luy en sortit par les narines, de maniere que le pauure patient se tenant panché comme il estoit auec les mains en bas ; « Mon frere, luy dit-il, laisse-moy faire profit de ce sang, afin que tu n'en manques point pour en pouuoir frire ma chair. » Ainsi passant outre auec le mesme ordre qu'on le conduisoit il arriua finalement au lieu où s'en deuoit faire l'execution, en vn temps auquel il auoit desia si peu de vie qu'il ne se soucioit pres-que plus de rien. Alors comme il fut monté des-sus vn grand eschaffaut qu'on luy auoit dressé exprez, le Chirca de la iustice se mist à luy lire son Arrest du haut d'vne chaire où il estoit monté.

Le contenu en estoit en peu de paroles que voicy :
« Le Dieu viuant de nos testes, Seigneur de la Couronne des Roys d'Auaa, commande que le perfide Xemindoo soit executé comme perturbateur des peuples de la terre, et mortel ennemy de la nation Brama. » Cela dit, il fist signe de la main, et à l'heure mesme le bourreau luy trancha la teste d'vn seul coup qu'il luy donna. L'ayant ainsi coupée il la monstra à tout le peuple, qui estoit là sans nombre, et mist son corps en huict quartiers, sans y comprendre les entrailles et les autres parties de dedans, qui separées ensemble furent mises à part, puis couurant le tout d'vn drap iaune qui est vne marque dueil entre eux, on le laissa là iusques au Soleil couché, qu'il fut bruslé de la façon qui s'ensuit.

CHAPITRE CXCIX.

De la restitution que le Roy de Brama fit au deffunct Xemindoo du Royaume qu'il luy auoit pris, et de quelle façon son corps fut enterré.

Les huict quartiers qui se firent du corps du Xemindoo furent exposez à la veuë de tout le peuple dont il y en auoit là quantité, depuis midy jusqu'à trois heures : car tous s'y estoient rendus à la foule, tant pour euiter la peine dont ils auoient esté menacez, que pour gaigner en ce faisant l'indulgence pleniere, qu'ils appellent *Axiperan*, que leurs Prestres leur donnoient de leurs pechez sans restitution de chose quelconque de tous les larrecins qu'ils pouuoient auoir faict par le passé. Cependant apres que le tumulte fut appaisé, et que certains hommes à cheual eurent là-dessus imposé silence au peuple en faisant certaines publications, par lesquelles les contreuenants estoient menacez de tres-grandes peines, l'on ouyst sonner vne cloche par cinq diuerses fois. A ce signal sortirent d'vne certaine maison de bois faite exprez, et esloignée de l'eschaffaut de cinq ou six pas, douze hommes vestus de robes noires toutes tachetées de sang, ayant la face voilée, et sur leurs espaules des masses d'argent. Apres eux suiuoient douze Prestres qu'ils appellent Talagrepos, qui sont comme i'ay dit quelquefois, les plus eminentes dignitez entre ces Payens, qui tiennent pour saincts ceux qui en sont pourueus; puis se voyoit incontinent le *Xemin Pocasser* oncle du Roy de Brama, homme qui paroissoit aagé de plus de cent ans, et qui comme les autres estoit couuert d'enseignes de dueil, et enuironné de douze petits enfans fort richement habillez, et qui portoient sur l'espaule des coutelas damasquinez. Apres qu'auec beaucoup de ceremonies le Xemin se fut prosterné trois fois par terre par vne maniere de reuerence fort grande, « O saincte chair, dit-il, qui és bien plus à priser que tous les Royaumes d'Auaa, perle blanche d'autant de caracts qu'il y a d'atomes dans les rayons du Soleil, que Dieu a mise en vn comble d'honneur, auec vn sceptre de souueraine puissance par-dessus celle des Roys, moy qui suis la moindre fourmy de ta despense, mis abondamment dans l'oubly de tes miettes, et si dissemblable à toy par ma bassesse, que ie ne me puis quasi voir si petit ie suis, ie te supplie, ô Seigneur de mon chef, par la fraische prairie où ton ame se recrée maintenant, d'escouter auec tes dolentes oreilles ce que ma bouche te dict en public, afin que tu demeures satisfaict de l'offense qui t'a esté faicte en ce monde. Oretanau Chaumigrem ton frere, Prince de Sauady et de Tanguu, t'enuoye prier par moy ton esclaue, qu'auparauant que partir de cette uie il te plaise luy pardonner le passé s'il t'a donné quelque mescontentement, et que par mesme moyen tu prennes possession de tous ses Royaumes, pource que dés maintenant il te les rend sans en reserver pour soy la moindre partie. Auec cela il te proteste par moy son vassal, qu'il te faict cette reconciliation volontairement, afin que les plaintes que tu pourrois faire de luy là haut au Ciel ne soient ouyes deuant Dieu; joinct que pour punition du desplaisir qu'il t'a faict, il s'offre en cet exil de la vie d'y demeurer Capitaine et gardien de ce tien Royaume de Pegu, duquel il te faict hommage auec serment d'accomplir tousiours sur terre ce que tu luy commanderas du plus haut du Ciel, à condition que de la vente qui en prouiendra tu luy en feras vne aumosne pour son entretien; car il sçait bien qu'autrement il ne seroit pas permis de posseder le Royaume; joint que les Menigrepos n'y consentiroient iamais, et qu'à l'heure de la mort ils ne luy donneroient point absolution d'vn si grand peché. » A ces mots vn des Prestres qui estoient là présens, et qui sembloit auoir plus d'auctorité que tous les autres, fist response, comme s'il eust parlé au nom du defunct, « Puisque ie voy, ô mon fils, que tu confesses maintenant tes fautes passées dont tu me demandes pardon en cette assemblée publique, ie te le donne de tout mon cœur, et il me plaist de te laisser en ce Royaume pour pasteur de ce mien troupeau, à condition que tu ne violes point la foy que tu m'as donnée par ce serment ; ce qui seroit vne aussi grande offense, que si maintenant tu venois à mettre la main sur moy sans la permission du Ciel. » Tout le peuple ayant ouy ces paroles, y respondit auec des voix d'allegresse, *Miday cutaram, dapanoo, dapanoo*, c'est à dire, *Ainsi l'octroye mon Seigneur, mon Seigneur*. Apres cela le Prestre estant monté en chaire, se mist ainsi à parler aux assistans, « Donnez-moy pour present vne partie des larmes de vos yeux pour l'entretien de mon ame, à cause de la bonne nouuelle que ie vous apporte maintenant, qui est que par la volonté de Dieu ce pays demeure à nostre Roy Chaumigrem, sans que pour cela il soit tenu de faire aucune restitution, à cause dequoy vous auez bien du sujet de vous en resjoüir tous tant que vous estes, comme bons et fideles seruiteurs. » Il eust à peine acheué de parler ainsi, que tous ceux de l'assemblée frappant des mains, donnerent de grandes demonstrations d'allegresse, et s'escrierent par maniere d'action de graces, *Exirau opatuu, Loüé soyez-vous Seigneur*. Toute cette ceremonie acheuée, les Prestres pleins de deuotion et de zele, prirent incontinent toutes les parties du corps de ce pauvre Roy ainsi desmembré, et auec une grande veneration le porterent à la place d'embas, où estoit allumé vn grand feu de sandal, d'aloës, et de benjoin, chose qui coustoit beaucoup; puis y mettant le corps du defunct auec les entrailles et tout le reste, trois Prestres le ietterent dedans; et en suitte de cela auec vne estrange ceremonie ils luy firent plusieurs sacrifices, dont la pluspart furent de moutons esgorgez. Le corps brusla toute cette nuict iusques au lendemain matin, et la cendre en fut mise en vn cercueil d'argent, dans lequel auec vne assemblée fort solemnelle de plus de dix mille Prestres, elle fut portée en vn Temple appellé *Quiay Lacasaa*, c'est à dire, *Dieu de mille Dieux*, où elle fut enseuelie dans une riche tombe, en vne Chappelle toute dorée. Voila quelle fut la fin de ce grand et puissant Xemindoo Roy de Pegu, à qui ses subjects porterent tant de respect et d'honneur, durant les deux ans et demy de son regne, qui fut si fleurissant, qu'il sembloit qu'il n'y eust point d'autre Monarque plus grand que luy; mais c'est ainsi que va le monde.

CHAPITRE CC.

Comme ie m'embarquay en ce Royaume de Pegu pour m'en aller à Malaca, et de là au Iappon, et d'vne estrange chose qui arriua.

La mort de ce bon Roy de Siam, et l'adultere de cette mauuaise Royne sa femme, dont i'ay amplement parlé cy-deuant, furent la racine et le commencement de tant de discordes, et de tant de cruelles guerres, qui suruenuës en ces deux Royaumes de Pegu et de Siam, durerent trois ans et demy auec tant de despense, et de sang, que ce fut vne chose horrible, comme ie l'ay desia raconté cy-deuant. Or la fin de toutes ces guerres fut, que le Chaumigrem Roy de Brama, demeura Seigneur absolu du Royaume de Pegu. Mais pour maintenant ie ne parleray pas de luy dauantage, et me contenteray de dire ce qui arriua en d'autres contrées, iusques au temps que ce mesme Chaumigrem Roy de Brama s'en retourna sur le Royaume de Siam, auec vne si grosse armée, que iamais aucun Roy que ce soit n'en a mis sur pied vne plus grande en toutes les Indes, comme estant de dix-sept cent mille hommes, et de seize mille Elephans, dont il y en auoit neuf mille de bagage, et sept mille de combat; entreprise qui fut si dommageable pour nous, à ce que i'en ay appris depuis, qu'elle nous cousta deux cent huictante Portugais, où estoient compris deux Religieux de sainct Dominique qui s'en alloient preschant en ce pays-là. Ie reuiens donc maintenant à mon dessein, dont ie me suis esloigné il y a desia vn assez long-temps. Apres que ces esmotions dont i'ay parlé cy-deuant, furent toutes appaisées, Gonçalo Pacheco partit de cette ville de Pegu auec tous nous austres Portugais qui estions là demeurez, et que ce nouueau Roy Brama auoit deliurez, comme i'ay desia declaré, leur faisant rendre leurs marchandises, et les obligeant de plusieurs autres courtoisies, tant d'honneur que de liberté. Ainsi 160. Portugais que nous estions, nous embarquasmes en cinq vaisseaux, qui estoient en ce temps-là au port de Cosmin, ville des principales de ce Royaume, et là nous nous diuisasmes comme pelerins et voyageurs aux Indes, pour nous en aller en diuerses contrées, selon que chacun de nous y croyoit mieux faire son profit. Pour moy ie fis voile à Malaca auec vingt-six de mes compagnons, où apres que nous fusmes abordez tous ensemble, i'y sejournay un mois seulement, et m'y embarquay de rechef pour m'en aller au Iappon auec un certain George Aluarez, natif de Freixo de espada cinta, qui dans vn Nauire de Simon de Mello, Capitaine de la forteresse, s'en alloit en traicte. Or y ayant desia vingt-six iours que nous estions à la voile, en continuant nostre route auec bon vent selon la saison, nous eusmes la venuë d'vne Isle appellée Tanixumaa, à neuf lieuës du Sud vers la premiere pointe de la terre du Iappon, si bien que tournant la prouë de ce costé, le iour d'apres nous fusmes surgir au milieu du havre de la ville de Ganxiroo. En ce lieu le Nautaquin qui en estoit gouuerneur, eust la curiosité de s'en venir à nous pour uoir vne chose nouuelle qu'il n'auoit iamais veuë. Pour cet effect il s'en vint à nostre bord, où estonné de l'équippage et de l'attirail de nostre vaisseau, pour estre le premier qui auoit pris terre en ce pays, il nous tesmoigna d'estre infiniment resiouy de nostre venuë, mesme il nous pria deux ou trois fois de vouloir traicter le commerce en ce lieu auec luy, dequoy George Aluarez et les marchands s'excuserent, disant, que ce port n'estoit pas asseuré pour leur Nauire s'il suruenoit quelque vent contraire. Le iour suiuant estant partis de ce lieu pour nous en aller au Royaume de Bungo, dont nous estions esloignez de quelques cent lieues du costé du Nord ; cinq iours apres nostre partement il plût à Dieu nous faire surgir au port de la ville de Fucheo, où nous fusmes tres bien receus, tant du Roy que du peuple, qui nous fauoriserent grandement en ce qui touchoit les droicts de nostre marchandise, et le Roy nous eust encore bien plus obligez, si durant le peu de temps que nous fusmes là de sejour, il n'eust esté tué miserablement par vn sien vassal nommé Fucarandono, Prince puissant, Seigneur de plusieurs subjects, et grandement riche, desastre qui aduint comme il s'ensuit. Au temps que nous arriuasmes là, il y auoit à la Cour de ce Roy de Bungo vn ieune homme appellé Axirandono nepueu du Roy d'Arimaa, qui pour le mauuais traictement qu'il auoit receu du Roy son oncle, il y auoit desia plus d'vn an qu'il s'estoit retiré en cette Cour, en intention de ne retourner iamais en son Pays. Mais sa bonne fortune ayant voulu que le Roy son oncle vint à mourir ; en ce temps-là n'y ayant personne qui succedast au Royaume, il le declara son heritier. Alors le Fucarandono dont i'ay faict mention nagueres, voyant combien ce Prince luy estoit necessaire pour le marier à vne fille qu'il auoit, pria le Roy de luy vouloir servir de tiers en cecy, et de traicter ce mariage ; ce qu'il luy accorda facilement. Pour cet effect, un iour le Roy conuia le Prince à s'en aller à la chasse à vn bois qui estoit à deux lieuës de là, où il y auoit plusieurs diuertissemens ausquels il estoit grandement enclin. Comme ils furent tous deux en particulier, il luy parla de ce mariage, et lui tesmoigna que ce luy seroit un extréme contentement, qu'il ne luy en fit point de refus. Comme en effect le Prince tesmoigna de le vouloir bien, chose dont le Roy se montra grandement satisfaict; de sorte qu'ayant faict venir à la ville le Fucarandono, il luy dist ce qui se passoit touchant le mariage de sa fille auec le Roy d'Arimaa, pour lequel il luy estoit necessaire de l'en aller incontinent remercier, et de le gaigner désormais comme un enfant plein de complaisance pour mieux l'attirer à sa volonté, attendu que luy et sa fille gaignoient beaucoup en cela, l'asseurant sur la parole de Roy qu'il l'auoit plusieurs fois desiré pour gendre. A l'heure mesme le Fucarandono se ietta aux pieds du Roy, et en termes conuenables à une si grande obligation, il les luy baisa auec vn extréme sentiment d'vne si grande faueur que Dieu luy auoit faicte. Làdessus il s'en alla en son Palais, où auec beaucoup d'allegresse et de contentement il rendit compte de cette affaire à sa femme, à ses fils, et à ses parens, lesquels luy tesmoignans d'en estre tous grandement contens, se firent beaucoup de bon accueil les vns aux autres, ainsi qu'ils ont accoustumé de faire ordinairement aux mariages honorables comme ceux-cy. Cependant la mere de la fiancée, comme celle qui auoit la meilleure part en cette allegresse, s'en alla en vne chambre où sa fille trauailloit auec plusieurs autres ieunes Damoiselles qui la seruoient. L'ayant prise par la main elle la mena en vne salle où estoit son pere auec toute l'assemblée de ses freres, cousins et parens, qui se resjouïrent auec elle d'vne si bonne fortune, et l'honorerent du tiltre d'Altesse, comme Royne qu'elle estoit déja du Royaume d'Arimaa. De cette façon tout ce iour-là se passa en festins, banquets, et visites de Dames, et par mesme moyen plusieurs presens y furent faicts de pieces fort riches. Mais comme le bien ou le mal de semblables affaires consiste plus en ce qui s'ensuit, que non pas en son origine, des bons et ioyeux commencemens de ce mariage s'ensuiuirent depuis de si grands desastres, qu'ils esgalerent presque ceux du Roy de Siam, dont i'ay parlé ci-deuant; ce que ie ne feins point de dire, attendu que ie le puis affirmer auec verité, pour auoir veu tous ces deux succés de mes propres yeux, et m'y estre treuué present auec assez de peril de ma personne. Tout ce iour-là se passa en visites des principaux du Royaume; mais en cette resiouïssance publique il n'y auoit que la seule fiancée qui se treuuast mescontente, pource qu'elle estoit ardamment amoureuse d'vn ieune Gentilhomme, fils d'vn certain Groge Aarum, qui estoit comme Baron entre nous; mais beaucoup different en extraction et en qualité du Fucarandono pere de la fiancée. Il arriua donc que cette fiancée contraincte par la violence de l'amour qu'elle luy portoit, si tost qu'il fust nuict luy enuoya dire par celle qui traictoit secretement toutes ses affaires, qu'il l'enuoyast enleuer de la maison de son pere, deuant qu'il en arriuast quelque autre malheur. Alors le ieune homme, qui n'estoit non plus libre de cette passion qu'elle-mesme, ne manqua point de s'en aller au rendez-vous où ils auoient accoustumé de parler ensemble, et où sa maistresse l'importunoit de telle sorte, qu'il fust contrainct de l'enleuer de la maison de son pere, et de la mettre dans vn Monastere de Religieuses, où estoit comme Abbesse vne sienne tante, et où elle demeura enfermée neuf iours sans que personne en sceust rien. Le lendemain matin sa gouuernante la fut chercher au mesme lieu où elle l'auoit laissée la nuict precedente; mais ne l'y treuuant pas, elle s'en alla en la chambre de sa mere, s'imaginant qu'à cause que c'estoit un iour de feste, elle s'y en seroit allée pour se parer, ou pour autre chose semblable;

et pource qu'elle ne l'y trouua point encore, elle passa outre en la chambre où elle souloit coucher, et là mesme elle vid ouuerte une fenestre qui regardoit dans vn iardin ; ensemble un linceul pendu à vne grille, et vne de ses sandales qui estoit demeurée à terre. A l'heure mesme se doutant de l'euenement de cette affaire elle en fut toute hors de soy, si bien que sans tarder dauantage elle s'en alla dire une si triste nouuelle à sa mere qui estoit encore au lict; elle fut alors tellement surprise par vn accident si estrange, qu'elle se leua tout incontinent, et cherchant en diligence dans toutes les chambres des femmes où elle s'imaginoit la pouuoir treuuer, comme elle ne l'y rencontra point, l'on tient qu'elle fut si esperduë qu'à l'heure mesme elle se laissa cheoir par terre par vn accident dont elle mourut. Cependant le Fucarandono qui n'auoit rien sceu encore de tout cela, oyant le bruit que faisoient ces femmes, accourut incontinent à la haste pour en apprendre la cause. Alors il ne fut pas plustost asseuré de la fuitte de sa fille, qu'il en enuoya dire la nouuelle à ses parens, lesquels estonnez de la nouueauté d'vn si mauuais et si inesperé succez, s'y rendirent aussitost; puis comme ils eurent consulté entr'eux sur le remede qu'il faloit mettre à cette affaire, ils resolurent d'y proceder par toutes les rigueurs qu'il seroit possible d'exercer, tellement qu'en mesme temps commençant par les femmes qu'il y auoit dans la maison, de cent qu'elles estoient il ne s'y en treuua pas vne qui n'eust la teste tranchée, mesme les principales furent mises par quartiers, sous pretexte d'estre complices de ce rapt ou de cette fuitte. Apres cette execution, les vns et les autres estant d'opinion differente touchant le lieu où pouuoit estre cette fille, ils furent tous d'aduis de n'aller plus auant sans aduertir premierement le Roy de l'affaire qui se passoit, ce qu'ils executerent incontinent, et le prierent tres instamment de permettre qu'on s'en allât foüiller dans certaines maisons de quelques vns qu'ils luy nommerent, où ils croyoient qu'elle estoit; de quoy le Roy s'excusa, tant pour exempter d'vn affront les maistres d'icelles, que pour appaiser l'émotion que ce desordre pouuoit causer. Alors le Fucarandono s'offençant de ce que le Roy ne luy auoit point accordé sa demande, s'en retourna en son Palais auec ses parens. Là il resolut auec eux de faire en cela tout ce qu'en tel cas il croiroit estre de son honneur, alleguant qu'il n'appartenoit qu'à des gens de peu et à des courages lasches d'aller par les voyes de la iustice, en matiere des choses qu'ils pouuoient emporter par la force. Cette resolution prise, comme c'est la coustume de ces peuples du Iappon d'estre plus ambitieux d'honneur que toutes les nations du monde, il resolut de venir à bout de son dessein à quelque prix que ce fust, sans faire estat d'aucune chose qui en pust arriuer; il en donna donc aduis à tout autant de parens qu'il en auoit à la Cour, qui se rendirent tous chez luy cette mesme nuict, et appreuuerent cette sienne resolution apres qu'il la leur eut declarée, tellement que sans vser d'autre delay ils s'en allerent à mesme temps dans les maisons de ceux où ils croyoient que cette fille se fust cachée, mais eux s'estant desia fortifiez et pourueus de gens, pource qu'ils se doutoient bien qu'il en arriueroit du malheur, l'émotion fut si grande de part et d'autre, que cette nuict il y eut plus de douze mille personnes de tuées. A ce desordre le Roy accourut en personne auec sa garde pour voir s'il ne les pourroit point pacifier; mais la querelle estoit desia si fort embrazée qu'il fut impossible de l'esteindre, de maniere qu'apres auoir perdu le respect qu'ils deuoient au Roy, ils tournerent contre luy toute leur furie et luy tuerent vn si grand nombre des siens qu'il fut contraint de se retirer en son Palais auec peu de gens, ce qui toutesfois ne luy seruit pas de beaucoup; car ils se mirent à le poursuiure aussitost, et acheuerent de tuer ceux qui luy restoient, dont le nombre se montoit, à ce que l'on tient, à plus de quinze mille hommes, entre lesquels il y auoit vingt-six Portugais, de quarante qui se treuuerent auec le Roy qui furent mis à mort miserablement auec luy. Mais ces ministres de Satan ne se contentant pas d'auoir fait vn si grand desordre s'en allerent droict à l'appartement de la Royne, et l'ayant treuuée au lict où elle estoit malade, la tuerent impitoyablement auec trois de ses filles, et plus de cinq cent femmes. En suitte de cela durant ce desordre transportez d'vne fureur enragée ils mirent le feu à la ville, par six ou sept endroits, qui s'allumant par la violence du vent qu'il faisoit alors, s'y prit de telle façon qu'elle fut toute bruslée en moins de deux heures : alors nous autres dix-sept Portugais qui restions, nous retirasmes auec beaucoup de peine dans nostre vaisseau, où nous nous sauuasmes comme par miracle, laissant l'ancre en mer, et nous mettant à la voile le mieux que nous pûsmes. Le lendemain matin les mutinez, qui estoient alors plus de dix mille, ayant saccagé toute la ville, se diuiserent en deux troupes, et se retirerent en vne colline qu'on appelloit *Canaphamaa*, là ils se fortifierent en intention de créer vn Roy qui les gouuernast, pource que desia en ce temps-là le Facarandono estoit mort d'vn coup de lance qu'il auoit receu à la gorge, ensemble tous ses autres parens qui auoient donné commencement à cette mutinerie.

CHAPITRE CCI.

De ce que fit le Prince fils du Roy, ayant eu nouuelles de la mort de son pere.

Ce mesme iour apres que ce desordre eut pris fin l'on en donna aduis au Prince fils du Roy qui estoit pour lors en sa forteresse d'Osquy, à sept lieuës de la ville de Fucheo. Ce ieune prince extremément affligé de cette nouuelle fut vn long-temps à regretter la mort de son pere, et s'en voulut aller à la ville auec quelques-vns de ses fauoris qu'il auoit pour toute compagnie auec luy. Mais le Fingeindono son gouuerneur n'en fut pas d'aduis, luy mettant en auant plusieurs raisons pour ne bouger de ce lieu ; iusques à ce qu'il eust appris plus amplement en quel terme estoit cette affaire, car il estoit bien à croire que ceux qui auoient osé tuer son pere, ne feindroient point de le mettre à mort encore luy, puis qu'ils en auoient le pouuoir, et que pour luy il n'estoit pas en estat de se deffendre ; sur quoy il luy conseilla de faire assembler le plus de gens qu'il pourroit, afin que par leur moyen il pust assujettir et chastier ses ennemis. Le prince approuva grandement ce conseil, si bien qu'apres auoir mis ordre à ce qu'il iugea le plus necessaire conformément au temps où il estoit, il commanda à tous ceux qui estoient avec luy qu'ils s'en allassent iouër du cor, coustume qui s'obserue dans le Iappon, ce qui causa vne telle émotion par tout le pays que les paroles ne sont pas capables de l'exprimer. Or afin de mieux entendre cecy il faut sçauoir que par vne ancienne coustume de ce Royaume du Iappon, tous les habitans en quelque lieu qu'ils soient, et depuis les plus petits iusques aux plus grands sont obligez d'auoir en leurs maisons vn cor fait d'vne coquille de Mer, duquel il leur est deffendu de iouër sans encourir de grandes peines, si ce n'est en cas qu'il suruienne vne de ces quatre choses, à sçauoir vn tumulte, vn feu, vne vollerie, et vne trahison : que si pour lors quelqu'vn se met à iouër du cor l'on en sçait incontinent la cause, pource que si c'est vn tumulte l'on sonne vne fois, si vn feu, deux, si vne vollerie, trois, et si c'est vne trahison, quatre, de maniere qu'au premier son du cor tous les autres qui l'oyent sont obligez à iouër du leur sur peine de la vie, et de telle sorte que le premier en ayant ioüé, tous les autres en ioüent aussi, afin que l'on sçache distinctement ce que c'est, et qu'il n'y ait point de confusion : et d'autant que ce signal de trahison n'est pas si ordinaire que les autres qui arriuent assez souuent, quand il aduient qu'on le donne, tout le peuple en est tellement effrayé que sans vser d'autre delay ils accourent tous à la foule au lieu où l'on a premierement ioué du cor, tellement que par ce moyen ce bruit passe de l'vn à l'autre en si grande diligence, qu'en moins d'vne heure on en est aduerty à plus de 20 lieuës à l'entour. Or pour reuenir maintenant à ce que ie disois n'agueres, si tost que le ieune Prince eust pourueu à cela auec vne monstre de grand Capitaine et de genereux courage, il se retira dans un Monastere de Religieux qui estoit au milieu d'vn bois. Là il demeura enfermé trois iours, durant lesquels il ne cessa de regretter la mort de son pere, ensemble de sa mere et de ses sœurs, et ce auec de grandes demonstrations de son dueil qu'il tesmoigna par ses larmes et par une extreme tristesse. A la fin de ce temps là, pource qu'il y auoit desia de ses subjets assemblez, il sortit de ce Monastere pour donner ordre à ce qu'il iugea necessaire, tant pour la seureté de son Royaume, que pour le chastiment des rebelles, dont les estats et les biens furent incontinent confisquez, joint qu'il leur fit démolir leurs maisons, et faire là-dessus des proclamations si effroyables qu'on ne pouuoit les ouyr sans trembler. Sept iours apres cet euenement déplorable, à cause, comme i'ay desia dit, qu'il y auoit desia quantité de gens assemblés, et que le pays estoit grandement despourueu de viures, le Prince fut conseillé de suiure l'intention qu'il auoit, deuant que les dix mille mutinez vinssent à s'espandre par diuerses contrées, de sorte que pour ne perdre temps, de la forteresse d'Osquy où il estoit, il tira droict à la ville auec de grosses troupes de gens fort lestes et bien armez : car l'on tient que son armée estoit de 130. mille hommes, dix sept mille de cheual, les autres de pied, et tous capables d'executer quelque haute entreprise. Estant arriué à la ville il y fut grandement bien receu de tout le peuple qui luy tesmoigna beaucoup de ressentiment de la mort du feu Roy son pere; il ne voulut point aller d'abord au Palais Royal, mais deuant que passer outre il descendit au Pagode où son pere estoit enseuely. Là il eut soing de luy faire vne pompe funebre auec beaucoup de fraiz et d'honneur à la mode du pays, ce qui dura les deux nuicts suiuantes, et il y eut vne infinité de torches allumées. Pour conclusion on luy monstra toute sanglante la mesme robe qu'auoit son pere quand il fut tué, sur laquelle il fit vn serment solemnel de ne pardonner iamais à pas-vn de ceux qui se treuueroit coulpable, quand mesme ce seroit des Bonzes, et de brusler tous les Temples où ces criminels seroient rencontrés pour s'y refugier comme en des aziles. Le quatriesme iour d'apres son entrée à la ville il fut proclamé Roy de tous, bien qu'auec peu de ceremonies et de magnificences à cause du dueil. Cela fait, accompagné qu'il estoit de cent soixante mille hommes, il s'en alla droict au lieu où les mutinez s'estoient retirez. Or afin de les auoir plus facilement et les empescher de prendre la fuite, il les assiegea en la montagne où ils estoient et ce par l'espace de neuf iours. Mais comme ils virent qu'ils ne pouuoient plus tenir à faute de viures, et qu'ils n'auoient aucune esperance de secours, ils iugerent pour leur mieux de mourir en vaillans hommes plustost que se laisser assieger comme des poltrons. Auec cette resolution, à la faueur d'vne nuict qui estoit fort obscure et fort pluuieuse, ils descendirent de la montagne par quatre endroits, et se jettans sur l'armée du Roy qui s'estoit desia mis en ordre de bataille, pour auoir eu aduis de leur dessein, il se fit entre l'vn et l'autre party vn combat si espouuentable et si furieux, qu'il dura iusques à deux heures du iour; mais enfin la meslée se termina par la mort de 37. mille hommes, entre lesquels tous les dix mille mutinez y demeurerent, sans que pas vn d'eux se voulust sauuer, quelque moyen qu'il en eust. Cependant la mort de ses gens affligea grandement le Roy, qui apres cette punition des rebelles s'estant retiré à la ville, la premiere chose qu'il fist, fut de pourueoir à la guerison des malades; à quoy il s'employa vn assez long-temps, pource que, comme i'ay desia dit, ils estoient plus de trente mille, dont il en mourut vn fort grand nombre.

CHAPITRE CCII.

Comme de cette ville de Fucheo nous passasmes au port de Hiamangoo, et de ce qui nous y arriua.

Apres que cette reuolte eut pris fin auec la mort de tant de gens de l'vn et de l'autre party, nous autres Portugais qui estions restez en peu de nombre, pource qu'aussitost que le temps nous le permist nous retournasmes gaigner le port de la ville, voyants tout le pays desolé, les marchands en fuitte, et le Roy en resolution de sortir de la ville, perdismes toutes nos esperances de pouuoir vendre nos marchandises, et mesme d'estre en seureté en ce havre, ce qui fut cause que nous nous mismes à la voile, et nous rendismes à nonante lieuës de là à vn autre port appellé Hyamongoo qui est en la Baye de *Canguexumaa*. Là nous seiournasmes deux mois et demy sans y pouuoir vendre chose quelconque; pource que le pays estoit si plein de marchandises de la Chine qu'il s'y en perdoit plus de deux parts à cause qu'il n'y auoit ny port ny anse en toute cette Isle du Iappon où ne fussent à l'ancre plus de trente et quarante Iuncos, et en quelques endroits plus de cent, comme à *Minatoo, Tanoraa, Fiunguaa, Facataa, Angunée, Ubra, et Canguexumaa*, de maniere que cette mesme année il y eut de la Chine au Iappon plus de deux mille nauires marchands. Or toute cette marchandise consistoit en soye qui s'y donnoit à si bon marché que le pico de soye qui en ce temps là valoit cent taeis à la Chine, ne se vendoit au Iappon que vingthuict, et trente au plus, et le tout auec bien de la peine, joint que le prix de toutes les marchandises estoit fort bas, si bien que nous croyans tout à faict ruinez, nous ne sçauions ny quelle resolution, ny quel conseil prendre. Mais comme nostre Seigneur a de coustume d'ordonner des choses du monde doucement, par des moyens qui surpassent nos esprits, et qui sont autant d'effects de ses iugemens secrets, il permist pour des raisons que luy seul entend, qu'en la nouuelle Lune de Decembre, qui fut le cinquiesme iour du mois, il survinst vne si furieuse tempeste de vents et de pluye, qu'il n'y eust pas vn de tous ces vaisseaux qui ne perist; de maniere que la perte qui fut causée par cette tourmente, fut estimée se monter à mille neuf cent septante-deux Iuncos, entre lesquels il y en auoit vingt-six de Portugais, où il en mourut cinq cent deux, sans y comprendre mille Chrestiens d'autres nations, et huict cent mille ducats d'emploitte de la Chine qui se perdirent. Pour le regard des vaisseaux Chinois l'on tient qu'il y en eust mille neuf cent et trente-six de perdus; ensemble plus de deux millions d'or, et cent soixante mille personnes. Or d'vn si miserable naufrage ne se sauuerent que dix ou douze Nauires, du nombre desquels fut celuy où ie m'estois embarqué; ce qui arriua comme par miracle, si bien que ceux-cy vendirent depuis leurs marchandises à tel prix qu'ils voulurent. Pour nous, apres auoir faict nostre emploitte, et nous estre preparez à partir, nous voulusmes nous mettre à la voile vn iour des Roys au matin, et bien que nous fussions tous assez contens, à cause que nous en retournions tous riches pour le grand profit que nous auions faict, nous ne laissions pas neantmoins d'estre assez tristes de voir telles choses aduenuës aux despens de tant de vies et de richesses de ceux de nostre nation et des estrangers. Mais comme nous eusmes leué les ancres et appresté les trinquets pour continuer nostre route, les eustages de la maistresse voile rompirent incontinent; ce qui fist cheoir la grande vergue, qui tombant sur les vibords du Nauire se rompit en quatre; tellement que nous fusmes contraincts par cet accident de regaigner le port, et d'enuoyer vne chalouppe à terre pour nous aller chercher vne antenne, et des charpentiers qui nous l'apprestassent. Pour cet effect nous enuoyasmes vn present au Capitaine du lieu afin qu'en fort peu de temps il nous donnast le secours necessaire. Aussi nous le donna-t'il si à propos, que ce mesme iour le Nauire fut remis en son premier estat, et meilleur qu'auparauant. Neantmoins comme nous eusmes de rechef leué l'ancre pour nous remettre à la voile, le chable de cette mesme ancre se rompit; et parce que nous n'en auions qu'vn autre en nostre Nauire, il nous fut force de trauailler au possible pour la r'auoir à cause du grand besoin que nous en auions. Pour en venir à bout, nous enuoyasmes chercher à terre des plongeurs, qui moyennant dix ducats que nous leur donnasmes, se plongerent incontinent dans l'eau, et y treuuerent nostre ancre à vingt-six brasses de fonds; tellement que par le moyen d'vn calabret qu'ils luy attacherent nous la guindasmes en haut, bien qn'auec assez de trauail ; à quoy nous nous employasmes tous, et y passasmes la meilleure partie de la nuict. Si tost qu'il fust iour nous dressasmes la vergue en intention de partir ; mais il suruint tout à coup vn si grand vent, que le courant de l'eau qui estoit fort impetueux, nous ietta miserablement contre vn rocher, où nous nous vismes sur le point d'estre perdus, sans que tout nostre trauail nous eust de rien profité. Ce qui fist que nous treuuans reduicts à de si grandes extremitez nous eusmes recours à la meilleure assistance et au remede plus asseuré, qui fut d'inuoquer la Vierge, par le moyen de laquelle nous nous reschappasmes de ce danger. Or comme nous estions tous occupez en ce trauail, nous vismes descendre à la haste du haut du rocher, deux hommes de cheual qui nous firent signe auec une seruiette, et crierent que nous eussions à les prendre. Comme la nouueauté de ce faict fist naistre en nous vn desir de sçauoir ce que c'estoit, nous enuoyasmes incontinent à terre vne Manchua fort bien équippée. Et d'autant que cette mesme nuict vn mien garçon s'en estoit fuy auec trois autres, m'imaginant que c'estoit quelqu'vn qui m'en apportoit des nouuelles, ie priay George Aluarez qu'il me permist de me mettre dans la Manchua ; ce qu'il m'accorda tout aussi-tost, si bien que i'y entray moy troisiesme. Alors comme nous fusmes à la rade, l'vn des deux hommes de cheual qui sembloit estre le plus honorable, s'addressant à moy, « Seigneur, me dist-il, pource que ie suis pressé du temps, et que i'apprehende d'estre ioint par ceux qui me suiuent, ie te supplie par la bonté de ton Dieu, que sans apprehender qu'il t'en arriue aucun mal tu me prennes auec toy ». Il faut que i'aduouë que ie me treuuay d'abord si embarassé par ces paroles, que ie ne sceu me resoudre à ce qu'il me falloit faire. Neantmoins me ressouuenant d'auoir ueu par deux fois à Hiamangoo en la compagnie de quelques marchands, ce mesme homme qui parloit à moy, cela m'esmeut à le prendre et son compagnon aussi. Mais ie les eus mis à peine dans la Manchua, que ie vis paroistre quatorze hommes de cheual qui venoient apres, lesquels abordant la rade auec de grands cris, « Donne-nous ces traistres, disoient-ils, ou bien tu és mort. » Ensuitte de ceux-cy il en vint incontinent autres neuf, si bien qu'ils se treuuerent vingt-trois de nombre, sans qu'il y eust aucun homme de pied. Cependant l'apprehension que i'eus, fist qué ie m'esloignay de la mer de la portée d'vne arbaleste, et que ie demanday à ces hommes ce qu'ils vouloient; sur quoy vn d'eux prenant la parole, « Si tu amenes ce Iapponois, me dit-il, sans parler de celuy qui l'accompagne, sçache que mille testes comme la tienne porteront la peine de ce que tu fais. » A ces paroles ie ne leur voulus point faire de response, et me voyant auec eux à bord de nostre vaisseau, ie les y fis monter dedans, bien qu'auec assez de peine; de sorte que tous deux furent assez bien pourueus, tant par le Capitaine, que par le Portugais, de toutes les choses qui leur estoient necessaires pour un si long voyage. Ie ne m'a-museray point icy maintenant à déduire par le menu les particularitez de cette affaire; ensemble quels furent les succés de ces trauaux, pource que i'espere d'en traicter cy-apres, afin de faire voir clairement de quels moyens Dieu se sert pour estre loué, et sa saincte foy exaltée, comme nous verrons par les choses que ie diray de cet homme du Iappon, qui s'appelloit *Engiroo*.

CHAPITRE CCIII.

D'vne grosse armée que le Roy d'Achem enuoya en ce temps-là sur la forteresse de Malaca, et des grandes choses que fist en cette occasion le Reuerend Pere Maistre François Xauier, Recteur de la Compagnie de Iesus en ces contrées des Indes.

Comme nous fusmes partis de cette riuiere de Hiamangoo, et de l'ense de Canguexumaa, le sixiesme iour de Ianuier de l'année 1547. il plût à nostre Seigneur qu'en 14 iours de bon vent nous arriuasmes à Chincheo, qui est vn des plus celebres et riches ports du Royaume de la Chine. Là nous eusmes nouuelles qu'à l'entrée de cette riuiere il y auoit alors vn fameux Corsaire appellé Chepocheca, auec quatre cent grosses voiles et soixante Vancons de rames, en laquelle flotte il auoit soixante mille hommes, à sçauoir vingt mille de seruice pour les vaisseaux, et tous les autres hommes de combat que ce Pyrate entretenoit du butin qu'il faisoit sur mer. L'apprehension que nous eusmes d'entreprendre d'entrer dans cette riuiere, à cause que ces Corsaires la tenoient assiegée de toutes parts, fist que nous allasmes iusques à Lamau où nous fismes prouision de quelques viures, et en eusmes à suffisance iusques à nostre arriuée à Malaca. Là nous treuuasmes le Reuerend Pere Maistre François Xauier, Recteur vniuersel de la Compagnie de Iesus en ces contrées des Indes, qui depuis peu de iours estoit arriué des Molucques, auec vne grande reputation de sainct homme, tiltre que tous les peuples luy donnoient pour les grands miracles qu'on luy voyoit faire. Si tost que ce sainct personnage eust sceu que nous auions ce Iapponnois auec nous, il nous fut chercher George Aluarez et moy dans la maison d'vn certain Cosme Rodriguez qui estoit là marié. Apres qu'il eust passé vne partie du iour auec nous à nous faire plusieurs demandes fort curieuses, toutes fondées sur l'ardent zele qu'il auoit de l'honneur de Dieu, et que nous eusmes satisfaict à son desir, nous luy dismes sans sçauoir des nouuelles d'vne chose dont il auoit desia connoissance, que nous auions auec nous deux hommes du Iappon, l'vn desquels qui paroissoit estre de qualité, estoit fort discret, et grandement bien versé aux loix et aux coustumes de tout le pays; adjoustant à cela que sa Reuerence seroit fort aise de l'ouyr. Alors il nous tesmoigna qu'il s'en resiouyssoit, si bien que nous nous en allasmes incontinent à nostre Nauire, et amenasmes cet homme du Iappon au Pere, qui n'auoit point d'autre logis que l'Hospital. L'ayant veu d'abord il le prist auec luy, et le mena aux Indes où pour lors il estoit prest de s'en aller. Comme il fust arriué à Goa il le fist Chrestien, et luy donna le nom de Paul de Saincte-Foy. Là en bien peu de temps il apprist à lire et à escrire, ensemble toute la doctrine Chrestienne conformément à l'intention de ce bien-heureux Pere, qui estoit, qu'aussi-tost que la saison d'Auril seroit venuë, il s'en iroit en cette Isle du Iappon prescher à ces infideles, *Iesus-Christ Fils de Dieu viuant attaché en Croix pour les pecheurs;* paroles qu'il auoit ordinairement à la bouche. Par mesme moyen il faisoit dessein de mener auec luy cet estranger pour s'en seruir d'Interprete en ce pays-là. Comme en effect il l'y mena depuis, ensemble son compagnon que le Pere fist encore Chrestien, et luy donna le nom de Iean. Depuis ils luy furent grandement fideles et fort obeyssans en ce qui touchoit le seruice de Dieu, pour l'amour duquel Paul de Saincte-Foy fut banny à la Chine, et mis à mort par des voleurs, comme i'espere declarer cy-apres quand ie parleray de cet exil. Ce sainct Personnage estant donc party de Malaca pour s'en aller en l'Inde afin d'y moyenner auec le Gouuerneur ce sien voyage du Iappon, Simon de Mello, qui comme i'ay desia dict, estoit alors Capitaine de la forteresse, escriuit à sa faueur ce qu'il auoit desia fait en ces contrées des Molucques pour l'augmentation de nostre saincte foy, et les grandes merueilles que nostre Seigneur auoit operées par ce grand seruiteur. Or entre les principales choses dont ce Capitaine rendit compte au Gouuerneur Dom Iean de Castre, il l'asseura d'auoir esté tesmoin oculaire de ce que ce S. Pere auoit dit par vn esprit prophetique, touchant le miracle que ceux du pays appelloient ordinairement des Achems, en preschant dans l'Eglise Cathedrale de Malaca. Or d'autant que c'est vne chose qui est grandement remarquable, il me semble à propos de la rapporter icy de la mesme façon qu'elle se se passa. Vn Mercredy 9. d'Octobre de l'année 1547. à deux heures apres minuict, il arriua au port où nos Nauires estoient à l'ancre vne grosse armée du Roy d'Achem, composée de septante Lanchares, Fustes, et Galiottes de rames, dans lesquelles estoient embarquez cinq mille hommes de combat, sans y comprendre les gens de rames. Comme la pluspart de ces ennemis se furent iettez à terre en intention d'attaquer la tranchée à la faueur de la nuict qui estoit fort obscure, ils se voulurent ayder à cet effect de quantité d'eschelles qu'ils auoient portées. Mais il plût à Dieu d'en destourner l'effect; cependant ceux de leurs gens qui restoient s'en allerent en l'Isle où estoient les Nauires, où ils mirent le feu à six ou sept grands vaisseaux qui estoient au port, entre lesquels il y en auoit vn fort grand appartenant au Roy de Portugal nostre souuerain Seigneur, lequel vaisseau depuis cinq iours seulement estoit arriué de Banda, chargé de noix muscades et de massis, dont ils se saisirent entierement. Durant que cela se passoit, la reuolte et les cris estoient desia si grands dans la forteresse, qu'on ne pouuoit ny s'ouyr l'vn l'autre, ny prendre vne resolution là-dessus. Car comme ces ennemis estoient soudainement arriuez sans qu'on s'en fust apperceu, la nuict obscure et fort pluuieuse, et les grands cris de toutes parts, semerent si fort le desordre et la confusion parmy les nostres, qu'ils ne sçauoient à quoy se resoudre. A la fin apres que ce tumulte eust duré vn assez long-temps, l'on vid arriuer les trois Balons que Simon de Mello auoit enuoyez, qui rapporterent que c'estoit asseurement des Achems arriuez la nuict. Cependant comme le iour commençoit à paroistre, l'on descouurit de la forteresse vne grande quantité de voiles et de rames, auec plusieurs estendarts et bannieres de soye. Alors le Capitaine les voulant espouuanter, commanda qu'on eust à tirer contr'eux quelques pieces d'artillerie assez grosses; ce qui fut cause que se tenant resserrez auparauant en vn peloton, ils firent re-

traicte vers la pointe de l'Isle de Vpe, qui pouuoit estre à trois quarts de lieuë de là, où ils attendirent la rame à la main iusques enuiron le soir, faisans d'aussi hauts cris et autant d'acclamations, que s'ils eussent desia gaigné quelque bien grande victoire. Alors pource qu'il arriua par malheur qu'vn de nos Paraos estoit à la pesche, auec sept hommes du pays qui y auoient leurs femmes et leurs enfans, si tost que les ennemis les decouurirent ils enuoyerent contre eux quelques balons qu'ils auoient en bon equippage, lesquels en bien peu de temps prirent la barque des nostres et l'amenerent auec eux : cela fait aux vns ils couperent les oreilles et les narines, et aux autres les doigts des pieds comme par vne maniere de mespris. En ce triste equippage ils les renvoyerent tous sept auec vne lettre escrite de leur propre sang par leur Capitaine, où ces paroles estoient contenues : « Biya-
» yaa Soora fils du Seribiyayaa Pracamaa de Raja
» qui pour son honneur tient de reserue dans
» des boüettes d'or le riz du grand Sultan Ala-
» radin, cassolette d'où s'exhalent les parfums de
» la saincte maison de la Mecque, Roy d'Achem
» et du pays des deux mers, ie te fais sçauoir,
» afin que tu en aduertisses ton Roy, qu'en dépit
» de luy ie veux pescher autant de temps qu'il
» me plaira en cette sienne mer où ie me repose,

» et où par mes cris i'espouuante cette sienne
» forteresse, dequoy ie prens à tesmoing la terre
» et ceux qui l'habitent, ensemble tous les autres
» elemens iusques au Ciel de la Lune; car ie les
» asseure par ces paroles proferées de ma bouche,
» que ton Roy demeurera vaincu et sans hon-
» neur, et ses bannieres abbatuës, sans se pou-
» uoir iamais plus releuer, si ce n'est par la per-
» mission de celuy qui en aura la victoire : c'est
» pourquoy qu'il mette la teste soubs les pieds
» de mon Roy, comme sous celuy qui subjugue
» tout le monde, et qu'il demeure desormais son
» esclaue. Mais afin que ie te fasse aduoüer cette
» verité, ie te deffie de ce lieu où me voicy main-
» tenant, s'il est ainsi que de la part de luy-
» mesme, tu sois si hardy de t'opposer à mon
» dessein. » Voyla quelle estoit cette lettre que
les Capitaines de la flotte auoient tous signée
comme une chose faicte par leur commun consentement. Ainsi les sept pauures miserables estant
arriués à la ville sans narines et sans oreilles,
furent incontinent menez en la forteresse vers le
Capitaine, tous sanglans et tous défigurez qu'ils
estoient : à leur arriuée ils luy rendirent la lettre,
qui fut aussitost leuë publiquement deuant tous ;
surquoy les Capitaines et quelques-vns de ses fauoris se mirent à railler et à dire le mot pour
rire, comme c'est la coustume des Courtisans :

pendant que ces choses se passoient voyla suruenir le reuerend Pere Xauier qui venoit de dire la Messe de Nostre Dame du Mont, comme c'estoit sa coustume, le Capitaine le voyant se leua sur pied, et le fut receuoir à deux ou trois pas du lieu où il estoit assis; puis s'estant mis à sousrir comme pour monstrer le peu d'estat de la lettre qu'il venoit de receuoir : « Mon pere, luy dit-il, quel conseil me donnera vostre Reuerence sur ce grand deffy que les ennemis viennent de me faire ? » C'est mon opinion, luy respondit le Pere, puisque vostre grandeur me demande ce qu'il m'en semble, que cette affaire ne doit pas estre tellement tournée en risée, qu'il ne faille penser à faire quelque maniere d'armée s'il est possible, qui du moins abbaye contre nos ennemis sur nos costes, afin que ces Mahometans ne nous croient pas tellement despouriueus de forces que nous ne les puissions incommoder s'ils nous retournent voir desormais. Asseurément, luy repartit le Capitaine, cet aduis me sembleroit fort bon si on le pouuoit faire reussir en quelque façon : mais vostre Reuerence voit fort bien le pauure estat où nous sommes tous reduits, et comme nous n'auons plus que 4 meschantes fustes toutes pourries et si mal equippées que c'est pitié, tellement que si nous voulions nous mettre apres à les calfustrer, nous y perdrions

plus de temps que si nous en faisions de neuf-
ues. «S'il ne tient, repartit le Pere, qu'à raccom-
moder ces vaisseaux, i'en veux prendre la charge
sur moy pour l'honneur de Dieu et du Roy nostre
souuerain Seigneur ; mesme s'il en est besoing
ie m'offre à m'en aller combattre ces ennemis de la
Croix en la compagnie de ces seruiteurs de Iesus-
Christ et de ces miens freres.» Ces paroles estant
ouyes par vn assez bon nombre de gens tous
qualifiez qui estoient là presens, ils respondirent
ensemble au Pere : «Sans mentir celuy qui se
donneroit le nom de Chrestien meriteroit bien
plustost d'estre appellé Iuif, si soubs vne si bonne
conduite que la vostre il refusoit de s'en aller à
vne si saincte iournée.» Ce discours et autres semblables firent naistre dans les courages de tous
ceux qui estoient là presens vne ardeur si saincte
et si zelée au seruice de Dieu, qu'il n'y eut pas vn
d'eux qui ne prist cela pour vne chose surnatu-
relle : alors le Capitaine qui estoit assis à la porte
de la forteresse venant à se leuer grandement satisfaict de voir le sainct zele et la genereuse resolution des siens, prist le Pere par la main et descendit auec luy en bas. N'ayant treuué sur le port
que six fustes des siennes et vn petit catur, il
enuoya tout incontinent appeller le facteur Duard
Barreto, auquel il commanda qu'il fist toute sorte
de diligences afin que les vaisseaux fussent cal-

fustrez; à quoy le facteur fit responce que dans le magazin il ny auoit pas vn seul clou, ny du broy, ny des estoupes, ny vn empan de toile pour les voiles, ny rien de tout ce qu'il estoit besoin de faire, et que sa grandeur luy commandoit; chose qui attrista fort le Capitaine et ceux qui estoient auec luy : alors le Pere haussant les yeux au Ciel, et auec vn visage ioyeux inuitant tous ceux d'alentour à s'attendre à luy : « Or sus, leur dit-il, mes freres et Seigneurs ne vous attristez point ie vous prie; car ie vous asseure que Dieu est auec nous, de la part duquel ie vous coniure que pas vn de vous ne refuse de s'en aller à cette saincte iournée, car son bon plaisir est que nous le fassions ainsi : pour le regard des choses dont le facteur dit que nous auons faute, et qui sont necessaires à nostre flotte, cela ne doit pas estre capable de nous faire tant soit peu reculer de nostre saincte entreprise. » Ce disant il ietta les yeux sur sept de ceux d'alentour qui estoient tous Capitaines de leur nauire, hommes riches et honorables, puis nommant chacun d'eux par son nom : « Mes amis, leur dit-il en les embrassant, et auec vne mine riante, il est necessaire pour l'honneur de nostre Seigneur Iesus-Christ, que vous preniez tout le soing de ces nauires, et pourtant vous comme son seruiteur ayez celle-cy soubs vostre charge, vous celle-là, et ainsi des autres, monstrant à chacun la sienne, le tout le plus promptement qu'il sera possible, à cause que telle chose est grandement importante au seruice de Dieu : quant au salaire que vous receurez de vostre peine, ie vous responds qu'il sera de cent pour vn. » Ce disant il les parcourut tous sept, recommandant à chacun de prendre le soing de sa fuste, ce qu'ils accepterent tous auec vne ardeur et vn zele si grand qu'on recognut clairement alors que telle chose estoit plustost vne œuure de Dieu que des hommes. Ainsi chacun d'eux prist soubs sa charge la fuste que le pere luy ordonna, et à l'heure mesme sans vser de delay, ils commencerent tous à mettre la main à l'œuure, poussez d'vne telle ardeur et d'vne enuie si saincte, qu'ils faisoient tous à l'enuy à qui s'acquitteroit mieux de son deuoir, et qui vseroit d'vne diligence plus grande, de maniere que ce qu'on eust crû impossible d'estre faict en vn mois, quand mesme ils eussent eu pour cet effect tout ce qui leur estoit necessaire, fut acheué dans cinq iours seulement, pource que plus de cent hommes trauailloient à chacune de ces fustes. Tandis qu'on faisoit les preparatifs de cette armée, Simon de Mello Capitaine de la forteresse declara pour general de cette flotte Dom Francisco Deeça son beau-frere, et le reverend pere Xauier se resolut de ne manquer point à cette iournée. Mais comme les freres de la misericorde en eurent aduis, ils s'assemblerent auec tout autant d'hommes mariez qu'il y en auoit dans la forteresse, et soubs la conduitte du mesme Dom Francisco Deeça, ils s'en allerent en corps treuuer le Pere qu'ils prierent par vne requeste, de la part de Dieu, que puisque maintenant la forteresse estoit toute seule il ne voulust point l'abandonner ny s'absenter d'elle, ou que s'il le faisoit ils protestoient tous de s'y en aller auec luy. Cette requeste mit vn peu en peine le Pere, pource que sa grande charité le tenoit en bransle entre ces deux extremitez de leur accorder ce qu'ils demandoient, ou d'accompagner les gens de guerre. Là dessus le Conseil s'estant assemblé de part et d'autre il y eut diuers aduis, et plusieurs raisons : A la fin le General Dom Francisco Deeça ayant cognu la necessité de cette affaire requist de rechef le Pere de satisfaire à la volonté de ce peuple, veu le bon zele auec lequel cette priere luy estoit faite; ce que le Pere luy accorda. Ainsi apres s'estre resolu de ne bouger de terre il les consola tous auec vne harangue spirituelle qu'il leur fit succinctement, par laquelle il leur remonstra la grande raison qu'auoient les vns et les autres d'exposer leurs vies pour vn si bon Dieu qui pour les rachepter, comme nous le confessions tous et le tenions pour vn des principaux articles de nostre foy, auoit voulu estre mocqué, flagellé, couronné d'espines, et finalement attaché en l'arbre de la Croix pour nous crucifier nous-mesmes en la douceur de son amour, et empourprer nos ames de son sang pretieux, dont il iustifioit nostre peu de merite deuant son Pere Eternel. A ces choses il en adjousta plusieurs autres suiuant son ardeur et sa deuotion ordinaire, auec quoy il fit vne si grande impression dans l'esprit de tous, que dés lors les soldats qui s'en alloient à l'armée, protesterent tous d'vn commun consentement et en vrays Chrestiens, de mourir fermes pour la foy de nostre Seigneur Iesus-Christ.

CHAPITRE CCIIII.

De ce qui aduint à nostre armée, comme elle fut sur son partement, et de deux autres fustes qui arriuerent à la forteresse.

Il y auoit desia huict iours passez que les nostres continuoient tousiours en la saincte ardeur qu'ils auoient de s'en aller contre l'ennemy. Au bout de ce temps comme nostre armée fut preste à partir et pourueuë de tout ce dont elle auoit besoin, elle se resolut de faire voile le iour d'apres. Toute cette flotte estoit de sept fustes tant seulement et d'vn petit catur destiné pour seruir de porte-nouuelles. En ces vaisseaux il y auoit cent quatre vingt bons soldats, dont les Capitaines estoient Dom Francisco Deeça, Dom George Deeça son frere, Diego Pereyra, Alphonso Gentil, Belquior de Cigueyra, Ioan Suarez, et Gomes Barreto; et quant au catur il estoit commandé par André Toscano Iuge des Orphelins, et qui s'estoit marié à Malaca. Le iour d'apres, comme ils furent tous embarquez et prests à partir, le General faisant voile auec beaucoup d'allegresse et d'acclamations de tous, le malheur voulut que sa fuste coula à fonds, sans qu'il y eust que ceux de dedans qui se sauuassent, encore fut-ce auec beaucoup de peine; de quoy tout le peuple fut si confus et si triste, et l'armée si estonnée qu'il sembloit que les soldats fussent tout à faict pasmez, si fort ils estoient décheus du courage qu'ils tesmoignoient auoir n'agueres; ce mauuais succez fut cause qu'il y en eut plusieurs qui se déborderent à dire plus qu'il ne falloit, et qui ne pouuant retenir leur langue attribuerent ce voyage non sans vne grande offence de Dieu, à vne pure inuention du diable, imputant la cause de ce mal au Gouuerneur de la forteresse et au Pere Xauier, de qui ils disoient : « Qu'ils s'en alloient liurer tout à faict cette foible armée en la puissance des Achems, et qu'il falloit tenir pour chose certaine que pas vn des leurs n'en eschapperoit en vie. » Car, disoient-ils, nous n'auons que sept fustes, et les ennemis en ont soixante : nous ne sommes que cent quatre vingt hommes, et les ennemis sont cinq mille, là-dessus vne si grande inesgalité faisoit mettre tant de creance à ce qu'ils disoient, que tout le commun s'y accommodoit, sans que les Capitaines ny la Iustice fussent capables de leur imposer silence quelque peine qu'ils en prissent. Alors le Gouuerneur de la forteresse et le General de l'armée se sentant comme affrontez par cette ligue diabolique, enuoyerent promptement appeller le Pere François Xauier à N. D. du Mont, où il disoit la Messe, et en estoit à ces paroles, *Domine non sum dignus.* Quand le messager y arriua, il le treuua ayant le Corps de nostre Seigneur entre les mains, tellement que ne sçachant que faire d'abord, il voulut attendre qu'il eust acheué de communier, puis il s'en alla droit à luy pour luy faire son message, mais le Pere voyant qu'il auoit la bouche ouuerte pour cet effect luy fit signe de la main pour l'empescher de parler et de l'interrompre, sans que pour cela il tesmoignast aucune émotion en acheuant de dire sa Messe. Comme il fut hors de l'Autel n'ayant encore parlé au messager : allez mon amy, luy dit-il, et aduertissez le Capitaine que ie m'en vay le treuuer, et qu'au reste il ne se mette en peine de rien, pource que nostre Seigneur se monstre secourable au plus grand besoin. Cela dit il s'en alla se deshabiller en la Sacristie, où s'estant mis à genoux deuant vn Autel ; comme il faisoit sa priere il fut ouy disant auec vn profond soupir : « O Iesus-Christ les delices de mon ame, tournez mes yeux vers vous ô Seigneur, et sur l'esmail de vos pretieuses playes, dans lesquelles vous verrez de combien vostre diuine Majesté nous a voulu obliger : cela estant, ô mon Seigneur et mon Dieu, que vous puis-ie demander maintenant pour remede de nostre affliction que vous ne nous accordiez pour l'amour de ce que vous estes? » Ayant acheué ce peu de paroles auec vn visage tout baigné de larmes il descendit en bas vers la forteresse, où il treuua le Capitaine et ses gens fort tristes qui estoient apres à espuiser la fuste pour tascher de sauuer l'artillerie et quelques armes qui estoient dedans ; si tost qu'il vid le Pere il s'en alla le receuoir à six ou sept pas, et comme s'il eust esté honteux du desordre et de la ligue du peuple ; qu'est cecy mon Pere? luy dit-il, ie prie vostre reuerence d'ouyr ce que disent ces gens, et de me iustifier enuers eux, puisque ie ne suis pas capable de leur fer-

mer la bouche. A ces mots le Pere le regardant
auec vn visage graue et ioyeux luy respondit :
Quoy monsieur vous estonnez-vous de si peu de
chose? non, non, ne le faictes pas, mais plustost
ayons tous vne ferme foy en nostre Seigneur et
en sa toute-puissance ; car il aura soin de nous
assister des remedes necessaires ; Ce disant il
embrassa tous les Capitaines et les soldats, et les
encourageant par de saincts exemples de la
saincte Escriture, il leur recommanda leur premiere fermeté, et de demeurer tousiours dans la
mesme resolution qu'auparauant. Là-dessus il
s'en alla en la compagnie du Capitaine droit à la
porte de la forteresse qui estoit à quinze ou vingt
pas de là, où tous deux s'assirent ; et apres s'y
estre bien entretenus touchant l'accident de la
Fuste qu'ils auoient perduë, et du grand tort que
cela leur faisoit, pour estre la meilleure de toute
la flotte et la plus propre au General, Simon de
Mello desirant de fermer la bouche aux mesdisans
sur la faute qu'ils luy imposoient, de ce que par
le conseil du Pere il enuoyoit vne si petite armée
combattre contre vne si grosse flotte, treuua à
propos de prendre vne resolution sur ce dequoy
il estoit question, et d'en passer par l'aduis de
ceux qui estoient là presents ; de maniere que
Balthasar Ribeyro Escriuain de la doüane, ayant
eu charge de ramasser la voix d'vn chacun par-

deuant tous les Officiers de la Iustice de la doüane, il fut conclu, *Que l'entreprise qu'on s'en alloit faire estoit vne vraye temerité.* En quoy ils se fondoient tous sur les raisons et les causes qu'ils alleguoient touchant le desastre arriué n'agueres, disant que cela estoit aduenu par vne particuliere permission de Dieu, qui par ce moyen vouloit abreger vn autre mal beaucoup plus grand dont ils estoient menacez s'ils suiuoient l'intention du Capitaine et du Pere. Mais quand on vinst à prendre là-dessus les aduis du General, et des autres Capitaines et soldats de l'armée, ils dirent tous d'vn commun accord, que mesme quand il leur arriueroit de voir la mort presente à leurs yeux, ils ne se dédiroient iamais de ce qu'ils auoient promis à Dieu, et qu'ils luy promettoient et luy iuroient derechef, s'asseurant qu'ils feroient autant auec six Fustes comme s'ils en auoient sept, puis que tous les soldats estoient dans les six. De cette façon ils se desisterent de l'accord que l'Escriuain de la doüane pensoit faire ; de quoy le Capitaine ne fut point fasché à ce que l'on tient, pour l'honneur qu'il se promettoit que tous ceux de la forteresse en general emporteroient de ce voyage ; et en particulier son beau-frere Dom Francisco Deeça General de l'armée, et Dom George son frere qui estoit pour succeder à cette charge. Alors le

Pere Xauier voyant la resolution des Capitaines et des soldats, les en loüa grandement ; et ce dequoy il les entretint le plus en vn discours qu'il leur fist, ce fust qu'ils eussent tous à mettre leur confiance en Dieu, qui au lieu de la Fuste qu'ils auoient perduë, leur en enuoyeroit deux en peu de temps ; adjoustant au reste qu'ils eussent à s'asseurer sur ce qu'il leur disoit, à cause que cela seroit sans faute deuant que le iour se passast. Ceux qui estoient là presens adjousterent beaucoup de foy à ses paroles, pour la bonne opinion qu'ils auoient de luy. Neantmoins il s'en treuua quelques-vns qui s'y opposans auec des termes pleins de contradiction et de raillerie, voulurent donner à entendre aux autres, que ce que disoit le Pere estoit vne pure inuention pour les consoler à cause qu'il les voyoit tristes, pource que leurs affaires alloient mal. Apres ces choses Simon de Mello entra dans la forteresse, où il amena le General et les autres Capitaines de l'armée qu'il conuia tous à disner. Quant au Pere il se retira à l'Hospital pour y panser les malades, comme c'estoit sa coustume. Cependant enuiron le soir comme ils portoient tous les yeux sur ce qu'il leur auoit dict, bien qu'auec des pensées differentes, conformément à la foy qu'auoit vn chacun; voila qu'vne heure auant le soleil couché, vn peu plus ou moins, des nouuelles vindrent de Nostre Dame du Mont, que du costé du Nord on voyoit paroistre deux voiles Latines, si bien qu'à cette nouuelle tout le peuple se treuua comblé d'vne si grande allegresse, que c'estoit vne chose digne d'admiration. A l'heure mesme le Capitaine Simon de Mello voulant sçauoir ce que c'estoit, y enuoya vn Balon bien équippé, qui apporta pour nouuelles que c'estoient deux Fustes, où il y auoit soixante Portugais, de l'vne desquelles estoit Capitaine Diego Suarez, surnommé Galego, et de l'autre Balthazar Suarez son fils, qui venoient toutes deux de Patane, en intention de passer outre vers le Royaume de Pegu, où ils addressoient leur route. Le Pere fut à mesme temps amplement informé de cela, qui estant alors à Nostre Dame du Mont, sortit de cet Hermitage auec vn visage fort triste pour voir ce qu'on luy disoit. Ayant rencontré pour lors le Capitaine qui s'en alloit le chercher à la haste, pour le remercier de la bonne prediction qu'il leur auoit faicte à tous : Allez-vous en, luy dit-il, faire vos prieres à Nostre Dame, et commandez qu'on m'équippe vn Balon ; pource que ie veux aller parler à Diego Suarez deuant qu'il passe outre, où il a dessein d'aller, à ce que l'on dict. Le Capitaine luy fist incontinent apprester le Balon, et luy donna pour compagnie le Preuost de mer auec qui il partit à l'heure mesme :

si bien qu'ayant abordé les Fustes à vne heure de nuict, Diego Suarez le receut auec beaucoup de resiouyssance et de feste. Par mesme moyen luy ayant raconté ce qui se passoit, il le pria tres-instamment par les playes de nostre Seigneur, que pour son honneur il voulust accompagner Dom Francisco Deeça en ce voyage, disant que de là il pourroit aller plus commodément où bon luy sembleroit. A ces paroles Diego Suarez luy respondit, qu'il s'en venoit veritablement en intention de ne point aborder Malaca, pour ne payer aucuns droicts de ce peu de marchandise qu'il auoit, dont il s'entretenoit luy et ses soldats ; mais que neantmoins puis que sa Reuerence luy demandoit cela en termes si pleins d'efficace et si saincts, pour n'y desobeyr ; attendu (comme il disoit) qu'il l'en requeroit de la part de Dieu, poussé par vn zele de sa Loy, il estoit tres-content de luy accorder ce qu'il desiroit. Neantmoins pource qu'en cas qu'il s'arrestast là, il luy estoit necessaire d'aborder le port pour s'y pourueoir des munitions necessaires au combat, que pour ce sujet il prioit sa Reuerence de luy faire auoir vn certificat signé du Capitaine et des Officiers de la doüane, afin de n'estre obligé à payer les droicts de la marchandise qu'il auoit, ou qu'autrement il prioit sa Reuerence de l'en dispenser, et qu'il ne pouuoit entrer au port. Le

Pere luy sceut bon gré de cela, et s'obligea de luy faire obtenir ce qu'il desiroit, et encore plus s'il en estoit de besoin, sur quoy ils se separerent enuiron la minuict. Mais auant que passer outre, il me semble que pour satisfaire aux curieux, et esclaircir le Lecteur d'vne doute, il est necessaire de faire icy cette declaration, c'est que ce Diego Suarez, surnommé Galego dont ie parle icy, est celuy-là mesme dont i'ai desia dit, qui fut tué à Pegu par le commandement du Xemin de Satan; tellement que ce succés dont ie fais icy mention, arriua long-temps auparauant sa mort. Que si i'ay desia parlé de sa mort, ç'a esté pour m'y estre veu contrainct par l'ordre de l'histoire que ie rapportois.

CHAPITRE CCV.

Du surplus de ce qui se passa auec Diego Suarez, ensemble du partement de l'armée, et quel en fut le succés iusques à son arriuée à la riuiere de Parlés.

Apres que le Pere Xauier fut arriué à la forteresse où Simon de Mello l'attendoit, il luy declara ce qu'il auoit fait auec Diego Suarez, et qu'il ne restoit plus qu'à luy enuoyer le certificat qu'il demandoit ; à l'heure mesme le Capitaine commanda qu'il luy fust expedié, et tous furent d'aduis que le General Dom Francisco en fust le porteur pour vne plus grande confiance et satisfaction de Diego Suarez. Le General s'y en alla donc, et le lendemain comme il fut iour, Diego Suarez s'en vint surgir au port auec vne grande demonstration d'allegresse. Comme il eust mis pied à terre, il y treuua le Capitaine qui l'attendoit ; de sorte qu'il fust grandement bien receu, tant de luy que de tout le peuple. Alors ils s'en allerent tous de compagnie à la grande Eglise, qui est maintenant la Cathedrale, où ils ouyrent la Messe qui fut dicte par le Reuerend Pere Xauier, qui se monstra tousiours le principal autheur de ce voyage ; comme elle fut acheuée ils s'en allerent tous s'asseoir à l'entrée de la forteresse, où ils furent vn fort long-temps à traicter des choses qui estoient conuenables à cette entreprise, et necessaires au combat qu'ils esperoient auoir contre les ennemis ; à quoy l'on mist ordre auec toute la diligence possible. Apres qu'il y eut plus de quatre iours passez, durant lesquels l'armée acheua de faire tous ses preparatifs, le General Dom Francisco Deeça s'embarqua dans la Fuste de Dom George son frere, pource que (comme i'ay dict) la sienne estoit desia coulée à fonds sans qu'on y pût mettre remede. Ainsi toute nostre flotte se treuua composée de huict Fustes et d'vn petit Catur, le tout iusques au nombre de deux cent trente hommes, tous soldats d'eslite et tous aguerris. Cette armée partit du port de Malaca vn Vendredy vingt-cinquiesme d'Octobre, de l'année mil cinq cent quarante-sept, et se mist à la voile continuant tousiours sa route iusqu'à ce qu'au bout de quatre iours ils arriuerent à *Pullio Cambilan,* à 6o. lieuës d'où ils estoient partis ; et parce que l'ordre qu'auoit Dom Francisco ne s'estendoit pas plus auant, il ne voulut point passer outre, et s'arresta là quelques iours, sans qu'en toute cette coste il sceust treuuer aucun vaisseau, ny aucune personne qui luy pût dire où les ennemis s'estoient retirez, si bien que tout le soupçon qu'on en auoit c'estoit qu'ils auoient pris la route d'Achem. Cette affaire fut donc mise en deliberation, où il y eust plusieurs differents aduis grandement contraires les vns aux autres. Mais apres tout, le General se resolut de ne point rompre l'ordre qu'il auoit de ne passer outre. Or depuis qu'ils furent partis de Malaca, il plût à nostre Seigneur qu'en cette conjonction de Lune ils furent battus par la prouë deuant, et ainsi contraincts de demeurer à l'ancre vingt-trois iours durant, sans pouuoir s'aduancer d'vn seul pas. Mais d'autant que l'armée n'auoit pris des viures que pour vn mois, et qu'il y auoit desia trente-six iours qu'elle estoit partie, si bien que les soldats n'auoient plus rien à manger, ils furent contraincts de s'en aller chercher des viures à Iunçalam et à Tanauçarim, qui sont des ports fort esloignez de ce lieu, vers la coste du Royaume de Pegu. Auec cette resolution ils se mirent à la voile grandement faschez de tout ce mauuais succés. Mais il plût à nostre Seigneur autheur de tout bien, de les faire aborder en la coste de Quedaa. Là comme ils furent arriuez en la riuiere de Parlés en intention d'y faire aiguade, et d'y continuer leur route, la bonne fortune voulut qu'ils virent passer de nuict vn Parao de pescheurs le long de la terre. Le General ayant voulu sçauoir d'eux où ils pourroient faire aiguade, apres que le Parao fut venu à leur bord, et que le General eust faict vne fort bonne reception à ceux qui estoient dedans, qui en furent tres-contents, estant enquis de quelques particularitez necessaires, ils respondirent que ce pays estoit fort desert, et que depuis peu le Roy s'en estoit fuy à Patane, pour raison d'vne grosse armée qui estoit là depuis vn mois et demy, composée de cinq mille Achems qui faisoient vn fort; qu'au reste leur intention estoit d'y attendre les Nauires des Portugais qui venoient nouuellement de Bengala pour s'en aller à Malaca, et qu'ils auoient resolu de faire passer par le fil de l'espée tout autant de Chrestiens qu'ils en treuueroient, sans pardonner à pas vn seul. En suitte de ces choses ils en descouurirent plusieurs autres necessaires à nostre dessein ; de quoy le General fut si content, qu'il se reuestit de ses habits de feste, et fist mettre toutes les bannieres sur ses vaisseaux. Alors ayant appellé tous les Capitaines au Conseil où l'on commença de traicter de cette affaire, par l'aduis de tous il fut arresté qu'on enuoyeroit à mont la riuiere trois Balons fort bien équippez iusques au lieu où estoient les ennemis : à sçauoir à douze lieuës de là, que ceux-cy feroient tout leur possible pour apprendre au vray comme le tout se passoit, et que l'ayant sceu ils s'en retourneroient iondre l'armée pour y resoudre de l'ordre qu'il falloit tenir en ce combat; que cependant ils se tinssent tous prests, et n'oubliassent point ce que le Pere Xauier leur auoit si fort recommandé, qui estoit « De porter tousiours au profond de leurs ames Iesus Christ crucifié, et de tesmoigner en l'exterieur vn contentement et vne allegresse accompagnée d'vne vraye valeur, afin que par ce beau semblant les plus lasches qui estoient à la rame fussent encouragez. » Par mesme moyen le General mist ordre le plus promptement qu'il pût à ce qu'il iugea necessaire, commandant qu'on eust à tirer tous les canons de l'armée, et à mettre les bannieres aux Fustes; en vn mot qu'ils fissent tous des festes et des danses dans le vaisseau, et qu'il n'y eust aucun reglement sur les viures ; ce qui fut executé de poinct en poinct. Ainsi les trois Balons s'estant équippez et pourueus de toutes les choses necessaires, ayant auec eux des hommes de rame d'eslite, et qu'on auoit soin de bien payer, le General fist mettre au premier pour Capitaine Diego Suarez, au second Baltazar son fils, et au troisiesme Iean Aluarez de Maguelliens, chacun desquels Capitaines auoit deux soldats auec luy. Les Balons estans partis amont la riuiere, la fortune voulut qu'estant à cinq ou six lieuës de mer ils descouurirent quatre balons d'ennemis, si bien qu'auparauant que les vns et les autres se fussent mis en ordre les nostres en prirent trois des leurs, et l'autre se sauua à force de rame ; et d'autant que les trois balons que prirent les nostres estoient beaucoup meilleurs que ceux où ils estoient, ils s'y retirerent dedans, et ayant mis le feu aux leurs ils s'en retournerent à nostre armée auec beaucoup de resiouyssance pour vn si heureux presage, ce qui fit que le General les receut auec beaucoup d'allegresse. Or pource que des ennemis que prirent les nostres dans ces balons il n'en estoit resté seulement que six en vie, comme ils furent tous enquis des choses que l'on iugea necessaires, ils ne respondirent rien autre sinon qu'auec vne estrange opiniastreté ils s'escrierent : « *mate, mate quita fadulee*, c'est à dire, *tuez-nous, tuez-nous, car c'est dequoy nous ne nous soucions guiere.* Tellement qu'il fut iugé à propos de les liurer tous à la gehenne : pour cet effect on se mist à les foüetter et à les brusler si impitoyablement auec du lard et de la cire d'Espagne qu'on leur fist distiller toute chaude dessus la chair, qu'il y en eut deux qui en moururent ; en suitte de ceux-cy on en prist deux autres qui furent iettez dans la riuiere pieds et poings liez : mais quand on en voulut faire autant aux deux derniers qui restoient en vie, ceux-cy auec de grands cris prierent le General de ne les point tuer, et qu'ils protestoient de dire la verité. Le General ayant alors commandé que le chastiment cessast, ils déposerent qu'il y auoit desia 40. iours qu'ayant conquis ce pays ils y a-uoient mis à mort deux mille personnes, et faict presque vn pareil nombre d'esclaues. A cela ils adiousterent que pour le regard du butin ils a-uoient enuoyé au Roy d'Achem vne grande quantité de poivre, de drogues et d'autres sortes de marchandises; qu'au reste ils ne s'estoient arrestez là pour autre intention que pour satisfaire au commandement de leur Roy, à qui par vn des articles de l'ordre que leur General auoit de sa part, il estoit expressément enjoint d'attendre sur cette riuiere les vaisseaux qui viendroient de Bengala et des autres contrées pour s'en aller à Malaca, et de les prendre tous sans donner la vie à pas vn des Portugais ny des Chrestiens, à cause dequoy leur General s'estoit là arresté si long-temps en intention d'y attendre encore vn mois, iusques à ce que la saison propre à cette nauigation fust passée. Pour conclusion ils dirent, qu'ayant ouy depuis peu nostre artillerie, ils auoient crû que nos nauires estoient desia arriuées. Tellement que toute l'armée se tenoit preste pour les venir chercher promptement, et que sans doute ils ne manqueroient point de s'y rendre le iour d'apres. Le General Dom Francisco ayant sceu au vray toutes ces choses, fist tous ses preparatifs pour receuoir les hostes qu'il attendoit, enuoyant tousiours pour espions quelques balons qui ne faisoient qu'aller et venir sans se donner du relasche. Le lendemain, qui estoit vn Dimanche, nous vismes que nos balons s'en fuyoient vers nous en grande diligence : disant tout haut : « Viste, viste, qu'vn chacun se tienne prest auec le nom de Iesus à la bouche, car voicy les ennemis qui s'en viennent fondre sur nous. « A cette nouuelle tous ceux de l'armée se treuuerent fort empressez et bien empeschez aussi. Le General auoit vne cotte d'armes, faicte en escailles de lames de fer, doublée de satin cramoisy, et toute couuerte de cloux dorez, auec vn espadon à la main. En cet equippage il se mist dans vne manchua bien equippée, et parcourut tous les nauires, animant les Capitaines et les soldats, qu'auec vn visage riant et vne demonstration de grande valeur il appelloit du nom de freres, leur remettant en memoire ce que le Pere Xauier leur auoit si fort recommandé. A ces paroles il adioustoit : « Que ce bon seruiteur de Dieu ne cessoit de prier pour eux, et qu'asseurémeut ses larmes et ses oraisons seroient exaucées par sa diuine Majesté, puisqu'ils sçauoient bien que c'estoit vn sainct personnage, et partant qu'ils deuoient s'efforcer de s'en retourner à luy pleins d'honneur, et d'vne bonne reputation, attendu que cette armée et ses soldats estoient appellez du nom de Iesus, que le bien-heureux Pere leur auoit donné à leur partement. » Cette remonstrance fut suiuie de plusieurs autres discours qu'il leur tint selon qu'il le iugea necessaire au temps et à l'occasion qui se presentoit, dequoy ils se resiouyrent infiniment, et auec de grands cris d'allegresse ils luy protesterent tous de mourir pour Iesus-Christ, comme vrays Chrestiens qu'ils estoient. Là dessus le General entra dans la fuste, et y fut à peine qu'ils descouurirent tous l'armée des ennemis, lesquels auec des cris espouuentables, et vn estrange bruit de diuers instrumens s'en vindrent aual la riuiere auec l'ordre qui s'ensuit.

CHAPITRE CCVI.

Du sanglant combat qu'eurent les nostres contre les Achems en la riuiere de Parlés, et quel en fut le succez.

En l'auant-garde de l'armée des ennemis estoient trois galiotes de Turcs, accompagnées d'vne lanchare où se voyoit *Biyayaa Soara*, General de la flotte, et qui se faisoit appeller *Roy de Pedir*. Apres ces quatre venoient neuf files, de six à la file, de telle sorte que les voiles de rame de l'armée estoient en tout cinquante-huit, pour ce que les autres consistoient en lanchares et fustes legeres qui tiroient en proüe de petites pieces et quelques fauconneaux, sans y comprendre plusieurs Berches et autres sortes de petite artillerie dont ils estoient tous bien pourueus. Or comme l'impetuosité de l'eau leur estoit fauorable et l'équipage de leur nauire fort beau, joinct qu'ils s'en venoient à force de rames au son de plusieurs instrumens de guerre, toutes ces choses ensemble, joinctes aux cris des gens de Chourme, et accompagnées d'un grand bruit que faisoient les harquebuses, causoient vne si grande terreur et vn effroy si extraordinaire, qu'il n'estoit pas possible de les ouyr sans en trembler. Auec cet ordre si tost que l'auant-garde des ennemis descouurit la pointe d'vn cap que la terre faisoit du costé du Sud, derriere lequel les nostres se tenoient prests pour les receuoir, la premiere file des trois galiotes Turques, et la lanchare où estoit le *Bayayaa Soora*, commença d'attaquer nostre premiere file où estoit le General entre deux fustes, à sçauoir celle de Diego Suarez d'vn costé, de l'autre celle de Gomez Barreto Gentilhomme du Duc de Braguenco, et la sienne au milieu. Alors les ennemis s'estant un peu aduancez à tirer leur artillerie, il plût à nostre Seigneur que ce fust auec si peu de succes qu'ils ne nous firent aucun dommage. Cependant le combat se donna entre les deux auant-gardes où les deux Generaux se rencontrerent. Alors les vns combattirent contre les autres auec autant de valeur et de felonnie, qu'en requeroit la hayne auec laquelle ils attaquoient. Dieu permist à mesme temps que de la Fuste de Ioan Suarez fut tiré si à propos vn coup de canon contre la Lanchare où estoit Biyayaa, qu'elle fut coulée à fonds, auec la mort de plus de cent Mahometans; à l'heure mesme, comme les trois Galiotes voulurent accourir en diligence pour secourir ceux qui estoient dans l'eau, mais sur tout pour prendre leur Capitaine, et empescher qu'il ne se noyast, elles s'embarrasserent si fort toutes trois, que par l'impetuosité du courant de l'eau la seconde file s'emporta sur elle; et après celle-cy l'autre, et ainsi de tout le reste : de maniere que se trouuant embarrassées les vnes parmy les autres, elles furent joinctes si confusément, qu'elles occupoient toute la largeur de la riuiere sans se pouuoir démesler : ce que voyant les nostres, ils tirerent si à propos trois volées de canon, qu'elles porterent toutes, si bien qu'elles coulerent à fonds neuf Lanchares, et les autres furent presque toutes mises en deroute, pour ce que la pluspart de nos pieces estoient des saquets de pierre. Comme les nostres veirent alors vn si bon succez, et que Dieu faisoit reüssir ce combat à leur faueur, ils reprirent tant de courage et de force, qu'ayant à la bouche le nom de Iesus, ils firent si bien que quatre de nos fustes en aborderent six des leurs, sur lesquelles iettans une grande quantité de feu d'artifice et de pierres, sans y comprendre les coups d'harquebuse qui ne cesserent de tirer, l'ardeur de ce combat honorable fut si grande, qu'en demie-heure deux mille ennemis y laisserent la vie, ce qui donna si fort l'espouuente à leurs gens de Chourme, qu'ils se ietterent tous dans la riuiere, où l'impetuosité de l'eau, qui estoit fort grande, les noya presque tous en fort peu de temps : ce que voyant les autres qui estoient restez en vie, et que toute cette affaire alloit tousiours de mal en pis, apres auoir combattu vaillamment vn assez long-temps, à la fin recognoissants que leur perte estoit manifeste, et que les nostres leur tuoient tous les leurs à coup d'harquebuse, sans qu'ils eussent moyen d'en faire autant, ny de se seruir de leur artillerie, joinct que la pluspart d'entr'eux se brusloit à force de pots pleins de poudre qu'on leur iettoit, ils furent contraints de chercher à se sauver, en s'exposant à la mercy de la riuiere, qui les traictoit aussi mal que nous les traittions. De maniere qu'à force de s'y ietter tous blessez qu'ils estoient, ou bruslez, ou lassez du combat, et par consequent si foibles, qu'ils pouuoient à peine remuer les bras; à la fin ils se noyerent tous sans que pas vn d'eux se sauuast. Ainsi les nostres estant débarrassez de leurs ennemis, rendirent les actions de graces et les loüanges conuenables à nostre Seigneur, pour le bon succez d'vne si glorieuse victoire. Apres cela ils se firent maistres de tous les vaisseaux de l'armée des ennemis, qui estoient quarante-six de nombre, sans y comprendre les neuf qui furent coulez à fonds au commencement de la meslée; il est vray qu'il y en eust trois qui s'eschapperent, en l'vn desquels se sauua Biyaya Soora, lequel à ce que l'on tient, fut blessé à mort d'vn coup d'harquebuse. En ces nauires furent treuuées trois cent pieces d'artillerie, dont la pluspart estoient Berches et fauconneaux, où il y en auoit soixantedeux auec les armes du Roy de Portugal nostre souuerain Seigneur, qu'ils nous auoient prises autresfois. Dauantage nous y treuuasmes plus de huict cent harquebuses, auec vne grande quantité de dards, lances, coutelas, arcs, Turquois, iauelines et bayonnettes garnies d'or, dont quelques-vns des nostres eurent bonne part. Alors nostre General ayant faict la reueuë de ses gens, il s'y en treuua de mort vingt-six, cinq desquels seulement estoient Portugais, et les autres esclaues ou mariniers, qu'on mit à la rame dans les fustes. Pour le regard des blessez il y en eut cent cinquante, et parmy ce nombre septante de Portugais, trois desquels moururent depuis, et cinq qui furent estropiez. Cependant la renommée publia par tout ce pays le bruit d'vne si glorieuse, et d'vne si honorable victoire, ce qui fut cause que le Roy de Parlés, que l'apprehension de si cruels ennemis auoit fait fuir dans le bois, assembla le mieux qu'il pût quelques cinq cent hommes des siens, auec lesquels il s'en alla donner dans la palissade qu'ils luy auoient prise, où estoit tout le butin gaigné sur eux, à la garde duquel il auoit laissé là les malades, qui estoient bien 200. de nombre : alors les ayant tous mis à mort, sans pardonner à pas-vn, il regaigna le butin qu'on auoit fait sur luy, où estoient compris deux mille des siens faicts esclaues, tous pauures gens, femmes et enfans; cela faict, le Roy de Parlés s'en alla visiter nostre General, pour se resiouyr auec luy de ceste victoire; ce qu'il fist aussi, haussant plusieurs fois les mains au Ciel; auecque cela il luy fist vn serment solennel, « D'estre à l'aduenir vassal du Roy nostre Maistre, et se rendre à chaque année son tributaire de deux cates d'or, qui valent cinq cens ducats; » adjoustant, que ce qu'il luy promettoit si peu estoit vn effect de son impuissance, pource qu'il n'auoit pas moyen d'en offrir dauantage; de quoy il se fist incontinent vn accord, que le Roy signa auec quelques-vns des siens. Ces choses s'estant ainsi passées, le General fist tous ses preparatifs pour s'en retourner à Malaca : mais voyant qu'il n'auoit pas assez de mariniers pour tant de vaisseaux, il en fist brusler la pluspart, et n'en reserua que vingt-cinq, où estoient comprises quatorze Fustes et les trois Galiotes sur lesquelles estoient venus les soixante Turcs morts à la meslee : apres cecy l'on prist encore vn Parao, où il y auoit quinze Achems, lesquels mis à la gehenne confesserent, qu'en cette meslee auoient esté tuez ou noyez plus de quatre mille hommes, la pluspart honnestes gens et creatures du Roy d'Achem, dont il y en auoit cinq cens *Orobalons*, c'est ainsi qu'ils appellent certains Gentils-hommes de l'ordre du brasselet d'or; qu'au reste il y estoit mort soixante Turcs et vingt Grecs et Ianissaires, venus depuis peu en des vaisseaux de Iudaa à Paacem.

CHAPITRE CCVII.

Des choses qui se passerent à Malaca durant le temps qu'on n'eust aucunes nouuelles de nostre armée, et de ce qu'en dist le Pere Xauier comme il preschoit un Dimanche.

Laissant maintenant l'armée à part, ie suis d'aduis de traicter icy de ce qui se passa à Malaca apres le partement de nostre flotte, afin que l'on voye par quels moyens nostre Seigneur a accoustumé de mettre en credit ses seruiteurs sur la terre, pour la confusion des gens du monde et de ceux qui sont refroidis et peu fermes, tant en la foy qu'en la confiance qu'il faut mettre en vn si bon Seigneur, qui a voulu mourir pour nous donner à tous la vie. Ce sainct

Pere François Xauier auoit accoustumé de prescher deux fois la semaine, à sçauoir les Vendredis à la Misericorde, et les Dimanches à la grande Eglise. Or durant les deux mois continuels que les nostres furent absens, depuis leur partement de Malaca iusques à leur retour, il auoit accoustumé tousiours apres son Sermon de faire dire vn *Pater noster*, et vn *Aue Maria*, afin qu'il plût à nostre Seigneur Iesus-Christ donner la victoire à nos freres, qui s'en estoient allez à l'armée combattre contre les ennemis de nostre saincte foy, et qu'ainsi son sainct Nom fust cognû par toute la terre. Cependant le peuple qui assistoit à ses Sermons ne manqua point à dire le *Pater noster*, par l'espace de quinze ou vingt iours qu'il se promist que cette victoire pourroit auoir vn effect. Mais apres que ce terme fut passé, et qu'on n'oyoit aucunes nouuelles de l'armée, ils tindrent pour chose certaine que les Achems l'auoient défaite. Or ce qui les fortifia plus fort en cette creance, fut vn faux bruict que les Mahumetans firent courir en ce temps-là par tout le pays, disant, qu'vne Lanchare qui estoit venuë de Halangor, parlant à vne autre qui faisoit voile à Bintam, auoit dit qu'en vn certain iour les ennemis ayant rencontré les nostres pres de la barre de Pera, les auoient desfaits; et qu'ainsi ayant fait passer par le fil de l'espée tous ceux de la flotte, ils en auoient mené les Fustes à Achem. De cette façon par le moyen de ces mensonges et de ces bourdes, ces ministres de Satan meslerent si bien cet escheueau, que le Capitaine de la forteresse ne sceust iamais empescher ce faux bruit quelque peine qu'il y employast; de maniere qu'il n'osoit desia plus sortir du logis si souuent qu'il auoit accoustumé de faire, soit qu'il fût repentant de ce qu'il auoit enuoyé l'armée, ou ennuyé des choses que le vulgaire en disoit; tellement que de cela mesme que les mesdisans remarquerent, ils en tirerent vne consequence pour acheuer de confirmer que le bruit qui en couroit estoit veritable, comme c'est la coustume de telles gens de faire vn sujet de toutes choses à ce qu'ils ont vne fois conceu dans leur pensée. Ce qui prist pied si auant, que le Roy de Iantana fils de l'ancien Roy de Malaca, qui pour lors demeuroit à Andraguirée, qui estoit vn sien havre en l'Isle de Sumatra, ayant eu aduis des choses qui se disoient parmy nous, s'en vint incontinent auec vne flotte de trois cent voiles gaigner la riuiere de Muhar, à six lieuës de nostre forteresse; d'où il despescha par toute la coste quelque Balons de rames, pour sçauoir si ce dequoy l'on faisoit courir le bruict estoit veritable. Car en cas que cela fût certain, comme il le desiroit infiniment, son in-

tention estoit de s'en venir mettre le siege deuant Malaca ; dequoy la saison sembloit luy promettre de venir à bout fort facilement, et sans respandre beaucoup de sang. Mais pour mieux colorer ce qu'il auoit dans sa pensée, il enuoya visiter le Capitaine de Malaca, et luy escriuist vne lettre où se lisoient ces paroles. « Valeureux
» Seigneur Capitaine, m'estant treuué au crois-
» sant de cette Lune à Andraguirée auec cette
» mienne armée nauale, prest à l'enuoyer contre
» le Roy de Patane, pour quelques raisons qui
» m'obligent à le chastier ; de quoy ie m'asseure
» que tu peux auoir quelque cognoissance, i'ay
» eu aduis du cruel massacre que les Achems ont
» faict des tiens ; de quoy ie suis aussi fasché en
» mon âme, que ie ne le serois pas dauantage
» s'ils estoient mes propres enfans. Et d'autant
» que i'ay tousiours desiré de tesmoigner au Roy
» de Portugal mon frere, l'inuiolable affection
» dont ie suis porté enuers luy ; si tost que i'ay
» sceu ces tristes nouuelles i'ay oublié la ven-
» geance que ie desirois prendre de mes ennemis ;
» de maniere qu'en qualité de ton bon amy ie me
» suis venu mettre en cette riuiere pour t'assis-
» ter de mes forces et de mes gens de guerre.
» C'est pourquoy ie te prie tres instamment, et
» te requiers de la part de ton Roy mon frere,
» que tu permettes qu'en faueur de luy, et pour

» l'extréme desir que j'ay de le secourir, ie m'en
» aille surgir en ce port, deuant que les ennemis
» y abordent malgré toy, comme l'on m'a donné
» aduis qu'ils le veulent faire. Sepetuu de Raja,
» qui est de mes Ourobalons, te dira de bouche
» auec combien d'affection ie desire aggréer en
» tout au Roy de Portugal mon frere, et comme
» en qualité de son vray et intime amy, j'attends
» icy à present la response, afin de pouuoir
» mettre en execution ce que ie desire faire pour
» luy. » Le Capitaine ayant leu cette lettre, et faisant semblant de ne point cognoistre la damnable intention de celuy qui l'enuoyoit, luy respondit auec tous les remercimens qu'il iugea conuenables aux offres qu'on luy faisoit. Ensuitte de quoy luy tenant cachée la necessité où il estoit, il luy dist qu'il n'auoit besoin d'aucun secours, et qu'il estoit fort bien pourueu de toutes choses. Ainsi auec tous ces complimens desguisez de part et d'autre, nous eusmes cet ennemy sur le bras par l'espace de vingt-trois iours, durant lesquels nous nous trouuasmes fort en peine. Mais en fin ses Balons arriuerent du Royaume de Quedaa, où il les auoit enuoyez pour apprendre des nouuelles des nostres; de maniere qu'estant asseuré par eux de la victoire que Dieu nous auoit donnée, il en fust tellement fasché, que de déplaisir qu'il en eust il enuoya

mettre à mort le premier qui luy en apporta la nouuelle. Là-dessus sans tarder là dauantage il fist voile à Bintam, feignant qu'il auoit la fievre. Ce qui resiouïst si fort ceux de Malaca, qu'ils firent à mesme temps plusieurs Processions pour action de graces à nostre Seigneur, de ce qu'il nous auoit deliuré de l'affront que cet ennemy nous vouloit faire. Or pour reuenir maintenant au Reuerend Pere Xavier, comme il continuoit tousiours sur la fin de son Sermon, ainsi que i'ay dict cy-deuant, à recommander au peuple qu'il eust à dire vn *Pater noster,* et vn *Aue Maria,* pour l'heureux succés du voyage des nostres, afin qu'il plût à Dieu leur donner la victoire, ceux qui l'escoutoient ne manquoient point de s'en acquitter durant quinze ou vingt iours qu'ils iugerent que cette priere leur pourroit estre profitable. Mais comme ils virent que le succés de cette affaire passoit les bornes qu'ils y auoient prescrites, ils commencerent entierement à se desfier que les nostres pûssent estre encore viuans, tant pour les fausses nouuelles que les Mahumetans en auoient semées, comme pour la longueur du temps qu'il y auoit depuis leur partement de Malaca, sans qu'il leur en fust venu aucun message. Tellement que toutes ces choses ensemble ioinctes à la faiblesse de leur foy, firent qu'ils commencerent d'en murmurer, disant que ce que le Pere leur recommandoit ainsi de prier à la fin de son Sermon, procedoit plustost d'vne certaine maniere de compliment, que d'aucune necessité; de sorte que tous ceux qui l'escoutoient quand il leur faisoit cette recommandation, se poussant du coulde l'vn l'autre auec un branslement de teste, et des paroles de raillerie, Vrayement, disoient-ils, mon Pere, ce *Pater noster* est bien meilleur pour leurs ames, que pour la victoire dont vous nous parlez; de quoy vous et le Capitaine rendrez à la fin vn compte bien estroict à Dieu pour auoir esté cause de leur mort. Il y en auoit aussi d'autres qui en se mocquant, Asseurément, adjoustoient-ils, de ceux-cy et de ceux à qui l'on donne l'Extréme-Onction il s'en sauue fort peu. Et d'autres qui disoient, S'il vous arriue iamais de les voir, vous pourrez bien faire le signe de la Croix. I'obmets plusieurs semblables termes de raillerie, dont ce bon Pere estoit assailly par plusieurs, qui depuis en furent bien honteux, et mesmes quelques-vns de ceux qu'on estimoit les plus discrets s'y treuuerent pris. A la fin vn Dimanche sixiesme iour de Decembre en la mesme année, il arriua que ce bien-heureux Pere preschant apres la Messe selon sa coustume; comme il fust sur la fin de son Sermon il se tourna vers vn Crucifix qui estoit du costé du grand Autel, et auecque les larmes aux yeux, et des paroles toutes enflammées de deuotion, dont les assistans demeuroient comme pasmez, il se mist à declarer par figures toute la bataille des nostres. Sur quoy il continua de prier Dieu en termes de grande efficace, qu'il luy plût auoir memoire des siens. « Car, dit-il, Seigneur, encore qu'ils soient pecheurs, et grands pecheurs, ils ne laissent pas de faire profession de vostre sainct Nom, comme fideles qu'ils sont, auec vne continuelle protestation de viure et mourir en vostre saincte foy Catholique. » Par mesme moyen en diuers passages ioignant les mains auec vne ardeur impetueuse, et vn visage tout enflammé, « O Iesus-Christ, disoit-il, amour de mon ame! par les infinis merites de vostre saincte Passion, nous vous supplions de ne nous point abandonner. » A ces paroles il en adjousta plusieurs autres dont ie ne me souuiens pas bien, à la fin desquelles ayant panché sa teste sur la chaire comme s'il se fust reposé de ce trauail, il demeura sans rien dire par l'espace de deux ou trois *Credo*, et alors s'estant releué auec vn visage tout plein d'allegresse, et se tournant vers les assistans, Messieurs, s'escria-t-il, dictes un *Pater noster*, et vn *Aue Maria*, pour action de graces de la victoire que nostre Seigneur a maintenant donnée aux nostres contre les ennemis de la saincte Foy; paroles qui attirerent des larmes de deuotions à tous ceux qui estoient dans l'Eglise. Six iours apres, à sçauoir de Vendredy suiuant enuiron Soleil couché, il arriua vn Balon fort bien équippé, et du nombre de ceux que les nostres auoient gaignez sur les ennemis, dans lequel estoit vn soldat appellé Manuel Godindo, qui s'en vint demander vn present au Capitaine de Malaca, pour les bonnes nouuelles qu'il lui apportoit de cette victoire. Alors ce mesme soldat ayant faict deuant tous vne relation d'vn si bon succés, leur dist que le combat s'estoit donné le Dimanche d'auparauant sur les dix heures du matin; tellement qu'apres auoir bien supputé le tout, l'on treuua que telle chose se passa à la mesme heure que le bien heureux Pere Xauier estant à la chaire leur en dist les premieres nouuelles; tellement qu'il n'y eust celuy des assistans qui ne tinst pour chose certaine, et qui ne confessast publiquement que Dieu luy auoit reuelé vne si grande victoire; comme il se verifia depuis par plusieurs choses que l'on raconta deuant tous, et que ce sainct personnage auoit faictes et dictes. Or l'une des principales fust, qu'apres son partement des Molucques, estant vn iour à Amboyno, à soixante lieuës de là où il disoit la Messe; apres que le *Credo* fust acheué, et deuant qu'il entrast dans la Preface, il dist à ceux qui estoient à l'Eglise,

Messieurs, dictes vn *Pater noster*, et vn *Aue Maria* pour l'ame de nostre frere Iean des Araujo qui vient de rendre l'esprit; comme en effect quinze iours apres, les Nauires qui faisoient la charge du clou de girofle estant arriuées, entre les autres nouuelles qu'on apprist, l'on sceust au vray qu'vn certain Gonçale Daraujo (car il me semble qu'il s'appelloit ainsi) estoit decedé, et ce à la mesme heure et au mesme iour qu'auoit dict le Pere estant à Amboyno. I'obmets que par ce bien-heureux seruiteur de Dieu, nostre Seigneur fist plusieurs autres grandes merueilles, dont i'en ay veu quelques-vnes et ay ouy dire les autres, desquelles ie ne fais point mention maintenant, pource que cy-apres i'espere d'en rapporter quelques-vnes.

CHAPITRE CCVIII.

Comme le bien-heureux Pere Maistre François Xauier fist voile de Malaca au Iappon, et des choses qui luy arriuerent en ce voyage.

Après que cette glorieuse bataille fut donnée, en laquelle il plût à nostre Seigneur fauoriser ce sien bien-heureux seruiteur, tant en ce qu'il fist premierement en l'armée, qu'en ce qu'il en dist depuis pour la confusion et la repentance des mesdisans, par le moyen desquels l'ennemy d'enfer prist tant de peine à le mettre hors de credit: au mois suiuant de Decembre en la mesme année il partist de cette ville de Malaca pour s'en aller aux Indes. En quoy son intention fut de mettre en execution l'extréme desir qu'il auoit de faire voile au Iappon. Pour cet effect il emmena auec luy ce mesme Angiroo dont i'ay dict cy-deuant, qu'il fût fait Chrestien par ce seruiteur de Dieu, et appellé Paul de Saincte-Foy. Toutesfois son dessein ne pût reüssir cette année là, à cause de ce à quoy l'obligeoit sa charge de Recteur vniuersel des Colleges de la Compagnie de Iesus qui sont aux Indes. A quoy luy fut encore vn obstacle la mort du Vice-Roy Dom Ioan de Castro, aduenuë à Goa au mois de Iuin suiuant en l'année 1658. Neantmoins Garcia de Saa qui luy succeda au Gouuernement, donna ses despesches au Pere au mois d'Auril de l'année suiuante 1549. Par mesme moyen il luy bailla des patentes à rendre à Dom Pedro de Sylua, qui pour lors estoit Capitaine de Malaca, par lesquelles il luy enchargeoit de luy faire équipper vn nauire pour s'en aller où il plairoit à Dieu de le conduire. Auec ces dépeches le Pere se rendit à Malaca le dernier iour de May en la mesme année 1549. et fut contraint de seiourner là quelque temps pour le mauuais équippage qu'on luy donna. Mais enfin apres auoir souffert à Malaca beaucoup de trauaux, le iour de la S. Iean qui fut en la mesme année, enuiron Soleil couché il s'embarqua dans vn petit Iunco d'vn Corsaire Chinois appellé Necoda; puis le lendemain matin il se mit à la voile et partist. En ce voyage il souffrit encore plusieurs trauaux, dont ie m'excuse de parler icy, pource qu'il ne me semble point autrement necessaire de rapporter ces choses par le menu; c'est pourquoy ie ne feray que toucher succinctement celles qui seront les plus importantes à mon dessein, m'accommodant le mieux que ie pourray à la foiblesse de mon esprit. Le iour de l'Assomption de nostre Dame, qui est le quinziesme du mois d'Aoust, le Pere arriua au port de Canquexumaa au Iappon, païs d'où estoit natif Paul de saincte-Foy. Là il fut tres-bien receu de tout le peuple, et encore mieux du Roy qui luy fist vn fort bon accueil, auquel furent joincts plusieurs grands honneurs, luy tesmoignant d'agreer infiniment le bon dessein auec lequel il entroit dans son Royaume. Aussi durant tout le temps que le Pere y demeura, qui fût vn an tout entier, le Roy le fauorisa beaucoup; dequoy s'offenserent grandement les Bonzes, qui sont leurs Prestres; mesme cette affaire alla si auant qu'ils luy reprocherent plusieurs fois le tort qu'il se faisoit de permettre que dans son païs il se preschast vne loy si contraire aux leurs. Ce qui fut cause qu'vn iour le Roy s'ennuyant de tous ces langages, si sa loy, leur respondit-il, est contraire aux vostres; que ne contredisez-vous la sienne, à condition que ie sois iuge en cette cause? car ie ne permettray iamais que pour satisfaire à vostre animosité, vous luy fassiez des affronts, pource qu'estant estranger il s'est fié sur ma verité; paroles dont les Bonzes furent grandement scandalisez. Mais pource que la principale intention de ce bien-heureux Pere estoit d'accroistre le sainct nom de Iesus-Christ parmy la noblesse de ce païs, à cause qu'il y auoit apparence que le menu peuple en seroit conuerty plus facilement, il se resolut de passer de là dans quelques iours au Royaume de Firando, qui du costé du Nord estoit plus auant de cent lieuës; ce qu'il fist aussi quand la saison luy en sembla propre; mais auparauant que partir il y laissa en la compagnie de huict cent ames que sa doctrine auoit conuerties, Paul de saincte Foy, lequel continua de les instruire par l'espace de plus de cinq mois qu'il fût là de seiour auec elles. Mais en fin voyant les grandes persecutions que les Bonzes luy faisoient, il fit voile à la Chine, où il fût mis à mort dans le Royaume de Liampoo, par des voleurs qui faisoient mestier d'assassiner les passans. Quant aux huict cent Chrestiens qu'il auoit laissez au Iappon, combien qu'ils n'y eussent aucun Pere spirituel pour les instruire, neantmoins nostre Seigneur permist qu'ils se conseruerent tous si bien dans les termes de la foy, par le moyen de la saincte doctrine que le Pere Xauier leur auoit laissée par escrit, qu'en sept ans de temps qu'ils demeurerent là tous seuls sans estre visitez de personne, pas vn d'eux ne se rebutta de sa saincte resolution. Or apres que plus de vingt iours furent passez depuis l'arriuée du Pere Xauier au Royaume de Firando, il luy sembla à propos de sonder ces peuples Gentils pour voir lequel de tous ces pays seroit le plus conuenable à son intention. Il auoit alors auec luy le Pere Cosme de Torrez, Castillan de nation, qui estant soldat, par la route de Panama s'estoit rendu aux Molucques en vne flotte que le Vice-Roy de la nouuelle Espagne luy auoit enuoyée en l'an mil cinq cent quarante-quatre. Ce Cosme de Torrez estant à Goa s'y fist de la Compagnie de Iesus, par le conseil du bien-heureux Pere Xauier, qui l'emmena depuis auec luy à Goa pour compagnon de ses trauaux, ensemble vn autre Frere Castillan aussi, et natif de Cordoüe, appellé Iean Fernandez, homme que son eminente vertu et sa grande humilité rendirent fort recommandable. Ce fut donc ce Pere Cosme de Torrez que le reuerend Pere Xauier laissa en ce Royaume, et en cette ville de Firando, et accompagné de cet autre Pere Iean Fernandez il partit pour s'en aller à la ville de *Miaco*, qui est en l'Isle la plus orientale de tout le Iappon; à quoy il fut incité principalement pource qu'il apprist que leur Cubumcamaa, qui est comme leur souuerain Pontife, estoit là resident auec trois autres qui portent le tiltre de Roys et de souuerains, chacun desquels vacque à son tour au gouuernement de la guerre, de la iustice et au bien de la republique. En ce voyage il eut plusieurs grandes trauerses, et y endura beaucoup, tant pour la rigueur des montagnes, que de la saison en laquelle il s'y en alla, qui estoit l'hyuer, joint à ce que ce climat est à 40. degrez, tellement que les froidures y sont comme insupportables : à quoy i'adjouste qu'il eut vne grande disette de toutes les choses qui luy estoient necessaires, tant pour se garantir des incommoditez susdites, que pour l'entretien de la vie; auec cela comme il y auoit certaines aduenuës et destroits par où les estrangers ne pouuoient passer sans y payer vn certain tribut, luy-mesme n'ayant aucunes commoditez estoit contraint de passer pour vallet du premier homme de qualité qu'il rencontroit le long du chemin, si bien que pour cet effect, afin de s'exempter de danger, il luy estoit necessaire de courir apres le cheual de celuy qui le suiuoit, en luy seruant de laquay. A la fin estant arriué à la grande ville de *Miaco*, capitale de toute cette Monarchie du Iappon, il ne pût aborder comme il l'eust desiré, le *Cubune Camaa*, à cause qu'on luy demandoit pour cela la somme de cent mille Caixas, qui valent six cent ducats de nostre monnoye; et sans mentir il fut extremement fasché de ne les pas auoir pour s'en seruir à effectuer ce qu'il desiroit auec tant de passion. Par ainsi il luy fut impossible de faire aucun fruict en tout ce pays, tant pour les dissensions et les guerres que les peuples auoient en ce temps-là les vns contre les autres, chose qui leur est ordinaire, que pour beaucoup d'autres semblables inconveniens qu'il seroit trop long de raconter; par où l'on peut voir clairement combien de desplaisir receuoit l'ennemy de la Croix de ce que le seruiteur de Dieu pretendoit faire en ce pays. Alors le Pere voyant le peu de profit qu'il y faisoit, pour ne perdre le temps en vain, passa de cette ville de Miaco à Sicay, qui estoit à dixhuict lieuës de là; et ce fut là mesme qu'il s'embarqua de rechef pour faire voile au Royaume de Firando, où il auoit laissé le Pere Cosme de Torrez. En ce lieu il s'arresta encore quelques iours; lesquels neantmoins il n'employa point à se reposer des trauaux passez, mais bien à en souffrir de nouueaux. A la fin de ce temps-là il passa au Royaume de Omanguché, où il conuertit plus de trois mille ames en moins d'vn an qu'il arriua en cette ville, qui fut le quinziesme de Septembre en l'année mil cinq cent cinquante et vn. En suitte de cela ayant eu nouuelles qu'au Royaume de Bungo estoit arriué vn nauire Portugais, il y enuoya aussitost par terre où il y pouuoit auoir soixante lieuës de chemin, vn certain Chrestien nommé Matthieu, auec vne lettre addressée au Capitaine et aux marchands de ce vaisseau, où ces paroles estoient contenues : « L'amour et la grace de Iesus-Christ nostre vray » Dieu et Seigneur, fassent vne continuelle de-

» meure en vos ames par sa saincte misericorde,
» Amen. Par quelques lettres d'aduis que les
» marchands de cette ville ont euës, on les a ad-
» uertis de vostre bonne arriuée en ce païs. Mais
» d'autant que cette nouuelle ne m'a point sem-
» blé si veritable que ie le desire en mon ame,
» i'ay treuué à propos de m'en asseurer au vray
» par ce Chrestien que ie vous enuoye; c'est pour-
» quoy ie vous prie tres instamment de me faire
» sçauoir par luy-mesme d'où vous venez main-
» tenant, ensemble de quel port vous estes par-
» tis, et en quel temps vous faictes état de vous
» en retourner à la Chine : car ie voudrois bien,
» si le bon plaisir de Dieu estoit tel, trauailler
» de tout mon possible pour passer cette année
» icy aux Indes. Vous m'obligerez aussi grande-
» ment, s'il vous plaist me faire sçauoir vos noms
» et par mesme moyen celuy de vostre nauire,
» et du Capitaine qui y commande, me donnant
» des nouuelles asseurées si dans Malaca on y
» est en paix et en tranquillité. Pour conclusion
» ie vous prie de desrober quelque peu de temps
» à vos affaires pour penser à l'examen de vos
» consciences, pource qu'en cette marchandise
» il y a plus de gain qu'en toutes les soyes de la
» Chine, de quelque façon qu'on y puisse dou-
» bler son argent : car ie fais estat, si le bon
» plaisir de Dieu estoit, de partir d'icy, pour vous

» aller treuuer où vous estes, si tost que i'auray
» appris de vos nouuelles par le messager que ie
» vous enuoye, Iesus Christ nous tienne tous en
» sa garde et nous conserue en cette vie par grace
» en son sainct seruice. Ainsi soit-il. De cette
» ville d'Omanguché le premier de Septembre
» mil cinq cent cinquante et vn. Vostre frere en
» Iesus-Christ, François. » Auec cette lettre ce
messager arriua où nous estions, et y fut grandement bien receu de nous, comme il estoit raisonnable : alors, tant le Capitaine du nauire que les marchands, luy respondirent par six ou sept voyes, dans lesquelles ils luy dirent plusieurs nouuelles des Indes et de Malaca, y adioustant, que dans vn mois ils se promettoient de faire voile à la Chine dans leur nauire; qu'au reste ils en auoient trois de charge qui au prochain mois de Ianuier deuoient prendre la route de Goa; en l'vne desquelles estoit Diego Pereyra son intime amy, auec qui sa Reuerence pourroit partir selon son desir. Voyla le contenu des lettres qu'ils donnerent à ce Chrestien, qui se mit incontinent en chemin et fut infiniment content, tant de ce qu'ils luy auoient donné, que du bon traittement qu'ils luy auoient faict durant son seiour prez d'eux. En ce retour il fut cinq iours en chemin, à la fin desquels il arriua à la ville de Omanguche, et rendit les lettres au Pere, à qui des nouuelles si

bonnes et si asseurées apporterent vn merueilleux contentement, de maniere que trois iours apres il partit pour s'en aller à la ville de Fuchee, capitale du Royaume de Bungo. Là mesme dans le nauire dont i'ay parlé cy-deuant, qui appartenoit à Duart de Gama, nous estions alors trente Portugais auec nos marchandises. Le Samedy suiuant nous vismes arriuer à nous trois hommes du Iappon, Chrestiens, qui estoient en la compagnie du Pere, et que le Pere auoit enuoyez deuant par ceux-cy. Le Capitaine Duart de Gama apprist que ce seruiteur de Dieu estoit à deux lieuës de là, en vn lieu appellé Pimlaxau, où il auoit vne douleur de teste et les pieds enflez à cause de soixante lieuës de chemin qu'il auoit faictes; adioustant à cela, que puisqu'il se treuuoit ainsi indisposé, il lui estoit necessaire de ne bouger de là, qu'il ne fust guery, ou bien que pour luy faire acheuer le reste du chemin on luy menast vn cheual s'il le vouloit accepter.

CHAPITRE CCIX.

De l'arriuée du bien-heureux Pere Xauier au port de Fingeo où estoit nostre nauire, et des choses qui se passerent comme nous fusmes voir le Roy de Bungo en la ville de Fucheo.

Dvart de Gama Capitaine du nauire estant aduerty que le Pere Xauier s'estoit arresté au village de *Pimlaxau*, pource qu'il s'y treuuoit indisposé comme les trois Iapponnois luy auoient dict, enuoya tout aussitost vn messager aux Portugais, qui estoient de seiour à la ville pour y vendre leur marchandise à vne lieuë du Port où le vaisseau estoit à l'ancre. A ces nouuelles ils accoururent incontinent auec vne grande ressiouyssance, puis ayant consulté entr'eux touchant ce qu'il leur falloit faire là-dessus, il fut resolu de l'aller chercher au mesme lieu où il estoit demeuré malade, ce que l'on executa tout incontinent. Nous estant donc mis en chemin comme nous eusmes faict vn peu plus d'vn quart de lieuë, nous le rencontrasmes qui s'en venoit en la compagnie de deux Chrestiens, que depuis vn mois il auoit conuertis à la foy, hommes des plus qualifiez du Royaume; ce qui fut cause que le Roy de Omanguche se seruant de leur conuersion comme d'vn specieux pretexte, leur confisqua deux mille taeys qu'ils auoient de rente, qui valent trois mille ducats. Or d'autant que nous estions tous vestus en habits de festes, et montez sur de bons cheuaux, nous demeurasmes tous confus de le rencontrer en vn si triste equippage : car auec ce qu'il estoit à pied, il portoit sur ses espaules un fardeau où estoient toutes les choses necessaires à dire la Messe; il est vray que les deux Chrestiens qui le suiuoient, le soulagoient de temps en temps, et luy aydoient à le porter, chose qui pour en dire le vray nous estonna fort et nous attrista. Or pource qu'il ne voulut iamais accepter aucun de nos cheuaux, nous fusmes contraints de l'accompagner à pied, bien que ce fust contre sa volonté, ce qui seruit d'vn grand exemple aux deux Chrestiens nouuellement conuertis. Comme nous fusmes arriuez en la riuiere de *Fingé*, où le nauire estoit à l'ancre, il y fut receu auec toutes les demonstrations d'allegresse qu'il nous fut possible de luy rendre, si bien que par quatre diuerses fois on tira toute l'artillerie, qui consistoit en soixante-trois Berches, Fauconneaux, et autres pieces, tellement que le bruit qui s'en ensuiuit fut fort grand à cause des concauitez des rochers qui estoient aux enuirons. Cependant le Roy qui en ce temps-là estoit à la ville, estonné d'vne chose si extraordinaire et d'ouyr ainsi tirer, s'imaginant que nous combattions encore contre quelques flottes de Corsaires, suiuant le bruit qu'on faisoit desia courir dans la ville qu'il y en auoit quelques-vns en ces costes, enuoya tout incontinent en grande diligence vn homme de qualité pour sçauoir de nous ce que c'estoit; tellement que cettuy-cy s'estant addressé à Duart de Gama, luy fist son message de la part du Roy auec quelques offres conuenables au temps present. Mais le Capitaine luy respondist en termes pleins de courtoisie, et pour remerciment de ces offres, que nous nous resiouyssions à l'arriuée du Pere François, à cause qu'il estoit homme sainct, et à qui le Roy de Portugal nostre Maistre portoit beaucoup de respect. Ce Gentilhomme n'estant pas moins estonné de ces paroles que de ce qu'il auoit veu, « Il faut que ie vous aduouë, repliqua-t-il à Duart de Gama, que ie m'en retourne tout confus, et sans sçauoir que respondre au Roy ; car nos Bonzes l'ont asseuré que cet homme dont vous me parlez, n'est pas un sainct comme vous dictes; mais qu'il est bien vray que quelquesfois ils l'ont veu parler aux demons auec qui il a de secrettes intelligences; qu'au reste il faict par sortilege quelques merueilles, dont les ignorans s'estonnent, et qu'il est si miserable et si pauure, que les poux mesmes dont il est couuert ont pitié de luy, et ne veulent point mordre à sa chair; tellement que i'ay belle peur qu'ils ne perdent tout le credit qu'ils ont pres du Roy quand il sçaura le contraire, et qu'il ne les vueille iamais plus voir ny ouyr; car il y a bien de l'apparence qu'un homme que vous prisez si fort, et que vous receuez auec tant de resiouyssance et d'honneur, est veritablement tel que vous dictes, et non pas tel que les Bonzes l'ont dépeint au Roy. » Les Portugais l'esclaircirent là-dessus de la verité de cette affaire, dequoy il fût grandement estonné, et s'en retourna droict à la ville. Y estant arriué, il y rendit compte au Roy de toute cette affaire, et de la façon qu'elle se passoit, l'asseurant que nous auions tiré toute nostre artillerie, pour tesmoigner la resiouïssance que nous apportoit l'arriuée du Pere, qui nous rendoit aussi contents que si nous auions nos vaisseaux tous chargez de lingots d'argent. Ce qui tesmoignoit assez que tout ce que les Bonzes auoient dict de luy n'estoit que mensonge; qu'au reste il asseuroit sa Majesté que c'estoit un homme d'vn visage si graue et si aimable, qu'il n'estoit pas possible de le voir sans le respecter grandement. A ces paroles le Roy dist pour response, « Ils ont raison de faire ce

qu'ils font, et tu en as beaucoup aussi d'en auoir si bonne opinion. » Là-dessus il enuoya visiter le Pere par vn ieune gentilhomme son parent, à qui il donna vne lettre pour la luy donner, où ces paroles estoient escrites. « Pere Bonze de Che-
» mahicogim (c'est ainsi qu'ils nomment le Por_
» tugal) ta bonne arriuée en ce pays soit aussi
» agreable à ton Dieu, que la loüange que ses
» saincts luy donnent. Quamsio Nafama que i'ay
» enuoyé vers le Nauire de ceux de ta nation,
» ne m'a pas plustost asseuré de ton arriuée
» d'Omanguche à Fingeo, que i'en ay receu vn
» contentement incroyable comme tous les miens
» te diront. C'est pourquoy ie te prie tres-instam-
» ment, puisque Dieu ne me fait point digne de
» te pouuoir commander, que pour satisfaire à
» l'extréme desir auec lequel mon ame te che-
» rit, deuant que le matin se fasse voir tu t'en
» viennes frapper à la porte de mon Palais, ou
» bien que tu m'enuoyes dire que ie te suis im-
» portun, afin que prosterné à terre et mis à
» genoux ie demande cette faueur à ton Dieu,
» que ie confesse estre le Dieu de tous les Dieux,
» et le meilleur des meilleurs qui viuent aux
» Cieux, et que par le gemissement de ta doc-
» trine il soit rendu manifeste aux superbes du
» temps, combien luy est agreable ta saincte vie
» accompagnée de pauureté, pour faire par ce

» moyen que l'aueuglement des enfans de nostre
» chair ne s'abuse point par les fausses promesses
» du monde. Ie te prie aussi de me donner aduis
» de ta santé, afin que ie puisse dormir cette
» nuict auec contentement, iusqu'à ce que le coq
» m'esueille, et qu'il me dise que tu és en chemin
» pour me venir voir. » Le ieune Gentilhomme
qui apporta cette lettre vint dans vne Funce de
rame, de la grandeur d'vne bonne Galiotte, accompagné de 30 autres ieunes Gentilshommes, ausquels seruoit de Gouuerneur un homme fort vieil appelé *Pomindono*, frere naturel du Roy de *Minato*. Apres que ce Vieillard eust fait son message, il prist congé du Pere, et de nous autres Portugais qui estions alors auec luy; puis comme il se fust embarqué dans la mesme Funce où il estoit venu, nous luy fismes vne salue dans nostre Nauire de 15 coups de canon; dequoy le ieune Gentilhomme qui nous auoit rendu la lettre fut grandement satisfaict; de maniere que regardant son Gouuerneur, «Asseurément, luy dit-il, le Dieu de ces gens-là doit estre fort grand, et ses secrets nous doiuent aussi estre grandement cachez, puis qu'il permet qu'vn homme si pauure que celuy-cy, comme les Bonzes l'ont affirmé au Roy, soit en si grande reputation parmy ceux de son pays, que les vaisseaux des plus riches luy obeyssent, et que leur artillerie manifeste auec

vn grand bruict, que le Seigneur de toutes choses se tient pour satisfaict d'vne marchandise si pauure et de si peu de valeur, en l'opinion de ceux qui viuent sur la terre, que la seule pensée que l'on employe à cela, semble passer pour vne offense tres-grande. » Le Vieillard luy respondit, « Il se peut faire que cette pauureté dont il fait marchandise est si agreable au Dieu qu'il sert, qu'en la suiuant pour l'amour de luy il est plus riche que tous les riches du monde, bien que nos Bonzes veuillent effrontément faire croire tout le contraire de cecy à ceux qui les en oyent parler. » Si tost que ce ieune Gentilhomme fut arriué à la ville, il s'en alla treuuer le Roy, et comme il estoit fort content à cause du grand honneur qu'on luy auoit rendu pour le respect du Pere, il luy dist, Sans doute il est bien raisonnable que vostre Altesse ne parle point à cet homme de la façon que les Bonzes luy ont dict ; car ie l'asseure que ce seroit un tres-grand peché : il ne faut pas aussi vous imaginer qu'il soit pauure, attendu que le Capitaine et tous les marchands du vaisseau m'ont dit, que s'il vouloit leur Nauire auec tout ce qu'il y a dedans, ils le luy donneroient aussi tost. « Asseurément ie suis confus de ce que tu me dis, luy respondit le Roy, et encore plus de ce que les Bonzes m'en ont rapporté, mais ie te promets qu'à l'aduenir ie les tiendray en l'estime qu'ils meritent que l'on fasse d'eux. » Le lendemain si tost qu'il fust iour, le Capitaine Duart de Gama, ensemble tous les marchands et les autres Portugais qui estoient dans le Nauire, se mirent à consulter de quelle façon il se falloit comporter en cette premiere communication que le Pere deuoit auoir auec le Roy. Sur quoy il fust resolu du commun consentement de tous, que pour l'honneur de Dieu cette entre-veuë se deuoit faire auec le plus d'appareil qu'on pourroit, à cause que par ce moyen les Bonzes seroient conuaincus de mensonge en ce qu'ils auoient dit de luy, pource qu'il paroissoit euidemment que de la façon qu'ils les verroient traictez, on en feroit de l'estime ; adjoustant à cela qu'il importoit grandement de se gouuerner ainsy parmy des gens qui n'auoient aucune cognoissance de Dieu. Or bien que cette resolution fut en partie contre l'aduis du Pere, neantmoins il fut contrainct d'y condescendre, parce que tous opinerent ainsi. Cette affaire resoluë, chacun de nous se tint prest le mieux qu'il luy fût possible ; tellement qu'alors nous nous embarquasmes dans la chalouppe du vaisseau, et en deux Manchuas qui auoient leurs estendarts et leurs bannieres de soye, où il y auoit encore des trompettes et des hauts-bois qui ioüoient alternatiuement, nouueauté qui sembla si grande à ceux du pays, et qui les estonna si fort, que lorsque nous arriuasmes sur le quay, nous eusmes bien de la peine à mettre pied à terre, pour le grand nombre des gens qui y estoient accourus à la foule. Là se rendit le *Quamsyandono* Capitaine de *Canafama*, par l'exprés commandement du Roy il fist porter apres luy vne littiere où il voulut faire mettre le Pere. Mais luy ne la voulust point accepter pour le respect qu'il nous portoit, et de là il s'en alla droict au Palais accompagné de quantité de Noblesse et de trente Portugais. Il y auoit bien aussi de nos garçons en pareil nombre, tous fort bien vestus, et portant des chaisnes d'or au col. Quant au Pere il auoit vne soutane de camelot noir tout plein, vn surpelis par-dessus, et vne estole de veloux verd auec son bord de brocat. Apres luy marchoit nostre Capitaine auec vn baston de Maistre-d'Hostel en main, comme Capitaine de la porte. Il auoit à sa suitte cinq des marchands les plus honorables et les plus riches, lesquels comme s'ils eussent esté ses seruiteurs, portoient par ceremonies certaines pieces en main, comme par exemple l'vn portoit vn liure dans vn sac de satin blanc, l'autre des pantouffles de veloux noir qui se treuuerent fortuitement parmy nous, l'autre vne canne de Bengala auec vne enchassûre d'or ; l'vn vne image de Nostre Dame enueloppée d'vne escharpe de damas violet, et l'autre vn petit parasol propre pour aller à pied; tellement qu'auec cet ordre et cet appareil nous passasmes par les neuf principales ruës de la ville, où il y auoit vn si grand nombre de gens, que tout en estoit plein iusques aux toicts des maisons.

CHAPITRE CCX.

Des honneurs que le Roy de Bungo fist au Reuerend Pere Xauier à cette premiere entre-veuë.

Avec l'ordre dont ie viens de parler, nous arriuasmes à la premiere Cour du Palais du Roy, où estoit le Fingeandono Capitaine de ses gardes, auec six cent hommes armez de dards, de lances et de cymeterres richement garnis; ce qui nous fist iuger d'abord que les Estats de ce Prince estoient grands. Comme nous eusmes passé par le milieu de toutes ces gardes nous entrasmes en vne galerie fort longue, où les cinq marchands dont i'ay parlé cy-deuant, qui par ceremonie portoient les pieces susdites, s'estant mis à genoux les presenterent au Pere; de quoy les Seigneurs qui estoient là presents furent si fort estonnez, qu'ils dirent les vns aux autres, « Que nos Bonzes s'aillent pendre maintenant, et qu'ils ne se monstrent iamais plus deuant le monde, puisqu'il paroist euidemment que cet homme icy n'est pas tel qu'ils l'ont faict accroire au Roy ; mais bien vne personne venuë de la part de Dieu pour la confusion des enuieux. » Ayant trauersé cette galerie nous entrasmes en vne grande salle où il y auoit quantité de Gentils-hommes, vestus de satin, de damas de differentes liurées, auec leur coutelas au costé tout couuert de plaques d'or. Là mesme nous apperceusmes vn enfant de six à sept ans qu'vn vieillard menoit par la main, qui s'estant approché du Pere, « Ton arriuée, luy dit-il, en cette maison du Roy mon souuerain Seigneur, puisse estre aussi agreable à toy et à luy comme l'eau que Dieu enuoye du Ciel, quand les labourages de nos riz en ont besoin. Entre en asseurance ioyeusement, car ie te iure par la loy de la verité, que les gens de bien t'affectionnent tous ; comme au contraire les meschans s'attristent de ton abord comme si ce leur estoit vne nuict grandement obscure et pluuieuse. » Apres que le Pere luy eust respondu là-dessus en termes pleins de semblable courtoisie, l'enfant s'imposa silence iusqu'à ce qu'ayant ouy tout ce que le Pere luy dist, « Asseurément, reprist-il, il faut bien que ton bon-heur soit grand, puis que tu as daigné de venir du bout du monde en vn pays estranger pour y estre diffamé du nom de pauure; mais la bonté de Dieu est incomparablement bien plus grande d'agréer cette pauureté contre cette opinion confuse qu'en a le monde; dequoy nos Bonzes sont tellement esloignez, qu'ils affirment publiquement qu'il n'y a point de salut, ny pour les pauures, ny pour les femmes, de quelque façon qu'on le puisse prendre. » « Le Seigneur, respondit le Pere, qui vit regnant au plus haut des Cieux, permettra que ces nuages leur soient ostez de deuant les yeux : et alors ils recognoistront leur erreur et leur aueuglement, et quand Dieu leur donnera cette lumiere, il leur donnera aussi la grace de se desdire de cette fausse opinion qu'ils suiuent. » Ainsi tandis que cet enfant s'entretenoit auec le Pere sur des choses si hautes et de si bon sens que nous en estions tous estonnez à cause de son bas aage, nous entrasmes en vne autre chambre où il y auoit plusieurs ieunes Gentilshommes, fils des plus grands Seigneurs du Royaume, qui ne virent pas plustost le Pere, qu'ils se leuerent pour luy faire leurs *Gromenares*, c'est ainsi qu'ils appellent leurs *Complimens*, mettant par trois fois la teste en terre, qui est entre eux vne espece de compliment fort grand, et qui ne se faict que du fils au pere, ou du subject à son Roy, ou à son Seigneur. Alors deux d'entr'eux parlans au nom de tous les autres, « Ton heureuse arriuée, luy dirent-ils, ô sainct Pere Bonze soit aussi agreable au Roy nostre souuerain Seigneur, comme le ris d'vn petit enfant agrée à vne mere qui le tient en son sein; car nous te iurons par les cheueux de nos testes, que iusques à ces parois que tu vois de tes yeux, nous commandent de nous resiouyr de ton entrée, pour la gloire de ce Dieu de qui tu as dict tant de merueilles dans Omanguche, comme il nous a esté rapporté icy. » Apres cela ils se mirent tous en estat de le vouloir accompagner; mais l'enfant leur fist signe de s'asseoir de rechef. De là nous allasmes en vne galerie fort longue, et enuironnée d'orangers, par où nous entrasmes dans vne salle de pareille longueur que les deux premieres, où estoit le Fucarandono frere du Roy, qui fut depuis Roy d'Omanguche; le Pere l'ayant apperceu luy fist vne grande reuerence, et alors ce frere du Roy luy rendant le reciproque, « Pere Bonze, luy dit-il, ie t'asseure qu'aujourd'huy toute cette maison est en ioye à cause de ta venuë, qui faict que le Roy mon Seigneur s'en resiouyt plus fort que s'il possedoit les trente-deux thresors d'argent qui sont à la Chine; et pour moy ie souhaitte aussi que cette tienne arriuée luy apporte autant de contentement, et à toy autant d'honneur que tu en pretens pour l'accomplissement de tes desirs. » Alors l'enfant qui conduisoit le Pere le mist entre les mains du Fucarandono, et se tira vn peu à l'escart ; ce qui nous fut vne nouuelle maniere de compliment qui nous sembla de bonne grace. De cette salle nous entrasmes dans vne autre chambre, où il y auoit vn grand nombre de Seigneurs du Royaume, qui rendirent beaucoup d'honneur au Pere ; là il demeura debout quelque temps s'entretenant auec le frere du Roy, iusques à ce que d'vne autre chambre on s'en vinst luy dire qu'il entrast : ce qu'ayant faict aussitost, accompagné de la pluspart des Seigneurs, il se treuuva dans vne chambre fort riche où le Roy l'attendoit debout, qui le voyant le vint receuoir à cinq ou six pas du lieu où il estoit assis. Le Pere voulut incontinent se prosterner à ses pieds, mais le Roy ne le voulut iamais permettre, au contraire luy ayant aidé luy-mesme à se leuer, il luy fist par trois fois les gromenares, qui est le compliment dont i'ay parlé cy-deuant ; de quoy tous les Seigneurs qui estoient là presens furent grandement estonnez, et nous le fusmes encore bien dauantage : après cela l'ayant pris par la main, le frere du Roy qui auoit là conduit le Pere, se

tira vn peu à l'escart, et s'assist sur le marche-
pied du Throsne du Roy, qui voulut que le Pere
fust assis à ses costez, et les Portugais prez des
Seigneurs de son Royaume qui s'y treuuerent;
ils se firent là-dessus plusieurs complimens de
part et d'autre, qui furent autant de demonstrations de la bonne volonté qu'auoit le Roy pour
le Pere : mais luy de son costé tascha de luy
rendre le semblable en termes si courtois et si
pleins de submission, que le Roy regardant son
frere et tous les autres Seigneurs qui estoient
dans la chambre, se mit à dire tout haut, afin
qu'vn chacun l'ouyst : « O que nous serions heureux, si nous pouuions sçauoir de Dieu à quoy
tend tout cecy, ou d'où vient qu'il y a tant d'a-
ueuglement en nous, et que cet homme est si
clair-voyant : car nos yeux sont maintenant tesmoins des choses qui se disent de luy generalement, et qu'il preuue ce qu'il dit en termes si esloignez de contradiction, et si conuenables à
toute raison naturelle, qu'il n'y a celuy qui ne
demeure confus dans la consideration de cette
merueille, et qui ne confesse cette verité, s'il a
le iugement sain. D'vn autre costé nous voyons
que nos Bonzes se treuuent si embarassez en
des choses si vrayes, et si égarez en leurs demandes, qu'ils disent auiourd'huy vne chose et
demain l'autre; de maniere que toute leur doc-

trine n'est qu'vne confusion à des hommes qui ont l'esprit bien faict, et ne sert qu'à les faire douter de leur salut. » Cependant que le Roy parloit ainsi il se treuua là fortuitement vn Bonze qui tout honteux de ces langages lui respondit : « Ces choses, Seigneur, ne sont pas des matieres dont vostre Altesse se puisse esclaircir si soudainement, pour n'auoir estudié en l'Uniuersité de Fiancima : que si elle a quelque doute qu'elle me la propose, et ie m'asseure que ie l'en esclairciray si bien qu'elle verra la verité de ce que nous preschons, et que ce qu'on nous donne pour cela est fort bien employé. » « Fay-le moy donc entendre, luy respondit le Roy, puisque tu le sçais comme tu dis, et ie ne diray plus mot. » Alors le *Fixiandono*, ainsi se nommoit ce Bonze, se mit à proposer ses raisons au Roy, dont la premiere fût : « Qu'on ne pouuoit mettre en doute que les Bonzes ne fussent saincts, puis qu'ils passoient toute leur vie dans vne religion agreable à Dieu, et qu'ils employoient la pluspart de la nuict à prier pour ceux qui leur laissoient leurs biens. » A ces paroles il adiousta : « qu'ils gardoient vne perpetuelle chasteté, s'abstenoient de manger du poisson fraiz, guerissoient les malades, instruisoient la ieunesse aux bonnes mœurs, pacifioient les differens des Royaumes pour maintenir la tranquillité publique; et donnoient des cuchimiacos, ou des lettres de change pour aller droit au Ciel, par le moyen desquelles les morts estoient enrichis pour iamais; qu'au reste eux-mêmes sustentoient de nuict auec leurs aumosnes les pauures ames qui pleurants leur demandoient conseil à leurs afflictions et aux trauaux qu'elles enduroient pour estre pauures. » Pour conclusion il disoit : « qu'ils se passoient graduez dans le College de Bandou, confirmé par les Cubucamas et les Groxos ou Docteurs de Miaco, mais sur tout qu'ils estoient grands amis du Soleil, des estoiles, et des saincts du Ciel, auec qui ils communiquoient ordinairement de nuict, et mesmes les tenoient souuent entre leurs bras. » Voila les sottises que dist ce Docteur de leur loy, qui furent suiuies de plusieurs autres extrauagances qu'il profera quelques-fois auec tant de cholere en parlant au Roy, qu'il l'appela par quatre fois *foxidehusa,* c'est à dire, pecheur, aueugle, et sans yeux, de maniere que le Roy demeura si honteux de cette hardiesse et extrauagance du Bonze, que regardant son frere deux ou trois fois, il luy fist signe de luy imposer silence, ce que le *Fucarandono* fit aussitost, et commanda au Bonze de se leuer du lieu où il estoit assis. Alors le Roy s'adressant à luy : « Ie te veux bien aduoüer, luy dit-il, que ce que nous auons ouy en la preuue et iustification que tu nous as voulu donner de ta saincteté, est vne chose que nous sommes d'auis de t'accorder, mais il faut que ie te confesse aussi, que l'orgueil qui se remarque en tes paroles débordées, nous a si fort scandalisez, que i'oseray bien iurer sans faire tort à mon salut, que l'enfer a plus de part en toy que tu n'en as là haut au Ciel, où est la demeure de Dieu. » Le Bonze luy respondit à cela : « Il viendra vn temps auquel ie me soucieray si peu des hommes, pour me seruir d'eux, que ny eux ny tous les Roys qui gouuèrnent maintenant la terre ne seront pas dignes de me toucher. » A ces paroles le Roy s'estant mis à soubsrire de la superbe du Bonze, regarda le Pere comme s'il luy eust voulu dire : « Que vous en semble? et alors le Pere le voulant vn peu appaiser, « Que votre Altesse, luy respondit-il, remette cecy à vn autre iour auquel le Bonze ne sera pas si en cholere. » « Tu as raison, luy respondit le Roy, en ce que tu me dis, et moy i'en ay bien peu de l'ouyr. » Alors ayant commandé au Bonze de se leuer : « Quand tu voudras parler de Dieu, luy dit-il ne te iustifie iamais enuers luy, ou tu pescheras grandement, mais auec patience, et pour l'amour de luy purge-toy de la cholere que tu nous tesmoignes auoir, et pour lors nous t'escouterons. » Le Bonze bien fasché d'auoir receu cet affront, se tourna tout aussitost vers ceux qui estoient là presens, et leur dist ces paroles : *hiacataa passiram figiancor passinau*, qui signifient, *puisse arriuer que le feu du Ciel embrase vn Roy qui parle de cette sorte*. Cela dit, sans faire autre compliment il gaigna la porte bien viste en murmurant, ce qui esmeut tous les Seigneurs à se mocquer et à dire le mot pour rire, comme c'est la coustume des Courtisans, ce qui fut cause que le Roy changea sa cholere en raillerie, six ou sept fois ; ces choses s'estant ainsi passées, pource que l'heure de disner s'approchoit, l'on apporta à manger au Roy qui demanda au Pere s'il luy vouloit tenir compagnie et se mettre à table auec luy, dequoy il s'excusa par trois fois en termes fort pleins de courtoisie, disant qu'il n'en auoit aucun besoin. A quoy le Roy fit responce : « Ie sçay tres-bien que tu ne dois point auoir faim puisque tu le dis ainsi ; mais ie veux aduiser par là qu'entre nous autres peuples du Iappon cette offre que font les Roys à quelqu'vn de manger auec luy est la plus grande demonstration d'amitié qu'ils luy puissent faire, c'est pourquoy te mettant au rang de mes amis ie me tiens pour grandement honoré de t'auoir ainsi conuié. » Sur la fin de ces paroles le Pere s'estant mis en estat de luy baiser le coutelas qu'il auoit à la ceinture, pour vne marque de remerciement, comme ils ont accoustumé de faire entr'eux :

« Nostre Seigneur, luy dit-il, pour l'amour duquel vous me faictes tant de grace, vous communique la sienne d'enhaut, afin que par elle vous meritiez de faire profession de sa loy comme son vray seruiteur, et de le posseder à la fin de vos iours. A ces dernieres paroles le Roy lui repartit : « Ie le prie que ce que tu demandes pour moy puisse arriuer, afin que nos deux nous entretenions ensemble des choses dont nous parlons maintenant. » Là-dessus auec vn visage riant luy offrant vn plat de riz qu'il auoit deuant luy, il le pria d'en manger ; ce que le Pere fit aussitost, et alors nostre Capitaine, et tout autant de Portugais que nous estions là mismes les genoux à terre pour remercier le Roy d'vn si grand honneur qu'il faisoit au Pere publiquement, en despit des Bonzes, et nonobstant les médisances et les calomnies qu'ils auoient dites de luy.

CHAPITRE CCXI.

Comme le Pere Xauier ayant voulu prendre congé du Roy pour s'embarquer et faire voile à la Chine, fut retenu pour quelques iours, et des disputes qu'il eust auec les Bonzes.

Il y auoit desia quarante-six iours que ce bien heureux Pere estoit en la ville de Fucheo, capitale, comme i'ay desia dit, du Royaume de Bungo, en l'Isle du Iappon, durant lequel temps il ne pensa à autre chose qu'à la conuersion des ames; tellement que c'estoit merueille, si quelqu'vn de nos autres Portugais pouuoit auoir vne seule heure de son loisir, si ce n'estoit de nuict aux conferences spirituelles, et du matin aux confessions, ce qui estant treuué estrange par quelques vns de ceux qui auoient de plus grandes familiaritez avec luy, disant qu'il estoit trop retiré, il leur respondit vn iour : « Mes freres en Iesus Christ ie vous supplie de ne m'attendre iamais à disner, et de ne me point tenir pour vn homme viuant en matiere de me vouloir traiter : car ie vous iure en toute verité, que cela me desplairoit grandement , pource que le festin qui m'agrée dauantage, et auquel ie trouue le plus de goust, c'est de voir une ame se rendre à celuy qui l'a racheptée, et faire la mesme confession qu'a fait auiourd'huy Saquay Gyran, principal Bonze de Canafama, qui apres estre demeuré d'accord de ce qu'il nioit auparauant, s'est mis à genoux au milieu de la place qui estoit toute pleine de gens, et auec les larmes aux yeux il a fait cette confession publique : O Eternel Iesus-Christ Fils de Dieu, c'est à toy que mon ame se rend maintenant, et à toy-mesme que ie confesse de bouche ce qui demeure ferme dans mon cœur; suiuant quoy ie prie tres-instamment les personnes qui m'escoutent, de dire desormais à tous ceux ausquels elles parleront, qu'ils aient à me pardonner si par le passé ie leur ay presché plusieurs fois pour des veritez des choses que ie voy maintenant n'estre que faussetez. Asseurez vous aussi, mes freres, que cette saincte confession de ces nouueaux seruiteurs de Dieu, et de ce frere Chrestien, a produit vn si grand effect parmy tous ces peuples, que si ie le voulois il se baptiseroit auiourd'huy plus de 500. personnes; mais il se faut comporter en cecy auec beaucoup de prudence, et ne le faire si à la volée à cause des Bonzes, car ils sont si malicieux qu'ils leur conseillent, que puisqu'ils se veulent perdre en se faisant Chrestiens, ils ayent à me demander de l'argent pour cela, et le tout parce qu'ils sauent bien que ie ne leur en sçaurois donner, faisant profession de pauureté comme ie fais, afin que ce par ce moyen ils me fassent perdre le credit que mes paroles se peuuent donner enuers ceux qui les escoutent. Mais i'espere que le Seigneur mettra ordre à cet obstacle que l'ennemy de la Croix leur suscite. » Cependant par l'espace de tout ce temps que le Pere fut là de seiour, il conuersa si particulierement auec le Roy, qu'aucun Bonze n'eut iamais entrée dans sa chambre, au contraire le Prince honteux des abominations où ses faux Prophetes l'auoient plongé soubs pretexte de vertu, renonça à plusieurs vices ausquels il estoit subjet, et chassa loing de luy vn ieune garçon son fauory auec qui il commettoit l'horrible peché de Sodomie : dauantage estant auparauant grandement auare enuers les pauures par l'instruction que luy en donnoient ces Bonzes du diable, il vsa depuis de si grandes liberalitez à l'endroit de tous les indigens, qu'elles sembloient tenir de la prodigalité. En suitte de cela il commanda qu'aucune femme enceinte n'eust à l'aduenir à tuer son enfant, soubs peine d'estre grandement chastiée, ce que la pluspart d'entr'elles faisoient auparauant, par la persuasion des Bonzes. Par mesme moyen il deffendit 3. ou 4. autres choses semblables, ayant accoustumé de dire aux siens en public, que dans le visage du Pere comme dans un clair mirouër il y voyoit des vertus qui le rendoient honteux et confus pour auoir suiuy iusques à lors le conseil des Bonzes, ce qui nous fist tousiours croire par les grandes apparences que nous en voyons, qu'il eust falu peu de chose pour faire conuertir ce Prince à la foy, et que cela fust arriué si ce bien-heureux Pere eust conuersé plus long-temps auec luy. Neantmoins comme l'intention du Roy se fondoit sur des raisons fort differentes de cette facilité où nostre iugement s'embarasse plusieurs fois, cette conuersion a esté sans effect iusques auiourd'huy, et Dieu seulement en sçait le secret, pource que les hommes n'en peuuent approcher. Durant ces choses, le temps auquel nous auions resolu de nous embarquer estant arriué, et nous desia prests à partir, le Capitaine Duart de Gama, et tous nous autres Portugais auec luy en la compagnie du Pere nous en allasmes vn matin treuuer le Roy en intention de prendre congé de luy, et le remercier du bon traitement qu'il nous auoit faict dans son païs, sur quoy ce Prince nous ayant faict vn fort bon accueil. « Il faut que ie vous aduoüe, nous dit-il, que i'ay vn certain regret dans mon ame de ce que ie ne puis estre ce qu'est vn chacun de vous, pour l'enuie que ie vous porte à cause de la personne que vous amenez auec vous. Ce qui faict qu'il m'ennuye desia si fort d'en estre orphelin que i'en pleure en mon ame pour l'extreme apprehension que i'ay de ne l'auoir iamais plus en ce païs. Le Pere l'ayant infiniment remercié de la bonne volonté qu'il luy tesmoignoit, lui respondit, que si Dieu luy prestoit vie il s'en viendroit bien tost reuoir sa Majesté, de quoy le Prince luy sceut fort bon gré. En cette communication le Pere luy remit de rechef en memoire quelques poincts importans à son salut, dont il luy auoit desia touché quelque chose, et le pria tres instamment de se ressouuenir de combien peu de durée estoient les iours de l'homme, et combien certaine la mort que nous auions tousiours sur les bras; en suitte dequoy il l'asseura que tous ceux qui ne mouroient point Chrestiens seroient condamnez à iamais; comme au contraire ceux qui l'estoient, et qui se maintiendroient veritablement en grace seroient sauuez, estans vrayement repentans, et iustifiez par le prix infiny du sang pretieux de Iesus-Christ Fils de Dieu deuant le Pere Eternel. Ainsi il se mit à l'entretenir sur cette matiere en ce qui touchoit son salut; dont il luy dit des choses si effroyables à les ouyr que les larmes en vindrent aux yeux du Roy par deux fois, ce qui nous estonna grandement, et qui fut trouué estrange par ceux qui estoient à l'entour de luy. Or comme ces Bonzes estoient les vrays Ministres du diable, voyant qu'aux conferences precedentes que le Pere auoit euës auec eux, ils estoient demeurez confus par la force de ses raisons, ausquelles ils n'auoient sceu respondre; à cause dequoy le peuple commençoit desia de les baffoüer plus qu'auparauant; ce mespris qu'on faisoit d'eux leur fut si sensible, qu'ils en vindrent aux injures contre se seruiteur de Dieu, l'appellant *Inocoseem*, c'est à dire, *chien, puant, plus gueux que tous les gueux, poüilleux, mangeur de punaises, et qui se nourrissoit de la chair des morts qu'il desenterroit de nuict*. A quoy ils adjoustoient contre luy, que les paroles dont il les embarassoit procedoient plustost de sorcellerie et de l'art du diable, que de la force d'aucun sçauoir qui fût en luy; « qu'au reste pour la faueur et le trop grand honneur que le Roy lui faisoit il seroit bruslé, et qu'il perdroit son Royaume; chose qui auoit desia esté ainsi concluë là haut par les quatre Fatoquis ou Dieux de creance, Xaca, Amida, Gizom et Canom. » En suitte de ces maledictions ils en donnoient plusieurs autres au Roy et au peuple, pource qu'il souffroit le Pere dans leur païs, tellement qu'on ne pouuoit les ouyr sans en auoir peur. Comme en effect nous autres Portugais en estions tous fort espouuantez; aussi nous seruit-il de beaucoup d'auoir tousiours le Roy pour nostre support, lequel apres Dieu fut cause que les Bonzes n'osoient executer ce qu'ils auoient brassé contre nous, qui estoit, à ce que nous en sceusmes depuis, de nous faire vne querelle à plaisir, en laquelle ils deuoient faire vn massacre du Pere et de nous. Mais comme ils virent qu'ils ne pouuoient de ce costé-là executer leur pernicieuse entreprise, s'imaginant que cela se pourroit par voye de dispute, et que ce seroit le vray moyen de faire perdre au Pere tout son credit, ils se resolurent de se seruir d'vn grand Bonze qu'ils auoient parmy eux, qui estoit le comble et l'abregé de tout leur sçauoir. Ce Bonze se tenoit à douze lieuës de là, dans vn Temple appellé *Miay Gimaa*, dont il estoit comme superieur : ils le furent donc prier tres instamment qu'il accourust à ce besoin, et s'en vinst combattre pour l'honneur de leurs Dieux. Alors luy s'imaginant qu'il se mettroit en grand credit et en vne haute reputation s'il pouuoit vaincre qui en auoit tant vaincu, s'en vinst incontinent accompagné de six ou sept autres tels que luy dont il se voulut seruir. Estant arriué à la ville au mesme temps que le Pere (comme i'ay desia dict) prenoit congé du Roy dans son palais, en la compagnie du Capitaine et de nous autres Portugais, qui deuions faire voile le lendemain, l'extréme desir qu'il eust d'abord de ne point laisser eschapper d'entre ses mains vne proye qu'il croyoit desia tenir, fist que s'asseurant sur son grand sçauoir, comme Gradué qu'il estoit des Colleges de Fiancima, où l'on tient qu'il auoit esté Lecteur trente ans, en vne Faculté qu'ils tiennent entr'eux pour la plus haute, et telle sans comparaison que peut estre entre nous la sacrée Theologie, fist qu'il enuoya dire au Roy par un des Bonzes qui estoient venus auec luy, Que le Fucarandono estoit là, car ainsi s'appelloit ce Maistre Docteur. Cette nouuelle donna d'abord de l'apprehension au Roy, et le rendit un peu triste; de peur qu'ils eust que ce Bonze par le moyen de son grand sçauoir n'embarassast le Pere, et qu'ainsi il ne perdist tout l'honneur qu'il auoit gaigné auec les autres. Mais le Pere qui recognût alors à peu pres cette apprehension du Roy, le pria de luy faire tant de faueur que de luy commander qu'il entrast; ce que le Roy permist à la fin, bien qu'à contre-cœur. Apres que le Bonze fust entré, et qu'il eust fait le compliment auquel le deuoir l'obligeoit, le Roy luy demanda ce qu'il vouloit? A quoy le Bonze respondit, Qu'il s'en venoit voir le Pere de Chenchico pour prendre congé de luy deuant qu'il partist, ce qu'il dist auec tant de presomption et tant de superbe, qu'on iugeoit bien à le voir qu'il estoit un vray Ministre de celuy qui l'enuoyoit. Comme il se fust approché du Pere qui luy fist vn fort bon accueil, il le traicta d'abord en termes de compliment, dont tous ceux de ce pays ont accoustumé d'vser assez liberalement. Apres cela il demanda au Pere s'il le cognoissoit? Nenny, luy respondit le Pere, car ie ne vous ay iamais veu. Alors le Bonze tournant à raillerie cette response, dist aux six qui l'accompagnoient. A ce que ie vois il n'y a pas beaucoup de chose à desmesler auec cettuy-cy, puis qu'apres auoir eu tant de commerce auec moy, que nous auons vendu et acheté de la marchandise ensemble 90. ou cent fois, il dit neantmoins que ie luy suis incognû ; ce qui me fait croire qu'il ne respondra gueres à propos à toutes les autres demandes que ie luy feray. Alors attaquant derechef le Pere, « As-tu encore, luy dit il, de cette mesme marchandise que tu me vendis à Frenojama? Ce n'est pas ma coustume, luy repartit le Pere d'vser de replique en vne chose que ie n'entens pas. Explique toy donc et alors ie te respondray à propos, bien asseuré que ie suis de n'auoir iamais esté marchand, et que ie ne sçay non plus où est Frenojama; joint que si ie n'ay iamais parlé à toy, comment te puis-je auoir vendu de la marchandise? » « C'est que tu ne t'en souuiens point, luy repartit le Bonze, et par ainsi il me semble que tu as la memoire fort courte. » « Puis qu'il ne m'en souuient point, adjousta le Pere, et que tu as meilleure memoire que moy, dis-le toy-mesme, et prens garde que tu és deuant le Roy. » Là-dessus le Bonze plein de presomption et le regardant auec vne mine altiere, « Asseurément, luy dit-il, il y a maintenant 1500. ans que tu me vendis cent picos de soye, où ie gaignay bien de l'argent. » A ces mots le Pere regardant le Roy auec vn visage serein, luy demanda permission de respondre; ce que le Roy luy accorda tres-volontiers; et à l'heure mesme luy ayant fait vne profonde reuerence il se tourna du costé du Bonze, et luy demanda quel aage il auoit? Le Bonze luy ayant reparty qu'il estoit aagé de cinquante-deux ans, « Si tu n'és pas plus vieil que cela, luy repliqua le Pere, comme est-il possible qu'il y ait mille et cinq cent ans que tu és marchand, et que ie t'ay vendu de la marchandise? ou bien s'il est vray qu'il n'y ait que six cent ans que le Iappon est peuplé comme vous le preschez publiquement, comment se peut-il faire que tu ayes exercé le commerce à Frenojama depuis quinze cent ans, puis qu'il est à croire qu'en ce temps-là tout le pays estoit desert? » « Ie te le diray, reprist le Bonze, et tu apprendras par là que nous sçauons plus des choses passées que tu ne sçais des presentes; ie t'apprens puis que tu l'ignores, que le monde n'a iamais eu de commencement, et que les hommes qui y sont nais ne pourront auoir aucune fin; mais que seulement au dernier souffle la Nature fera de nouueau passer ces corps en d'autres meilleurs; comme cela se void bien clairement lors que nous venons à renaistre de nos meres, ores masles et tantost femelles, selon la conjonction de la Lune où elles nous enfantent. Or depuis que nous sommes nais au monde, nous faisons par des succés differens ces changemens ausquels la mort nous assubjettit à cause de la foible nature dont nous sommes composez; tellement que ceux qui ont la memoire bonne se souuiennent tousiours fort bien de ce qu'ils ont fait durant tous les autres temps de leur premiere vie. » Le Pere s'estant mis à respondre à ce faux argument du Bonze, le refuta par trois fois auec des paroles si claires, des raisons si euidentes, et des comparaisons si propres et si naturelles, que le Bonze en demeura fort confus, desquelles raisons ie ne parleray point icy pour éuiter la prolixité, et encore plus parce que i'aduoüe que mon esprit n'est pas capable de les comprendre. Mais pour tout cela le Bonze ne se rebutta point de sa fausse opinion, s'imaginant que s'il le faisoit on l'en estimeroit moins, et qu'il perdroit beaucoup de la bonne opinion qu'vn chacun auoit de luy. Au contraire passant outre en ses argumens, pour montrer au Roy et aux assistans combien docte il estoit aux matieres de sa Loy, et soustenant en faueur des Bonzes ce à quoy le Pere s'opposoit, il luy demanda, comme si cela luy eust semblé vne grande chose, « Pourquoy il deffendoit à ceux du Iappon de s'accoupler auec des garçons ? » A cette seconde proposition le Pere luy respondit encore en termes si clairs et si manifestes, que ie ne suis non plus capable de rapporter icy, que le Roy en demeura fort satisfaict, et le Bonze aussi confus qu'auparauant; mais si opiniastre et si endurcy en sa brutalité, qu'il ne voulust iamais entendre vne seule raison quelque claire qu'elle pût estre; ce que voyant les Seigneurs qui estoient là presens, ils luy dirent, « Si tu viens icy pour combattre, va-t'en au Royaume de Omanguche où il y a guerre à present; là tu treuueras auec qui te casser la teste. Car pour ce qui est de nostre particulier nous loüons Dieu de ce que nous sommes icy tous en bonne paix. Mais s'il est vray aussi que tu y viennes pour argumenter, ou pour soustenir, ou refuter, fais-le en termes paisibles et doux comme tu vois que faict ce Bonze estranger, qui ne te respond qu'à ce dequoy tu luy permets de parler. Que si tu te gouuernes de cette sorte, sa Majesté t'escoutera, sinon elle se mettra à table pour disner, car il en est desia temps. » De ces langages que dist vn de ces Seigneurs qui estoient là presents, le Bonze luy respondit en termes si extrauagans et si sots, que le Roy luy fist l'affront de luy commander qu'il se leuast, et le fist mettre à la porte, iurant que s'il n'eust esté Bonze il luy eust enuoyé trancher la teste.

CHAPITRE CCXII.

Des choses qui se passerent entre ce bien-heureux Pere et les Portugais touchant leur embarquement : et de sa seconde dispute auec le Bonze Fucarandono.

Cette iuste seuerité auec laquelle le Roy auoit traicté le Fucarandono, fut cause que tous les Bonzes se mutinerent contre luy, et contre tous les Seigneurs du Royaume; alleguant qu'ils auoient fait ces choses par vn mespris de leurs loix ; à cause de quoy ils fermerent tous les Temples de la ville, sans vouloir administrer au peuple aucun sacrifice, ny mesme receuoir aucunes aumosnes; de sorte qu'il fût necessaire au Roy de passer cela auec beaucoup de prudence, pour appaiser la ligue et l'esmotion du menu peuple qui commençoit desia de se mutiner sans auoir respect ny honte. Cependant nous autres Portugais craignans que cette esmotion ne nous mist en peine, ce que nous auions touiours apprehendé, nous embarquasmes le lendemain vn peu plus viste qu'il n'en estoit de besoin, et priasmes le Pere de nous suiure puis qu'il n'auoit plus rien à faire. Mais luy s'en excusa tout aussi-tost, tellement que tous ceux du nauire ne sçachant quelle resolution prendre sur cette excuse, il fut conclu que le Capitaine mesme Duart de Gama s'en iroit en personne le chercher à terre auparauant qu'il arriuast quelque malheur; ce qui fut incontinent mis en execution. Comme le Capitaine fust arriué en vne pauure cabane où le Pere s'estoit retiré auec 8. Chrestiens, il luy fist son message de la part de tous les Portugais, et luy representa par plusieurs raisons l'extréme besoin qu'il auoit de s'embarquer sans autre delay, deuant qu'il luy arriuast quelque desastre, comme il estoit bien éuident que cela seroit s'il ne le faisoit. Mon frere, luy respondit le Pere, que celuy-là seroit heureux de pouuoir meriter enuers Dieu de souffrir le desastre dont vous parlez; mais pour moy ie sçay trop bien que ie suis indigne d'vne si grande faueur; quant à ce que vous me dictes de la part de ces autres

Messieurs qui me demandent que i'aye à m'embarquer si à la haste, vous m'excuserez s'il vous plaist, si pour le present ie ne puis ensuiure ce conseil que vous me donnez ; car si ie le faisois ce seroit vn scandale fort grand à ces nouueaux conuertis à la foy; joint que mon mauuais exemple leur seroit vne occasion de se seruir de ce que le diable leur procure par ses adherans. Puis donc que ie vous ay dit veritablement ce qui est de mon intention, vous pouuez vous en aller à la bonne heure auec tous ceux qui sont dans vostre Nauire, pour vous acquitter de l'argent que vous auez receu de leur passage. Mais pour moy ie suis bien obligé d'vne autre sorte à ce Dieu si misericordieux, qui pour me sauuer a voulu mourir attaché en vne Croix. Auec cet esclaircissement le Capitaine s'en retourna en son Nauire, si confus et si estonné d'auoir ouy dire à ce bien-heureux Pere ces paroles accompagnées de quelques larmes, qu'après auoir raconté aux Portugais ce qui se passoit, il leur dist, que pour l'obligation qu'il leur auoit de l'argent qu'il auoit desia receu d'eux pour les remettre dans le port de Canton d'où ils estoient partis, il liuroit en leur pouuoir son Nauire auec toute la marchandise qui estoit dedans pour en faire à leur volonté, et que pour luy il protestoit de s'en retourner à terre, et de n'abandonner iamais le Pere, quoy qu'il en dûst arriuer. Cette saincte resolution du Capitaine fust appreuuée de tous les marchands, qui luy accorderent tout le temps qui pour cela lui estoit necessaire; de maniere que tous auec un sainct zele s'y estans accordez, le Nauire fut remis au mesme lieu où il estoit auparauant; de quoy le Pere fut grandement consolé et satisfaict, joint que les nouueaux Chrestiens en furent encouragez, et les Bonzes confus; car il leur desplaisoit infiniment de voir que la pauureté dont le Pere faisoit profession, et qu'ils calomnioient si fort, procedoit d'vn pur zele au seruice de Dieu, et non d'aucune disette comme ils disoient. Et d'autant qu'ils sçauoient tres-bien que le Roy estoit desia fort certain de cette verité, et le Pere resolu d'attendre tous les inconveniens qui luy pouuoient arriuer de ce qu'il leur disoit et leur preschoit, ils conclurent de rechef entr'eux, que le Fucarandono renouuelleroit la dispute qu'il auoit faite auparauant auec le Pere; de quoy ayant faict l'ouuerture au Roy, il leur en donna la permission sur certaines conditions bien contraires à celles qu'ils proposoient. La premiere fut, « Qu'on ne se querelleroit point en parlant trop haut, ny en termes de discourtoisie. » La seconde, « Qu'ils accorderoient ce qui seroit iugé raisonnable par les assistans. » La troisiesme, « Que sur la fin de la dispute la resolution se prendroit par le plus de voix. » La quatriesme, « Que ny par euxmesmes, ny par autry, ils ne destourneroient point la volonté de ceux qui se voudroient faire Chrestiens. » La cinquiesme, « Qu'en tous les argumens qui seroient proposez quand on voudroit nier, il y auroit des Iuges qui en resoudroient. Et la sixiesme, « Qu'ils aduoüeroient les choses qui par raison naturelle seroient prouuées et sousmises au iugement des hommes.» Mais pour le regard de ce dernier poinct ils s'y opposerent tous, disant, qu'il y alloit de leur honneur de s'assujettir au iugement des arbitres, s'ils n'estoient Bonzes comme eux. Le Roy neantmoins insista là-dessus, et voulut qu'ils en passassent par là, pource que telle chose luy sembloit raisonnable, si bien que voyant qu'ils ne pouuoient faire autrement, ils furent contraints d'y consentir. Voila donc que le lendemain le *Fucarandono* Superieur de *Miay Gimaa* ne manqua point de se rendre au Palais, accompagné de plus de trois mille Bonzes, qui s'estoient assemblez pour assister à cette dispute : mais le Roy ne voulut pas qu'il y en entrast plus de quatre, disant, que ce qu'il en faisoit estoit pour éuiter le desordre et la mutinerie, joint que ce leur seroit vn deshonneur d'estre trois mille contre vn seul. Alors ayant enuoyé querir le Pere, à qui il auoit desia donné aduis de cela, le Capitaine et les Portugais l'accompagnerent tous auec vn appareil beaucoup plus grand que ne fut celuy de leur premiere entre-veuë auec le Roy : car les plus honorables et les plus riches luy seruirent comme de valets auec un fort grand respect, ayant tous les genoux à terre, et tenans tousiours en main leurs toques garnies de perles, sans y comprendre les chaisnes d'or qu'ils auoient. Alors le Fucarandono et tous les autres Bonzes tindrent pour vn grand affront de voir tant de richesses, tant d'honneur et tant d'appareil, ce qui ne leur apportoit pas moins de desplaisir que d'estonnement; comme au contraire le Roy et tous les Seigneurs qui estoient dans sa chambre tesmoignoient d'en estre fort contens, et disoient les vns aux autres par maniere de raillerie contre les Bonzes : « Nous voudrions que nos enfans fussent aussi riches que cettuicy, et qu'on dist d'eux ce que l'on voudroit : car, pour en dire le vray, il n'y a pas vn de nous qui n'ait deux yeux, et le mensonge de ceux qui disent le contraire rend un assez bon tesmoignage qu'ils n'en parlent que par enuie. » Le Roy leur oyant dire ces paroles auxquelles il prestoit l'oreille, leur respondit en soubsriant : « Quand les Bonzes me parloient de ce Pere, ils me iuroient qu'aussitost que ie le verrois i'en aurois mal au cœur, ce que ie voulu croire d'abord, veu l'auctorité de ceux qui me le disoient. Mais ie voudrois à l'aduenir que leurs veritez pussent estre semblables à celle-cy. » Cependant le Fucarandono et ces autres Bonzes qui estoient auec luy se sentirent si affrontez de ces paroles et autres semblables que le Roy dist tout haut, et deuant tous en se gaussant auec ses Seigneurs qui estoient là presents, que de honte qu'ils en auoient il n'osoient point leuer les yeux, de quoy ils furent si ialoux et si desplaisans que le Fucarandono se tournant vers celuy des quatre Bonzes qui estoit là plus proche, luy dict tout bas : « A ce que mes yeux ont veu maintenant, et mes oreilles ouy, i'ay belle peur que nous partirons d'icy auec le mesme honneur que nous y receusmes la derniere fois, et possible y receurons-nous encore vn plus grand affront. » Apres que le Pere fut entré de la façon que i'ay dict en la chambre où estoit le Roy, accompagné de plusieurs Seigneurs, il le receut prez de luy auec vn fort bon accueil, luy faisant des honneurs auec aduantage par dessus tous les autres, et qui estoient presque esgaux à ceux qu'il rendoit à son frere ; puis comme il se fust vn peu entretenu auec luy, et qu'il eust faict imposer silence de toutes parts, il dit au Fucarandono, qu'il alleguast de la part des autres Bonzes, quelle raison ils auoient d'empescher qu'on ne receust dans le Iappon cette nouuelle loy que ce Pere estranger venoit prescher aux habitans de ce pays. Le Bonze vn peu plus doux et moins altier qu'auparauant, et s'accommodant à la basse extraction du lieu dont on disoit qu'il estoit sorty, respondit au Roy : « Que cette loy estoit tout à faict contraire aux leurs, et qu'elle tournoit au deshonneur des seruiteurs de Dieu; qu'au reste pour eux ils auoient faict vœu d'une religion en laquelle ils seruoient auec netteté de vie; mais que pour luy par de nouueaux preceptes il defendoit ce que les Cubucamas du vieux temps leur auoient permis, asseurant publiquement en toutes les assemblées où il se treuuoit, qu'en cela seulement qu'il leur preschoit consistoit le salut des hommes et non en aucune autre chose; et que ces saincts Fatoquins, Xaca, Amida, Gizon, et Canom, estoient en vne peine perpetuelle en la profonde fosse de la maison de fumée, liurez par droict de la iustice diuine au serpent glouton du manoir de la nuict, à cause de quoy il sembloit que pour raison d'vn sainct zele ils estoient tous obligez à euiter ce mal d'où en procedoient tant d'autres. » Alors le Roy prenant la parole dit au Pere, qu'il eust à respondre à cette plainte qui estoit vniuerselle, tant du costé de celuycy que des autres : sur quoy le Pere dressant les yeux et les mains au Ciel, pria le Roy de commander à Fucarandono de deduire en particulier les raisons que luy et les autres Bonzes auoient de se plaindre de ce qu'il disoit, et qu'alors il respondroit de poinct en poinct à chacune : qu'au reste ce qu'il plairoit à sa Majesté d'ordonner là-dessus auec tous les autres qui estoient là presents, demeurast pour determiné, sans que les Bonzes ny luy s'y opposassent; le Roy approuua cette proposition, suiuant laquelle il commanda qu'on y procedast de la façon que le Pere le desiroit, tellement qu'ayant de rechef imposé silence aux assistans, le Bonze demanda au Pere : « pour quel suiet il médisoit ainsi de ses Dieux ? » Le Pere respondit à cela : « qu'il le faisoit pource qu'ils estoient indignes de ce venerable nom de Dieu, que les ignorans leur donnoient, qui par loy de rayson et de verité n'appartenoit qu'au tres-haut Seigneur qui auoit formé le Ciel et la terre, de qui la toute-puissance et les merueilles incomprehensibles estoient des sujects trop hauts pour nos foibles entendemens, tant s'en faut qu'ils fussent capables de les conceuoir, qu'au demeurant par ce peu de choses que nos yeux nous monstroient de luy l'on pouuoit iuger qu'il estoit le vray Dieu, et non pas Xaca, ny Amida, ny Gison, ny Canom, qui n'auoient esté que des hommes fort riches, s'il en faloit croire ce qui en estoit escript dans leurs liures. A ces paroles du Pere tous respondirent qu'il sembloit auoir raison en ce qu'il disoit. Là-dessus le Bonze voulant adjouster vne replique à ce qu'il auoit desia mis en auant, le Roy luy dist, qu'il traitast d'vne autre matiere, pour ce que celle-là estoit desia decidée par les aduis des assistans. Le Bonze n'estant pas content de cela, passa outre en son dessein, et demanda au Pere : « Pour quelle raison il deffendoit que les Bonzes donnassent des lettres de change pour aller au Ciel, puisque par ce moyen les Ames estoient enrichies, et sans cela pauures et destituées de toutes commoditez ? » La repartie que le Pere fist à cela fut : « Que la richesse de ceux qui alloient au Ciel ne consistoit point en cochumiacos ou lettres de change, que les Bonzes leur donnoient tyranniquement, mais aux bonnes œuures qu'ils faisoient en cette vie, et que cette foy qui jointe à la charité rendoit les personnes dignes du Ciel, estoit celle qu'il leur preschoit, qui se nommoit la loy Chrestienne, de qui l'autheur auoit esté Iesus-Christ Fils de Dieu, qui s'estoit faict homme en ce monde, et auoit souffert la mort en Croix pour la redemption de tous les pescheurs, qui estant baptisez obserueroient ses commandemens et persisteroient en sa saincte foy iusques à la fin de leur vie : Qu'au reste cette mesme foy saincte et parfaicte n'estoit point si chiche ny si auare qu'elle fist exception de personne comme ils disoient, car elle ne vouloit point qu'il fust impossible aux femmes de se sauuer pour estre le sexe le plus foible par nature, ny de treuuer un remede à leur salut, comme ils leur donnoient à entendre, quelque peine qu'elles y prissent ; par où il estoit manifeste que leurs lois se fondoient plustost sur les interest de ceux qui les publioient, que sur la verité de ce Dieu qui auoit creé le Ciel et la terre, et pourueu au salut, tant des femmes que des hommes ; comme il luy auoit pû ouir dire quelquesfois. » Le Roy repartit à cela : « Ie treuue qu'il a vne grande raison en ce qu'il dict, » et tous les autres furent de ce mesme aduis, de quoy le Fucarandono et les quatre Bonzes demeurerent tous confus et honteux ; neantmoins aussi obstinez qu'auparauant en leurs fautes ; et bien que i'aye dict autrefois que ceux du Iappon sont plus raisonnables que tous les autres peuples de ces contrées, si est-ce que leurs Bonzes pour estre naturellement altiers, et pour la presomption qu'ils ont d'en sçauoir plus que les autres, tiennent pour vn grand deshonneur de se dédire de ce qu'ils ont vne fois mis en auant, ou de demeurer d'accord des poincts que les autres leur ont disputez, quand mesme ils sçauroient exposer mille fois leur vie pour cela.

CHAPITRE CCXIII.

Du surplus qui se passa entre les Bonzes et le Pere Xauier iusques à ce qu'il s'embarqua pour s'en aller à la Chine.

Pour tout ce que ie viens de dire, les disputes du bien-heureux Pere Xauier auec le Bonze Furacandono ne furent point acheuées : car cet infidele ayant joinct à son party six autres Bonzes, en qui il auoit grande confiance, ils le furent chercher plusieurs fois, luy proposant diuerses questions, dans lesquelles ils auoient tousiours beaucoup de choses à reprendre de nouueau contre la verité que le Pere leur preschoit. Ces disputes durerent plus de cinq iours, et le Roy s'y treuua tousiours en personne, tant pour estre bien aise de les ouyr par maniere de curiosité, comme pour s'acquitter de la parole qu'il donna au Pere la premiere fois qu'il le vid en cette ville de Fuchéo, comme i'ay dit cy-deuant. Pendant ce temps là tous les Bonzes, soit qu'ils le fissent pour l'embarasser, ou pour le mettre hors de credit, luy demanderent des choses que l'entendement humain n'a iamais imaginées, et quelquefois aussi de si extrauagantes et si faciles que les plus ignorans y eussent pû respondre auec peu de trauail; quelquesfois aussi ils traittoient de matieres fort hautes et de grande consequence, où suruenoient plusieurs contradictions de part et d'autre, i'en rapporteray seulement icy trois ou quatre, selon que mon esprit grossier me le pourra permettre, m'excusant de traitter des autres, à cause que celles-cy me semblent les principales; mais auparauant ie diray que ce bien-heureux Pere nous supplioit plusieurs fois de l'assister de nos prieres, nous asseurant qu'il en auoit grand besoing, tant pour la foiblesse de son esprit, que pour sçauoir que le diable parloit par la bouche de ces Ministres perturbateurs de la loy du Seigneur : ie diray donc qu'apres que les Bonzes luy eurent proposé quelques arguments, ils luy voulurent prouuer par vne philosophie du diable : « Que Dieu estoit entierement ennemy de tous les pauures, alleguant là-dessus, que puisqu'il leur refusoit les biens qu'il donnoit aux riches, c'estoit une marque bien euidente qu'il ne les aymoit point. » Mais le Pere ne se donna pas beaucoup de peine à refuter cette fausse proposition, faisant voir l'absurdité d'icelle par des raisons si claires, si apparentes, et si veritables, qu'encore que les Bonzes y repliquassent deux fois, neantmoins comme la verité ne souffre point de response valable, il leur fut force malgré leur naturelle arrogance et presomption, de fleschir soubs les raisons du Pere; et cettuicy estant abattu il en suruint vn autre à sa place, qui s'approchant du Pere luy dict : « Qu'il n'estoit nullement besoing de venir du bout du monde pour mettre dans la teste des gens, qu'aucun homme ne se pouuoit sauuer que par le moyen de la loy qu'il preschoit, et que hors de celle-là toutes les autres estoient inutiles : car, disoit-il, puisqu'il y a deux Paradis, l'vn au Ciel, et l'autre en la terre, de l'vn desquels seulement il faut iouyr de necessité par le commandement de Dieu, l'vn pour le trauail, et l'autre pour le repos, il est manifeste que la terre est le Paradis de l'homme, veu qu'entre tous ceux qui sont nais ça-bas, chacun en particulier faict gloire de s'y reposer, à sçauoir les Roys par leur puissance, et par l'Empire qu'ils ont sur toute la Monarchie terrestre, les Grands qui viennent apres, tels que sont les Princes, les Capitaines, les riches, et les puissants, en l'iniustice dont ils vsent enuers les plus petits, et le menu peuple dans les delices et les contentemens de la vie, de maniere que chacun pour soy et tous en general sont iuges de cet arrest qui se doit donner contr'eux ; joinct que les bestes mesmes et les bœufs pour auoir passé leur vie dans les afflictions et les trauaux, ont autant de droit de posseder le Ciel, que l'homme mesme, qui se porte d'inclination dans les effets du peché. » A ces objections il en adjousta plusieurs autres semblables, si brutales, et si extrauagantes que le Pere ne trauailla pas beaucoup pour les refuter et pour les confondre. En suitte de cela ils dirent : « Qu'ils ne nioient point que Dieu, comme tout-puissant, n'eust creé pour le seruice de l'homme toutes les choses qui se voyoient en ce bas monde, mais que celles qui s'en estoient depuis ensuiuies auoient eu de si grandes imperfections en leur nature, à cause de la tyrannie du peché, qu'à force d'estre ameres, dures, et sauuages, elles n'auoient aucune substance, de maniere que pour les reduire en la perfection de leur premier estre, il fut necessaire que d'elles nasquist Amida, qu'ils tenoient estre née huict cent fois pour donner vn estre parfait à huict cent especes de choses qu'il y a dans le monde : car si cela n'eust esté, comme il n'en faloit point douter, attendu que leurs liures les en asseuroient, il n'y auroit maintenant personne au monde, ny pas vne de toutes ces choses qui y auoient esté produites, si bien que cela presupposé il sembloit raisonnable que les hommes donnassent autant de loüange à Amida pour cette conseruation, qu'à Dieu mesme pour le bienfaict de la creation. » Le Pere n'allegua pas beaucoup de paroles pour leur rompre cet argument, et cette fausse Philosophie, le subject estant clair de soy, et l'objection de peu de substance; et quant aux raisons qu'allegua le Pere, elles furent telles que le Roy et la compagnie en demeurerent grandement satisfaits. Or pource que la ligue de tous ces sept Bonzes auoit esté menée par l'infernal ennemy, pere de tout discord, il aduint en ce mesme temps qu'ils se des-vnirent tellement entr'eux, et en vindrent en vne si grande diuision, que par trois ou quatre fois ils furent sur le poinct de se donner des soufflets en la presence du Roy; de quoy il se fascha grandement, et leur dist, « Que les choses de Dieu ne deuoient point estre disputées à coups de poing; mais auec vne vraye ardeur et auec un zele fondé sur la douceur, pource que Dieu ne se retiroit que dans vn esprit humble et doux pour y dormir un somme paisible. » Ces choses estant ainsi passées, le Roy se leua auec quelques-vns des Seigneurs qui l'accompagnoient pour s'en aller voir certains ieux qui se faisoient en la chambre de la Royne. Les Bonzes se retirerent aussi chacun à son quartier; et le Pere Xauier, ensemble le Capitaine et les autres Portugais s'en allerent en la maison des Chrestiens où ils passerent cette nuict. Le iour d'apres enuiron le soir, le Roy feignant de passer fortuitement par la ruë enuoya dire au Pere, « Qu'il s'en vinst voir son iardin, où l'on venoit de luy dire qu'il y auoit du gibier qui l'attendoit ; et partant qu'il s'armast tres-bien, à cause que ce iour-là il pourroit abattre encore vne couple de Milans des sept qui le iour precedent luy auoient voulu arracher les yeux. » Le Pere entendant fort bien cette metaphore, sortit incontinent à la ruë où le Roy l'attendoit à pied, n'ayant auec luy que trois ou quatre de ses fauorits. Alors l'ayant pris par la main, le Portugais se tenant vn peu à l'escart, il le mena auec beaucoup d'honneur par toutes les ruës iusques dedans son Palais, où les Bonzes s'estoient desia rendus auec quantité de Noblesse. Apres que le Roy se fût assis, et qu'à son accoustumée il eust commandé le silence, les Bonzes se mirent à mouuoir plusieurs autres questions sur le sujet du iour precedent, et monstrerent vn grand papier tout plein de responses que le Roy ne voulut point voir, disant, « Ce qu'on a desia iugé ne doit point estre decidé deux fois comme vous voulez; c'est pourquoy passez à d'autres matieres, car ce Pere est desia sur son embarquement, et ce Capitaine ne vous est pas si fort obligé, ny par deuoir de parent ny d'amy, qu'il vueille perdre son voyage pour vostre considération. C'est pourquoy concluez auec luy durant les deux iours qu'il doit demeurer icy, sinon retournez vous-en à Miay Gimaa d'où vous estes venus. » Les Bonzes luy respondirent à cela, qu'ils estoient tous prests de faire ce que sa Majesté leur commandoit; mais puisqu'ils estoient là tous portez, qu'ils le prioient fort de luy permettre de s'entretenir vn peu auec le Pere sur quelques choses fort bonnes qu'ils desiroient d'apprendre de luy; en quoy il n'y deuoit auoir aucune dispute pource qu'ils estoient desia tous preparez. Le Roy leur en donna la permission tres volontiers, et mesme il les pria de le faire ainsi. Alors s'estans approché du Pere, ils luy requirent tres instamment de leur vouloir pardonner le passé, et lui demanderent plusieurs choses fort curieuses et bonnes que le Roy fust bien aise d'ouyr, l'vne desquelles fut : « Qu'ils s'estonnoient fort de ce que toutes choses estant visibles à Dieu, tant les passées comme les futures à cause de son sçauoir infiny, il ne vid point en la creation des Anges le desordre que Lucifer et les autres deuoient faire en l'offensant, afin qu'il ne fust point necessaire pour raison de sa diuine Iustice de les condamner à vne peine perpetuelle? Que s'il vid cela, adjousterent ils (comme il le faut croire) que veut dire que sa misericorde diuine ne fut point esmeuë à mettre remede à vn mal d'où s'ensuiuirent tant d'autres, et tant d'offenses contre sa diuine Majesté ? Que s'il ne les vid point pour en demeurer iustifié, il s'ensuiuoit que ce qu'il publioit sur cette matiere estoit faux ? » Le Pere ayant vn peu pensé là-dessus respondit à cette demande des Bonzes, et leur declara fort amplement ce qui estoit de la verité de cecy. A quoy ils contredirent par fois auec des raisons si subtiles, que le Pere se tournant du costé de Duart de Gama qui estoit derriere luy, « Monsieur, luy dit-il, remarquez bien ce que vous oyez, et vous verrez que ce que ceux-cy mettent en auant ne vient point d'eux; mais plustost du diable qui les a instruicts làdessus; toutesfois la confiance que j'ay en Dieu me faict esperer que ce sera luy qui respondra pour moy. » Alors apres qu'on eust faict quelques instances sur ce sujet, pource que les Bonzes ne vouloient point demeurer d'accord des raisons qu'il leur donnoit, le Roy se voulust rendre arbitre de ce different, et leur dist, « A ce que ie puis auoir compris touchant ce sujet dont on a parlé iusques icy, le Pere me semble auoir raison en ce qu'il dict; mais c'est que la foy vous manque à vous autres pour cognoistre cette verité, car si vous l'auiez vous n'en viendriez point aux contradictions. Puis donc que la foy vous manque en cecy, aydez-vous de la raison entant qu'hommes, et n'abbayez point tous les iours comme chiens auec vne obstination si grande et si pleine de cholere, que la baue vous distille des levres comme à des mastins enragez qui mordent les gens. » Ces paroles du Roy furent approuuées des Seigneurs qui se mirent tous à rire; dequoy les sept Bonzes se fascherent fort, et s'adressans au Roy, « Quoy, Sire, luy dirent-ils, vostre Majesté permet-elle bien que tous ceux-cy fassent les Roys deuant elle? » Mais le Pere ayant pris la parole fut comme le mediateur de ce different, si bien que par ses prieres la chose se pacifia comme auparauant. Les Bonzes recommencerent donc leurs demandes, et durant quatre heures ils en firent de fort hautes, comme gens desquels on ne peut nier qu'ils n'ayent naturellement l'esprit beaucoup meilleur que tous les autres Gentils de ces contrées; par où il semble que la peine seroit beaucoup mieux employée à conuertir ceux-cy à la foy, que non pas ceux de Chingala, de Comorim et de Ceilam, non que ie vueille desauoüer pourtant que ce trauail ne fût tres-vtile aux vns et aux autres. Or pource que le Fucarandono, comme plus docte que tous ses compagnons, ne demandoit pas mieux que d'embarasser le Pere par ses demandes, et en tirer son aduantage, voulust sçauoir de luy, « Pour quelle raison il imposoit des noms sales au Createur de toutes choses, et aux saincts qui estoient là haut au Ciel qui luy chantoient des loüanges? et pourquoy il le diffamoit l'appellant menteur, puisqu'il n'y auoit celuy qui ne crût qu'il estoit Dieu de toute verité? » Mais pour donner à entendre ce qui l'incitoit à dire cecy, il faut sçauoir que ceux du Iappon appellent le mensonge *Diusa;* et pource que lors que le Pere preschoit, il disoit que la Loy qu'il leur venoit annoncer estoit la vraye Loye de Dieu, à cause qu'ils ne pouuoient prononcer ce mot comme nous pour auoir la langue plus grossiere, au lieu de dire *Dieu* ils disoient *Dius;* tellement que ce fût de là que les seruiteurs du diable prirent sujet de faire accroire aux leurs que le Pere estoit vn diable incarné, qui venoit diffamer Dieu du nom de menteur. Mais les assistans furent grandement satisfaits de la response que le Pere donna à cet argument, et dirent tous d'une commune voix, *Sitaa, Sitaa,* qui signifie, *C'est assez, assez;* comme s'ils eussent dict, nous demeurons d'accord de ce que tu dis; et afin que l'on sçache encore pourquoy les Bonzes disoient que le Pere donnoit aux saincts des noms sales; cela procedoit de ce qu'ayant acheué la Messe il auoit accoustumé de dire la Letanie auec les autres Chrestiens, en laquelle ils prioient nostre Seigneur pour l'augmentation de la foy

Catholique; et en cette mesme Litanie il disoit tousiours, comme c'est la coustume, *Sancte Petre ora pro nobis : Sancte Paule ora pro nobis;* et ainsi des autres saincts. Et d'autant qu'en langue du Iappon le mot *Sancti* est encore sale et infame; ce Bonze voulust inferer par là que le Pere imposoit de vilains noms aux saints. Mais il luy respondit si pertinemment là-dessus, et luy declara si bien la verité de ce qu'il entendoit par cela, que le Roy fût infiniment aise de le sçauoir, et tousiours depuis il recommanda au Pere qu'il ne dist plus *Sancte;* mais *Beate Petre, Beate Paule,* et ainsi des autres saincts; pource que les Bonzes comme meschans qu'ils estoient auoient desia rendu ce nom contagieux deuant le Roy. Par mesme moyen s'estant mis à continuer leurs argumens, non pour aucun zele qu'ils eussent de se conuertir, ny de s'instruire par ces demandes, mais seulement afin de calomnier la Loy de Dieu, et troubler ces siens seruiteurs, ils luy dirent, Si Dieu qui est vne sapience infinie, voyoit que cette œuure qu'il faisoit en creant l'homme deuoit estre cause qu'il se commettroit une grande offense contre luy, pourquoy ne s'en empeschoit-il, comme selon les apparences il sembloit qu'il eust esté beaucoup meilleur, afin d'aller au deuant de ce qui arriua depuis? A cela de mesme qu'au reste le Pere apporta des raisons si claires et si valables, qu'il n'en fallut point dauantage pour les confondre en ce poinct comme en tous les autres. Mais d'autant que la foiblesse de mon esprit ne me permet de rapporter icy toutes ces responses, comme ie l'ay desia confessé plusieurs fois; joint que ce n'est pas à faire à moy à me mesler de telles affaires, ie les passeray sous silence, me contentant de dire que tous ceux qui se treuuerent là presens, et qui les ouyrent en furent fort satisfaicts; ce qui n'empescha pas que les Bonzes n'employassent deux et trois heures en plusieurs repliques qu'ils luy firent. Mais enfin s'accordant à cette derniere contre leur volonté, ils se mirent à demander, « Que vouloit dire qu'Adam ayant esté tenté par le serpent, et Dieu ayant enuoyé son Fils au monde pour rachepter les descendans du mesme Adam, il n'auoit pas vsé en cela de la diligence que requeroit vne si grande necessité? » A quoy il adjousta, « Que si le Pere luy respondoit là dessus, que Dieu l'auoit faict pour monstrer aux hommes la laideur et l'énormité du peché, cette raison ne suffisoit pas pour empescher qu'il ne fust coulpable en la nonchalance de ce delay. » A cette derniere objection le Pere luy respondit selon sa coustume, c'est à dire auec des raisons si claires et si pertinentes, qu'il n'estoit pas possible d'y repliquer. Mais pour tout cela ils ne laïsserent pas de continuer en leurs extrauagances, et se monstrerent si endurcis contre les raisons que le Pere leur alleguoit, que le Roy ennuyé de la grande opiniastreté auec laquelle il leur voyoit nier les paroles de ce seruiteur de Dieu, se leua de son siege disant, « Ceux qui veulent disputer sur vne Loy telle que celle-cy, qui est si bien fondée sur la raison n'en doiuent pas estre si esloignez que vous estes. » Cela dit, il prist le Pere par la main, accompagné de tous les grands du Royaume qui estoient auec lui, et le mena iusques à la maison des Chrestiens où il se retiroit; de quoy tous les Bonzes furent grandement desplaisans et honteux, si bien qu'ils disoient tout haut et publiquement, « Que le feu du Ciel eust à tomber sur le Roy, puisqu'il se laissoit abuser si facilement par vn sorcier, faineant et sans nom. »

CHAPITRE CCXIV.

De la grande tourmente que nous eusmes passant du Iappon à la Chine, et comme nous en fusmes deliurez par les prieres de ce seruiteur de Dieu.

Le lendemain matin apres que nostre bienheureux Pere et tout autant de Portugais que nous estions auec luy eusmes pris congé du Roy, qui luy fist tout l'honneur et le bon accueil qu'il auoit tousiours accoustumé de luy faire, nous nous embarquasmes tous ensemble et partismes de cette ville de Fucheo. Nous estant mis à la voile nous continuasmes nostre route à veuë de terre iusques à vne Isle du Roy de Minacoo, et à la faueur des vents de saison nous passasmes outre par l'espace de sept iours, à la fin desquels le mauuais temps nous assaillit du costé du Sud par la conjonction de la nouuelle Lune, et se redoubla de telle sorte, qu'à cause des pluyes et autres telles apparences d'Hyuer nous fusmes contraincts de reuirer, mettant la prouë à rhomb du Nord-nord-oüest par vne mer incognuë où iamais peuple n'auoit nauigé; de maniere que sans sçauoir la route que nous tenions nous abandonnasmes le tout à la mercy de la fortune et du temps; car nous fusmes assaillis d'vne tourmente si impetueuse et si excessiue qui dura cinq iours entiers, que les hommes n'en ont iamais imaginé de semblable. Durant tout ce temps là nous ne vismes iamais le Soleil, si bien que le Pilote ne pouuoit prendre aucunes hauteurs pour sçauoir où nous estions; tellement que sans compter ny les minutes, ny les degrez; il se laissoit conduire où sa foible opinion le guidoit, à l'endroict des Isles des Papuas, Zelebres et Mindanous, qui estoient à six cent lieuës de là. Au second iour de cette tourmente enuiron le soir la mer s'enfla de telle sorte, et les vagues monterent si haut, que l'impetuosité du Nauire ne les pouuoit rompre; à cause de quoy par l'aduis des officiers du Nauire il fut resolu de rompre toutes les œuures du chapiteau iusqu'au tillac, afin que par ce moyen le Nauire fût plus à son aise, et qu'il pût mieux obeyr au gouuernail. Apres qu'on eust fait cela auec toute la diligence possible, pource qu'il n'y auoit pas vn de nous qui ne s'occupast à ce trauail; l'on mist ordre à s'asseurer du batteau lequel fût attaché au bord du Nauire auec assez de peine; et pource que la nuict suruinst fort obscure deuant qu'on eust acheué ce trauail, ceux qui estoient dans la chalouppe ne pûrent r'entrer dans le Nauire; tellement qu'il leur fût force d'y passer la nuict s'y treuuant 15. de nombre, dont il y en auoit 5. de Portugais, et les autres estoient tous esclaues et Mariniers. En ces trauaux et en toutes ces infortunes ce bien-heureux Pere nous accompagnoit tousiours tant de nuict que de iour, souffrant la mesme fatigue que chacun de nous; et comme d'vn costé il trauailloit de sa personne, de l'autre il nous encourageoit et nous consoloit; de maniere qu'apres Dieu luy seul estoit le Capitaine qui nous animoit, et qui nous faisoit prendre haleine pour ne fleschir sous le trauail, et ne nous abandonner du tout au hazard, comme quelques-vns vouloient faire s'il ne les en eust empeschez. Enuiron la minuit les quinze qui estoient dans la chalouppe, s'escrierent tous ensemble, Seigneur Dieu, misericorde; si bien que tous ceux qui estoient dans le Nauire estans accourus à mesme temps pour sçauoir ce que c'estoit, ils virent sur l'horizon de la mer la chalouppe qui estoit à la driue, pource que les deux chables qui la tenoient attachée s'estoient rompus. Ce desastre ayant esmeu le Capitaine, sans considerer aucunement ce qu'il faisoit, il fist aller le Nauire par le sillage du batteau, croyant que par ce moyen il le pourroit plustost sauuer; mais d'autant que le vaisseau ne s'accommodoit point aisément au timon pour le peu de voile qu'il y auoit; cela fût cause que le Nauire demeura costé à trauers entre deux vagues, dont l'vne se desborda sur la pouppe, et couurist tout le tillac d'vne si grande abondance d'eau, que peu s'en fallut qu'elle ne coulast tout à faict à fonds. Alors ceux qui estoient dans le Nauire firent vn grand cry, et prierent instamment la Vierge qu'il luy plûst les secourir à ce besoin. Le Pere y accourut aussi-tost, qui lors que cela suruint estoit à genoux, et appuyé sur vne quaisse dans la chambre du Capitaine. Mais comme il vid le triste équipage où estoit le Nauire, et nous pesle-mesle les vns sur les autres, estourdis des coups que l'on auoit donnés aux poulaillers, alors haussant les mains et les yeux en haut, « O Iesus-Christ, dit-il, amour de mon ame, secourez nous Seigneur, par les cinq playes que vous auez souffertes pour nous en l'arbre de la Croix. » Et en cet instant il aduint miraculeusement que le Nauire gaigna le dessus de la vague; l'on accourut incontinent en diligence pour preparer la bonde qui estoit mise au trinquet en lieu de papefiq, si bien qu'il plûst à nostre Seigneur qu'elle demeurast droicte, et alors dressant toutes les voiles en pouppe, la chalouppe disparut tout à faict. Sur quoy tous se mirent à pleurer, et à prier pour les ames de ceux qui estoient dedans. En cette triste aduenture nous passasmes tout le reste de la nuict auec beaucoup de trauail. Le lendemain si tost qu'il fust iour, d'aussi loin que l'on pouuoit regarder du haut de la hune par toute cette large estenduë, on n'apperceuoit autre chose que les flots de la mer qui se creuoient en escume blanche. Il y auoit vn peu plus d'vne demie heure qu'il estoit iour, quand le bien heureux Pere Xauier qui s'estoit retiré dans la chambre du Capitaine, s'en vint au chapiteau où estoit le Maistre du Nauire, le Pilote, et autres six ou sept Portugais; apres leur auoir donné le bonjour à tous auec vn visage ioyeux et serein, il demanda s'ils ne voyoient point paroistre la chalouppe; à quoy il fust respondu, Nenny : il pria là-dessus le Maistre Pilote d'enuoyer vn des Mariniers à la hune, pour voir s'il ne la descouuriroit point. A mesme temps vn de ceux qui estoient là presents prenant la parole, Elle paroistra, dit-il, quand il s'en perdra vne autre. Le Pere luy repartit à cela, O Pedro Velho, ainsi s'appelloit le Marinier, que vous auez bien peu de foy! Quoy? pensez vous qu'il y ait quelque chose d'impossible à nostre Seigneur? pour moy i'ay tant de confiance en luy, et en sa tres-sacrée Mere la Vierge Marie, à qui i'ay promis de dire trois Messes en sa bien-heureuse maison du Mont à Malaca, que i'espere qu'ils empescheront que les ames qui sont dans ce batteau ne perissent. A ces paroles Pedro Velho demeura si confus et si estonné, qu'il ne dist plus vn seul mot. Cependant le Maistre Pilote pour satisfaire à la priere que le Pere venoit de luy faire, monta en personne à la hune auec vn autre Marinier, où apres auoir guetté de toutes parts bien prés d'vne demie heure ils firent leur rapport, qu'en toute la mer il ne paroissoit aucune chose ; sur quoy le Pere leur repliqua, Descendez donc puis qu'il n'y a plus rien à faire ; et m'ayant appellé au chapiteau où il estoit alors fort triste, à ce que tous en pouuoient iuger, il me dist que ie l'obligerois de luy faire tiedir vn peu d'eau afin d'en boire, pource qu'il auoit l'estomach fort foible. Mais ie fus si malheureux que mes pechez me priuerent du bien de luy rendre ce bon office ; pource que le iour d'auparauant que la tourmente estoit arriuée, l'on auoit ietté le foyer dans la mer pour alleger le tillac. Alors s'estant plaint à moy que la teste luy faisoit grand mal, auec des foiblesses qui le saisissoient de fois à autre, ie luy respondis, Il ne se peut faire autrement que vostre Reuerence ne soit ainsi indisposée, puis qu'il y a 3. nuicts qu'elle ne dort point, et qu'elle n'a point mangé possible vn seul morceau ; car vn des valets de Duart de Gama me l'a ainsi rapporté, « Ie vous asseure, repartit le Pere, que ie suis fasché du desplaisir de ce ieune garçon, et de le voir si desconforté, que de toute la nuict passée depuis que le batteau s'est perdu, il n'a cessé de pleurer la perte d'Alonzo Caluo son nepueu qui y est dedans auec ses autres compagnons. » Voyant alors que le Pere baailloit à tous coups, vostre Reuerence, luy dis-je, feroit bien ce me semble de se retirer vn peu dans ma petite chambre ; car possible elle y pourroit reposer, offre qu'il accepta, luy disant, que cela soit donc ainsi pour l'amour de Dieu. Là-dessus il me pria fort d'enuoyer vn garçon Chinois que i'auois, pour fermer la porte sur luy, et de n'en bouger afin qu'il eust à luy ouurir quand il l'appelleroit; ce qu'il me dist enuiron les 6. ou 7. heures. Ainsi s'estant retiré dans ma chambre, il y demeura tout le iour iusques à Soleil couché; et d'autant qu'il m'aduint alors d'appeller mon garçon qui estoit à la porte (comme i'ay dict) pour luy demander qu'il me donnast un peu d'eau, ie l'enquis par mesme moyen si le Pere dormoit, Il n'a iamais dormy, me respondit-il, et il est encore à genoux sur la couchette où il pleure, ayant le visage panché en bas. Sur quoy ie lui dis qu'il retournast derechef s'asseoir à la porte, et qu'il accourust si tost qu'il l'appelleroit. De cette façon le Pere n'ayant cessé de vacquer à l'oraison iusques à Soleil couché, sortit enfin de la chambre, et s'en vint au chapiteau où tous les Portugais estoient assis à terre à cause des grandes secousses et branslemens du Nauire. Apres les auoir saluez il demanda au Pilote si le batteau paroissoit? A quoy le Pilote luy fist response, que par raison naturelle il estoit impossible qu'il ne fust perdu parmy de si grosses vagues, et que presupposé qu'il plût à Dieu le sauuer miraculeusement, il estoit à plus de cinquante lieuës de là. Il le semble ainsi naturellement, luy repartit le Pere, Mais ie serois bien aise puis qu'il n'y a rien de perdu en cela, que pour l'amour de Dieu vous voulussiez retourner à la hune, ou y enuoyer quelque Marinier, qui d'enhaut portast ses yeux par toute l'estendue de la mer. Le Pilote luy ayant dict qu'il s'y en iroit tres volontiers, il monta en haut auec le Contre-Maistre, plus pour satisfaire au desir du Pere, que pour aucune opinion qu'il eust de pouuoir par raison descouurir ce qu'il pretendoit. Ils y furent tous deux vn assez long-temps, et affirmerent enfin qu'ils n'auoient apperceu aucune chose en toute la mer; ce qui attrista fort le Pere au iugement de tous, de maniere qu'appuyant sa teste sur le chapiteau, il fut là quelque temps à sangloter comme s'il eust voulu pleurer. Puis ayant pris vn peu d'haleine pour tascher de respirer en la tristesse qu'il sentoit, il haussa les mains au Ciel, et dist les larmes aux yeux,

O Iesus-Christ, mon vray Dieu et Seigneur ! par les merites de vostre sacrée Mort et Passion ie vous prie d'auoir pitié de nous, et de sauuer les ames des fideles qui sont esgarées dans ce batteau. Cela dict il pencha de rechef la teste sur le chapiteau, où il demeura appuyé par l'espace de deux ou trois *Credo* comme s'il eust dormy ; et alors vn petit garçon qui estoit assis sur les hauts-bancs se mist à crier, *Miracle, Miracle,* voicy nostre batteau. Tous ceux du Nauire accoururent à cette voix, et à l'heure mesme ils apperceurent le batteau dans la mer, où il n'estoit qu'à la portée d'vne harquebuze, vn peu plus ou moins ; tellement que tous estonnez d'vne chose si nouuelle et si extraordinaire, ils se mirent à pleurer pesle-mesle comme des enfans, sans qu'on se pust ouyr l'vn l'autre dans le Nauire pour les grands cris qu'on y faisoit. Tous accoururent alors vers le Pere pour se ietter à ses pieds ; mais luy ne le voulant point permettre, se retira en la chambre du Capitaine, et s'y enferma dedans afin qu'aucun ne parlast à luy. Tous ceux qui estoient du batteau furent incontinent recueillis dans le Nauire, auec toute la resiouyssance et tout le contentement qu'on pourroit auoir en semblable cas. Et voila pourquoy ie me desiste maintenant de raconter icy les particularitez de cet accueil, à cause que c'est vne chose qui se peut mieux penser qu'estre escrite. Ainsi apres qu'on eust passé le peu de temps qui restoit, iusqu'à ce qu'il fust nuict close, ce qui arriua vne demie heure apres, le Pere fist appeller le Pilote par vn petit garçon, et luy dist qu'il louast Dieu qui auoit faict ces merueilles, et qu'à l'heure mesme il fist tenir prest le Nauire, à cause que le mauuais temps ne seroit pas de longue durée. L'on satisfist à l'heure mesme au desir du Pere auec toute la diligence possible; et auec cela l'on fist les deuotions qu'il auoit enjointes, d'où il s'ensuiuit qu'auparauant que la grande vergue fust en haut, et que les voiles fussent dressées, la tourmente se calma tout à faict, si bien qu'estant accueillis du vent de Nord nous continuasmes notre route auec beaucoup d'allegresse et de contentement d'vn chacun; ce miracle que ie viens de dire estant arriué le 17. iour de Decembre l'an 1551.

CHAPITRE CCXV.

Des diuerses choses aduenuës à ce bien-heureux Pere iusques à son arrivée à la Chine, et comment il rendit l'esprit.

Ainsi nous estans remis à la voile, en ce mesme endroict où il plût à nostre Seigneur par sa misericorde infinie, et par les prieres de ce bien-heureux Pere nous faire une si grande faueur par le miracle dont i'ai parlé cy-deuant, il permist qu'en treize iours de temps de nostre voyage nous arriuasmes au Royaume de la Chine, et nous mismes à l'ancre au port de Sanchan, où nous faisions en ce temps-là nostre commerce. A nostre arriuée, pource que la saison s'en alloit desia passée, nous n'y treuuasmes qu'vn seul Nauire duquel estoit Capitaine Diego Pereyra, encore auoit-il desia les vergues hautes pour faire voile à Malaca le iour d'apres. Ce fut donc en ce mesme Nauire que s'embarqua le Pere Xauier, pource que celuy de Duart de Gama dans lequel il estoit venu du Iappon, ne pouuoit partir, et il falloit de necessité qu'il s'en allast hyuerner à Siam, pource qu'il estoit tout ouuert par la prouë à cause des grandes secousses qu'il auoit euës en la tourmente dont i'ai parlé cy-deuant, si bien qu'il ne pouuoit passer outre ; joint qu'il falloit qu'il s'arrestast là pour s'y pourueoir de plusieurs choses qui luy estoient necessaires. En ce voyage que le Pere fist de la Chine à Malaca, en la compagnie de Diego Pereyra qui estoit fort son amy, il luy raconta en quel estat estoient les affaires de la Chrestienté dans le Iappon, et combien il luy importoit de trauailler de tout son possible pour voir s'il ne se pourroit point donner vne entrée à la Chine, tant pour y prescher l'Euangile, et y donner cognoissance à ces Gentils de la Loy de nostre Seigneur Iesus-Christ, que pour acheuer d'y prendre vne conclusion auec les Bonzes du Royaume d'Omanguche, qui se voyant conuaincus par les conferences et les disputes qu'il auoit euës auec eux touchant les poincts de nostre foy, luy auoient respondu pour conclusion, que les Loix qu'ils preschoient et qu'ils auoient receuës du Iappon depuis six cent ans leur sembloient si bonnes et si appreuuées, qu'ils ne s'en desdiroient iamais pour rien du monde, sinon quand ils sçauroient que luy mesme auroit conuaincu ces Chinois par les propres raisons dont il s'estoient serui, pour leur faire auoüer que la loy qu'il leur preschoit estoit bonne, veritable, et digne d'estre ouye, à cause de quoy ce seruiteur de Dieu pour le grand zele qu'il auoit de son honneur et de sa foy, se resolut de ne demeurer point en si beau chemin et de passer outre, tant pour acheuer de prendre conclusion auec les vns, que pour donner cognoissance de cette verité aux autres, si bien que pour cet effect il fist voile aux Indes en intention de rendre compte de toutes ces choses au Vice-Roy, et le prier qu'il l'assistast des moyens possibles à faire reüssir son dessein. Mais auparauant le Pere mist cette affaire en deliberation, et la proposa à ceux qui lui sembloient les plus experimentez, de quoy il leur demanda leur aduis, à cause qu'ils auoient vne grande cognoissance de cette Monarchie de la Chine. Ils respondirent là-dessus, qu'il n'estoit pas possible au Pere d'entrer pour ce sujet à la Chine en quelque façon que ce fust, si ce n'estoit que le Vice-Roy des Indes enuoyast là auec luy vn Ambassadeur au nom du Roy nostre souuerain Seigneur, pour mieux authoriser cette affaire, auec quelque grand present, luy faisant offre d'vne nouuelle amitié auec les complimens et les termes dont on a coustume d'vser en parlant au Roy de ce grand Empire. Et d'autant que pour vne chose de cette importance il estoit besoin d'vn grand équippage et d'vn fort riche present, il mettoit fort en doute si le Vice-Roy y voudroit entendre; dequoy le Pere tesmoigna d'auoir bien du sentiment, pource que cela luy sembloit veritable; joinct que d'vn autre costé il examinoit les inconueniens que le temps et les incommoditez de l'Estat des Indes pourroient causer pour cela. Neantmoins on ne laissa pas d'entrer plusieurs fois en conference touchant l'importance de ce voyage, iusques à ce qu'en fin Diego Pereyra s'offrit d'en prendre la charge pour le seruice de Dieu; et auec cela pour la grande amitié qu'il portoit au Pere, de le mettre dans la Chine aux despens de son bien, et de faire les choses qui seroient necessaires, tant pour le present que pour tout le reste; offre que le Pere accepta tres-volontiers, et dont il luy promist de le faire recompenser au Roy de Portugal. Auec cette resolution nous arriuasmes à Malaca, où le Pere s'embarqua tout aussi-tost pour s'en aller en l'Inde, et Diego Pereyra demeura au port de Malaca auec son Nauire, en intention de faire voile à Sunda afin d'y charger du poiure. Cependant il enuoya en la compagnie du Pere vn sien facteur nommé Francisco de Caminha, auec la valeur de trente mille ducats, tant en musq qu'en soyes, afin de s'en seruir à acheter tout ce qu'on iugeroit necessaire. Comme le Pere fut arriué à Goa, il communiqua son dessein au Vice-Roy Dom Alphonse de Norohoma, qui loüant grandement vne si saincte intention, s'offrit à l'ayder de tout ce qui luy seroit possible. Tellement que le Pere fort content de cette responce du Vice-Roy, se pourueut le plus promptement qu'il pût de tout ce qui luy faisoit besoin. Apres qu'il eust donc receu les patentes que le Vice-Roy addressoit à Dom Aluaro de Taydé, qui estoit pour lors Capitaine de la forteresse, par lesquelles il donnoit commission à Diego Pereyra, de s'en aller à cette saincte iournée pour Ambassadeur vers le Roy de la Chine, il fit voile de rechef à Malaca : Mais y estant arriué il treuua que le Capitaine ne voulut point faire le contenu de ses lettres, ce qui proceda principalement de ce qu'au temps que le Pere y arriua, le Capitaine estoit en tres-mauuaise intelligence auec Diego Pereyra, pour luy auoir refusé dix mille ducats qu'il luy vouloit emprunter, de maniere que, quelque peine que prist le Pere pour les accorder et vuider ce different par le moyen de son eminente vertu, il n'en pût iamais venir à bout : car comme cette querelle estoit fondée sur la haine et sur l'auarice, le diable y mettoit le feu de plus en plus, d'où il s'ensuiuit qu'apres auoir trauaillé vingt-six iours à cela auec beaucoup de diligence, le Capitiane ne voulut iamais accorder au Pere ce qu'il luy demandoit, ny permettre à

Diego Pereyra de le mener à la Chine, comme il en auoit l'ordre exprez par les patentes du Vice-Roy; joint qu'on auoit desia faict pour cela de grandes despences. Or pour mieux colorer sa malice il donnoit sur chaque mot de nouuelles explications aux patentes du Vice-Roy, mettant en auant par maniere de raillerie : « Que ce Diego Pereyra, dont le Vice-Roy entendoit parler, estoit vn Seigneur qui demeuroit en Portugal, et non pas cet autre que le Pere luy presentoit, qui n'auoit esté qu'vn simple valet de Gonçallo Contino, et qui n'estoit pas homme de la qualité d'estre enuoyé pour Ambassadeur vers vn si grand Monarque qu'estoit le Roy de la Chine. » Voila comment se passa cette affaire, qui fut cause que quelques-vns des plus honorables, esmeus d'vn pur zele de l'honneur de Dieu, et voyants que cette affaire alloit touiours de mal en pis, sans que le Capitaine voulust entendre aucune raison, ny considerer ce qu'on luy representoit, s'assemblerent tous vn matin, et le prierent de ne se vouloir point rendre coulpable d'vne chose qui importoit si fort à l'honneur de Dieu, et dont il luy faudroit rendre vn compte bien estroit en l'autre vie; qu'au reste il iettast la veuë sur ce que tout le peuple publieroit contre luy s'il falloit qu'il empeschast qu'vn homme si sainct qu'estoit le Pere Xauier, s'en allast prescher la loy de Iesus-Christ à ces Gentils, sans considerer qu'il sembloit veritablement que N. S. I. C. se vouloit seruir de luy pour ouurir en ce païs vne porte à son Euangile pour le salut de tant d'ames. Mais l'on tient que ce Capitaine au lieu d'estre esmeu par ces paroles n'y fist point d'autre responce sinon : « Qu'il estoit desia assez vieil pour n'auoir besoing de conseil, et que si le Pere vouloit prendre cette peine pour Dieu, qu'il s'en allast au Bresil ou à Manamotapa, où il y auoit des infideles aussi bien qu'à la Chine : qu'au reste il auoit iuré que tant qu'il seroit Capitaine, Diego Pereyra ne s'y en iroit iamais ny en qualité de Marchand, ni d'Ambassadeur, et que si Dieu luy en demandoit compte il le luy rendroit. » Il adioustoit à cela, que le voyage que Diego Pereyra pretendoit faire à la Chine, sous l'ombre du Pere afin d'en emporter cent mille ducats de profit, n'appartenoit proprement qu'à luy pour recompense des seruices du Comte Admiral son pere, et non pas à vn vallet de Dom Gonçallo Conthino, que le Pere François vouloit supporter sans raison en vne chose si mal faicte ; et cela dit, il le renuoya : alors le superintendant des finances, le facteur, et les officiers de la doüane voyant l'extrauagante responce que le Capitaine leur auoit renduë, s'en allerent tous vn matin luy faire vne requeste de la part du

Roy, par laquelle ils luy representoient qu'il y auoit vne ordonnance en leur doüane faicte par les Gouuerneurs precedens, qui enioignoit expressement, que pour quelque subjet que ce fust l'on n'eust à s'opposer au voyage d'aucun nauire qui voulust faire voile dehors, pourueu qu'il s'obligeast à s'en reuenir payer les droits, et que suiuant cela Diego Pereyra leur auoit faict vne requeste, en laquelle il leur exposoit par escrit, qu'il s'obligeoit à donner au Roy des seuls droits de son nauire, trente mille ducats, pour les necessitez de la forteresse, dont il payoit la moitié comptant, et donnoit caution du reste, iusques à ce qu'il fust de retour. Que cela estant, ils les prioient instamment de ne luy vouloir point oster son voyage, pource qu'en cas qu'il l'en frustrast sans subject, comme il n'en auoit aucun, ils protestoient que le Roy prendroit ces deniers sur les biens mesme du Capitaine. La responce qu'il leur fit fut, que si pour les droits de son nauire Diego Pereyra s'obligeoit de payer au Roy la somme de trente mille ducats, comme il disoit, luy s'obligeoit aussi à eux, en consideration de la requeste qu'ils luy faisoient, de leur donner trente mille coups de baston auec la hampe d'vne hallebarde qu'il voyoit là deuant luy, et ce disant il se ietta sur vn ratelier pour faire ce qu'il disoit, ce qui fist qu'ils gaignerent bien viste la porte. En ce different nous passasmes vingt-six iours entiers depuis nostre arriuée, sans qu'il y eust iamais moyen d'adoucir cette obstination du Capitaine, au contraire il vsa enuers le Pere de certains termes qui estoient tout à faict contre la raison et le respect qui se deuoit à son authorité et à sa vertu. Neantmoins ce grand seruiteur de Dieu se voyant ainsi persecuté par des iniures et des noms infames que luy donnoit le Capitaine, souffrit le tout auec vne merueilleuse patience, sans qu'on luy ouyst iamais faire autre responce, sinon que leuant les yeux au Ciel il disoit: *Benist soit Iesus-Christ*, paroles qu'il proferoit auec la mesme ardeur qu'elles sortoient de son ame, non sans respandre par fois des larmes en abondance. Aussi disoit-on publiquement dans Malaca: «Que si ce bon Pere desiroit, comme il y en auoit bien de l'apparence, d'estre martyrisé pour l'amour de Dieu, que cette persecution luy tenoit lieu d'vn assez grand martyre.» Et sans mentir il faut que i'aduouë qu'à chasque fois que ie me represente, comme i'ay veu de mes yeux les grands honneurs que le Roy de Bungo, tout Gentil qu'il estoit, fist à ce bien-heureux Pere dans le Iappon, pour auoir seulement ouy dire qu'il estoit homme qui donnoit cognoissance de la loy de Dieu, comme i'ay rapporté cy-deuant, et le mauuais traittement que ie luy vis faire depuis dans Malaca, i'en demeuray tout hors de moy-mesme, et croy veritablement qu'il n'est point de vray Chrestien qui ne soit obligé de s'en estonner aussi bien que moy; neantmoins sans auoir égard à tout cela, le Pere ne laissa pas de s'embarquer dans ce mesme nauire, pour prendre la route de la Chine, mais d'vne façon bien differente de celle auec laquelle il deuoit partir en la compagnie de Diego Pereyra. Quant à luy il ne bougea de Malaca, cependant que son nauire ne laissa pas d'y faire voile aux despens du Capitaine et de tous les associez; lesquels mirent dans ce nauire vn Capitaine à leur volonté, si bien que le Pere se trouua desnué de tout, sans auctorité, et reduit aux aumosnes du Contre-maistre, sans emporter autre chose qu'vne soutane qu'il auoit vestuë. Mais comme son intention auoit tousiours esté de s'en aller souffrir le martyre parmy les infideles pour la confession de la verité qu'il leur preschoit, il n'y mettoit point d'empeschement de son costé, et il n'y auoit rien qui luy pût seruir d'obstacle en cela, tellement qu'il voulut bien s'embarquer et se remettre de ce voyage à ce que le temps en ordonneroit. Or comme tous estoient desia prests à partir, deux heures apres la minuict le Contre-maistre enuoya vn sien nepueu à nostre

Dame du Mont, où estoit ce bon Pere, pour luy dire que sa Reuerence s'embarquast promptement dans la Manchua qu'il luy enuoyoit, pource qu'on s'en alloit faire voile. Le Pere ayant appris ces nouuelles sortit incontinent avec ce ieune garson qu'il prist par la main, et auec deux autres ses deuots qui l'accompagnerent iusques au lieu où estoit le nauire, à sçauoir tout aupres de la forteresse, où l'vn de ces deux qui estoit Iean Suarez pour lors Curé de Malaca, qui depuis demeura en ce Royaume de Portugal en la ville de Couïlham, grandement triste de voir embarquer le Pere, il luy dist en prenant congé de luy : « Il me semble que puisque vostre Reuerence s'embarque pour vn si long voyage, qu'elle feroit bien de parler au Capitaine Dom Aluaro, pour fermer la bouche à ses confidens qui publient que le Capitaine dit que vostre Reuerence s'est ressentie du passé comme homme qu'il est. » A quoy le Pere fit responce, ayant desia vn pied dans la Manchua : « Plust à Dieu que ie fusse tel que ie pûsse souffrir cela pour l'honneur de Dieu comme i'y suis obligé, mais aucune imperfection n'en a esté cause : pource que vous me dictes que ie parle à Dom Aluaro, cela ne peut estre, et ny luy ny moy ne vous verrons iamais plus en cette vie, mais bien en la vallée de Iosaphat, au iour d'effroyable majesté, auquel Iesus Christ

Fils de Dieu viendra iuger les viuans et les morts, deuant qui luy et moy comparoistrons pour estre iugez tous deux. Alors ce sera là qu'il faudra qu'il rende compte du sujet qui l'a esmeu de m'empescher d'aller prescher aux infideles, Iesus Chr. Fils de Dieu, attaché en Croix pour les pecheurs ; aussi ie vous asseure que bien tost pour vn commencement de la punition de son peché, il sera chastié en son honneur, en ses biens et en sa vie. Quant à son ame N. S. Iesus-Christ en veuille auoir misericorde. » Là-dessus tournant sa veuë vers le grand portail de l'Eglise qui estoit vis à vis de luy, il se mit à genoux, et haussant les mains en priant pour son ennemy, il dist auec vne si grande abondance de larmes qu'elles l'empeschoient de parler : ô Iesus-Christ amour de mon ame, par les merites de vostre saincte mort et passion ie vous prie ô mon Dieu, de ietter les yeux sur ce que vous presentez pour nous sans cesse à vostre Pere Eternel, quand vous luy monstrez vos playes, et que ce que par elles vous auez merité pour nostre salut, vous l'octroyez pour celuy de l'ame de Dom Aluaro, afin que s'acheminant par la voye de vostre misericorde, il obtienne pardon deuant vous. Alors s'estant prosterné le visage en terre il y demeura vn peu de temps, sans qu'on ouyst qu'il dist autre chose. S'estant leué là-dessus il osta ses bottines de ses pieds, et en frappa contre vne pierre, comme pour en secoüer la poussiere, puis s'estant embarqué dans la Manchua, il prit congé de ces deux amis qui l'accompagnoient, auec des larmes reciproques, et alors le Curé Iean Suarez luy dit aussi en pleurant : « Quoy mon Pere? cette separation doit elle estre pour iamais? ou bien est ce pour cela que vostre Reuerence nous laisse priuez de toute consolation? pour moy i'espere en Dieu N. S. que nous aurons le bon heur de vous reuoir bien tost en ce pays. » Dieu le veuille ainsi, luy respondit le Pere, et tel soit le plaisir de sa diuine misericorde. Là-dessus il s'en alla gaigner le nauire, qui partant à l'heure mesme du port de Malaca, en 23. iours s'en alla aborder celuy de Sanchan, qui est vne Isle à 26. lieuës de la ville de Cantan, où l'on faisoit commerce en ce temps là auec ceux du pays. Quelques iours s'estant passez, apres que le nauire y fut à l'ancre, cependant que les marchands vacquoient à leur commerce, et que toutes choses estoient paisibles, et leurs marchandises bien debitées, ce grand seruiteur de Dieu desirant d'effectuer en partie de ce qu'il ne pouuoit entierement executer, il sonda vn marchand Chinois le plus honorable du port, et qui s'appelloit Chepocheca, pour sçauoir de luy s'il n'y auoit pas moyen qu'il le mist dans son vaisseau pour le mener à la ville ; et bien que sur cela se presentassent quelques inconueniens, et que les Portugais fussent de diuers aduis, pour le peu d'apparence qu'ils y voyoient, neantmoins apres auoir bien consideré le tout de part et d'autre, il fut resolu auec le marchand, que le Pere luy donneroit deux cens taeys, qui valent trois cent ducats de nostre monnoye, et que du lieu où le nauire aborderoit, le Pere s'en iroit iusques à la ville, les yeux fermez, afin qu'en cas qu'il arriuast qu'il tombast entre les mains de la iustice (comme cela seroit asseurément) et qu'on vinst à le mettre à la question comme estranger, pour sçauoir de luy qui l'auoit mis là, il ne sceut que leur dire, comme ne le cognoissant point en effet, car ce marchand apprehendoit que si on venoit à le descouurir l'on ne luy fist trancher la teste. Le Pere accepta tres-volontiers toutes ces conditions sans en estre espouuanté, et sans que les choses que tous en general luy disoient fussent capables de l'estonner, si grand estoit le desir qu'il auoit d'endurer le martyre pour l'amour de Dieu. Mais comme l'on ne peut penetrer dans les secrets de la prouidence diuine, elle ne voulut point que le Pere entrast à la Chine, dequoy l'on ne peut rendre autre raison, sinon qu'il n'y a que Dieu qui le sçache, qui en destourna le succez par des moyens qui sembloient naturellement estre iustes, comme sont toutes les autres choses qui viennent de sa main : ce qui fit depuis confesser à ce Chinois Chepocheca, qu'encore qu'il fust grandement content du gain qu'on luy presentoit pour ce voyage, que neantmoins le cœur luy disoit de n'en rien faire, pource que cela luy cousteroit la vie et à tous ses enfans. Alors ce bien-heureux Pere voyant que céte saincte œuure qu'il desiroit si fort ne pouuoit auoir aucun effect, se retira dans le nauire; et d'autant qu'il auoit desia la fiebvre et vn flux de sang, la melancholie et le desplaisir qu'il se donnoit venans à se joindre à ces accidens, sa maladie prist pied si auant, que s'augmentant de iour en iour, il fut contraint de se mettre au lict auec vn grand dégoust de toutes choses. Là il fut fort mal traité par l'espace de quatorze iours, à la fin desquels, voyant bien qu'il ne reschapperoit point de cette maladie, il pria ceux du nauire de le mettre à terre, comme en effect ils l'y porterent incontinent, et le mirent dans vne pauure cabane qui fut faite exprez, et que l'on couurit du mieux que l'on pût, de rameaux et de gazons. En ce lieu il demeura malade dix-sept iours, fort despourueu des choses necessaires, selon ce que me dirent trois hommes, qui ne le quitterent point, soit que cela procedast de ce que quelques vns pour se rendre complaisans à qui bon leur sembloit, se faisoient accroire que cela ne leur déplairoit point, ou bien, comme ie le croy, pource que par ces incommoditez, que nostre Seigneur permist que son seruiteur endurast, il voulut monstrer qu'il auoit pour agreable, que son trespas fust conforme à celuy de ces bien-heureux qui regnent maintenant au Ciel auec luy. Apres que les dix-sept iours dont ie viens de parler, furent passez auec beaucoup de trauail, et fort peu de reconfort exterieur de ce bon Pere, à la fin cognoissant par esprit, et par la foiblesse de son corps, que sa derniere heure s'approchoit, il prit congé de tous auec vne grande abondance de larmes, les asseurant qu'il s'en alloit partir de cette vie, et qu'il les prioit instamment de prier Dieu pour son ame, à cause qu'il en auoit grand besoin. Cela dit, il commanda à vn ieune garçon qui auoit soing de luy, de fermer la porte, pource que le bruit qu'on faisoit autour de luy le troubloit. Il fut depuis deux iours entiers sans pouuoir manger aucune chose; mais en fin ayant pris vn Crucifix en main, il tint sa veuë fixement attachée dessus, sans qu'on ouyst autre chose sinon que de fois à autre il disoit en soupirant, *Iesus-Christ de mon ame.* Apres tout cela ne pouuant prononcer aucune parole, ceux qui estoient auec luy prirent garde au rapport que tous en firent, qu'il respandit publiquement quelques larmes auec vne violence vn peu plus forte, et les yeux tousiours tournez vers le Crucifix, iusqu'à ce qu'il rendist entierement son ame à Dieu, ce qui arriua à la minuict, vn Samedy second iour de Decembre l'an mille cinq cent cinquante-deux ; et cette mort fût grandement pleurée de tous les assistans, qui en eurent vn merueilleux sentiment.

CHAPITRE CCXVI.

De la sepulture du Reuerend Pere Xauier, et comment son corps fut porté à Malaca, et de là à Goa.

Apres le trespas de ce bien-heureux Pere, n'estant plus question que d'enseuelir son corps l'on y mist tout aussitost le meilleur ordre possible, selon que le lieu où estoient les Portugais le pût permettre. Le Dimanche sur le soir, deux heures apres vespres il fut porté au lieu où estoit faicte la fosse, à sçauoir à vn jet de pierre tirant au dessus de la Plage, là il fut enseuely auec de grands sentimens de dueil que tous en general tesmoignerent, principalement les plus vertueux et ceux qui auoient plus en recommandation la crainte de Dieu : neantmoins il s'en treuua quelques-vns qui n'en donnerent pas beaucoup de demonstration par dehors, et il n'y a que Dieu seul qui sçache s'ils en estoient faschez en leur interieur, comme iuste iuge qu'il est de la verité des choses; quoy qu'il en fust, quinze iours apres vn certain homme à qui ie ne veux point faire cet affront que de le nommer, escriuit vne lettre à Dom Aluaro, treuuant l'occasion d'vn vaisseau qui partit de la Chine pour faire voile à Malaca, dans l'vn des articles de laquelle il dist ces paroles nuëment : en ce lieu a rendu l'esprit le Reuerend Pere Maistre François Xauier, mais en sa mort il n'a faict aucun miracle : il est enseuely en cette Plage de Sanchan auec les autres que nous auons perdus dans le nauire; si son corps est en estat de pouuoir estre ramené nous le ferons à la bonne heure, afin que les mesdisans de Malaca n'ayent à nous reprocher que nous ne sommes point Chrestiens comme eux. Trois mois et cinq iours s'estant passez apres cet enterrement, et la vergue desia dressée en haut pour faire voile, les Portugais s'en allerent à terre, et firent ouurir la fosse où estoit enseuely le Sainct deffunct, en intention de le conduire auec eux à Malaca. Chose estrange! ils treuuerent le corps tout entier sans qu'il y manquast rien et sans qu'il fust aucunement corrompu, joint qu'au suaire mesme et au surpelis qu'on luy auoit vestu, ils n'y treuuerent rien de rompu, ny aucune tache, au contraire l'vn et l'autre estoient si nets et si blancs qu'on eust dict d'abord qu'on les venoit de blanchir; joint que de ce bien-heureux corps s'exhaloit l'odeur la plus douce qu'on eust sceu desirer, dequoy tous les assistans furent si fort émerueillez, que quelques-vns d'entr'eux confondus par le tesmoignage d'vne chose qu'ils voyoient de leurs propres yeux, se frapperent eux-mesmes à grands coups de poing, se repentans de ce qu'ils auoient dit auparauant, tellement qu'ils s'escrioient tout haut, les larmes aux yeux, ô que ceux-là sont malheureux qui pour complaire au diable, luy ont voulu seruir de Ministres à te persecuter dans Malaca, puis que nous voyons maintenant que tu es vn vray seruiteur de Dieu, recommandable pour ta grande pureté! aussi nous confessons deuant tous que nous sommes bien infortunez d'auoir tant de fois refusé de te donner l'aumosne, bien que nous sçeussions l'extréme besoin que tu en auois pour l'entretien de ta saincte vie. Que le monde s'aille maintenant pendre auec ses mensonges; et malheur à Malaca et à ses promesses : car, pour conclusion, toy seul peux estre appellé bien-heureux, en ce que tu t'es arresté à seruir ton Dieu auec autant de verité que nous le confessons maintenant à nostre plus grande confusion. Ainsi respandant beaucoup de larmes et se frappant le visage ils se repentoient de leurs fautes passées, dont il est à croire que nostre Seigneur aura eu misericorde par les prieres de ce sien seruiteur. Le sainct corps fut mis dans vne biere qui se fit incontinent à la mesure d'iceluy, et mis dans le mesme nauire où il estoit venu, dans lequel on le posa en la petite chambre du Pilote : le iour d'apres qu'il fut arriué à Malaca enuiron les dix heures, le Prouiseur de la Misericorde auec tous ceux de la Confrairie, ensemble le Curé et ceux de la grande Eglise, accompagnez de tous les habitans, reserué du Capitaine et de ceux de son party; s'en allerent au deuant de luy iusques au nauire, et l'accompagnerent à l'Hermitage de nostre Dame du Mont, qui estoit le lieu où il auoit tousiours faict sa demeure en ce pays, et où il s'estoit embarqué pour s'en aller à la Chine, il y auoit neuf mois et vingt-deux iours. En cet Hermitage il fut enseuely auec beaucoup de douleur et de sentiment de tous, et y demeura neuf mois, à sçauoir, depuis le dix-septiesme iour de Mars iusques à l'onziesme de Decembre suiuant de l'année mil cinq cent cinquante-trois. Ce iour là ce bien-heureux corps fut tiré de terre et mis en vne autre biere que Diego Pereyra luy fit faire, laquelle estoit doublée de damas, et couuerte d'vn drap de brocat : alors de cet Hermitage de Nostre Dame du Mont il fut porté en procession solemnelle, et accompagné de quantité de noblesse, iusques à vn batteau qu'on auoit appresté exprez, qui estoit couuert de riche tapisserie et de belles estoffes de soye. Dans ce batteau on le transporta droict au nauire d'vn certain Lopo de Loronha qui s'en alloit faire voile en l'Inde : apres qu'on l'y eut embarqué, il y eut deux freres de la Compagnie de Iesus qui ne le voulurent point quitter, dont l'vn s'appelloit Pedro d'Alquaçoua, et l'autre Iean de Tauora, qui demeura depuis au College d'Euora; ils l'accompagnerent donc iusques à Goa, et tient-t'on qu'en ce voyage, qui est de la distance de cinq cent lieuës, furent veus quelques miracles bien euidents, comme ceux qui estoient dans le nauire le tesmoignerent depuis au Vice-Roy Dom Alphonse de Noronha, desquels miracles ie m'excuse icy d'en faire vne relation, tant pour estre assez cognus d'vn chacun, que pour ne perdre le temps à rapporter icy vne chose que les autres ont desia escrite.

CHAPITRE CCXVII.

Comme le corps du Bien-heureux Pere Xauier fut mis hors le nauire dans lequel il estoit venu de Malaca, et du grand appareil auec lequel il arriua au quay de Goa.

Le nauire où estoit ce sainct Corps, arriua à Cochim, le treiziesme iour de Feburier, en l'année mil cinq cent cinquante-quatre, et pource qu'en ce temps-là le vent Nor-oüest souffloit le long de la coste, le nauire auec tous les autres qui venoient ensemble de Malaca, pour n'auoir point le vent derriere, ne pouuoit pas faire dauantage d'vne lieuë ou deux par iour, en bordageant la coste auec beaucoup de trauail, à cause de quoy tous les Pilotes furent d'aduis que le Capitaine enuoyast vn messager au College de sainct Paul de Goa, pour donner ordre que les Peres enuoyassent quelques vaisseaux de rame pour y faire conduire plus promptement ce sainct Corps. Car autrement dans le nauire où il estoit, il ne pouuoit arriuer à Goa que le vingt-cinquiesme du mois de Mars suiuant, auqnel temps la sepmaine saincte deuoit escheoir; et parce qu'en ce iour-là l'Eglise auoit accoustumé de solemniser la sacrée memoire de la passion du Fils de Dieu, cela empeschoit qu'en ce temps de dueil ils ne pûssent faire cette reception auec la pompe et l'appareil que tous desiroient. Ainsi le mesme Lopo de Loronha Capitaine du nauire, s'estant voulu charger volontairement de cette commission, partit aussitost, et estant arriué à Goa au College de S. Paul, il rendit compte de cette affaire au Reuerend Pere Belquior, Recteur vniuersel de la Compagnie de Iesus, en ces contrées des Indes ; ce qu'il n'eut pas plustost faict qu'il s'en retourna au nauire. Cependant le Pere Recteur mist en deliberation cette affaire auec les autres Peres du College, qui resolurent tous ensemble que le mesme Pere Recteur s'en iroit en personne rendre compte de cela au Vice-Roy, ce qu'il fist aussi, et le Vice-Roy luy en donna vn duquel estoit Capitaine vn certain Simon Galego qui estoit alors detenu malade dans vn lict ; mais il y en eut vn autre qui s'offrit d'en fournir vn, porté qu'il estoit d'vne particuliere deuotion enuers ce Sainct, dequoy le Vice-Roy tesmoigna d'estre grandement content : à l'heure mesme le Pere Belquior s'embarqua dans le Catur, auec trois freres et quatre petits garçons orphelins de ceux du College ; estant party de Goa vn Lundy matin, le Mercredy d'apres il rencontra vn nauire prez de la barre de Batecalaa auec autres sept vaisseaux, qui à cause du trop grand calme ne pouuoient aller plus auant. Le nauire cognoissant le Catur, pource qu'il estoit couuert de rameaux, en fist tout de mesme au sien, et comme il fut arriué à Sambord, le Pere Recteur et tous ceux de sa Compagnie y entrerent, ensemble les quatre orphelins dont i'ay parlé cy-deuant, lesquels ayant des chappeaux de fleurs sur la teste et des rameaux en leurs mains, se mirent à chanter, *Gloria in excelsis Deo*, etc. et plusieurs autres Cantiques à la loüange de Dieü. Apres qu'ils y furent tous entrez, et que le Capitaine auec tous les autres les eust fort bien receus, le frere qui auoit soubs sa charge ce S. deffunct, prist le Pere Recteur par la main, et auec vn flambeau allumé le mena en bas en la chambre où estoit ce bien-heureux corps, qu'il monstra au Pere, et à tous ceux qui l'accompagnoient; eux le voyant se mirent tous à genoux et luy baiserent les pieds, en respandant quantité de larmes, puis ayant esté vn long temps à le regarder, ils le mirent dans le Catur, chantants le Pseaume, *Benedictus Deus Israel*. A quoy tous les assistans respondirent, ne versant pas moins de larmes que les Peres en respandoient. Comme l'on eut gaigné le bord où il n'y eut aucun de la compagnie qui ne donnast des marques

de sa deuotion enuers ce grand Sainct, en le
mettant hors du Catur, les sept nauires qui estoient alentour firent vne grande salve d'artillerie, dequoy les Indiens tous pasmez accoururent des costes d'alentour pour voir ce que c'estoit, et ainsi le Catur estant party de la barre
d'Encolaa, qui estoit à cinq lieuës d'enbas, depuis Betecalaa iusques à Goa, il arriua le Ieudy
suiuant sur les onze heures de nuict à Nostre
Dame de Rebandar, qui est à demie lieuë de
Goa où l'on desembarqua ce sainct corps, qui
fut porté à l'Eglise et mis prez du grand Autel,
auec quantité de torches et de cierges allumez ;
le Pere Belquior qui l'auoit alors soubs sa charge,
en enuoya incontinent des nouuelles au Vice-
Roy qui l'auoit prié de le faire ainsi; il en fit de
mesme aux Peres de son College, les chargeant
qu'aussitost qu'il seroit iour ils eussent à s'en
venir attendre sur le quay où il deuoit arriuer
sur les huict heures. Ainsi le Pere Recteur ayant
mis ordre à tout ce qu'il luy sembla necessaire
pour l'heure presente, et pris vn peu de repos,
dit la Messe de grand matin où assisterent tous
les habitans d'alentour, tant Portugais qu'autres ;
cependant sur le poinct que le iour commençoit
à paroistre l'on vid arriuer de la ville six grands
nauires où il y auoit 40. ou 50. hommes qui a-
uoient vne deuotion particuliere enuers ce grand

Sainct, durant sa vie, chacun desquels auoit vn cierge à la main, et leurs garçons en auoient aussi. Ceuxcy entrant dans l'Eglise s'allerent prosterner deuant le cercueil de ce grand sainct, auec les larmes aux yeux, et enuiron le leuer du Soleil ils tirerent droict à la ville. Le long du chemin Diego Pereyra estoit dans vn grand batteau, et quantité de gens auec luy qui tenoient tous en main des flambeaux et des cierges allumez. Comme ils virent passer le Catur, ils se prosternerent tous le visage en terre, et derriere eux il y auoit en ce mesme ordre autres dix ou douze Nauires. Tellement que lors que ce Catur arriua au quay, il se treuua accompagné de vingt vaisseaux de rames, où il y auoit cent cinquante Portugais, tant de ceux qui estoient là venus de la Chine, que de Malaca; tous hommes fort lestes et riches, qui auoient tous des flambeaux et des cierges allumez, comme leurs garçons en auoient aussi, qui estoient plus de trois cent de nombre; de sorte que cet appareil Chrestien, et authorisé par l'Eglise, attiroit grandement à la deuotion tous ceux qui le voyoient.

CHAPITRE CCXVIII.

De la reception qui fut faicte dans Goa à ce Saint defunct, et du surplus qui s'y passa.

Le Catur où estoit ce sainct corps estant arriué au quay de la ville où il deuoit se desembarquer, il treuua le Vice-Roy qui l'attendoit, ayant auec luy ses officiers auec leurs masses d'argent, ensemble toute la Noblesse de ces contrées des Indes, et vn si grand nombre de peuple que quatre Huissiers auoient bien de la peine à faire retirer afin qu'on n'empeschast pas le chemin. Le Chapitre y estoit aussi, ensemble le pouruoyeur et les Freres de la Misericorde, tous auec leurs robbes et leurs cierges blancs en main; ils portoient aussi vn drap mortuaire de brocat tout neuf, auec ses franges et ses garnitures d'or; il ne seruit de rien neantmoins, pource qu'on treuua plus à propos de laisser ce sainct corps dans la mesme chasse où l'on l'auoit apporté de Malaca : alors les Peres et les Freres de la Compagnie de Iesus qui estoient en fort grand nombre, arriuerent prés du Catur qui auoit desia gaigné la terre, puis comme il fut prés du cercueil l'on vid paroistre vn Crucifix que plusieurs ieunes orphelins du College portoient couuert d'vn voile, l'vn desquels se mist à chanter le Pseaume, *Benedictus Dominus Deus Israël;* à quoy tous les autres respondirent ensemble auec vn concert si harmonieux, et qui incitoit tellement à la deuotion, qu'il rauissoit d'admiration tous ceux qui l'oyoient; tellement qu'en toute cette assemblée Chrestienne les pleurs et les sanglots furent si vniuersels, que la seule veuë de cela suffisoit pour faire qu'vn pecheur se conuertist veritablement. Tout ce peuple partit donc du quay, marchant en procession et par ordre, apres laquelle suiuoit le sainct corps en la mesme chasse dans laquelle il estoit venu de Malaca, couuerte d'vn grand drap de brocat, et d'où s'exhaloient des deux costez des parfums fort agreables qu'on auoit mis en des encensoirs d'argent. Le cercueil de la Misericorde marchant deuant par vne maniere de parade, l'on fist de cette façon cette pompe funebre auec tant de frais et de preparatifs qui furent faicts pour l'amour de Dieu et de ce sien seruiteur, que les Gentils et les Mores du pays esmerueillez de voir de si grandes choses en mettoient les doigts dans la bouche, comme ils ont accoustumé de faire quand ils s'estonnent de quelque chose. Auec cet appareil le corps du S. entrant par la porte de la ville alla droict par la grande ruë, qui d'vn bout à l'autre estoit richement parée de plusieurs tapisseries et draps de soye, et les fenestres aussi que l'on voyoit pleines de quantité de femmes et de filles de qualité; et par le bas les portes estoient remplies de plusieurs inuentions de parfums fort agreables; or non seulement cette ruë, mais toutes les autres par où passa le corps iusques à ce qu'il fût conduit au College de S. Paul, estoient ainsi richement parées : et bien que ce iour là fût la 6. ferie du Lazare, le College ne laissoit pas de faire grande feste; car tous les Autels estoient couuerts de paremens de brocat; joint qu'il y auoit quantité de lampes, de chandeliers et de Croix d'argent; à quoy tout le reste de l'appareil estoit conforme. Le S. corps estant arriué à l'Eglise fut mis en dépost prés du maistre Autel, où l'on dist vne Messe solemnelle auec vn concert de voix et d'instrumens, conformément à la solemnité d'vne si grande feste, mais d'autant qu'il estoit desia tard, et que le peuple desiroit extremément de voir le corps, il n'y eust point de Predication ce iour-là : la Messe estant acheuée ce S. corps fut monstré à tous les assistans qui le reuererent, et respandirent des larmes en abondance. En quoy ils tesmoignerent tant d'ar-

deur, à cause que la foule estoit fort espaisse, et chacun desireux de le voir à force de se glisser pesle mesle dans la presse les vns parmy les autres, les grilles de la Chappelle quoy qu'elles fussent fort grosses ne laisserent pas d'estre rompuës; alors les Peres voyans que le desordre prenoit accroissement de plus en plus, sans qu'il y eust moyen d'y mettre remede, couurirent la chasse et dirent aux assistans qu'apres le disner on le pourroit voir plus commodément; comme en effect on le monstra depuis trois ou quatre fois, et la foule y fut si grande parmy les femmes et les enfans, qu'il y en eust qui furent en danger d'estre estouffez. Ce mesme iour sur le soir arriua en cette ville de Goa vn Portugais nommé Antonio Ferreyra, marié à Malaca, portant au Vice-Roy vn present de pieces fort riches que le Roy de Bungo luy enuoyoit du Iappon, auec vne lettre où ces paroles estoient escrites, « Il-
» lustre Seigneur et de Majesté fort riche, Vice-
» Roy des limites de l'Inde, Lyon espouuentable
» aux flots de la mer, par la force de tes Nauires
» et de ton artillerie, moy Yacataa andono Roy
» de Bungo, de Facataa, d'Omanguche, et du
» pays des deux Mers, Seigneur des petits Roys
» des Isles de Tosa, de Xemenaxeque et de Miay-
» gimaa, te donne aduis par cette mienne lettre
» que le Pere François Chenchicogim estant n'a-

» gueres en ce pays où il s'en alloit preschant à
» ceux d'Omanguche la nouuelle Loy du Crea-
» teur de toutes choses, ie luy promis secrette-
» ment en mon cœur qu'à son retour à mon
» Royaume, ie prendrois de sa main le nom et
» l'eau du sainct Baptesme, combien que la nou-
» ueauté d'vne chose si inopinée me deust met-
» tre mal auec tous mes subjects; sur quoy il
» me promist aussi de son costé, que si Dieu luy
» donnoit vie il s'en reuiendroit le plus prom-
» ptement qu'il pourroit. Et d'autant que son
» retour a esté plus long que ie n'esperois, i'ay
» enuoyé cet homme exprés pour sçauoir de luy
» et de vous la cause qui l'en empesche. C'est
» pourquoy Seigneur, ie vous prie qu'il haste
» promptement son voyage en cette premiere
» saison qui sera propre pour nauiger; car
» auec ce que son arriuée en mon Royaume est
» grandement importante au seruice de Dieu,
» elle me sera aussi fort vtile à moy-mesme pour
» contracter, ou pour faire vne nouuelle amitié
» auec le grand Roy de Portugal, afin que par
» cette alliance mon pays et le sien ne soit plus
» desormais qu'vne mesme chose, et qu'en tous
» nos ports et en toutes nos riuieres où ils vien-
» dront surgir, ils soient aussi affranchis comme
» ils le sont en vostre Coochim où vous estes;
» c'est pourquoy vostre Seigneurie m'obligera de

» m'enuoyer en quoy par vn effect d'amitié ie
» pourray seruir son Roy ; car ie le feray aussi
» vistement comme le Soleil est prompt à haster
» sa course depuis le matin iusques au soir. Au
» reste Antonio Ferreyra luy donnera ces mes-
» mes armes auec lesquelles i'ay vaincu les Roys
» de Fiangaa et de Xemenaxeque, et que i'ay
» portées au iour que la bataille s'est donnée;
» ie suis prest d'obeyr en tout comme à mon
» frere aisné à cet inuincible Roy du bout du
» monde, Seigneur des thresors du grand Por-
» tugal. » Le Vice-Roy Dom Alphonse monstra cette lettre au Pere Recteur Belquior, et luy demanda quelle estoit la cause qu'il ne s'en alloit point au Iappon, pour y effectuer vne chose si importante au seruice de Dieu, quand mesmes il y eust fallu mener tout le College de sainct Paul de Goa ; le Pere le remercia grandement de la faueur qu'il leur faisoit en cela, et luy dist, que puis que son Altesse luy donnoit ce conseil, il s'en alloit faire ses preparatifs afin de partir si tost que la saison seroit propre ; le Vice-Roy le loüa là-dessus et luy en sceut tresbon gré, comme d'vne chose qui importoit au seruice de nostre Seigneur.

CHAPITRE CCXIX.

Comme le Pere Maistre Belquior partit de l'Inde pour s'en aller au Iappon, et de ce qui arriua pour lors à Malaca.

Quatorze iours apres, à sçauoir le 16. Auril l'an 1554. le pere Recteur M. Belquior fist voile à Malaca, dans un Nauire où s'en alloit Dom Antonio de Noronha, fils de Dom Garcia de Noronha qui auoit esté Vice-Roy des Indes, et ce pour y prendre possession du gouuernement de la forteresse; car le Vice-Roy en enuoyoit démettre Dom Aluaro de Taide qui en estoit Capitaine, tant pour n'auoir obey à ses patentes, que pour plusieurs autres fautes qu'il auoit faictes, dont ie m'excuse de parler icy en particulier, pource qu'elles sont hors de mon propos. Le 5. iour du mois de Iuin le nouueau Capitaine Dom Antonio arriua à Malaca, et fut mené à l'Eglise en Procession, où l'on dist le *Te Deum laudamus,* Au sortir de l'Eglise qui fut enuiron les onze heures, le Licentié Gaspar Georges, Super intendant general des Indes, à la poursuitte duquel se faisoit cette diligence, fist assembler le peuple au son d'vne cloche, et luy monstra les patentes du Vice-Roy; cela faict tirant quelques memoires qu'il auoit, il s'en seruit à faire plusieurs demandes à Dom Aluaro, dont deux Greffiers firent vn procés verbal qu'ils signerent auec le Super-intendant et le Capitaine. A quoy il fût employé un assez long-temps; apres toutes ces demandes Dom Aluaro fut desmis de sa charge de Capitaine, fait prisonnier, et tout son bien confisqué; l'on en fist de mesme de tous ceux de son party, qui l'auoient fauorisé en l'emprisonnement de Gamboa Super-intendant des finances, et à n'obeyr aux patentes du Vice-Roy, comme aussi en plusieurs autres desordres qui s'estoient faicts là-dessus; ce qui fut executé auec tant de rigueur, que la pluspart s'enfuirent vers les Mahumetans; par où la forteresse demeura si desnuée de gens, qu'elle couroit fortune de se perdre si le nouueau Capitaine Dom Antonio n'y eust mis ordre auec beaucoup de prudence, leur donnant à tous vne abolition generale, quoy qu'ils n'y reuinssent qu'à contre-cœur. Car comme pour raison de ces offenses et autres que Dom Aluaro auoit commises, Malaca estoit toute deserte, et n'auoit plus la face de la mesme ville qu'auparauant; pource que ses confidens en ruinoient l'Estat par des proclamations du tout infames et honteuses. La nouueauté de ce faict causa tant d'estonnement et de terreur aux habitans, que la pluspart d'entr'eux (comme i'ay desia dit) abandonnant leurs maisons et leurs biens s'allerent rendre aux Mahumetans; de maniere que par ces affronts et autres semblables qui furent faits en grand nombre à Dom Aluaro, il parût assez clairement combien fut veritable la prophetie du R. Pere Xauier, quand il dit au Curé Iean Suarez, « Que le Capitaine de Malaca se verroit bien tost enueloppé de troubles et de trauaux en son honneur, en ses biens, et en sa vie. » Car pour le regard de sa mort, l'on sçait assez qu'il mourust en ce Royaume sur le poinct qu'il cherchoit à se iustifier de quelques crimes dont les Procureurs du Roy l'auoient accusé : or le sujet de sa mort fut vne apostume qui luy vint au col, d'où s'ensuiuit vne si grande corruption par dedans son corps, qu'il n'y auoit personne qui s'osât approcher de luy, à cause que la puanteur en estoit insupportable; et voila tout ce que i'en puis dire. Car d'en rechercher le sujet plus auant, c'est vne chose qui n'est manifeste qu'au iugement de Dieu. Cependant ces reuolutions et ces excés de Iustice qui firent sousleuer tout le pays, furent cause que le Reuerend Pere Maistre Belquior auec tous ceux de sa Compagnie ne pût cette année là passer au Iappon comme il auoit resolu ; tellement qu'il fut contrainct d'hyuerner à Malaca iusques au mois d'Auril suiuant de l'an 1555. qui furent dix mois. Durant ce temps-là l'Auditeur Gaspar Georges continuant aux rigoureuses executions qu'il faisoit de iour en iour, fut un sujet de grand scandale en tout le pays; de quoy n'estant pas content, et se fondant sur les amples patentes que le Vice-Roy luy auoit données, il voulut s'entremettre en la Iurisdiction du Capitaine Dom Antonio. Comme en effect il empieta si auant sur son auctorité, que Dom Antonio n'en auoit plus que le nom, et n'estoit que comme vne garde de la forteresse. Or bien que cet affront luy fût grandement sensible, si ne laissoit-il pas de le dissimuler et de l'endurer auec vne grande patience. Neantmoins pource que ces rigueurs excessiues de cet Auditeur durerent plus de quatre mois, pendant lesquels il y eust plusieurs mescontentemens dont ie ne traicte point icy en particulier, pource que le discours en seroit infiny. Vn iour Don Antonio voyant le temps propre à executer ce qu'il auoit desia resolu par le passé, fist que quelques-vns destinez pour cela se saisirent de luy dans la forteresse, et le mirent en la maison d'vn particulier. Là à ce que l'on tient il fut despoüillé tout nud, et lié pieds et mains auec vne corde, puis traitté fort mal à coups de foüets. En suitte de cela apres qu'ils l'eurent bruslé auec de l'huile boüillante qu'il luy distillerent sur la chair nuë, et dont il fut prest à mourir, ils luy mirent des fers aux pieds et des menottes aux mains auec vn collier, apres cela ils luy arracherent tout le poil de la barbe sans luy en laisser vn seul, et luy firent plusieurs autres choses semblables de quoy l'on parloit publiquement; de maniere que le pauure Licentié Gaspar George, qui se faisoit appeller Auditeur general des Indes, grand Prouiseur des defuncts et des orphelins, et Super-intendant des finances de Malaca et des contrées du Sud, pour le Roy nostre souuerain Seigneur, fut ainsi traicté par Dom Antonio, si ce qu'on en dict est veritable; puis quand la saison de nauiger fut venuë, ainsi garotté qu'il estoit il fut enuoyé en l'Inde auec vn infame procés verbal, que ceux du Parlement de Goa annullerent depuis, et en enuoyerent faire vn autre tout nouueau à Malaca. En suitte dequoy Dom Antonio eust vn exprés commandement du Vice-Roy Dom Pedro de Mascarenhas, qui en ce temps-là gouuernoit l'Estat des Indes, de s'en venir prisonnier pour estre confronté en iugement auec Gaspar George, et rendre compte de son proceder contre luy; comme en effect Dom Antonio ne manqua pas de se rendre à Goa, où comme il se vouloit iustifier du passé, au rapport que l'on fist de son procés, il eust commandement de respondre dans trois iours à vn infame libelle que Gaspar George auoit escrit contre luy. Mais d'autant que Dom Antonio estoit naturellement ennemy de ces termes de iustifications par responses et par repliques, par le moyen desquels l'on disoit que les Conseillers du Parlement le vouloient surprendre; l'on tient (du moins les mesdisans le disent ainsi; car pour moy ie ne l'ay point veu, et n'en suis pas asseuré) qu'au lieu d'employer à respondre à ce libelle les trois iours qui luy auoient esté ordonnez; pour cet effect dans vingt-quatre heures ayant rencontré fortuitement Garpar Georges il luy enuoya faire son procés en l'autre monde, et le porta si bien par terre que iamais plus il n'en releua. Neantmoins il y en a qui racontent tout autrement cette affaire, et qui disent qu'en vn festin où il fût inuité, on l'empoisonna. Par ce moyen cette mort decida tout ce different, et cette affaire cessa tout à faict, si bien que par sentence Dom Antonio fût declaré absous, et il luy fût enjoint de s'en retourner à son gouuernement, où il s'en alla vn mois apres. Mais comme il fût à Malaca, et remis en la possession de sa charge, il n'y demeura pas plus de deux mois et demy, à la fin desquels il mourut d'vn flux de sang; et ainsi se calmerent tous les orages des ennuis et des discords qui auoient battu pour lors la forteresse de Malaca.

~~~~~~

CHAPITRE CCXX.

Nostre partement de Malaca au Iappon, et des choses qui nous arriuerent iusqu'à ce que nous abordasmes en l'Isle de Champeiloo en la Cauchenchine, ensemble de ce que nous y vismes.

Quand la saison fut venuë en laquelle le R. P. M. Belquior put continuer son voyage, le premier iour du mois d'Auril en l'année 1555. nous partismes de Malaca, apres nous estre embarquez dans une Carauelle du Roy nostre souuerain Seigneur, que Dom Antonio Capitaine de la forteresse donna au Pere, selon l'ordre exprés qu'il en auoit par les patentes du Vice-Roy. Trois iours apres que nous fusmes démarez du port, nous arriuasmes en vne Isle appellée Pullo Pisan, à l'emboucheure du destroit de Sincaapura, où le Pilote pour n'auoir iamais nauigé en ce lieu, s'enfonça à pleine voile en certains escueils si dangereux, qu'asseurément nous croyons estre perdus sans qu'il fust possible d'y apporter du remede. A cause dequoy par le conseil de tous les autres, le R. P. M. Belquior fut contrainct de se mettre dans une Manchua, et de s'en aller demander secours de Nauire et de Mariniers à vn certain Louys Dalmeida, qui depuis deux heures auoit passé par là dans vn sien vaisseau, et s'en estoit allé ancrer à deux lieuës à cause du vent contraire. Ainsi le P. Belquior auec deux de ses Freres et moy prismes cette mesme route, et y courusmes assez de fortune. Car comme tout ce pays qui appartenoit au Roy de Iantana, petit fils de celuy qui auoit esté Roy de Malaca nostre mortel ennemy, estoit en armes alors, ses Balons et ses Lanchares qui alloient en flotte de guerre, nous donnerent tousiours la chasse en intention de nous chocquer; mais la Prouidence diuine empescha qu'ils n'en fissent rien. A la fin apres que nous eusmes joinct ce Nauire auec assez d'apprehension et de crainte, celuy qui en estoit Capitaine nous pourueust de batteau et de Mariniers; et ainsi nous retournasmes vers nostre Carauelle le plus promptement que nous pûmes, afin de la secourir et la tirer hors du peril où nous l'avions laissée. L'ayant ioincte le iour d'apres, il plût à nostre Seigneur que nous la treuuasmes deliurée de ce trauail; il est vray qu'elle faisoit eau en abondance du costé de la prouë; mais en fin elle s'estancha à Patane où nous arriuasmes sept iours apres. Là ie mis pied à terre auec autres deux, et m'en allay voir le Roy à qui ie donnai vne lettre de la part du Capitaine de Malaca, qui nous fist vne fort bonne reception. Là-dessus il leut la lettre du Capitaine, par laquelle il sceust que le sujet qui nous amenoit là, estoit pour nous y pourueoir de viures et de quelques autres choses que nous n'auions point prises à Malaca; qu'au reste nous estions resolus de poursuiure nostre route droict à la Chine, et de là au Iappon, où le Pere Belquior et les autres Freres qui estoient auec luy deuoient prescher aux Gentils la loy Chrestienne; ce que le Roy de Patane ayant leu, apres auoir esté vn peu pensif il se tourna vers les siens, et leur dist en sous-riant, O que ceux-cy feroient beaucoup mieux, puisqu'ils s'exposent à tant de trauaux, de s'en aller à la Chine pour s'y enrichir, que non pas pour y compter des bourdes dans les pays estrangers! Sur quoy appellant le Xabandar qui estoit vis à vis de luy, Prends garde, luy dit-il, à donner à ces gens icy tout ce qu'ils te demanderont, et ce pour l'amour du Capitaine de Malaca qui me les recommande icy grandement; et sur tout souuienne toy que ce n'est pas ma coustume de commander deux fois vne chose. Comme nous eusmes pris congé du Roy, extremément contens de la bonne reception qu'il nous auoit faicte, nous trauaillasmes à l'heure mesme à acheter des viures et telles autres choses qui nous estoient necessaires; tellement que dans huict iours nous fusmes pourueus en abondance de tout ce dequoy nous auions besoin. Estans partis de ce havre de Patane nous singlasmes deux iours durant auec vn vent Sud est de la saison venuë, le long de la coste de Lugor et de Siam, trauersant la barre de Cuy pour nous en aller à Pullo Cambim et de là aux Isles de Canton, en intention d'y attendre la conjonction de la nouuelle Lune. Mais le malheur voulut que nous fusmes surpris par des vents Oüest-sud-oüests, qui regnent en cette coste la pluspart de l'année, dont la violence fut si grande qu'elle nous menaça de nous perdre; si bien que pour en destourner l'euenement nous fusmes contraints de ranger de rechef la coste de Malaye; et en arriuant en vne Isle appellée Pullo Timan nous y courusmes encore de grands dangers; tant à cause de la tourmente que nous eusmes sur mer, que pour les grandes trahisons des gens du pays. Or cinq iours apres que nous eusmes là demeuré, sans auoir ny eau douce, ny aucuns viures; pource que pour soulager nostre Nauire nous auions tout ietté dans la mer, il plût à nostre Seigneur qu'vn matin nous fusmes joincts par trois Nauires Portugais qui venoient de Sunda, par l'arriuée desquels nous fusmes grandement allegez en nos trauaux; alors le Reuerend Pere Maistre Belquior se mit à traicter auec les Capitaines de ces vaisseaux sur ce qu'ils luy conseilloient de faire, et tous furent d'aduis qu'il renuoyast à Malaca la Carauelle où il estoit, disans qu'il n'y auoit point d'apparence qu'ils y pûssent faire un si long voyage qu'estoit celui du Iappon. Le Pere ayant appreuué ce conseil s'embarqua tout aussi-tost auec vn certain François Toscane, homme riche et honorable, qui le deffraya en tous ses voyages, et mesmes la pluspart du temps qu'il fust à la Chine, sans vouloir permettre qu'il en coustast rien à ceux de sa compagnie. De cette Isle Pullo Timan nous nous mismes à la voile vn Vendredy septiesme de Iuin en cette mesme année 1555. et descouurant la terre ferme du Royaume de Champaa, nous singlasmes le long de la coste auec des vents Galernes, et en douze iours nous fusmes surgir en vne Isle appellée Pullo Champeiloo en l'ense de Cauchenchine, où nous nous pourveusmes d'eau douce en une riuiere qui descendoit d'une haute montagne. Là à trauers des rochers nous apperceusmes vne fort belle Croix, grauée sur vne grande pierre de taille auec les quatre lettres du tiltre, et en bas 1518. auec six lettres abregées, qui disoient

Duart Coelho. Nous remarquasmes encore vers la riuiere et du costé du Sud, à la portée de deux traicts d'arbaleste 62. hommes pendus à des arbres qui estoient le long de la plage, sans compter les autres qui gisoient par terre à demy mangez, chose qui sembloit auoir esté faicte depuis six ou 7. iours seulement; en vn autre arbre il y auoit vne grande banniere où se voyoient escrits ces mots en lettre Chinoise, « Que tout
» Nauire ou Iunco qui abordera en ce lieu, fasse
» estat de s'y pourueoir d'eau, et d'en desloger
» bien viste, soit qu'il aye le temps ou qu'il ne
» l'aye pas, sur peine d'encourir la mesme ius-
» tice que ces miserables que la fureur du bras
» dont s'arme la puissante cholere du fils du
» Soleil, a terrassez. » Nos entendemens furent d'abord surpris d'vne si estrange nouueauté, si bien que nous n'en pûmes iuger autre chose, sinon qu'il estoit là arriué quelque armée de Chinois, qui rencontrans ces malheureux, ainsi que les Corsaires ont accoustumez de faire, les auoient traictez comme nous voyons, sous un specieux pretexte de Iustice.

CHAPITRE CCXXI.

Comme de cette Isle de Champeiloo nous abordasmes en celle de Sanchan, et de là à Lampacau, auec vn recit de deux grands desastres aduenus en la Chine à deux Colonies de Portugais.

Comme nous fusmes partis de cette Isle de Champeiloo nous gaignasmes les Iles de Canton, si bien qu'au 5. iour de nostre voyage il plût à N. S. de nous faire arriuer à Sanchan, qui estoit l'Isle où auoit esté enseuely le R. P. Xauier, comme i'ay dit cy-deuant. Le lendemain matin tout autant de gens que nous estions dans le Nauire, nous mismes pied à terre, et nous en allasmes tous en Procession au lieu où auoit rendu l'esprit le B. Pere Xauier, que nous treuuasmes tout enuironné de buissons, sans qu'on y vist paroistre autre chose que les pointes des Croix dont il estoit enuironné. Alors comme nous l'eusmes bien nettoyé et preparé avec beaucoup de deuotion, nous y fismes vn enclos de forts balustres de bois, et vne autre palissade tout à l'entour qui fut aussi bien nettoyée et applanie, y faisant encore vne belle tranchée, à l'entrée de laquelle il y auoit vne Croix fort haute et fort belle. Ayant ainsi accommodé ce lieu de la façon qu'il nous sembla conuenable, le R. P. M. Belquior y dist une Messe solemnelle, où de petits garçons, orphelins, et quelques autres vsitez en la Musique officierent. Dauantage l'Autel fut embelly de paremens de brocat, ensemble de chandeliers et de lampes d'argent. Par mesme moyen il se fist succinctement vn Sermon qu'on appropria à la solemnité de cette feste, où il fut traicté de la vie de ce S. defunct, comme aussi du grand zele qu'il auoit tousiours eu de l'honneur de Dieu, de l'augmentation de sa saincte foy, du salut des ames, et la saincte intention qu'il auoit euë d'entrer en ce Royaume de la Chine, où il auoit pleu à N. S. l'appeller à sa gloire; lequel Sermon fut ouy de tous auec une grande deuotion, et non sans en respandre des larmes. Le iour d'apres dés le matin nous partismes de cette Isle de Sanchan, et arriuasmes à Soleil couché en vne autre Isle appellée Lampacau, qui est à six lieuës plus auant du costé du Nord, où en ce temps là les Portugais faisoient leur commerce auec les Chinois; ce qui continua iusqu'en l'année 1557 que les Mandarins de Canton, à la requeste des marchands du pays nous donnerent ce port de Macao où se faict maintenant le commerce, duquel lieu (qui n'estoit auparauant qu'vne Isle deserte) les nostres en firent vne fort belle peuplade, où il y auoit des bastimens de trois et quatre mille ducats, ensemble vne Eglise Cathedrale, il y a vn Curé et des beneficiers. Dauantage cette Colonie a son Gouuerneur, son Auditeur, et ses Officiers de Iustice, à quoy i'adiouste que les habitans de ce lieu y sont en aussi grande seureté comme s'ils estoient au lieu le plus tranquille de Portugal. Mais Dieu vueille par son infinie bonté et misericorde, que cette Colonie soit de plus longue durée que celle de Liampoo, qui en fût vne autre de Portugais, dont i'ay parlé assez amplement ci-deuant, qui estoit à 200 lieuës de celle-cy du costé du Nord. Mais le malheur voulust que par le desordre d'vn Portugais elle fut démolie en fort peu de temps; auquel desastre ie me treuuay present, et puis dire que la perte qui s'y fist, tant de gens que de richesses, fut inestimable. Car cette peuplade estoit de trois mille hommes, dont il y en auoit 1200. Portugais, et les autres Chrestiens de diuerses nations; mesmes i'ouy dire à plusieurs qui en parloient comme sçauans, que le traffic des Portugais passoit trois millions d'or. Or la plupart de ce traffic se faisoit en lingots d'argent du Iappon, dont on s'estoit aduisé depuis deux ans seulement, si bien qu'on doubloit son argent en 3. ou 4. fois aux marchandises qu'on y faisoit transporter. En cette Colonie il y auoit vn Gouuerneur qui residoit dans le pays, sans y comprendre les Capitaines des nauires de passage, il y auoit en outre vn Auditeur, des Iuges, des Escheuins, vn Prouiseur des defuncts et des orphelins, des Commissaires de la Police, vn Greffier de la Maison de ville, des Quarteniers des Rentiers, et toute autre sorte d'offices qu'il y peut auoir dans vne Republique, ensemble 4. Tabellions de nottes, et six de Greffe, chacun desquels offices se vendoit trois mille ducats, et mesmes il y en auoit d'autres bien plus chers : dauantage là mesme il y pouuoit auoir enuiron trois cens hommes qui s'estoient mariez à des femmes Portugaises et Mulatres, c'est ainsi qu'on appelle ceux le pere et la mere desquels est l'vn blanc et l'autre noir. Il y auoit aussi deux Hospitaux et une maison de Misericorde, où se dispensoient tous les ans plus de trente mille ducats; et la Maison de ville en auoit six mille de rente, de maniere qu'il se disoit generalement que cette Colonie estoit la plus riche et la mieux peuplée de toutes celles qui estoient aux Indes; joint qu'en matiere d'estenduë elle n'auoit point sa pareille en toute l'Asie; aussi quand les Greffiers ou les Secretaires passoient quelque lettre de commission, ou mesme quand les Tabellions faisoient quelques escritures, ils vsoient ordinairement de ces termes : *en cette tres-noble et tousiours fidelle ville de Liampoo pour le Roy nostre souuerain Seigneur.* C'est pourquoy maintenant qu'il est si à propos d'en parler, ie ne veux point oublier à dire comment et pourquoy se perdit vne si noble et si riche Colonie, ce qui arriua de cette sorte. Il y auoit là vn homme fort honorable et de tres-bon lieu, appellé Lancerot Pereyra, natif du Pont de Lyma ville de Portugal; l'on tient que cettuicy auoit presté quelques mille ducats à certains Chinois, hommes qui n'estoient nullement soluables; comme en effect ils luy firent banqueroute en sa marchandise, sans luy en rendre iamais rien, ny sans qu'il en eust depuis aucunes nouuelles, ce qui fut cause que voulant tirer raison de cette perte, et la reprendre sur ceux qui n'en estoient pas la cause, il rassembla pour cet effect quelques quinze ou vingt Portugais faineans, de tres mauuaise conscience, et des plus meschans esprits, auec lesquels à la faueur de la nuict il se ietta dans vn village qui estoit à deux lieuës de là, que l'on appelloit Xipaton : en ce lieu il vola dix ou douze laboureurs, et auec cela se saisit de leurs femmes et de leurs enfans, et mit à mort quelques treize personnes, sans auoir aucun iuste subject de le faire. Cependant le iour d'apres l'alarme s'estant donnée par tout le pays d'alentour, à cause de cette violence, tous les habitans s'en allerent plaindre au Chumbin de la iustice, et ayant faict vn procez verbal de toute l'affaire, ils firent vne requeste de la part du peuple, qu'ils adresserent au Chaem du gouuernement, qui est comme le Vice-Roy de ce Royaume. A l'heure mesme voila que cettuicy despecha vn Haitau qui est comme vn Admiral entre nous, auec vne armée de trois cents Iuncos, et huictante Vancons de rame, où il y auoit soixante mille hommes, qui furent prests en dix-sept iours; ainsi cette flotte venant fondre sur cette infortunée Colonie des Portugais, la chose se passa d'une si estrange sorte pour eux, qu'il faut que i'aduouë que ie n'ay pas assez de capacité pour en faire le recit suffisamment, ni mesme l'entendement assez fort pour l'imaginer; il me suffira de dire pour l'auoir veu, qu'en moins de cinq heures que dura cet effroyable chastiment de la main de Dieu, et de la puissance de sa diuine iustice, ces cruels ennemis ne laisserent point dans Liampoo aucune chose que ce fust à laquelle on pût imposer vn nom, car ils démolirent et bruslerent tout ce qu'ils peurent treuuer, auec cela ils mirent à mort douze mille Chrestiens, parmy lesquels estoient compris huict cent Portugais, qui furent bruslez tous en vie en trente-cinq nauires et quarante-deux iuncos : en cette commune ruine l'on tient qu'il se perdit la valeur de deux millions d'or, tant en lingots, poiure, sandal, clous de gyrofle, macis et noix muscade, qu'en autres marchandises, et tous ces desastres arriuerent par la mauuaise conscience, et le peu de iugement d'un Portugais auaricieux. Or de ce malheur il s'en ensuiuit vn autre fort grand, qui fut que nous en perdismes si fort nostre credit, et nostre reputation par tout le pays, que les habitans ne nous vouloient plus voir, disants que nous estions des diables incarnez, engendrez par vne malediction de l'ire de Dieu, pour le chastiment des pescheurs. Cecy arriua en l'année 1542. Martin Afonso de Sousa estant Gouuerneur des Indes, et Ruy Vaz Pereyra, Marramaque Capitaine de Malaca. Deux ans apres les Portugais ayant eu enuie de faire vne autre nouuelle colonie en vn port qui s'appelloit Chincheo, dans le mesme Royaume de la Chine, cent lieuës plus bas que Liampoo, en intention d'y faire leur trafiq, les marchands du pays s'estant mis à considerer le grand proffit qui leur en reuenoit, prierent les Mandarins de faire semblant de le leur permettre, et les y obligerent par plusieurs grands presens. Nous eusmes donc commerce auec ceux du pays enuiron deux ans et demy, iusqu'à ce que par l'exprés mandement de Simon de Mello Capitaine de la forteresse, il fut enuoyé en ce lieu vn autre homme de la mesme humeur de Lancarot Pereyra, à qui le mesme Simon de Mello donna des patentes pour estre receu Gouuerneur de ce port de Chincheo, et Prouiseur des Defuncts ; mais l'on semoit ce bruit de luy, que l'ardente auarice dont il brusloit, lui faisoit mettre la main partout, sans porter le moindre respect à rien que ce fût. Il arriua donc de son temps au port de Chincheo vn estranger, Armenien de nation, qui estoit tenu de tous pour vn tres bon Chrestien ; cet homme qui auoit bien valant dix ou douze mille ducats, estant Chrestien comme ie viens de dire, et estranger comme nous, sortit d'vn Iunco de Mahumetans où il estoit, et passa dans le nauire d'un Portugais appellé Louys de Montarroya. Or y ayant desia enuiron six ou sept mois qu'il viuoit paisiblement parmy nous, bien venu et fauorisé d'vn chacun, il arriua qu'il tomba malade d'vne fievre dont il mourut, mais deuant que rendre l'esprit il declara par son testament, qu'il auoit femme et enfans en vne ville d'Armenie qui s'appelloit Gaborem, et que des 12. mille ducats qu'il auoit valant il en laissoit deux mille à la Confrairie de la Misericorde de Malaca, auec certains obits pour son Ame ; qu'au reste il prioit le Prouiseur et les Freres de la Misericorde, d'estre depositaires de ces deniers iusques à ce qu'il se presentast vne occasion de les faire tenir à ses enfans, ausquels il vouloit qu'ils fussent donnez comme à ses heritiers legitimes, et qu'en cas qu'ils fussent morts, il les laissoit à la Confrairie. Voyla quel fut le testament de ce fidel Chrestien, qui ne fut pas plustost enterré que Ayrez Botelho de Sousa Prouiseur des deffuncts, se saisit de tout le bien sans faire ny inuentaire, ny autre sorte de diligence, disant qu'auparauant que passer outre il falloit enuoyer faire des enquestes en Armenie, qui estoit à plus de deux mille lieuës de là, pour voir s'il n'y auoit point quelques hypotheques là-dessus, ou quelque saisie de iustice : en ce mesme temps arriuerent encore en ce lieu deux marchands Chinois qui auoient trois mille ducats en soye, en pieces de damas, en musq, et en porcelaines qui estoient deubs à l'Armenien deffunct ; le Prouiseur les arresta donc, et n'estant pas content de cela, il voulut faire accroire à ces Chinois que toute la marchandise qu'ils auoient appartenoit à l'Armenien, si bien que soubs ce pretexte il leur prist huict mille ducats, et leur dist qu'ils s'en allassent à Goa demander iustice au Prouiseur general, à cause qu'il ne pouuoit faire autrement, pour y estre obligé par le denoir de sa charge. Or pour n'alleguer en vain plusieurs raisons, pour raconter ce qui arriua là-dessus, les deux marchands s'en retournerent chez eux sans y remporter aucune chose de leur marchandise; là ils s'en allerent ensemble auec leurs femmes et leurs enfans se ietter aux pieds du Chaem, auquel par une requeste qu'ils firent, ils representerent toute cette affaire de la façon qu'elle se passoit, et luy dirent en outre que nous estions gens qui n'auions aucune crainte de la iustice de Dieu. Le Chaem voulant alors faire iustice à ces marchands et à plusieurs autres qui auparauant auoient formé des plaintes contre nous, enuoya publier de toutes parts qu'il n'y eust personne qui eust à traitter auec nous sur peine de mort, et comme cette proclamation fut cause de nous mettre à sec entierement, la disette des viures vint à estre si grande parmy nous, que ce que l'on auoit accoustumé d'achepter six blancs valoit alors plus d'vn ducat, tellement que la necessité nous contraignit de nous en aller en quelques hameaux d'alentour, sur quoy il y eut de grands desordres, d'où il s'ensuiuit que tout le païs se sousbleua contre nous, auec tant de hayne et de furie, que seize iours apres nous fusmes attaquez d'vne armée de cent et vingt Iuncos fort grands, qui nous traicterent de telle sorte pour nos pechez, que de treize nauires qui estions au port, il n'y en eut point qui ne fust bruslé; joinct que de cinq cens Portugais qu'il y auoit dans le pays, il s'en eschappa seulement trente, sans qu'il leur demeurast la valeur de cinq sols. De ces deux tristes histoires que i'ay racontées, ie veux inferer qu'il semble que les affaires que nous auons maintenant à la Chine, ensemble la tranquillité et la confiance auec laquelle nous y viuons, supposé que les traictés de paix que nous auons auec elle, soient fermes et asseurez, ne dureront qu'autant que nos pechez seruiront aux habitans du pays de motifs de se mutiner contre nous, ce que nostre Seigneur ne veuille permettre à l'aduenir par son infinie misericorde. Pour reuenir maintenant au discours dont ie m'estois esloigné, il faut sçauoir qu'apres que nous fusmes arriuez au port de Lampacau, comme i'ay dit cy-deuant, nous y surgismes dans les 3. nauires dans lesquels nous estions venus, et qu'incontinent apres nous il y en vint aborder autres cinq, et parce que le commerce du pays n'alloit pas si bien qu'auparauant en cette saison propre à nauiger, il n'y eut point de vaisseau qui fist voile au Iappon, tellement que nous fusmes contraints de passer encore vne autre année en ce port, auec dessein qu'au mois de May suiuant, qui estoit à dix mois de là, nous continuerions nostre voyage comme nous l'auions resolu.

CHAPITRE CCXXII.

Des nouuelles qui vindrent en cette Isle touchant vn estrange faict arriué dans le pays.

Le Reuerend Pere M. Belquior nous asseura qu'en cette année il n'y auoit pas moyen d'aller au Iappon, tant à cause que la saison estoit passée, que pour les autres inconueniens qui se presentoient. Là-dessus il mist ordre qu'on eust à faire vn logement à terre, dans lequel il se pûst retirer auec tous ceux de sa compagnie; ensemble vne maniere de Chapelle où l'on eust moyen de celebrer l'office diuin, et frequenter les saincts Sacremens necessaires au salut des hommes; ce qui fut incontinent executé. Or durant le temps que nous fusmes là de seiour, le Reuerend Pere Belquior et ceux de sa suitte, ne furent iamais oisifs, et ne cesserent de faire du fruit pour le salut des ames : car auec ce qu'on y administra tousiours les Sacremens, et les confessions y furent frequentes, on y deliura encore deux Portugais, qui depuis 5. ans estoient retenus esclaues dans la prison de la ville de Cantan; et il est bien certain que leur deliurance cousta plus de 2500. ducats, que les fidelles Chrestiens receurent d'aumosne : il y auoit desia six mois et demy, que nous estions là de seiour, lors que le 17. du mois de Feurier en l'année 1556. des nouuelles asseurées nous vindrent de Cantan, que le troisiesme iour du mesme mois et an, la prouince de Sansy auoit esté abismé de la façon qui s'ensuit. Le premier iour de Feburier la terre y trembla depuis les vnze heures de nuict iusques à vne heure, et le lendemain depuis la minuict iusques à deux heures, comme aussi le iour suiuant depuis vne heure iusques à trois. Durant ce tremblement c'estoit vne chose espouuentable d'ouyr le grand bruit que faisoient de toutes parts les orages, et les tonnerres; joinct que du centre de la terre il en sortoit à gros boüillons des rauines d'eau, auec tant de desordres et de rauages, qu'en vn instant tout le pays d'alentour fut englouty soixante lieuës à la ronde, sans que de tant de creatures viuantes qui perirent, il s'eschappast qu'vn seul enfant aagé de sept ans, et qui par vne merueille bien grande fut presenté au Roy de la Chine. Cependant cette nouuelle ne fut pas plustost arriuée à la ville de Cantan que tous les habitans en furent espouuentez, les nostres mesmes en eurent vn si grand effroy, que tenant la chose pour impossible ils se resolurent d'en apprendre la verité. Pour cet effect de soixante que nous estions il prist enuie à quatorze de la trouppe de s'y en aller, ce qu'ils executerent incontinent, et à leur retour ils affirmerent que la chose estoit veritable et certaine, de quoy l'on tira vne attestation signée par quatorze tesmoins oculaires, et qui auoient esté sur le lieu, laquelle attestation fut depuis enuoyée par François Toscano au Roy de Portugal Dom Iean troisiesme, Prince de glorieuse memoire, et fut donnée à vn Prestre nommé Diego Reinel qni en pouuoit parler au vray pour y auoir esté present auec les autres quatorze Portugais : ce prodigieux euenement espouuenta de telle sorte les habitans de cette ville de Cantan que tous generalement en firent vne merueilleuse sorte de penitence, et encore qu'ils fussent Gentils si faut-il aduòüer qu'ils nous confondirent nous austres Chrestiens, qui vismes iusques où se portoit leur deuotion, car au premier iour que la nouuelle arriua à deux heures apres midy, l'on fist des proclamations par toutes les principales ruës de la ville, en quoy l'on se seruit de six hommes de cheual, qui portoient de longues robes de dueil, et auec vne voix triste et lamentable s'en alloient criant ces paroles : « Miserables creatures que vous estes, qui ne cessez d'offencer de iour en iour le Seigneur de toutes choses, oyez, oyez l'aduenture la plus funeste et la plus sensible, que l'on vous puisse iamais faire ouyr, auec des cris accompagnez de gemissemens et de larmes : car vous deuez sçauoir que pour les peschez de tous nous autres, Dieu a mis la main à l'espée de sa diuine iustice, contre tous les peuples de Cuy et Sancy, submergeant pesle-mesle auec l'eau, le feu, et les orages du Ciel, toute cette grande Prouince de la Chine, sans qu'il y ait eu de sauué qu'vn seul enfant qu'on a amené au fils du Soleil. » Et là dessus ils sonnoient trois fois vne clochette qu'ils auoient en main ; alors tout le peuple se prosternant par terre, disoit auec des cris effroyables, « *Xipatun Varocay*, c'est-à-dire, Dieu est iuste en tout ce qu'il fait. » Apres que cela se fut ainsi passé, tous les habitans se retirerent en leurs maisons, qui furent fermées cinq iours durant, si bien que la ville fut si deserte, qu'on n'y voyoit paroistre pas vne creature viuante, dequoy tous nous autres Portugais demeurasmes comme pasmez, pource que parmy les ruës nous ne rencontrions personne à qui nous pûssions parler. A la fin de ces cinq iours le Chaem et les Anchassis du gouuernement, ensemble tout le reste du peuple, où ie comprends les hommes tant seulement, car pour le regard des femmes ils les tiennent pour estre incapables d'estre ouyes de Dieu, à cause de la desobeyssance du premier peché qu'Eue commist, tournoyoient en procession par les principales ruës de la ville ; cependant que leurs Prestres, qui estoient plus de cinq mille de nombre, s'escrioient auec vne voix qui perçoit le Ciel : « ô merueilleux et pitoyable Seigneur, n'aye point égard à nos meschancetés, car si tu en tiens le compte, nous demeurerons muets deuant toy, » à quoy tout le peuple auec vn autre cry espouuentable respondoit : « *Xaputay Danacoho Fanaragy Paleu,* » qui signifie, « Seigneur nous confessons deuant toy nos fautes, » et ainsi la procession continuant tousiours de marcher, ils arriuerent en fin à vn magnifique Temple appellé Nacapyrau, qu'ils tiennent pour estre la Royne des Cieux, comme i'ay dit quelquesfois cy-deuant. De là ils s'en allerent le lendemain à vn autre Temple appellé, *Uzauguen abor,* ou *Dieu de Iustice,* et de cette façon ils continuerent quatorze iours, durant lesquels furent faictes generalement plusieurs aumosnes, et il y eut quantité de prisonniers deliurez; mesmes on fist diuers sacrifices de parfums odorans d'Aloës et de Benjoin; il y en eust aussi quelques autres où il y eut bien du sang respandu, et où l'on immola plusieurs vaches, cerfs, et pourceaux, qui par aumosnes furent tous distribuez aux pauures. En suitte de cela durant les trois mois que nous fusmes là de sejour, on continua plusieurs autres bonnes œuures, qui furent faites auec tant de frais et si charitablement qu'il est à croire que si la foy de Iesus Christ y eust esté joincte, elles luy eussent esté tres-agreables. Nous ouysmes dire depuis, et ce bruit estoit vniuersel dans le pays, que durant les trois iours que ce tremblement de terre estoit arriué à Sansy, il auoit tousiours pleu du sang dans la ville de Pequin où estoit pour lors la Cour du Roy de la Chine, ce qui fut cause que la pluspart des habitans en sortirent, et que le Roy s'enfuit à Nanquin, où l'on tient qu'il fist faire de grandes aumosnes, et deliurer vne infinité d'esclaues, entre lesquels il plût à Dieu qu'il y eust cinq Portugais qui estoient retenus prisonniers en la ville de Pocasser, il y auoit plus de vingt ans. Comme ceux-cy furent à Cantan où ils vindrent aborder, ils nous raconterent plusieurs grandes choses, entre lesquelles ils nous dirent que les aumosnes que le Roy auoit faictes pour ce subjet se montoient à six cent mille ducats, sans y comprendre les magnifiques Temples qu'il fit bastir pour appaiser l'ire de Dieu, parmy lesquels il en fut faict vn en cette même ville, fort somptueux et de grande majesté, soubs le tiltre d'*Hypaticau*, qui signifie *Amour de Dieu*.

CHAPITRE CCXXIII.

De nostre arriuée au Royaume de Cungo, et des choses que nous y fismes auec le Roy.

La saison estant arriuée en laquelle nous pouuions continuer nostre voyage nous partismes de cette Isle de Lampocau le septiesme iour de May mil cinq cent cinquante-six, apres nous estre embarqués dans vn nauire, duquel estoit Capitaine, M. Dom François Mascarenhas, surnommé la Paille, qui cette année là y estoit demeuré resident pour General. Ainsi nous continuasmes nostre route 14. iours durant, à la fin desquels nous descouurismes les premieres Isles à la hauteur de trente-cinq degrez, et qui par graduation regardent l'Oüest Nor-oüest de Tanixumaa; alors le Pilote cognoissant que la nauigation y estoit mauuaise, se tourna du costé du Sud-oüest pour y chercher la pointe de la montagne de Minatoo; nous costoyasmes donc Tanoraa et fismes tousiours voile le long de cette coste iusques au port de Finugaa; et d'autant qu'en ce climat les vents y Nordestent, et que le courant de l'eau estoit vers le Nort, le pilote eut tres-mauuaise opinion de sa nauigation, de maniere que lors qu'il vint à cognoistre sa faute, encore que par vne opiniastreté coustumiere aux mariniers il ne le voulust point confesser, nous auions desia passé de soixante lieuës le port où nous voulions aborder, à cause de quoy nous le fusmes reprendre quinze iours apres, bien qu'auec assez de trauail pour n'auoir les vents derriere; et sans mentir, nos biens et nos vies y coururent vne grande fortune, pource que toute cette coste s'estoit soubsleuée contre le Roy de Bungo nostre amy, et contre les habitans à cause de la grande inclination qu'ils auoient à la loy du Seigneur que nos Peres leur preschoient. A la fin apres que par la misericorde de Dieu nous eusmes gaigné l'Abbaye et la ville de Fucheo dont i'ay plusieurs fois parlé cy-deuant, qui est la capitale du Royaume de Bungo où fleurissent maintenant tous les principaux Chrestiens de tout le Iappon : tous ceux du nauire treuuerent bon que ie m'en allasse à la forteresse d'Osqui où le Roy estoit pour lors suiuant les nouuelles que nous en eusmes. Or bien que i'apprehendasse ce voyage à cause que tout le pays estoit alors soubslesué, ie m'y resolu neantmoins, poussé à cela par la persuasion de ceux du nauire qui tous en general m'en prierent tres instamment : ayant donc faict mes preparatifs, et receu vn present qui valoit bien cinq cens escus que Dom François Capitaine du nauire enuoyoit au Roy, ie pris auec moy quatre de mes compagnons auec lesquels ie partis. Apres que ie fus desembarqué sur le quay de la ville, la premiere chose que ie fis fut de m'en aller à la maison de *Cassiandono*, Admiral de mer et Capitaine de Canafama, qui me receut auec de grandes demonstrations d'amitié, et me rasseura sur la crainte que i'auois ; alors luy ayant rendu compte du suject qui m'auoit rendu en ce lieu, ie le prié de me faire donner des cheuaux et des gens qui me menassent au Roy, ce qu'il fist tres-volontiers et plus librement que ie ne luy demandois : estant party de la ville le iour d'apres enuiron les 9. heures i'arriuay en vn lieu appellé *Fingau*, qui pouuoit estre à vn quart de lieüe de la forteresse d'*Osquï*. Là ie deputay vn de ceux du Iappon que i'auois auec moy, pour s'en aller dire à Osquindono Capitaine de la place, comme i'estois arriué, « et que i'auois vne ambassade à faire à son Altesse de la part du Vice-Roy des Indes, à cause de quoy ie le priois de me donner telle heure qu'il luy plairoit afin que i'eusse moyen de parler à luy, » il me respondit à cela par vn sien fils : « que mes compagnons et moy estions les tres-bien venus, et qu'il auoit desia enuoyé au Roy qui estoit en l'Isle de Xeque où il se donnoit le plaisir de la pesche d'vn grand poisson de qui l'on ne sçauoit point le nom, qui estoit là venu aborder du centre de la mer auec quantité de plusieurs autres petits poissons, et qui pour l'auoir arresté dans vn canal, il y auoit bien de l'apparence qu'il passeroit tout le iour à ce passe-temps, et n'arriueroit qu'enuiron la nuict, » à quoy il adiousta qu'il luy feroit incontinent sçauoir des nouuelles. Là dessus il m'enuoya reposer en vn autre appartement meilleur qu'il me fist donner où ie fus pourueu abondamment de tout ce qu'il me fut necessaire; et mesme il me dit pour compliment, que tout ce pays n'estoit pas moins au Roy de Portugal que Malaca, Cochim et Goa : alors vn des siens qui s'en vint pour cet effect nous fist vne tres-bonne reception dans vn Pagode qui s'appelloit Amindanxoo, dont les Bonzes nous firent vn magnifique festin : durant ces choses, si tost que le Roy eust aduis de mon arriuée il dépecha de l'Isle où il estoit à la pesche de ce grand poisson, trois funces de rame, et en icelles vn sien Chambellan son fauory appellé *Oretandono*, qui arriua sur le soir au mesme lieu où i'estois et m'y vint treuuer : alors m'ayant dit de bouche ce que le Roy luy auoit enioint, il tira vne sienne lettre et l'ayant baisée auec les ceremonies et les complimens qu'ils auoient accoustumé de faire entr'eux, il me

la donna, si bien que i'y treuuay que ces parolles estoient escriptes : « Estant occupé, comme ie
» suis maintenant, à vn exercice qui m'est gran-
» dement agreable, i'ay esté aduerty de ton ar-
» riuée en mon pays où tu es auec tes compa-
» gnons, qui sont venus auec toy, de quoy i'ay
» esté si content que ie te proteste que si ie n'a-
» uois iuré de ne m'en point aller d'icy que ie
» n'aye auparauant tué vn grand poisson que ie
» tiens enclos, ie te fusse allé tout aussitost
» treuuer en personne, c'est pourquoy ie te prie
» comme mon bon amy, que puisqu'à cause de
» cela ie ne puis aller à toy, tu y viennes toy-
» mesme dans ce batteau que ie t'enuoye, pource
» que de ta venuë et de la mort que i'èspere don-
» ner à ce poisson dépend mon parfait conten-
» tement. » Ayant veu cette lettre ie m'embarquay tout aussitost dans la funce où Oretandono m'estoit venu chercher, et ceux de ma suitte dans les autres deux auec le present qu'ils auoient, et d'autant que ces deux fustes estoient fort legeres et bien équippées, en moins d'vne heure nous abordasmes en l'Isle qui estoit à deux lieües et demie de là. Or nous y arriuasmes en vn temps auquel le Roy auoit plus de deux cents hommes auec des darts en main, et poursuiuoit en des batteaux vne prodigieuse baleine qui estoit là arriuée auec quantité d'autres

poissons, à quoy il se plaisoit d'autant plus que ce nom de baleine leur estoit encore incognu et fort estrange pour n'auoir iamais veu de semblable poisson en tout ce païs. Apres qu'on l'eut mise à mort et tirée à la riue, le Roy y prist vn si grand plaisir que pour recompenser tous les pescheurs qui s'y estoient treuuez, il les exempta d'vn certain tribut qu'ils auoient accoustumé de payer auparauant, et mesme il les honora de nouueaux noms de Noblesse, en suitte de quoy il augmenta les pensions de quelques Gentilhommes qu'il aymoit et qui estoient là presens, et aux Pages il leur fist donner mille taeis d'argent; par mesme moyen il me receut moy auec vn visage riant, et s'enquist de moy fort exactement de plusieurs particularitez, à quoy ie luy respondis le mieux que ie pûs, y adjoustant touiours quelque chose du mien, pource que cela me sembloit necessaire pour accroistre la reputation des Portugais, et la grande estime en laquelle nous estions alors en ce païs : car tous les habitans tenoient pour chose certaine, que le Roy de Portugal estoit veritablement le seul Prince qui se pouuoit dire Monarque du monde, tant pour la grande estenduë de ses terres, que pour son pouuoir et son grand thresor, à cause de quoy principalement ceux de ces contrées faisoient grand estat de nostre amitié. Ces choses acheuées le Roy partit de cette Isle de Xequay pour s'en aller à Osquy, et enuiron vne heure de nuict il arriua en son chasteau où il fut receu des siens auec beaucoup de resioüissance : dauantage tous ensemble ils luy firent la bien-venuë pour raison d'vn si honorable exploit qu'estoit celuy d'auoir tué la Baleine, attribuant à luy seul ce que tous les autres auoient fait ; par où l'on peut voir que ce dommageable vice de flatterie regne si absolument dans les Cours des Roys et dans les maisons des Princes, qu'il s'establit vne place mesme parmy les Gentils et les Infideles : le Roy ayant congedié tous ceux qui l'auoient accompagné, se mist à souper auec sa femme et ses filles, et ne voulut point alors estre seruy de personne, pour-ce que c'estoit aux despens de la Royne que le festin se faisoit ; et d'autant que nous estions alors à la maison d'vn sien Thresorier où nous estions desia logez, il nous y enuoya querir tous cinq, et nous pria que pour l'amour de luy nous mangeassions auec la main en sa presence, comme nous auions accoustumé de faire en nostre pays, adioustant que la Royne seroit infiniment aise de voir cela. Alors nous ayant fait couurir vne table où il y auoit quantité de viandes fort nettes et bien apprestées, qui nous estoient seruies par des femmes grandement belles, nous nous mismes à manger à nostre mode de tout ce qu'on nous mettoit deuant nous, cependant que les railleries et les bons mots que ces Dames se mirent à dire de nous en nous voyant ainsi manger auec la main, donnerent beaucoup plus de plaisir au Roy et à la Royne que toutes les comedies qu'on eust sceu representer : car ces peuples ayans accoustumé de manger auec deux petits bastons, comme i'ay dict quelquesfois, « ils tiennent pour une grande inciuilité de porter la main sur les viandes, » comme c'est nostre ordinaire; en suitte de ces choses voyla que la fille du Roy, Princesse grandement belle, et qui n'auoit pas dauantage de quatorze à quinze ans, demanda permission à la Royne sa Mere de faire vne certaine farce que six ou sept de ses compagnes vouloient representer sur le sujet dont il estoit question; ce que la Royne luy permist aussi-tost auec le consentement du Roy. Elles entrerent alors en vne autre chambre où elles s'y tindrent vn peu de temps, tandis que celles qui estoient demeurées dehors se desennuyerent à nos despens, en disant plusieurs railleries de nous qui en estions bien estonnez, principalement les quatre de nostre compagnie qui estoient plus nouueaux dans le pays, et qui n'en sçauoient point la langue; car pour moy estant à Tanixumaa i'auois desia veu iouer vne pareille Comedie contre les Portugais, et le mesme aussi m'estoit arriué en d'autres contrées. Comme nous deffrayons ainsi la compagnie de rire, et faisions la meilleure mine qu'il nous estoit possible de faire parmy ces affronts, pour le merueilleux plaisir que le Roy et la Royne y prenoient à ce que nous remarquions, nous vismes sortir de la chambre la ieune Princesse desguisée en marchand, ayant en son costé vn cymeterre tout couuert de plaques d'or, et le reste de ses habits conforme au sujet qu'elle representoit. En cet équipage s'estant mise à genoux deuant le Roy son pere, auec le respect qu'elle luy deuoit, « Puissant Roy et Seigneur, luy dit-elle, encore que cette mienne hardiesse soit digne d'vn grand chastiment, pour l'inesgalité que Dieu a voulu mettre entre vostre grandeur et ma bassesse, neantmoins la necessité où ie me treuue reduit me faict fermer les yeux à l'accident qui m'en pourroit arriuer. Car estant desia vieil comme ie suis, et chargé de quantité d'enfans que i'ay eus de plusieurs femmes auec qui i'ay esté marié, mon extréme pauureté et le desir que i'ay comme pere de ne les point laisser destituez de biens, de fortune, m'ont faict recourir à mes amis pour les prier de m'ayder de leurs moyens, ce qu'ils m'ont accordé, si bien qu'ayant employé ces deniers en vne certaine marchandise que ie n'ay pû vendre en tout le Iappon, i'ay resolu de la donner en eschange pour quelque chose que ce soit, de sorte que m'estant plaint de cecy à quelques amis que i'ay à Miacoo, ils m'ont asseuré que vostre Altesse me pourroit faire quelque bien. C'est pourquoy, Seigneur, ie la prie qu'en considération de ce poil blanc, et de cette foible vieillesse, ensemble de ce que i'ay beaucoup d'enfans et de pauureté il luy plaise m'assister en mon besoin, pource que ce sera vne aumosne tres-bien employée et fort agreable aux Chencicos qui viennent d'arriuer dans leur Nauire; car cette mienne marchandise les accommodera mieux que personne, à cause de la grande disette où ils se voyent continuellement. » Durant que ce discours se fist, le Roy et la Royne ne pûrent s'empescher de rire, voyant que ce vieux marchand qui auoit tant d'enfans et tant d'incommoditez estoit la Princesse leur fille, fort ieune et grandement belle. Ce qui fist que le Roy s'empeschant vn peu de rire, luy respondit auec beaucoup de grauité, qu'il eust à montrer des eschantillons de la marchandise qu'il auoit, et que si c'estoit chose qui nous accommodast il nous prieroit de l'acheter. A ces mots le pretendu marchand ayant fait vne grande reuerence, se retira dans la chambre; cependant nous estions si fort embarassez par ces choses que nous voyons, que nous ne sçauions qu'en penser, ny quel en seroit l'euenement. Alors les femmes qui estoient dans la chambre iusqu'au nombre de plus de 60. sans qu'il y eust pas vn homme que nous autres cinq seulement se mirent toutes à se plaindre et à se pousser du coulde, sans pouuoir s'empescher de faire du bruict, et de rire sourdement entre elles. En mesme temps voila qu'on vist sortir de la chambre le marchand qui s'en estoit retiré, amenant auec luy six belles ieunes filles, et richement vestuës desguisées aussi en marchands, qui portoient les eschantillons de la marchandise qu'il falloit vendre, elles auoient à leur costé des dagues et des cymeterres dorez, le visage graue, et la mine fort releuée, parce qu'elles estoient toutes filles des plus signalez Seigneurs du Royaume, que la Princesse auoit expressément choisies pour ioüer leur personnage. En cette Comedie qu'elle auoit à representer en la presence du Roy et de la Royne, chacune de ces six Damoiselles auoit sur les espaules vn pacquet de taffetas verd, et toutes ensemble feignant d'estre fils de quelque marchand, elles dansoient vn ballet au son de deux harpes et d'vne viole, et de temps en temps elles disoient en vers auec vne voix fort douce et fort agreable des paroles de cette substance, « Haut et puissant Seigneur, par les richesses que tu possedes, souuienne-toy de nostre pauureté, nous sommes miserables en ce pays estranger, et mesprisez des habitans pour estre comme orphelins ; ce qui nous expose à de grands affronts. Et partant Seigneur, par ce que tu és, souuienne-toy de nostre pauureté. » Apres que tous ces ieunes marchands eurent ainsi acheué leur danse et leur concert de Musique, ils se mirent tous à genoux deuant le Roy, et alors le plus vieil d'entr'eux les ayant remerciez en termes pleins de fort beaux complimens, de la faueur dont il les obligeoit en luy faisant vendre cette marchandise, ils desuelopperent tous les pacquets qu'ils auoient, et laisserent cheoir emmy la chambre vne grande quantité de bras de bois, tels que ceux qu'on a accoustumé d'offrir à S. Amand; le vieux marchand disant auec beaucoup de grace, et en termes pleins de courtoisie, « Puis que pour nos pechez la nature nous a assubjectis à vne si vilaine misere, qu'il faut necessairement que nos mains sentent tousiours le poisson ou la chair, ou le surplus que nous auons mangé auec elles ; cette marchandise nous accommodoit grandement, afin que tandis que nous seruirions d'vne sorte de mains on lauast les autres. » Le Roy et la Royne treuuerent fort bonne cette harangue dont ils se mirent à rire, cependant que nous autres cinq en estions si honteux, que le Roy s'en apperceuant nous pria de l'en excuser, disant, qu'afin que la Princesse sa fille pût voir le grand bien qu'il vouloit aux Portugais, il leur donnoit ce petit passe-temps, duquel non seulement comme estans ses freres auions esté participans. A quoy nous luy fismes response, qu'il plût à Dieu nostre Maitsre payer pour nous à son Altesse cet honneur et cette grace qu'il nous faisoit, que nous confessions estre fort grande, et que nous le publierions ainsi par tout le monde tant que nous viurions; dequoy le Roy, la Royne, et la Princesse encore desguisez en marchands nous sceurent fort bon gré, et nous en remercierent auec plusieurs complimens à leur mode; mesmes la Princesse nous dist alors, Si vostre Dieu me vouloit prendre pour sa seruante, ie luy ferois bien d'autres farces encore meilleures, et qui luy seroient plus agreables que celle-cy; mais i'espere qu'il ne m'oubliera point. A ces paroles tous prosternez à genoux deuant elle, et luy baisans le bord de sa robbe nous luy respondismes, « Que nous esperions cela d'elle, et qu'en cas qu'elle se fist Chrestienne nous la verrions Royne de Portugal; » sur quoy la Royne sa Mere et elle aussi se mirent fort à rire. Alors ayant pris congé du Roy nous nous en retournasmes en la maison où nous estions logez; le lendemain comme il fut iour il nous enuoya querir, et s'enquist fort exactement de nous de la venuë des Peres, de l'intention du Vice-Roy de la lettre que nous luy auions apportée de sa part, du Nauire et des marchandises qui estoient dedans, ensemble de plusieurs autres particularitez, au recit desquelles furent employées plus de quatre heures, il me renuoya là-dessus, disant que dans six iours il seroit à la ville, et que là il receuroit la lettre; et par mesme moyen verroit le Peré, et feroit response à tout.

CHAPITRE CCXXIV.

De quelle façon le Roy de Bungo receut le Vice-Roy Ambassadeur des Indes.

Apres que les six iours furent passez, le Roy partit d'Osquy pour s'en aller à la ville de Fucheo, accompagné de quantité de Noblesse, où estoit comprise vne garde de six cent hommes de pied et deux cent cheuaux, ce qui faisoit fort bonne mine. Y estant arriué il y fut receu de tout le peuple auec de grandes demonstrations d'allegresse, accompagnées de plusieurs jeux, farces et inuentions à leur mode, le tout de grande despense ; il s'en alla loger en vn Palais qu'il auoit fort beau et fort magnifique, le iour d'apres il m'enuoya querir, et dist que ie luy apportasse la lettre du Vice-Roy, comme n'estant reuenu à autre dessein que pour cela, et qu'apres qu'il l'auroit veuë il parleroit au P. M. Belquior, touchant les choses qui estoient les plus importantes ; ie m'en retournay tout incontinent à mon logis, et m'apresté tout ce qui m'estoit necessaire, puis si tost qu'il fust deux heures apres midy, le Roy m'enuoya chercher par le *Quansio Nafama* Capitaine de la ville, auec quatre autres hommes des principaux de la Cour, lesquels accompagnez de quantité de gens me menerent au Palais eux et moy, et les autres quarante Portugais marchans tous à pied, pource que c'estoit la coustume du pays. Toutes les ruës par où nous passions estoient bien agencées, et il y auoit vn si grand nombre de gens, que les Nautarons qui sont les portiers, auoient beaucoup de peine auec des bastons ferrez à faire ranger le peuple pour nous rendre le passage libre. Trois Portugais à cheual portoient chacun vne piece du present, et vn peu derriere eux suiuoient deux genests d'Espagne fort beaux, auec vne maniere de housse à couurir la selle, et auec des armes comme celles qui seruent aux joustes. A nostre arriuée en la premiere basse-cour du

Palais, nous y treuuasmes le Roy qui estoit sur vn eschaffaut qu'on auoit dressé exprés, accompagné de tous les Seigneurs du Royaume, entre lesquels il y auoit trois Ambassadeurs des Roys estrangers, à sçauoir le premier du Roy des Lequios, le second du Roy de Cauchim et de l'Isle de Tosa, et le troisiesme du Cubucama Empereur de Miocoo; et tout à l'entour autant que la largeur de la basse-cour se pouuoit estendre, il y auoit plus de mille harquebuziers et quatre cent hommes montez sur des bons cheuaux caparassonnez, sans y comprendre le reste du peuple qui estoit en nombre infiny. Apres que les quarante Portugais et moy fusmes arriuez à l'eschaffaut où estoit le Roy, nous luy fismes toutes les ceremonies et tous les complimens qu'on a accoustumé de luy faire en tel cas; et alors m'en estant approché de plus prés, ie luy donnay la lettre de la part du Vice-Roy, qu'il ne voulut point receuoir que debout. Puis s'estant remis en sa place, il la donna à vn sien *Quansio gritau,* qui est à proprement parler comme vn Secretaire parmy nous, qui la leut alors tout hautement, afin qu'vn chacun pût l'entendre. Apres qu'elle fut leuë, le Roy s'enquist de moy deuant les trois Ambassadeurs estrangers, et les Princes dont il estoit accompagné, de certaines choses qu'il voulut sçauoir par curiosité touchant nostre Europe ; l'vne desquelles fut, combien d'hommes armez de pied en cap, et montez sur des cheuaux caparassonnez comme ceux qui estoient là deuant luy, pouuoit bien mettre en campagne le Roy de Portugal? Alors de peur que i'eus de rougir si ie venois à mentir, il faut que i'aduouë que ie me treuuay embarassé en cette responce, ce que voyant vn de mes compagnons qui estoit prés de moy, prenant la parole pour moy il fist response, Qu'il en pouuoit mettre cent ou six vingt mille, chose dont le Roy s'estonna fort et moy aussi ; de manière qu'il sembla qu'alors le Roy prenant plaisir aux merueilleuses responses que ce Portugais luy faisoit, employa plus d'vne bonne heure de temps à luy faire plusieurs demandes. Cependant le Roy mesme et tous ceux qui estoient là presents, s'estonnant fort d'entendre de si grandes et estranges choses, il se tourna vers les siens en leur disant, « Ie vous iure en verité que ie ne desirerois rien tant au monde, que de pouuoir voir la Monarchie de ce grand pays, duquel i'ay ouy dire de si grandes merueilles, tant pour ce qui est des thresors qu'il y a, que du grand nombre de Nauires qu'il a en mer ; cela estant ie viurois le reste de mes iours fort content. » Là-dessus m'ayant renuoyé auec tous les autres qui estoient venus auec moy il me dist, quand tu le iugeras à propos, tu pourras dire au Pere qu'il me vienne voir, car il me treuuera icy prest à luy donner audience, et à tous ceux de sa compagnie.

CHAPITRE CCXXV.

De l'entre-veuë de M. Belquior auec le Roy de Bungo, ensemble de ce qui se passa auec luy, et de la response que le Roy fist à mon Ambassade.

Apres m'estre retiré en mon logis, ie rendis compte au Pere M. Belquior de la bonne reception que le Roy m'auoit faicte, ensemble de tout le surplus qui s'estoit passé auec luy, et combien il estoit desireux de le voir, et qu'ainsi il me sembloit à propos puisque tous les Portugais estoient joincts ensemble, et habillez de leurs vestemens de feste, qu'il s'en allast le voir promptement, ce qu'il treuua bon aussi auec les autres Peres de sa Compagnie qui l'accompagnoient. S'estant donc fourny de quelques choses necessaires pour la bien-seance de sa personne, il partit de l'Eglise accompagné de quarante Portugais, tous fort bien vestus auec leurs colliers et chaisnes d'or en escharpe, et quatre petits orphelins auec des soutanes et des chapeaux de taffetas blanc, et des Croix de soye sur la poictrine, en la compagnie desquels estoit Ioan Fernandez, pour seruir de truchement à ce que l'on auoit à dire. Comme ils furent arriuez à la premiere basse-cour du Palais du Roy, ils treuuerent quelques Seigneurs qui les y attendoient, lesquels auec beaucoup de courtoisie et demonstrations d'amitié firent entrer le Pere en vne chambre où le Roy l'attendoit desia, qui l'ayant pris par la main auec vn visage fort ioyeux luy dict, « Croy moy Pere estranger ce iour estre le seul de ma vie, que ie puis veritablement appeller mien, pour l'extréme plaisir que ie prens à te voir deuant mes yeux, pource qu'il me semble que ie voy le Pere S. François, à qui ie voulois autant de bien qu'à ma propre personne. » Alors estant entré auec luy en vne autre chambre qui estoit plus auant et plus richement parée, il les fist asseoir prés de luy, et fist aussi vn fort bon accueil aux quatre enfans, pource que c'estoit vne chose nouuelle, et qu'on n'auoit iamais veuë en ce pays. Le Pere luy en rendit vn remerciment conforme aux grands honneurs qu'il receuoit de luy en si grand nombre, de la façon qu'ils ont accoustumé de faire entre eux, et que le frere Ioan Fernandez luy auoit desia enseigné. Apres cela il l'entretint aussi-tost sur le principal sujet de sa venuë, qui estoit que le Vice-Roy l'enuoyoit là exprés pour le seruir, et luy monstrer le chemin asseuré de son salut; ce que le Roy tesmoigna d'agréer par son action, en panchant la teste. Le Pere passa outre à mesme temps par le moyen d'vne saincte harangue qu'il luy fist en mode de Sermon, et que pour cet effect il auoit estudiée exprés, l'entretint sur toutes les choses qui luy estoient necessaires. A quoy le Roy fist cette response, « Bien-heureux Pere, ie ne sçay par quels termes exprimer le grand contentement que ie prens à te voir en cette maison, et d'apprendre tout ce que mes oreilles viennent de t'ouyr dire; à quoy ie ne fais point de response pour le present; pource que les affaires de mon Estat sont telles que tu peux auoir sceu. C'est pourquoy ie te prie instamment que puis que Dieu t'a icy mené, tu vueilles te reposer du trauail que tu as enduré pour son seruice; et quant à ce que le Vice-Roy m'escrit touchant ce que ie luy manday par Antonio Ferreyra, ie ne m'en desdits point encore. Mais les affaires du temps present en sont là reduictes, que i'ay belle peur que si mes subjects voyent quelque changement en moy, ils appreuueront le conseil des Bonzes; joinct que ie sçay bien que les Peres qui sont icy te peuuent bien auoir dict le grand danger que ie cours en ce pays, à cause des mutineries qui se sont faictes par le passé, durant lesquelles i'ay esté en aussi grand hazard qu'ait esté aucun autre; tellement que pour la seureté de ma personne il m'a esté necessaire de faire executer en vn matin treize Seigneurs des principaux de mon Royaume, auec seize mille personnes de leur faction et de leur ligue, sans y en comprendre encore autant que i'ay faict bannir. Mais s'il arriue iamais que Dieu m'octroye ce que mon ame luy demande, i'estimeray peu de chose de consentir à ce que le Vice-Roy me conseille par sa lettre. » A cela le Pere luy repartit, « Qu'il estoit grandement satisfaict de sa saincte resolution; mais qu'il se souuinst que la vie n'estoit point en la main des hommes, pource qu'ils estoient mortels, et que s'il luy arriuoit de mourir deuant que de l'effectuer, que deuiendroit son ame? » A quoy luy sous-riant, *Dieu le sçait*, dit-il. Le Pere voyant que le Roy pour le present ne luy satisfaisoit qu'auec des bonnes paroles et de bonnes rencontres, sans vouloir prendre conclusion sur vne chose qui luy estoit si fort importante, dissimula auec luy, et changeant de propos luy parla d'autre chose; à quoy il recognût qu'il prenoit plus de plaisir. Ainsi passant la pluspart de la nuict auec le Pere, à s'enquerir de luy sur plusieurs nouueautez ausquelles il estoit fort affectionné, il le congedia en termes fort plausibles auec esperance qu'il se feroit Chrestien, mais pas si tost; chose qui fut alors bien entenduë, et alors tous recognûrent assez son intention. Le lendemain sur les deux heures apres midy le Pere s'en retourna voir le Roy, et laissant le bon accueil qu'il luy fist alors, comme il auoit tousiours accoustumé de faire en tous les autres discours qu'il eust auec luy ; ce Prince ne respondit iamais à propos. A mesme temps il s'en retourna à sa forteresse d'Osquy, d'où il luy enuoya dire qu'il demeurast à la bonne heure, et qu'il le prioit qu'il ne laissast de le venir voir dans quelques iours, à cause qu'il prenoit vn extréme plaisir de parler auecque luy des grandeurs de Dieu, et de la perfection de sa Loy. Cependant il se passa plus de deux mois et demy, sans qu'en cecy il donnast autre fruict de soy, que certaines esperances accompagnées par fois de quelques excuses qui ne contenterent pas beaucoup le Pere. Tellement qu'il luy sembla à propos de s'en retourner à Goa, tant pour s'acquitter du deuoir de sa charge, que pour plusieurs autres raisons qui l'esmeurent à cela. A quoy il fut encore incité, parce qu'il luy vinst vne lettre par la voye de Firando, qu'vn certain Guillaume Pereyra luy apporta de Malaca, par laquelle il eust nouuelle qu'il estoit arriué de

Portugal vn sien Frere nommé Joan Nunez, pourueu de la charge de Patriarche du Pretejan; ce qui luy causa aussi vne grande esmotion, pource qu'il luy sembla que s'en allant auec luy il feroit beaucoup plus de fruict en Ethiopie, que dans le Royaume de Bungo, où il estoit desia esclaircy du temps et du trauail qu'il y employoit pour lors inutilement. Mais cette bonne intention qu'il auoit fut encore sans effect, pource que dans l'Empire du Prete-jan commandoit alors le Roy de Zeyla que le Turc fauorisoit; car pour luy s'estant retiré auec quelque peu de gens des siens aux montagnes de Tigremahom, il y mourut de poison que les Mahumetans luy donnerent. Or en ce peu de temps qu'il luy restoit de l'Empire, vn sien fils aisné appellé Dauid vint à luy succeder, et fist Patriarche vn certain Alexandrin de nation qui auoit esté son precepteur, et qui estoit schismatique et si obstiné en ses erreurs, qu'il preschoit publiquement que luy seul estoit vray Chrestien de la Loy qu'il suiuoit, et non pas le Souuerain Pontife. De cette façon se passerent les cinq années du gouuernement de François Barreto, et de Dom Constantin, sans que durant tout ce temps là pas vne de ces choses pût auoir effect. Cependant les Peres moururent tous deux, l'un à Goa, et l'autre à

Cauchim, sans que iusques à present il se soit effectué chose aucune touchant le salut des Abyssins; et pour moy ie ne crois pas qu'on y puisse rien aduancer, si ce n'est que Dieu miraculeusement y mette la main, et ce à cause du Turc qui est le mauuais voisin que nous auons en ce destroict de la Mecque. Voyant donc qu'en la ville de Fucheo l'affaire des Peres en estoit en ces termes-là, et le Reuerend Pere Maistre Belquior presque tout-à-faict embarqué, ie m'en allay à la forteresse d'Osquy treuuer le Roy, à qui ie demanday response de la lettre que ie luy auois apportée du Vice-Roy de l'Inde. Il me la donna tout incontinent, pource qu'il l'auoit desia faicte, et pour eschange du present qu'il auoit receu, il luy enuoya des armes fort riches, ensemble deux cymeterres garnis d'or, et cent esuantaux du pays des Lequios. En la response de sa lettre que luy-mesme auoit escrite, estoient contenuës ces paroles, «Seigneur Vice-Roy d'honorable Ma-
» jesté, et qui és assis au Throsne de ceux-qui
» rendent Iustice par la puissance du sceptre;
» moy Yaretandono Roy de Bungo, te fais sça-
» uoir qu'en cette mienne ville de Fucheo est
» venu à moy de ta part Fernand Mendez Pinto,
» auec vne lettre de ta Royale Seigneurie, et vn
» present d'armes et d'autres pieces fort agrea-

» bles à mon desir, et que i'ay fort estimées
» pour estre d'vn pays du bout du monde que
» nous appellons Chenchicogim, où par la puis-
» sance des grosses armées composées de diuerses
» nations regne le Lyon couronné du grand Por-
» tugal, de qui ie me declare aujourd'huy serui-
» teur et subject, auec vne fidelité d'amy aussi
» douce qu'est le chant de la Sereine pendant la
» tourmente de la mer. C'est pourquoy ie te prie
» que tant que le Soleil ne se destournera point
» de l'effect pour lequel Dieu l'a creé, ny que
» l'eau de la mer ne cessera de monter et des-
» cendre par les plages de la terre, vous n'ou-
» bliez point cet hommage que par luy i'envoye
» faire à vostre Roy, que ie recognois pour mon
» frere aisné, afin que par ce moyen cette mienne
» obeyssance demeure honorable, comme ie
» m'asseure qu'elle sera tousiours, et qu'il dai-
» gnera prendre ces armes que ie luy enuoye
» pour vn gage et vne verité de ma foy, comme
» les Roys du Iappon ont accoustumé de faire.
» De cette mienne forteresse d'Osquy, aux neuf
» Mamocos de la troisiesme Lune de trente et
» sept ans de nostre aage. » Auec cette lettre et
ce present ie m'en retournay à nostre Nauire,
qui estoit à l'ancre à deux lieuës de là au port de
Xeque, où ie treuuay desia embarqué le Reue-

rend Pere Maistre Belquior auec tous les autres de sa Compagnie, et de là nous partismes le iour d'apres, qui fut le quatorziesme de Novembre de l'an 1556.

CHAPITRE CCXXVI.

Des choses qui se passerent depuis que nous partismes de Xeque iusques à nostre arriuée en l'Inde, et de là au Royaume de Portugal.

Estant partis de ce port de Xeque nous fismes voile aussi tost, et continuasmes nostre route par les vents du Nord, qui nous estoient fauorables en cette saison. Le quatriesme iour de Decembre nous arriuasmes au port de Lampacau, où nous treuuasmes six Nauires Portugais, desquels estoit general vn certain marchand appellé François Martin, creature de François Barreto, pour lors Gouuerneur de l'Estat de l'Inde à la place de Dom Pedro Mascarenhas. Et pource qu'en ce temps-là la saison de nauiguer en l'Inde estoit presque passée, nostre Capitaine Dom François Mascarenhas ne tarda pas là dauantage qu'autant qu'il le iugea necessaire, afin de se pourueoir de viures pour cette nauigation. Nous partismes donc de ce port de Lampacau le premier iour de l'Octaue de Noël, et arriuasmes à Goa le dix-septiesme de Feurier. La premiere chose que ie fis alors fus de m'en aller vers François Barreto, à qui ie rendis compte de la lettre que ie luy apportay de la part du Roy du Iappon. Mais luy ayant remis cela au iour suiuant, ie ne manquay point le lendemain de la luy apporter, ensemble les armes, le coutelas, et les autres presens que ce Roy Payen luy enuoyoit. Alors apres qu'il eust veu le tout à loisir, s'addressant à moy. Ie vous asseure, me dist-il, que ie prise autant ces armes que vous m'auez apportées, que le gouuernement de l'Inde; car i'espere par le moyen de ce present et de cette lettre du Roy du Iappon, me rendre si agreable au Roy nostre souuerain Seigneur, que ie seray deliuré de la fortune de Lysbonne, où presque tous nous autres qui gouuernons cet Estat, allons mettre pied à terre pour nos peschez. Alors pour recognoissance de ce trauail, et des grandes despenses que i'auois faites de mon bien, il me fist plusieurs grandes offres que ie ne voulois point accepter en ce temps là. Neantmoins ie fus bien aise de iustifier deuant luy par attestations et actes passez exprés, combien de fois i'auois été faict esclaue pour les seruices du Roy nostre Maistre, et combien de fois aussi mes marchandises m'auoient esté volées, car ie m'imaginois que cela me suffiroit, afin qu'estant de retour à mon pays l'on ne me refusast point ce que ie croyois m'estre deu pour mes seruices, comme en effect le Vice-Roy me fist passer vn acte de toutes ces choses, y adioustant les certificats que ie luy presentay. Auecque cela il me donna vne lettre addressée au Roy, dans laquelle il fist vne mention si honorable de moy et de mes seruices, que m'affiant en ces esperances, fondé que i'estois sur des raisons si apparentes que i'auois de mon costé, ie m'embarquay pour m'en aller en ce Royaume de Portugal, si content des papiers que i'emportois auec moy, que c'estoit le meilleur de mon bien, du moins ie le croyois ainsi, pource que ie me persuadois que ie ne demanrois pas plustost recompense de tant de seruices, qu'asseurément elle me seroit octroyée. Sur cette esperance m'estant mis sur mer, il plût à nostre Seigneur que i'arriuay à bon port en la ville de Lysbonne le 22. iour de Septembre de l'année 1558. en vn temps auquel le Royaume estoit gouuerné par Madame Catherine nostre Royne d'heureuse memoire. Luy ayant donné la lettre que ie luy apportois de la part du Gouuerneur de l'Inde, ie luy dis de bouche tout ce qui me sembla importer au bien de mon affaire, et alors elle me remist au Ministre de son Estat, qui auoit charge de traitter de ses affaires ; d'abord il me donna de bonnes paroles et des esperances encore meilleures; comme en effect ie les tenois pour fort asseurées, oyant ce qu'il me disoit. Mais au lieu de m'en faire voir un effect, il me garda ces miserables papiers quatre ans et demy, à la fin desquels ie n'en tiray pour tous fruicts que les trauaux et les ennuis que ie me treuuay auoir employez en ces sollicitations inutiles, et qui m'apporterent bien plus de peine que toutes les fatigues que i'ai souffertes durant mes voyages; ainsi voyant combien peu m'estoient profitables tous les seruices du passé, quelque requeste que i'eusse presentée, ie resolus de me retirer et de demeurer dans les termes de ma misere que i'auois apportée auec moy, et acquise par le moyen de plusieurs peines et infortunes, qui estoit tout ce qui me restoit du temps et des biens que i'auois employez au seruice de ce Royaume, laissant le iugement de ce procés à la Iustice diuine. Ie mis donc en execution ce mien dessein, bien fasché de ne l'auoir faict plustost, à cause que cela m'eust possible espargné vne bonne piece d'argent. Pour conclusion voyla quels ont esté les seruices que i'ay rendus par l'espace de 21. ans, durant lequel temps i'ay esté treize fois esclaue et vendu seize fois, à cause des malheureux euenemens dont i'ay cy-deuant faict mention assez amplement en ce liure d'un si long et d'un si penible voyage, mais bien que cela soit ainsi ie ne laisse pas de croire que ce que ie suis demeuré sans la recompense que ie pretendois, pour tant de seruices et de trauaux, est plustost procedé de la Prouidence diuine qui l'a ainsi permis pour mes pechez, que de la nonchalance ou de la faute de celuy que le deuoir de sa charge sembloit obliger à m'en faire raison : car estant veritable qu'en tous les Roys de ce Royaume, qui est comme vne viue source d'où procedent les recompenses, bien que quelquesfois elles s'escoulent par des tuyaux plus affectionnez que raisonnables, il s'est trouué tousiours un zele sainct et recognoissant, accompagné d'vn desir fort ample et tres grand, non seulement de recompenser ceux qui les seruent, mais aussi de faire de grands biens à ceux qui ne leur rendent aucun seruice, il est euident par là, que si moy et tous les autres nous n'auons esté satisfaits, cela n'est aduenu que par la seule faute des canaux et non pas de la source; ou plustost ç'a esté un office de la iustice diuine qui ne peut faillir, et qui dispose de toutes choses pour le mieux, et selon qu'il nous est le plus necessaire, à cause de quoy ie rends une infinité de graces au Roy du Ciel, à qui il a plû que sa volonté diuine s'accomplist par cette voye, et ne me plains point des Rois de la terre, puisque mes pechez m'ont rendu indigne d'en meriter dauantage.

FIN.

TABLE DES CHAPITRES

CONTENUS DANS CE VOLUME.

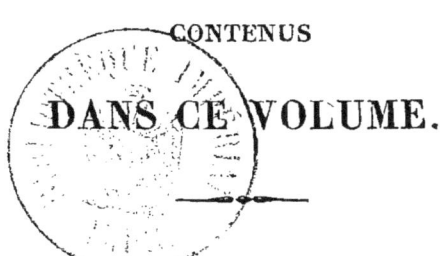

	Pages
Chapitre CLXIII. De la magnifique entrée et reception de l'Ambassadeur du Roy de Bramaa en la ville de Timplam ; ensemble des Palais du Calaminham.	1
Chap. CLXIV. De la harangue que fist cet Ambassadeur au Calaminhan, ensemble de la responce qu'il luy rendit; et comme l'Euangile fut autrefois presché en cette ville de Timplam.	14
Chap. CLXV. Ample relation de cet Empire du Calaminham, ensemble des Royaumes de Pegu, et de celuy des Bramas.	27
Chap. CLXVI. Du chemin que nous fismes iusques à nostre arrivée en la ville de Pauel, et des diuerses nations que nous vismes.	37
Caap. CLXVII. Continuation de ce voyage iusqu'à notre arrivée à Pegu où estoit le Roy de Brama, et de la mort du Roolim de Mounay.	44
Chap. CLXVIII. De l'election du nouueau Roolim	

TABLE DES CHAPITRES.

de Mounay grand Talagrepo de ces Gentils du Royaume de Pegu. 56

Chap. CLXIX. De quelle façon le nouueau Roolim fut conduit en l'Isle de Mounay, et mis en possession de sa dignité. 71

Chap. CLXX. Des choses que fist ce Roy de Brama, apres son arriuée en la ville de Pegu, ensemble du siege qu'il mit deuant Sauady, et de la fortune que nous y courusmes................ 78

Chap. CLXXI. Continuation du succez que nous eusmes en ce voyage..................... 84

Chap. CLXXII. Comme estant party de Goa ie fis voile à Zunda, et des choses qui s'y passerent durant un Hyuer que i'y demeuray. 92

Chap. CLXXIII. Comme le Pangueyram de Pate Empereur de Iaoa et Roy de Demaa, assisté d'vne grosse armée s'en alla contre le Roy de Passeruan, et de ce qui en arriua. 97

Chap. CLXXIV. De la sortie que firent sur les ennemis douze mille Amoucos ou Soldats determinez, et de ce qui en arriua.................. 102

Chap. CLXXV. De la nouuelle sortie que fit le Roy de Passeruan contre les ennemis qui le tenoient assiegé, et du succez de cette bataille.......... 106

Chap. CLXXVI. Comme vn certain Portugais qui s'estoit faict renegat, fut arresté prisonnier fortuitement, et du compte qu'il nous rendit de sa vie. 111

Chap. CLXXVII. Comme le Roy de Demaa fut mis à mort par vn accident bien estrange, et de ce qui en arriua. 117

Chap. CLXXVIII. Du surplus qui arriua iusqu'à ce que l'armée se fust embarquée ; ensemble d'vn grand different qui suruint entre deux des principaux de la Ville, et du malheureux succez qui s'en ensuiuit. 123

Chap. CLXXIX. De tout le surplus qui nous arriua iusqu'à nostre partement vers le port de Zunda d'où nous fismes voile à la Chine, et des fortunes que nous coùrusmes en ce voyage............ 130

Chap. CLXXX. Continuation de ce qui nous arriua apres nous estre sauuez de cet escueil.......... 138

Chap. CLXXXI. Comme de ce port de Zunda ie passay à Siam, d'où je m'en allay à la guerre de Chyammay, en la compagnie des Portugais...... 144

Chap. CLXXXII. Continuation de ce que fist le Roy de Siam iusques à ce qu'il fust de retour en son Royaume, où la Royne sa femme l'empoisonna. 151

Chap. CLXXXIII. De la triste mort de ce Roy de Siam, et de quelques choses illustres et memorables par luy faictes durant sa vie............ 159

Chap. CLXXXIV. Comme le corps du Roy fut bruslé et la cendre portée à un Pagode, ensemble de quelques autres nouueautez qui arriuerent en ce Royaume. 170

Chap. CLXXXV. De l'entreprise que fist le Roy de Brama sur le Royaume de Siam, et des choses qui se passerent iusqu'à son arriuée en la ville d'Odiaa................................. 181

Chap. CLXXXVI. Du premier assaut que le Roy de Brama donna à la ville d'Odiaa, et quel en fut le succez. 188

TABLE DES CHAPITRES.

Chap. CLXXXVII. Du dernier assaut donné à la ville d'Odiaa, et quel en fut le succés.............. 195

Chap. CLXXXVIII. Comment le Roy de Brama fut contrainct de leuer le siege de deuant la ville d'Odiaa, pour les nouuelles qui luy vindrent d'vne mutinerie qui s'estoit faicte au Royaume de Pegu, et de ce qui arriua là-dessus........................ 201

Chap. CLXXXIX. De la grande fertilité du Royaume de Siam, et de plusieurs autres particularitez touchant ce pays................................ 207

Chap. CXC. Continuation de ce qui aduint au Royaume de Pegu, tant durant la vie qu'apres la mort du Roy Brama..................................... 211

Chap. CXCI. Des choses arriuées au temps de Xemin Satan, et d'vn cas abominable qui aduint à Diego Suarez.. 224

Chap. CXCII. Continuation de ce qui arriva touchant le faict de Diego Suarez.................. 234

Chap. CXCIII. Comme le Xemindoo s'en alla donner contre le Xemin de Satan, et de ce qui en arriua. 240

Cpap. CXCIV. De ce que fist le Xemindoo apres qu'il fut couronné Roy de Pegu, et comme le Chaumigrem frere de laict du Roy de Brama le vint attaquer auec vne grosse armée................. 246

Chap. CXCV. D'vne grande esmotion qui se fist au Camp de ce nouueau Roy Brama, ensemble quel en fust le sujet et le succés..................... 252

Chap. CXCVI. Du iugement que donnerent les six deputez, et de l'entrée que fit le Chaumigrem en la ville de Pegu................................ 261

Chap. CXCVII. Comment le Xemindoo fut treuué, et amené au Roy de Brama, et de ce qui en arriua. 267

Chap. CXCVIII. De quelle façon le Xemindoo fut mené au supplice, et de la mort qui luy fut donnée. 272

Chap. CXCIX. De la restitution que le Roy de Brama fit au deffunct Xemindoo du Royaume qu'il luy auoit pris, et de quelle façon son corps fut enterré. 280

Chap. CC. Comme ie m'embarquay en ce Royaume de Pegu pour m'en aller à Malaca, et de là au Iappon, et d'vne estrange chose qui arriua...... 285

Chap. CCI. De ce que fit le Prince fils du Roy, ayant eu nouuelles de la mort de son pere........... 296

Chap. CCII. Comme de cette ville de Fucheo nous passasmes au port de Hiamangoo, et de ce qui nous y arriua............................ 301

Chap. CCIII. D'vne grosse armée que le Roy d'Achem enuoya en ce temps-là sur la forteresse de Malaca, et des grandes choses que fist en cette occasion le Reuerend Pere Maistre François Xauier, Recteur de la Compagnie de Iesus en ces contrées des Indes. 308

Chap. CCIV. De ce qui aduint à nostre armée, comme elle fut sur son partement, et de deux autres fustes qui arriuerent à la forteresse....... 320

Chap. CCV. Du surplus de ce qui se passa auec Diego Suarez, ensemble du partement de l'armée, et quel en fut le succés iusques à son arriuée à la riuiere de Parlés............................. 330

Chap. CCVI. Du sanglant combat qu'eurent les nostres contre le Achems en la riuiere de Parlés, et quel en fut le succez.................... 339

Chap. CCVII. Des choses qui se passerent à Malaca durant le temps qu'on n'eust aucunes nouuelles de nostre armée, et de ce qu'en dist le Pere Xauier comme il preschoit un Dimanche.............. 345

Chap. CCVIII. Comme le bien-heureux Pere Maistre François Xauier fist voile de Malaca au Iappon, et des choses qui luy arriuerent en ce voyage.... 355

Chap. CCIX. De l'arriuée du bien-heureux Pere Xauier au port de Fingeo où estoit nostre nauire, et des choses qui se passerent comme nous fusmes voir le Roy de Bungo en la ville de Fucheo..... 365

Chap. CCX. Des honneurs que le Roy de Bungo fist au Reuerend Pere Xauier à cette premiere entre-veue. 374

Chap. CCXI. Comme le Pere Xauier ayant voulu prendre congé du Roy pour s'embarquer et faire voile à la Chine, fut retenu pour quelques iours, et des disputes qu'il eust auec les Bonzes........ 385

Chap. CCXII. Des choses qui se passerent entre ce bien-heureux Pere et les Portugais touchant leur embarquement : et de sa seconde dispute auec le Bonze Fucarandono........................ 397

Chap. CCXIII. Du surplus qui se passa entre les Bonzes et le Pere Xauier iusques à ce qu'il s'embarqua pour s'en aller à la Chine........... 408

Chap. CCXIV. De la grande tourmente que nous eusmes passant du Iappon à la Chine, et comme nous en fusmes deliurez par les prieres de ce seruiteur de Dieu. 421

TABLE DES CHAPITRES.

Chap. CCXV. Des diuerses choses aduenues à ce bien-heureux Pere iusques à son arriuée à la Chine, et comment il rendit l'esprit.................. 431

Chap. CCXVI. De la sépulture du Reuerend Pere Xauier, et comment son corps fut porté à Malaca, et de là à Goa. 447

Chap. CCXVII. Comme le corps du Bien-heureux Pere Xauier fut mis hors le nauire dans lequel il estoit venu de Malaca, et du grand appareil auec lequel il arriua au quay de Goa. 452

Chap. CCXVIII. De la reception qui fut faicte dans Goa à ce Saint defunct, et du surplus qui s'y passa. 457

Chap. CCXIX. Comme le Pere Maistre Belquior partit de l'Inde pour s'en aller au Iappon, et de ce qui arriua pour lors à Malaca................ 463

Chap. CCXX. Nostre partement de Malaca au Iappon, et des choses qui nous arriuerent iusqu'à ce que nous abordasmes en l'Isle de Champeiloo en la Cauchenchine, ensemble de ce que nous y vismes. 469

Chap. CCXXI. Comme de cette Isle de Champeiloo nous abordasmes en celle de Sanchan, et de là à Lampacau, auec vn recit de deux grands desastres aduenus en la Chine à deux Colonies de Portugais. 475

Chap. CCXXII. Des nouuelles qui vindrent en cette Isle touchant vn estrange faict arriué dans le pays. 486

Chap. CCXXIII. De nostre arriuée au Royaume de Bungo, et des choses que nous y fismes auec le Roy. 492

Chap. CCXXIV. De quelle façon le Roy de Bungo receut le Vice-Roy Ambassadeur des Indes..... 505

Chap. CCXXV. De l'entre-veuë de M. Belquior auec

le Roy de Bungo, ensemble de ce qui se passa auec luy, et de la response que le Roy fist à mon Ambassade.................................. 509

Chap. CCXXVI. Des choses qui se passerent depuis que nous partismes de Xeque iusques à nostre arriuée en l'Inde, et de là au Royame de Portugal. 517

FIN DE LA TABLE DES CHAPITRES.

DE L'IMPRIMERIE DE HUZARD-COURCIER,
rue du Jardinet, n° 12.

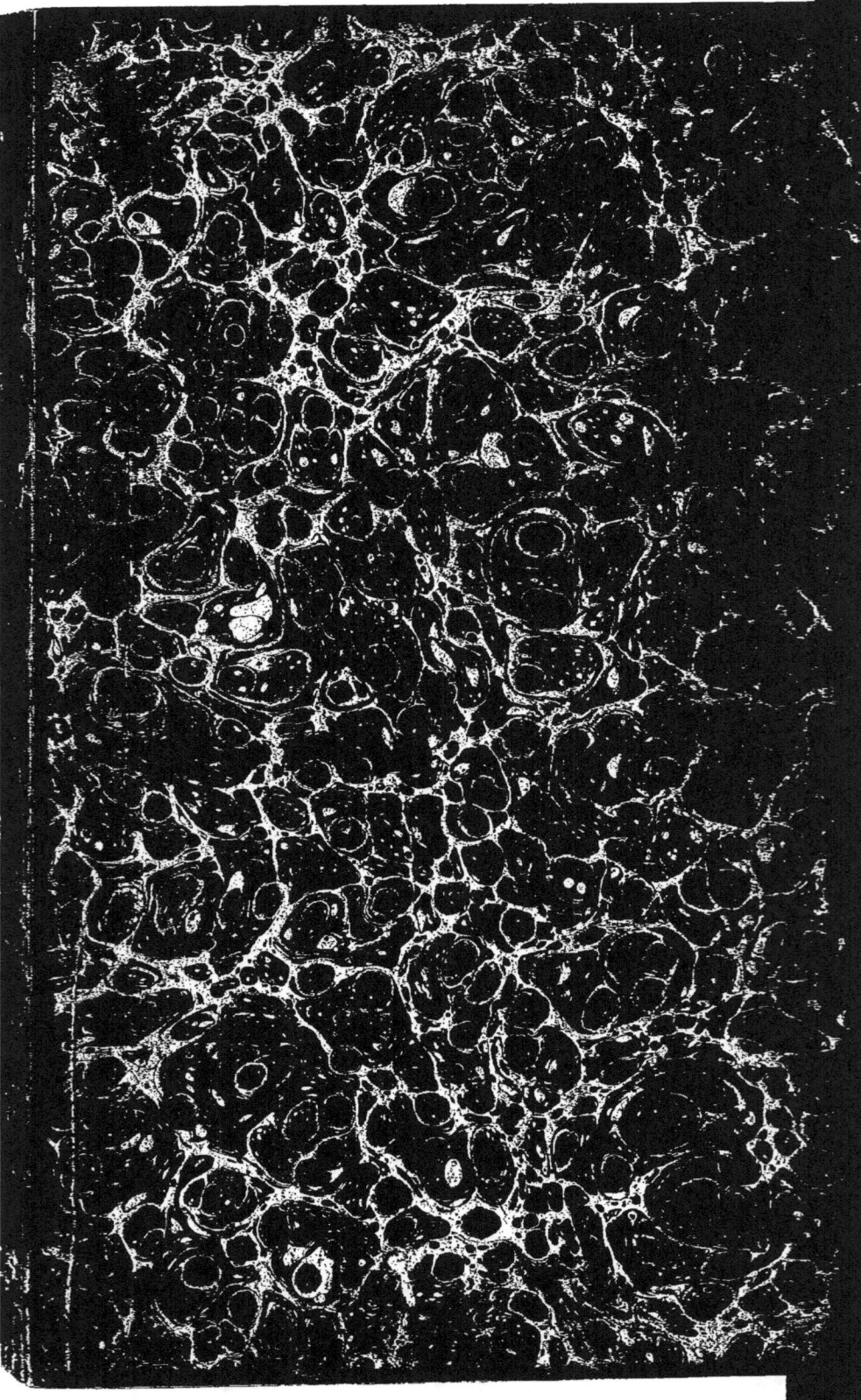

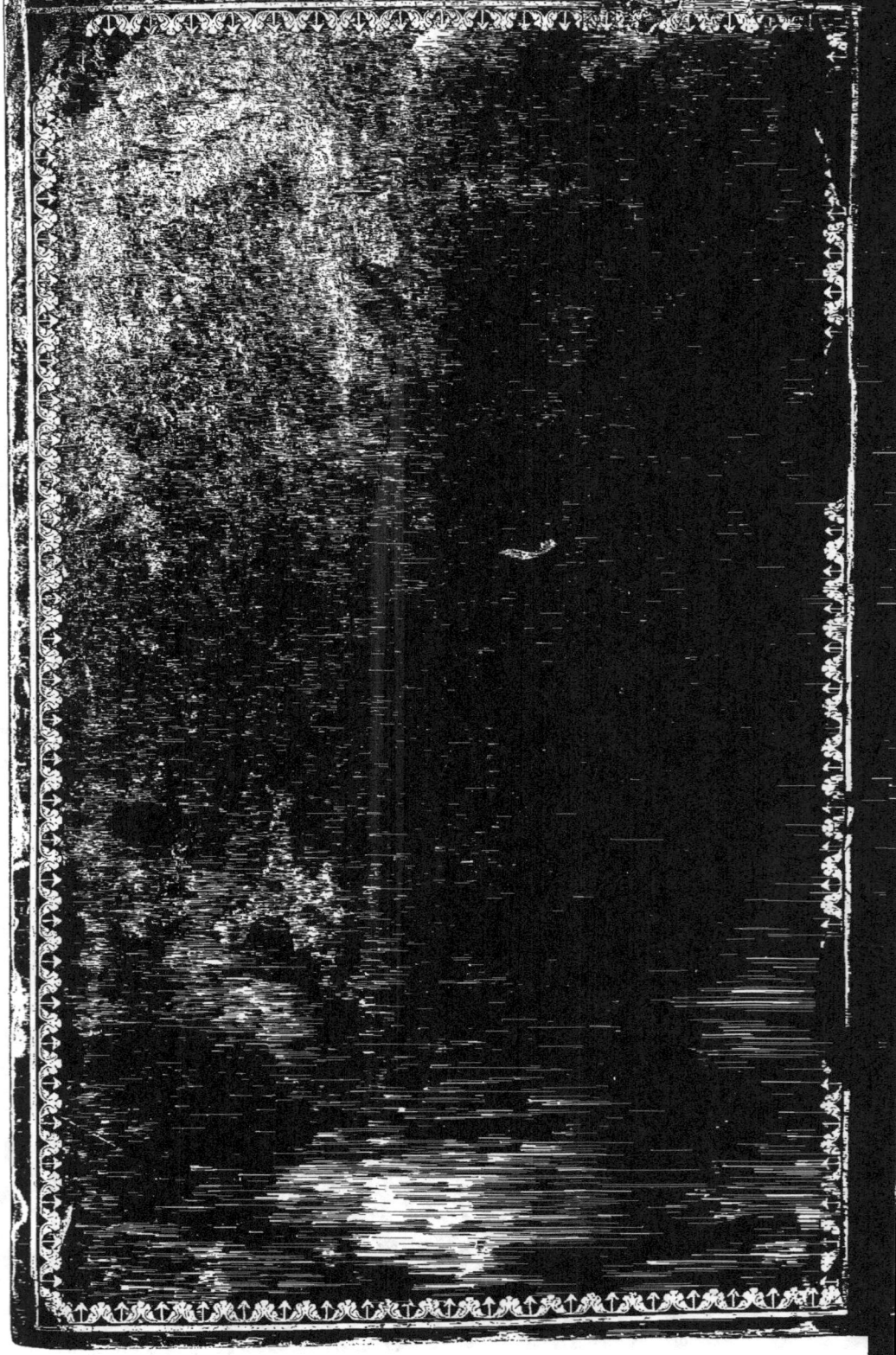

www.ingramcontent.com/pod-product-compliance
Lightning Source LLC
Chambersburg PA
CBHW071404230426
43669CB00010B/1440